伪柏拉图
作品研究

Wei Bolatu Zuopin Yanjiu

岳海湧 / 著

人民出版社

C 目 录
ONTENTS

《定义篇》

——欧洲历史上第一部"哲学辞典"

一、引　言

就反映概念的最高形态而言，无疑，非概念符号的词语莫属，因为它"能使思想从直接感觉的不利影响下解脱出来"，从而帮助人们实现从话语到概念的升华并使思想系统和完善化①。

而关于词语的产生及其意义是什么的争论，自古至今，仍然一直围绕着这一难题展开。

在欧洲，古希腊哲学家早就讨论过词语是怎样产生的。对此问题的看法基本上有两种：自然论和约定论。代表人物例如有：公元前6世纪前后的赫拉克利特认为，事物与它的名称有自然的联系（自然论）；而在其大半个世纪之后的德谟克里特则认为，事物的名称是约定俗成的（约定论）。

至于词语产生或起源自约定或习俗还是自然，在西方最早系统论述这一问题的《克拉底鲁篇》中，虽然柏拉图的态度是含糊的，似乎对两种说

---

① 转引自郑述谱：《俄国词典编纂的传统与新篇》，载《辞书研究》2012年第1期，第44页。

法既肯定又反对①，但在词语的意义上则明确主张指称论，他提出，词语的意义就是其所指对象，也即名称和对象之间存在着对应的关系②。他还把词语意义和词语所指或代表的事物联系起来，认为词语主要是一种交际工具，名称的作用就是正确表达事物的本性，或对事物本质的模仿。它们具有社会属性，可以表达一切事物③。换句话说，不知某事物是什么的人就不能理解该事物的名称④。但是，因为有些名称的命名是正确的，有些名称的命名是不正确的，从而可以把正确的指称叫作真理，把错误的指称叫作谬误⑤。所以，为了使词语能够同事物相对应，符合事物的本质属性，从而避免使人产生误解的不好的交际工具，"我们细述任何事物名称⑥的正确，意欲是这样的，大约仅仅是阐明真实存在的每件事"。⑦ 这在解释专有名词如人或物和有定性的名词如状态、性质、关系等时尤其有效。

---

① 柏拉图似乎倾向于约定论。参见《克拉底鲁篇》[384d-385a，387d，390e，391b，397a，424b-425b，427c-d，431d，433d-434b，435a-e，437d]；尤见《第七封书信》[343b]；另外参见《泰阿泰德篇》[157b-c]；《普罗泰戈拉篇》[322a]。方括号中的数字和字母系古典学者对柏拉图（包括亚里士多德）全部著作的希腊文本所做的置于页边的分段编码。下同。文中所引古希腊文本，全部根据伯内特的牛津版古希腊原文校勘本 Platonis Opera，除非另有说明。以下所引作品未注明作者的皆为柏拉图。此外，值得一提的是，"今天词源学大部分不主张自然词源学"（"汪陈本"第四卷上，第 611 页）。而 "ὄνομα" 一词在语法上指与动词相对而包括形容词等词类的 "名词"，但它也有 "名称、词汇、术语" 等含义。在《定义篇》中，"ὄνομα" 被定义为："解释非复合的和表明状况的以及一切不说及它自身的语言。"[Oρ.414d] 本著将其译为 "词语" 和 "名称"。

② 主张名词是习俗产物的亚里士多德也认为名词的意义在于它指称的实在的对象之中。例如，他认为 "名词是因约定俗成而具有某种意义的与时间无关的声音"。转引自 "苗本" 第二卷，第 49 页。参见亚里士多德《辩谬篇》[168a30]；《解释篇》[16a20–23]。

③ 参见《克拉底鲁篇》[396a，422d，424b，428e]。在这篇对话中，与诡辩家不同，柏拉图倾向于用 "ὄνομα" 作为他代替任何词语或措辞的术语。另外参见《巴门尼德篇》[147d-148a]；《泰阿泰德篇》[177e]。

④ 《泰阿泰德篇》[147b]。

⑤ 参见《克拉底鲁篇》[408d，431b，432d]。

⑥ 该词（"ὄνομα"）也有 "字眼、术语" 的含义。本著中凡柏拉图作品（直接引语）和伪柏拉图作品的中译文，除非注明，皆为本著作者根据 "B 本" 等版本所译。特此说明。

⑦ 《克拉底鲁篇》[422d1-3]。"王本" 关于此句的译文似有遗漏。

　　同样主张指称论的现代语言哲学的创立者、强调"一个词的意义就是它在语言中的使用"的维特根斯坦则认为:"语言乔装了思想。哲学家们的大多数问题和命题是由于我们不理解我们语言的逻辑而来的。全部哲学就是'语言批判'。"① 或者说,若是我们澄清了语词的内涵或概念之间的不一致并且掌握了语言的用法,就可以避免许多无谓的哲学争论。

　　众所周知,辞典即是主要用来解释词语(包括术语)的意义、概念、用法的工具书。现代辞典常常是定义式的解释。而欧洲辞典编纂的历史可以算是悠久的。通常认为,据史书记载,在公元前2世纪的古希腊已有辞典编纂家,不过他们的成果没有流传下来。在公元2世纪之后,罗马帝国时期的一些语法学家、辞书编修者和修辞学家编纂的一些辞典则流传了下来②。中古时期最流行的辞书,大都由意大利人编成③。而中古时期所出版的拉丁文辞典多为解释《圣经》和古典作品之用,不过其语词释义不足。1612年,意大利佛罗伦萨学士院编辑出版、释义用文史引语的《词集》被认为是欧洲第一部民族语辞典。自此之后,各国也相继编辑出版各自的辞典。

　　然而,如果我们认可迄今流传下来的《定义篇》算作一部"辞典"的话,则至少可将欧洲辞典编纂的历史上溯至公元前4世纪,因此,它可谓欧洲历史上第一部"哲学辞典"。

　　《定义篇》的研究情况,囿于笔者所知,在我国学术界尚未见诸论述,而在西方,则有诸多研究性论文和著作问世④。

---

① 文中所引前一句见[奥]维特根斯坦:《哲学研究》,李步楼译,商务印书馆1996年版,第31页;后一句见其《逻辑哲学论》,郭英译,商务印书馆1985年版,第38页。

② 参见[英]约翰·埃德温·桑兹:《西方古典学术史》第三版第一卷上册,张治译,世纪出版集团、上海人民出版社2010年版,第320—324、326、366—367页。

③ [英]约翰·埃德温·桑兹:《西方古典学术史》第三版第一卷下册,张治译,世纪出版集团、上海人民出版社2010年版,第621—622页。

④ 参见"名哲本"第三卷("柏拉图");泰勒:《柏拉图——生平及其著作》中的"附录——柏拉图手稿中的伪作(第二部分)"及其文后所附的参考书目;以及"C本"的《定义篇》正文前编写的"提要"。

《定义篇》所具有的学术价值，它与柏拉图作品之间的关系以及对西方哲学思想和文化等方面的影响尚有待人们去进一步认识。

二、《定义篇》概述①

（一）《定义篇》的编纂者和编纂的时代及其版本和研究简况

迄今为止，人们对《定义篇》②的研究是猜测性的，因为人们没有掌握关于这些方面的确切资料。《定义篇》可能由不同时代、不同地点和不同学者编纂合集而成。

无疑，柏拉图不被看作全部或部分定义的编辑者，而且归属于"柏拉图"可能意指不过是"柏拉图学派"的成员或对柏拉图学说感兴趣甚或服膺其思想的不知名的一些作家。有些古代学者猜测这些"定义"的作者是柏拉图学园的第二任主持或第一代继承人，也就是柏拉图的外甥斯彪西波③，这可能不正确，虽然他曾经热衷于这方面的研究，而且对术语学深感兴趣，也曾写有这方面的著作，不过它们并没有流传下来，所以，我们无从判定。

---

① 以下一些内容参考了"C 本"的《定义篇》"提要"，第 1677—1678 页。
② 这里的篇名，是后来的学者所添加的，但本著中每篇的副标题是笔者添加的。下同。在"B 本"中，该篇名 "ὅροι" 是 "ὅρος"（有"边界，地界，界线；尺度，限度；[字词的]定义、解释；[数学中的]比例或比例的术语，[在逻辑中，无论是主语或谓语]命题的术语，三段论的前提，条件"等含义）的复数形式。例如，柏拉图在《斐德罗篇》[237d1]谈到对爱情的定义要同意取得一致意见时，即用了该词 "ὁμολογία θέμενοι ὅρον（ὅρον 即 ὅρος 的单数阳性宾格形式)"，另外参见亚里士多德《前分析篇》[24a10–25a] 等。
③ Σπεύσιππος（约公元前 407—前 339 年）是柏拉图的外甥，他作为柏拉图学园第二代主持，长达八年。他承继了柏拉图的学说并写有大量对话著作，但大多没有流传下来。其中有一篇《关于种和属的例证》和一篇《定义集》(Ὅροι) 的作品。

　　但基本得到学术界认可的是，《定义篇》极小部分内容可能写于柏拉图在世时期并且已经为人们所知晓，而大部分内容可能在柏拉图去世之后不久由柏拉图学派的成员开始编写并且至迟编纂完成于公元前4世纪末叶，这在斯彪西波和亚里士多德的一些著作里可以得到证实，特别是《定义篇》中的有些定义被后者援引使用或注解并批评过①。而《定义篇》中的另外很少的部分至迟可能写于公元前1世纪，但我们同样无法知道是谁将它们编辑到《定义篇》中的。

　　关于《定义篇》如何传播的情况，据第欧根尼·拉尔修在其《名哲言行录》（第三卷）记载，最早编订《柏拉图全集》的是公元前3—前2世纪的拜占庭的阿里斯托芬②，但他编订的《柏拉图全集》和在公元1世纪上半叶门德斯的忒拉叙洛斯③编订的《柏拉图全集》编辑体例中都没有将《定义篇》包括在内。他们的版本虽然没有保存下来，但是所有现存的中世纪的《柏拉图全集》的希腊文手稿则是基于忒拉叙洛斯的版本之上。从中世纪开始，特别是在文艺复兴时期的人文主义的时代，由于人文主义者重新重视古希腊文化研究，人们重新发现了《定义篇》。

① 从亚里士多德著作的一份目录中可以看到"定义"（在第十三卷中）和"给主题附加了标题的定义"（在第七卷中）。他的《辩谬篇》尤其富于这类暗指；其他论述见于他的《范畴篇》、《解释篇》、《前分析篇》、《后分析篇》、《论题篇》以及《修辞学》之中。

② 此人和著名喜剧作家 Ἀριστοφάνης 同名。Ἀριστοφάνης（约公元前257—前180年）生于拜占庭，是希腊化时代的学者、评论家和语法学家，因其对荷马以及其他古典作家如品达和赫西俄德等的作品的研究而闻名于世，他曾任埃及亚历山大里亚图书馆的馆长。但他编订的《柏拉图全集》没有流传下来。

③ Θράσυλλος Μενδήσιος，也被称为亚历山大里亚（Ἀλεξάνδρεια）的 Θράσυλλος（鼎盛期在公元前1世纪下半叶和1世纪上半叶，死于公元36年），埃及门德斯（Μένδης）人，是一位希腊语法学家（即文学学者）和文学注释评论家、占星家以及柏拉图主义哲学家，他编辑了柏拉图和德谟克里特的作品。尤其是他所编辑的柏拉图手稿版本是整个中世纪以及至今研究柏拉图的基本资料。他还是古罗马第二代皇帝（公元14—37年）提比略（Tiberius，公元前42—公元37年）的私人朋友。但他编订的《柏拉图全集》也没有流传下来。

　　人文主义者马尔塞琉·菲齐努① 首先在他于 1484 年出版的最早的拉丁文版的《柏拉图全集》中辑录了他认为归于伪造的作品《定义篇》②。阿尔多·马努齐奥③ 则在 1513 年最早重印的《柏拉图全集》的希腊文版本中也辑录了《定义篇》。尤其是在 1578 年，亨利·艾蒂安④ 在他所编订和出版的《柏拉图全集》（三卷）完整版（希腊语和拉丁语平行的对照本）中不仅辑录了被视为伪作的《定义篇》，而且他在该版中首次使用了新的分页方法，即对全部希腊语原文用数字和大写的拉丁字母作为边码以标注分卷、页码和分栏，例如《定义篇》（St.III411A—416A），St.III 指分卷，411 指页码，A 指分栏⑤。这也成为现代对其他古希腊作者作品的标准分页的基础。后来，德国学者贝克尔⑥ 将历来的注释一并辑入，于 1823 年在

---

① Marsilius Ficinus（1433—1499 年），意大利文艺复兴早期最具影响力的人文主义哲学家，柏拉图主义的复兴者和将柏拉图的现存的希腊文作品翻译成拉丁语的第一人。他的试图复兴柏拉图学园的佛罗伦萨学院对意大利文艺复兴的方向和主旨以及欧洲哲学的发展具有重大影响。

② 但菲齐努认为《定义篇》由斯彪西波所写。参见 "J. H 本"，第 307、742 页。

③ Aldo Manuzio（1449—1515 年），意大利人文主义者和威尼斯的出版商，出版了大量希腊作者的著作。他在 1513 年重印了由穆苏儒斯（Marcus Musurus，约 1470—1517 年）编订的柏拉图的希腊文版本。为了促进希腊文化的研究和希腊经典的系统出版，在 1502 年，他还建立了一个被称为 "新学园" 的希腊文化研究者的研究院。

④ Henri Estienne（1528 年或 1531—1598 年），也称为 Henricus Stephanus（亨利克斯·斯特凡努斯），是 16 世纪法国印刷商和古典学者。他改进了很多对希腊作者旧式的翻译。他于 1578 年在巴黎出版了由他所编订的有页码和分栏的柏拉图对话的希腊文完整版，现今仍被奉为标准编本而为各国学者广泛采用。《定义篇》（Ὅροι）列在其编辑的《柏拉图全集》（第三卷）最后一篇。伯内特的牛津版《柏拉图著作集》（古希腊文）即主要是根据他的版本 Platonis opera quae extant omnia。

⑤ 本著注引文出处时也采用这种公认的页码。

⑥ August Immanuel Bekker（1785—1871 年），是德国的一位语言学家和评论家。他编辑的最著名的版本是关于柏拉图（1816—1823 年）的、阿提卡的演讲家们（1823—1824 年）的、亚里士多德（1831—1836 年）的和喜剧家阿里斯托芬（1829 年）的文集，以及二十五卷拜占庭历史文献资料；尤其是他以他创立的 "贝克尔编号" 编辑的亚里士多德版本被认为是亚里士多德著作的标准版。

柏林发表了《柏拉图全集》校刊本。迄今为止，由伯内特① 校订的被学术界公认为较好而广泛使用的《柏拉图全集》的希腊文版（1899—1906 年）根据的即是亨利·艾蒂安的版本，不过该版本将边码改为小写字母并且加以细化到行号，例如《定义篇》（St.III411a1—416a36）。

至于其他语种版本的情况，主要在近现代西方重新重视柏拉图研究以后由德国、英国、法国和美国以及意大利等几个主要国家为代表，不过在这些国家出版的大多数所谓《柏拉图全集》除了有几种版本含有多少不等的伪作外，主要包括柏拉图的作品，而将部分伪作（包括《定义篇》）排除在外。迄今为止，最全的《柏拉图全集》当数库珀（John M. Cooper）主编的英译全译本 1997 年版《柏拉图全集》（*Plato Complete Works*）和施莱尔马赫② （Schleiermacher）等人三卷本的德译文本（*Platon: Sämtliche Dialoge*，1982 年版），以及 Les Belles Lettres 出版社的 *Œuvres complètes de Platon*（希腊文、法文对照本《柏拉图全集》）等，它们除了没有将"柏拉图的遗嘱"等辑录在内，而将其他几乎所有伪作（包括《定义篇》）悉数收录。而西方学界对该篇对话的研究，主要在哲学史中论及柏拉图哲学时简要述及。

在我国，似乎尚无《定义篇》的中译文和研究论著发表。

（二）《定义篇》中绝大部分词条的释义与柏拉图的思想一致

术语可以看作是人们用于进行交流，特别是表达思想和写作的工具。

---

① John Burnet（1863—1928 年）是一位苏格兰古典文献学家。在 1892—1926 年期间他作为苏格兰圣安德鲁斯大学教授教古希腊语文学。他以关于柏拉图的著作最为知名，他的论柏拉图早期对话的几本著作仍被广泛阅读，被学者誉为仍然无与伦比的版本；重要的是，直到今天，他主编的《柏拉图全集》（古希腊文）的六卷本（包括伪作）（1899—1906 年）被认为是迄今 100 多年来的权威版本。本著的翻译和研究即以他的这一版本为准。

② Friedrich Daniel Ernst Schleiermacher（1768—1843 年）是德国哲学家、新教神学家和圣经学者，他的哲学研究主要体现在他对古代经典的翻译和诠释上，其中最主要的成就是迄今为学术界所称道的对柏拉图的翻译和诠释。

我们借用韦伯的社会学术语，它也属于"理想类型"①。尤其是相对日常用语而言的专业术语，它们如果是不一致甚或混乱的话，人们就极易产生学术交流的障碍。术语的"理想类型"就是使术语规范化的一种方法。如果能够"名副其实"地反映事物，正确地表达思想，那就是术语所达到的最理想的状态。我国古代早在战国时期，就非常重视名实关系问题，例如，强调语言的社会性的荀子主张约定论，他在其《正名篇》中即论述了名实关系，他精辟地指出："名定而实辨"；"制名以指实"；"名无固宜，约之以命，约定俗成谓之宜，异于约则谓之不宜。名无固实，约之以命实，约定俗成谓之实名。名有固善，径易而不拂，谓之善名"。

在西方，柏拉图无疑是词汇语义和语源研究的先行者，其代表作即是论正名的、属于逻辑性质的《克拉底鲁篇》（副标题即是"论名称的正确性"）。他在谈及名称的力量和用途时早就指出："的确，因为或许最美好的叙述就会与有力量一致，不论什么时候，或者从全部，或者从尽可能多地同样的角度叙述，那名称就是适宜的，但相反，则是最恶劣的。"②他在这里暗指的是反映被命名事物不变本质的标准或理想的正确的语词。

柏拉图还主张，认识了事物的名称也就认识了事物本身。他说："我们很可能最为正确地发现有关永远真实甚至天生是真实的储放处，因为那里最为重视相配名称的安放。"他甚至认为"再者，或许其中有些名称被比人的力量更杰出的③力量授予。"④

当然，由于名称所反映的内容发生着变化，名称随之也以各种方式发生着变化。《克拉底鲁篇》的主要部分即从语源学⑤的角度讨论了语言的

---

① 参见《共和邦篇》[472b-e] 和《蒂迈欧篇》[29b-d] 等关于体现本质的"型"可看作"标准"或"样板"的比喻和事物本质与反映它的摹本或模仿的说法。

② 《克拉底鲁篇》[435c6-d1]。

③ 该词"θεῖος"也有"神指定的"、"神一样的"、"超过常人的"、"杰出的"等意思。而在《圣经·旧约》中记载，正确命名是只有上帝能够做到的事情。

④ 《克拉底鲁篇》[397b7-c2]。

⑤ 希腊语"ἐτυμολογική"的本来含义是"字的真实意义分析"。

起源，猜测了一些希腊语词的派生，着重对神、自然和社会以及认识和心理现象之名称的词源等上百个术语名称①以及它们之间的关系，诸如"赫尔墨斯"、"灵魂"、"肉体"、"智慧"、"理智"、"判断"、"知识"和"正义"、"好"和"善"、"英雄"与"爱劳斯（ἔρως）"、"名称（ὄνομα）"、"国王"和"持有者"等进行了批判、分析和讨论，认为派生词的意义是从基本词中派生出的，而且他还从历史词汇学的角度研究了词汇的起源和发展、词义演变、词的构造、构成及规范等。我们按照索绪尔语言学的术语讲，上述这些研究既属于历时语言学的知识方面，也涉及比较语言学的研究方法。

而在托名柏拉图的《弥诺斯篇》这篇伪作中，该作者像柏拉图一样也通过苏格拉底运用词源的分析或经常采用词源照应的哲学思维来阐明某些事物和概念，例如关于"法律"、"分配"、"播撒"、"放牧"、"牧人"、"牧场"乃至"食物"等；他研究了一些希腊词的形式和意义的来源以及猜测了一些希腊词语词的派生，以及在词源上的运用，例如，该作者由苏格拉底之口指出："最优秀的立法者，是人们的分配者和牧者二者。"②在古希腊语中，"法律"和"牧场"、"牧者"同源，虽然词重音不同；"立法者"则比喻为"人民的领袖"、"首领"。

简言之，我们可以认为，柏拉图是西方语言学史上第一个系统地对词的产生和作用、如何对词进行分类和定义、怎样通过语词来认识事物、语词与不变的本质和流变的现实之间是何种关系等方面进行研究的哲学家。他对词语从词源学和语义学角度的研究可以说是从本体论到认识论的发展。他要确定的是我们能认识哪些事物，怎样去认识这些事物，并且探讨了有些词语是错误指称还是无意义的指称等。而我们如果将《克拉底鲁篇》抽去对话的形式，则可将其内容浓缩成为一部词语解释的辞典，于

---

① 包括哲学名词约 36 个，它们大多是关于自然本原、灵魂和认知以及一些伦理方面的名字。参见"汪陈本"第二卷，第 542—543 页。

② 伪柏拉图：《弥诺斯篇》［321b］。

是，也就可以把《定义篇》视为《克拉底鲁篇》的姊妹篇①。

我们在《定义篇》中所看见的可能是公元前 4 世纪中叶在柏拉图学园确切表述和讨论了的所有定义中极少的精选品。这些定义使用在辩证（法）的讨论中，我们熟悉的那种定义来自亚里士多德的主题和诡辩学派的辩驳。例如在本《定义篇》［415a］中，"人"的定义是："无翅膀的，有两只脚的，有平阔手指甲的生物；唯一按照逻各斯② 可接受真正知识者。"它可能是对第欧根尼的"鸡人"③ 的回应，而其他的定义或许同样是具有辩证性质的。有些定义则直接取自柏拉图的对话，诸如在该《定

---

① 参见［英］约翰·埃德温·桑兹：《西方古典学术史》第三版第一卷上册，张治译，世纪出版集团、上海人民出版社 2010 年版，第 105—111 页。在此值得一提的是，看似巧合的是，亨利·艾蒂安在他所编订和出版的《柏拉图全集》中将《定义篇》和《克拉底鲁篇》中的部分边码（411A-416A）编为相同；另外，《论美德》、《普罗泰戈拉篇》和《高尔吉亚篇》部分和《共和邦篇》相同，《普罗泰戈拉篇》和《第七封书信》等也相同；这是因为他是按照每卷重新编页所致。

② 该词（"λóγος"）在古希腊语里和在古希腊哲学中是一个重要而且著名的多义词，也是一个非常重要的术语，其基本意思是"表现思想的话"；它具有 20 多种含义，例如，在哲学方面常常译为"思想，道理，原则，原理，准则，逻各斯（规律）"；在宗教方面常常译为"（上帝的）话，道，道理（比如《新约·约翰福音》的首句：太初有道，道与神同在，道就是神）；神示，神谕"；法律方面为"行为规则，准则，原则"；逻辑方面为"命题，推论"；与神话和正史相对的"传说，故事"；语言学方面的"字，词，片语"；以及日常的"谈话，对话，讨论"；等等。因此，无法与中文简单对译。依照语境之不同，通常译为"逻各斯"、"话语"、"道（理）"、命题、推论、主题等。

③ 据"名哲本"第六卷第二章"第欧根尼"［6.40］记载，第欧根尼这位犬儒为嘲讽柏拉图将"人"定义为"无羽毛的两足动物"而扯下一只公鸡的羽毛，并且说："这里是柏拉图的人！"因此，作为补充，在该定义中就添加了"有平阔手指甲的"的内涵。此外，约公元前 350 年，埃琵克拉泰斯的一部喜剧讽刺了柏拉图学派借助于划分的定义计划，在该喜剧中，柏拉图学园的成员深思默想"南瓜"（"Κολοκúνθη，一种圆形葫芦"）的定义。该词在口语中指"夜郎自大的蠢货"。参见［希腊］斯塔伊克斯：《书籍与理念——柏拉图的图书馆与学园》，王晓朝译，人民出版社 2015 年版，第 116—117 页。

埃琵克拉泰斯（Επιχράτης，鼎盛期约在公元前 376—前 348 年），是一个在雅典生活的属于中期喜剧时代的希腊喜剧诗人。在现存的他的戏剧片段中，他冷嘲热讽了柏拉图和他的学生们。另外参见［德］文德尔班：《哲学史教程——特别关于哲学问题和哲学概念的形成和发展》上卷，罗达仁译，商务印书馆 1987 年版，第 164 页脚注 1。

义篇》中的"智者"[415c]①，以及"恐惧"和"惶恐"[415e]之类的定义②。

《定义篇》是以词条的形式解释词目的，它基本上属于侧重哲学的人文学科辞典，相对而言，词条之间具有一定的内在关联性。《定义篇》这一合集共"定义"了185个术语。从编排顺序来看，《定义篇》并没有按照某种标准，例如，作为一种拼音文字，像西方辞典通常按照源语言字母排列，也不是严格按照学科分类排序，而是显得有些随意，释义详略也不相同。再者，虽然词条是按基本词义进行解释的，但也不是严格按照"种加属差"的形式给出定义的，而且许多术语包含了多个释义；此外，一些定义也被亚里士多德援引并批评过，他的《辩谬篇》尤其富于这类暗指。看来《定义篇》也没有亚里士多德学派影响的任何重大痕迹。

《定义篇》包括了哲学、宗教、政治、法律和自然科学等专有名词甚至一些动名词和形容词等；所以，作为术语本身，它们指称的是严格的专业概念，并且使用范围有一定的限制。作者可能选定的是反映柏拉图基本理论和思想的相对稳定的术语和词汇。值得注意的是，《定义篇》中不存在俗语、俚语等词语内容。

《定义篇》中绝大部分词条的释义与柏拉图的思想基本上一致。这种一致可以说它们中的一些定义几乎是直接摘自柏拉图的对话作品或实际上是从柏拉图对话录中归纳概括出来的。以下再举部分例子说明这点。

"政治学③：美好的和有益的学问；在城邦内缔造正义的知识[413b]。"这尤其与柏拉图在《共和邦篇》和《政治家篇》以及《法律篇》等作品中的基本观点相同。

"[416a19-20]天生就坏：在天性和涉及本性的过错中的卑劣；就本

---

① 《智者篇》[231d]：(智者的六种定义的第一个定义是)"年轻人和富豪雇用的猎人"。
② 《法律篇》[644d]：雅典客人即表示，对痛苦的预想是"恐惧"，预想快乐则是"自信"。
③ 该词("πολιτική")暗含"技艺"、"方法"的意思。

性的疾病① 而言。""［416a32］惩罚：针对已发生的罪过对灵魂的治疗②。"
这两个词条释义与柏拉图的观点——将天性邪恶视作精神疾病——
相同③。

"［416a27］教育：照料灵魂的能力。"该词条释义与柏拉图的观
点——善即知识，教育事关灵魂的善——相同。例如，他认为："好人们
就是受过好的教育变成的。"④"教育主要就是正确的教养……从孩子少时
起朝向美德使他们成为完善的公民的热爱者和爱慕者，按照正义⑤精通统
治和被统治……大体上，好人是正确地受过教育者。"⑥

相对而言，对"美德"以及被认为是希腊四主德——"审慎（或智
慧）"、"正义"、"明智（或节制）"和"勇气（或勇敢）"——的释义最为
详细或字数最多，也是连续有序和集中排列的，它们尤其与柏拉图的思想
一致。例如：

"［411d］美德：最好的安排；非永生的生物由于其本身所处的赞美状
态；由于其本身拥有者被说成是好的状态；依照法律的正义关系；由于其
本身拥有者被说成是置于完美、卓越的境况或安排；被视为守法的状态。"

"审慎：人之幸运由于其本身行事的能力；关于善和恶的智慧；有关判
断是否必须要做什么的状况。"

"正义：心灵合乎其本身的协调一致，像灵魂的各部分处处都整齐有
序；［411e］按照每一个人的价值拥有所分配的；根据其有优先选择的给他
拥有显然是正当的；在一生中保持服从法律的状态；人人平等公正；保持
服从守法的状态。"

----

① 该词（"νόσος"）有"痛苦，苦恼；疾病，瘟疫；精神病，疯狂；祸；灾难"等含义。
② 该词（"θεραπεία"）是多义词，有"服侍，（对父母的）侍奉，（对神的）敬奉；培育。
  抚养，照料，（对病人的）护理，治疗；奉承，讨好"等含义。
③ 另外参见《蒂迈欧篇》［44c，86b-87c，88b］和《法律篇》等。
④ 《法律篇》［641c］。
⑤ 该词（"δίκη"）也有"法律"的含义。
⑥ 《法律篇》［643d-644a］。

"明智①：关于在灵魂中合乎自然产生的渴望和快乐二者的适可而止；来自灵魂的自然产生的快乐和痛苦二者的和谐和有节制；灵魂关于统治和受统治方面的协调一致；做自己自然应当做的事；整齐有序的心灵；灵魂关于善和恶的有理性的交往；［412a］拥有者按照能选择的和应谨慎行事的状态。"

"勇气：灵魂不为恐惧所动摇的状态；准备作战的信心；涉及一切战争事务的知识；灵魂对于恐惧和害怕的克制；服从审慎的刚毅；在意料中的死亡面前很英勇；在危险中保持维护正确推理的状态；对于危险保持均衡的力量；对于美德的坚韧力；灵魂根据公正的推理关于某事和有信心之事显示的平静；关于某事和战争经验保存隐秘的信念；［412b］坚守法律的状态。"

值得注意的是，以上几个术语的释义都与属于实践哲学的政治和法律有关。

再者，若从辞典的类型着眼，《定义篇》属于人文学科辞典；就其功能而言，它既可以作为学习用辞典，也可当作参考用辞典，甚至供学术研究用辞典。正如有学者指出的，在"今天，人们越来越认识到一个领域内术语研究与相关理论的关系，最能说明这种关系的一句话就是'没有术语就没有理论，没有理论就没有术语'"。② 而一个伟大思想家的显著特点之一是有其自己独创的若干专有"术语"。例如，柏拉图的"型（ἰδέα）"等。反过来，人们通过它们就能认出是非柏拉图莫属。

《定义篇》的作者编纂这种综合性的以哲学为主类似"百科"性质的辞典，作为参考书，可能意图在于既供学术研究用，也合乎目的的为有益于帮助读者理解并进一步扩大和普及柏拉图的思想。

因此，《定义篇》的贡献主要在于：结果是，其作者的同时代人既知晓它们，而且它们也深深地影响了后代人。

---

① 该词（"Σωφροσύνη"）通常汉译为"自制"或"节制"。
② 郑述谱：《俄国词典编纂的传统与新篇》，载《辞书研究》2012 年第 1 期，第 48 页。

（三）《定义篇》的若干细节

1.《定义篇》从定义第一个术语"永恒"开始，到定义最后一个术语"获救"结束。相对而言，《定义篇》大概由两大部分组成。第一部分为哲学的三个部门：自然哲学［411a-c］，主要是天文学和生理学；伦理学和人生观以及数条政治和法律的术语［411d-414a］；认知和语言哲学［414a-e］，它们由柏拉图学派和斯多亚学派所承认；第二部分从"有益"［414e6］以下到最后一个术语，主要包括政治学、心理学、教育学、法学、军事学和神学甚至几个经济学等方面的术语的定义。显然，本体论或形而上学方面的词条不多。

2. 仅仅从亨利·艾蒂安编辑的《柏拉图全集》（三卷）完整版来看，《定义篇》中［416a］的内容最多，从 a1 直到 a36 结束，没有用边码再细分为通常的 b、c、d、e 等。

3. 因为《定义篇》不是用通常的散文写成，所以它格外易于在传播过程中发生讹误。例如，明显存在一些校对方面的问题①。一些定义也有可能不小心漏失了，比如，有一个最短的术语"善"（"καλόν"），释义为一个词："好"（"ἀγαθόν"［414e8］）②；这几乎没有释义；或许它不太容易被界定的缘故，但它在柏拉图思想中是一个十分重要的问题，因为当作目的论的"善的理念"被他视为最大的知识，他的许多观点的表达与这两个词有关。其他方面的定义，比如非常重要的"辩证法"③或"辩证法家"④等术语，也没有在《定义篇》中出现。

4. 有几个术语名相同，但释义不同。

一是："好"（"ἀγαθόν"［413a3］）与在［414e9］的"ἀγαθόν"。前者的释义是："由于其自身的缘故。"而后者是："保持现实的原因；一切朝

---

① 参见"C 本"在《定义篇》中的注释。

② 该词条在"C 本"等译本中未被译出。

③ 该词（"διαλεκτική"）直译是"（问答式）论辩术"。

④ 该词（"διαλεκτικοί"）直译是"采用问答式论辩术者"。

向其本身的原因，从其发生所应当选择的。"

二是，在［414a6］与［416a6］中的"适时"（"Καιϱός"）的术语名相同。在［414a6］的释义是："有益的最好时机；通力合作某事的好时间。"在［416a6］的释义是："在其每件事上遭受好运或厄运或做事是合适的。"

三是，在［411c8，416a34］中的"能力"（"Δύναμις"）的术语名。前者的释义是："由于自身产生的能创造的力量。"而后者是："在行为上或口头上卓越，涉及其拥有力量的状态，与天性一致的刚健有力。"

四是，在［413d9］和［415b8］中的"法律"词条。在［413d9］的释义是："关于争议事务的判决权。"在［415b8］的释义是："大多数人关于不限定在某些时期之内的公共生活方面的信条。"这显然是编者错误编排所致，因此，［413d9］的"法律"词条的释义应该归于之后的"审判"释义。如此，则《定义篇》中的词条应该是181个。

5. 还有一些术语有近似的释义，例如以下几个：

"［415c］拯救：未受伤害的保全"和"获救：未受害的从灾难或战争中得到生还"（这也是《定义篇》最末的一个术语）。

"［415e］恐惧：内心为不祥的预期而惶恐"和"惶恐：为了坏的预期而恐惧"[1]。

"［412c］无苦痛：涉及我们不遭受进入痛苦的状态"和"［413a］无畏：涉及我们不遭受进入恐惧的状态"，以及"无痛苦感：涉及我们不遭受进入痛苦的状态"。值得指出的是，这三个术语释义中的一个用词"不遭受"的原文是"ἀνέμπτωτοί"，该词的词义不明，"οί"当为希求式的词尾，疑是写该词条的作者自造的一个复合词，可能等于：条件小品词"ἄν"+"ἐμπτύω"；"C本"都译为"not subject to"[2]。"L. B.L本"（tome XIII，3 e partie，p.164）译为："incapacité de tomber dans"和"inaccessibles à"。

---

[1] 在《法律篇》［644d］，雅典客人即表示，对痛苦的预想是"恐惧"，预想快乐则是"自信"。

[2] 参见"C本"，第1680—1681页。

"S 本"将该词译为"in keinen Schmerz verfallen"（Ⅲ，p.789）。该词也是《定义篇》中唯一的一个生僻词，这也许是"B 本"校对问题所致。

6. 在用词方面，除了上述一个词词义不明，还有一个术语或其释义可能有误，即"［414e］（可靠的）证明：模糊不清的显示（Τεκμήριον ἀπόδειξις ἀφανοῦς）"。据释文推测，此词"Τεκμήριον"［（可靠的）证明］大概是"（作出推论的）或然的证明""σημεῖον"一词；而"Τεκμήριον"具有"确实的、可靠的或科学的确定无疑的证明"含义，而与"或然的证明"相对。"C 本"（p.1683）、"S 本"（Ⅲ，p.794）和"L. B.L 本"（XIII，p.169）对该词未做说明，径直分别译为"evidence:proof of the non-evident"、"Merkmal:was uns in dunkeln Fragen zum Beweise dient"和"Preuve : démonstration de ce qui n'est pas évident"。①

7. 在［414c］，"感觉"术语的释文中还使用了"ἥς"一词，它是系词"εἰμί"的陈述式未完成时第三人称单数，属于多立斯方言；以及在［413b10］的词条"爱慕：完全的显示"中，"显示"的用词是"ἀπόδεξις"，该词属于伊奥尼亚方言，等于"ἀπόδειξις"。而柏拉图主要使用阿提卡方言写作。这一现象的存在，或者是后人誊写笔误，或者也说明不是柏拉图所写。

8. "C 本"对原文进行了一些校对，本著作者依据自己的理解只选用了有必要采纳的几个。例如，根据"C 本"的校对：将原文［413b8］的词条"感想一致：完全真实的交情……"中的用词"τόν ὄντων"替换为"τόν εν νοῖ ὄντων"；因此可译为"感想一致：共享属于心灵中的一切"②。

9.《定义篇》也没有出现有关数学方面的术语。而数学在柏拉图学园中是受到重点研究的科目。

10. 位于［416a19］的"κακοφυία（天生就坏）"一词，在《古希腊语汉语词典》和"Greek Word Study Tool"中都没有收录，它可能也是该

---

① 关于"Τεκμήριον"的用法和释义，另外参见伪柏拉图《阿尔基比亚德斯篇（Ⅰ）》［113e9］和伪亚里士多德《亚历山大修辞学》［1430a14-15，1431a26-32］。

② 参见［C 注 6］（p.1681）以及其他一些校对方面的注释。

篇的作者自造的"χαχός"+"φύω"的一个复合词[①];"C本"、"L. B. L本"和"S本"分别译为"bad nature"、"Mauvais naturel"和"Mißbegabung"。

此外，还有一些术语或许由后来的古代抄写员和古典学者所添改。

总之，《定义篇》中的术语涉及哲学、自然、价值观、人生观和社会生活的方方面面，它们是我们在柏拉图著作中熟悉的，其基本含义也与柏拉图著作中的概念相同。再例如："灵魂：自己产生的运动；归因于充满生命力的生物运动。"[②] 而在《克拉底鲁篇》等对话中，也是如此认为[③]。另外，"僭主：按照他自己的意图统治城邦者"。这也与《共和邦篇》[562a-580d]中的观点一致。因此，在一定程度上，我们可以将《定义篇》看作是柏拉图著作的一份索引和对其一些重要术语的诠释。

三、《定义篇》的形式本身及其释义和
柏拉图思想及其方法的一般区别

（一）柏拉图的成文和不成文学说

如果说思考是心灵的自我对话，那么，不可否认，一旦将所思用文字表达出来，则由于文字的表现力有限，难免产生所思和文字的矛盾，诸如所谓词不达意或言不尽意，言外之意或如史家的曲笔等，何况所写的文字还往往遭人误解，甚至有遭受"文字狱"之灾的可能。中外思想史上确实不乏言论而无著作的大智大慧者，因此，像施特劳斯指出的，历史上有那么一些大德大智之人出于某种原因不愿或没能留下什么文字作品，因为"至高无上的真理应勤于研究而慎于表达，在表达上慎重保留是维护这一真理的必要条件。最高真理所固有的深奥使得它们不可能被所有的人轻而

---

① "L. B. L本"的脚注为"χαχία-φύσιν"，意思一样。
② 参见伪柏拉图《定义篇》[411c]。
③ 参见《克拉底鲁篇》[399d-400c]。

易举地掌握"①。但他们——例如释迦牟尼和孔子以及耶稣等——毕竟有言论而可记可传,虽然后人无法获知它们是否是他们真实的所思和所说。何况,创立"未成文学说"者已逝,除了故弄神秘者外,对于历史上的所谓"内学"也好,"密传"也罢,外人如何"内窥"究竟呢?又怎能保证那些独得"秘仪"或"真传者"不传错"道"、念歪"经"呢?如是,则也有违"未成文学说"创立者的初衷。所以,若无确凿根据,还是要对"无有文字语言,是真人不二法门"的"不成文的学说"慎重看待。

柏拉图虽然在其早中期对话作品中是通过苏格拉底表达他自己的观点并且他自己在书信中也表明不立文字的主张②,即使如此,他也有改变想法的可能。因为若真是如他所说的,则现存的柏拉图作品全是假的;就像"说谎者悖论"一样,若他所说的是假的,则他现存的作品中至少有一部分是真的,一部分是半真半假的,有些部分则是假的。不论如何,这几种情况是真实存在的,影响也是明显的。总之,他事实上曾经著书立言。

不论如何,柏拉图在其不惑之年建立学园是他学术史上的转折点,自此以后,他在担任学园主持而处理管理事务和进行教学的同时还要从事独创性的研究和对真理本身的探索。

据说柏拉图除了书面作品之外,还有所谓的口传或秘传学说,即不成文学说③。亚里士多德就在其《物理学》第四卷第二节里讨论空间问题时,最早提到柏拉图的"不成文学说"④。他写道:"柏拉图在《蒂迈欧篇》中就断言质料与处所是同一的;因为'分有者'与处所是相同而又同一的。当然,他在该篇中对分有者所作的说明与在所谓未著文字的学说中的说法是不同的,但毕竟还是使地点和处所相同了。我之所以提到柏拉图,是因为

---

① [美]施特劳斯、克罗波西主编:《政治哲学史》(上册),李天然等译,河北人民出版社1993年版,第197页。
② 参见《第二封书信》[314a-d]。不过它被认为是伪作。
③ 参见"图宾根—米兰学派"的论著以及先刚:《柏拉图的本原学说:基于未成文学说和对话录的研究》,生活·读书·新知三联书店2014年版。
④ 参见"汪陈本"第二卷第二十六章第一节;[英]泰勒:《柏拉图——生平及其著作》,谢随知等译,山东人民出版社1991年版,第十九章。

当大家都还在谈论有地点这东西存在时，只有他已经在力图说明它是什么了。"①

如同古代一些伟大的思想家，柏拉图很可能有他的某种不成文学说。不过，除了柏拉图的学生亚里士多德和克塞诺克拉特斯②等有一些不充足的介绍外，对柏拉图在学园中教学的内容和所谓"不成文学说"的详细内容是什么，人们所了解得并不多③。

虽然柏拉图在其对话作品和书信中也多次提到他的"不成文学说"与书写作品的关系，并表示书写作品和真实思想之间并不等值，甚至否认能够在书写作品中表达他的有关学说④，但是，这不等于他的其他学说不能用书面作品表达。何况他反对的只是写得糟糕的文章，并不反对写作本身⑤。

因此，就像人们对于他的"不成文学说"与书写作品的关系能够接受的理解是，当柏拉图作为教师时，他在教学过程中则可以也能够通过对话或教学互动进行思想交流⑥，而若能够在有天赋且好学并乐意追求或亲近真理者的心灵上树立他们的独立思考精神和使他们增强自由探索的意志，那就用不着把一些主张写成文字；而在一定程度上说，柏拉图书写他的当作所言说"肖像（εἴδωλου）"：对话录的意图可能不是建立所谓的"柏拉

---

① "苗本"第二卷（该卷中的《物理学》由徐开来翻译），第86—87页。
② Ξενοκράτης（约公元前396/前395—前314/前313年）是一位古希腊哲学家，数学家，柏拉图的著名学生之一，为人正直，曾经伴随柏拉图访问西西里，是柏拉图学园的第三任"主持"（σχολάρχης，从公元前339/前338—314/前313年在任）；他的教义基本上遵循柏拉图的学说，他被认为是希腊哲学转入后期希腊化时期的桥梁。他写有大量论文、诗歌和演讲，但其著作除若干片段外，大部分已遗失。
③ 据"名哲本"[3.37]记载，柏拉图在学园做过一次特别著名的演讲，演讲题目是"论灵魂"。
④ 参见《斐德罗篇》[275c-278a]；《第二封书信》[314c]；《第七封书信》[341c-342b]。后一封信的真实性基本上得到学者们的认可。但是信中所说的主题或学说（λόγος）指何？我们不得而知。
⑤ 参见《斐德罗篇》[258d，276a]。
⑥ 参见《泰阿泰德篇》[146a]。

图学说体系"①，而在很大程度上是打算永远纪念在他认为是哲学和正义化身的苏格拉底以及记录下他对一些重要问题的看法，其意图有可能在吸引人们对哲学产生兴趣和向往或践行正义等。

总之，本著认为，所谓柏拉图"内传"和"外授"以及书写的学说很可能不存在本质上的不同，它们应当是内在一致的。

（二）《定义篇》与柏拉图作品的区别主要是表现思想的方式不同

古希腊语在文体上大致可分为诗歌和散文体裁两大类。前者以荷马史诗和三大悲剧家的作品为代表，后者则以希罗多德、修昔底德、柏拉图和色诺芬等人的著作以及翻译《圣经·旧约》的第一个译本②为代表。而柏拉图与他同时期的著名散文作家又都以古典希腊语的阿提卡方言进行写作；据说他们的作品代表了"古典时期"希腊语言文学（散文体裁）的最高成就。

众所周知，西方哲学方法的要素在古典希腊时期已基本确立：依靠诉诸理性和论证，通过一种批判性的方法来接受主张、确立学说或维护观点等；这包括被称为苏格拉底反诘法或"反驳论证"方法的问答式论辩术，苏格拉底主要即用该方法来检验例如"善"和"正义"等美德概念。这种方法将一个问题或探询的对象分解成一系列的疑问，在对疑问的问和答的"证伪"③中逐步得出想要找到的答案或"定义"，其极大的影响可以从现在使用的科学方法中看出，在科学方法中，假说即是第一个阶段，而"证伪"即是证明的过程。

---

① 柏拉图在写给对狄奥尼西奥斯二世编号为《第二封书信》的信中，对后者表示不满的一个理由，是他写了一本（篇）宣称详述"柏拉图主义"的书或文章。

② 即所谓的"七十士译本"，它的成书年份大约在公元前3世纪。古典希腊语之后的通用希腊语亦是基督教《圣经·新约全书》著书时所使用的语言，或记录《圣经·新约》的语言。

③ 这里是借用波普尔的概念。参见英国哲学家卡尔·波普尔的著作《猜想与反驳》。

柏拉图虽然在其早中期大多对话作品中通过苏格拉底大量地讨论了对所涉主题的"定义",但他的"定义"大多数都无果而终,只对少数几个给以较明确的定义,例如"正义"即是其一[①]。

而《定义篇》既不属于诗歌体裁也不属于散文体裁。它也放弃了问答式论辩法而使用"定义"的机械排列方式对涉及的概念加以简要说明,以确定被界定概念的意义。不过,哲学方面的大多数概念或术语实际上无法被精确地定义。因为在主张指称论的柏拉图看来,名称形式与所指事物的内容之间存在一种张力,或者"名实相符"正确地反映所指事物,或者词不达意,错误地反映实际。人们可以通过名称为中介来学习事物,但最可靠的方法是通过事物本身来学习事物,而获得真正的知识[②]。例如,《定义篇》中对"人"的定义是:"无翅膀的,有两只脚的,有平阔手指的生物;唯一按照逻各斯可接受真正知识者。"这也是学园派对"人"的标准定义[③]。它可能是对有关指责的回应。但现实中有多少人符合具有社会属性和侧重智识或理性认识的后一部分的释义呢?何况"逻各斯"和"真正知识"的内涵是什么,也是见仁见智的问题。

所以,这实际上涉及认识论和语言学以及教育学方法论的问题,也即直接经验和间接经验的关系问题,表达(名称)与被表达(实在)的关系问题,以及因材施教、言传身教,可教不可教的问题等。

(三)《定义篇》也存在简单化等问题

虽然大多数哲学家认为定义重要的哲学概念是必要的,但维特根斯坦等哲学家认为,许多哲学概念无法被精确地定义。而《定义篇》中的一些

---

① 参见拙著:《柏拉图正义学说》,人民出版社 2013 年版。
② 参见《克拉底鲁篇》[439a- c]。
③ 对于这一说法,参见《欧绪德谟篇》[278c-282d,288d-292a]以及伪柏拉图《阿尔基比亚德斯篇(Ⅰ)》[119a-133d]。对于作为一个"接受真正知识者",参看伪柏拉图《阿尔基比亚德斯篇(Ⅰ)》[130a]。

定义也还存在以词害意或词不达意以及简单化和教条化乃至错误等问题。因此，需要人们循名责实，探究它们是否名副其实。

例如《定义篇》中对哲学的定义是："对于永远真实知识的渴望；思考真相怎么样真实存在的状态；灵魂按照正确的原理的经管。"①

"φιλοσοφία（哲学）"这一术语的词典释义是："爱智慧，爱哲学，爱知识；有系统的钻研，科学的钻研。②"而该词是由"φίλο-（喜爱）"和"σοφία（智慧）③"复合而成。

第欧根尼·拉尔修在《名哲言行录》[3.63]中说：柏拉图也称呼智慧是哲学，而哲学"是对神的智慧的渴求"。柏拉图也习惯从不同的角度、在不同语境下、用不同的含义解释同一术语。他经常也使用不同术语意指同一事物。他还使用反话暗示相同的事物。因此，他在其作品中就认为：哲学是属于缪斯们掌管之诸艺术中最伟大的艺术④；哲学是神圣的⑤。总之，他教导人们要在"爱哲学"中学习哲学、理解哲学、实践哲学。

又如，"太阳"的定义[410a]："它是从早晨直到晚上在白天出现的唯一能被看见的星辰。"亚里士多德在《论题篇》[142a7-142b6]中就此句剖析指出，被定义的词项实质上已经被包含在定义项中，从而造成循环定义的错误。因为定义太阳是白昼出现的星体，但白昼恰又是指太阳出现在地球上空⑥。另外参见《定义篇》中关于"白昼"的定义[411b]。

---

① 伪柏拉图《定义篇》[414b]。
② "希汉词典"，第961页。
③ 该词是个多义词，有"才智，才艺，手艺，技巧，本领；知识，见识，常识；智慧，哲理，学识；[贬]机灵，狡诈"等含义。
④ 参见《斐多篇》[61a]。
⑤ 参见《斐德罗篇》[239b]。
⑥ 关于《定义篇》中一些"定义"的错误，参见"汪陈本"第三卷（上），第一编第三章第三节：语义分析的逻辑。

四、《定义篇》的影响是深远的

（一）《定义篇》有助于解释和理解柏拉图作品中的意蕴

《定义篇》很可能是柏拉图学园中的学者试图把握分散在不同作品中的柏拉图思想的集体创作的合集，因此，也是一种最为接近柏拉图思想的有价值的记录。其中注重实践哲学方面的术语倾向标志着从本体论经过认识论到人生观和价值观研究重点的转向。

例如，在《申辩篇》中，柏拉图描写到苏格拉底拒绝服从三十僭主统治时期当权者的命令；而在《克里托篇》中，苏格拉底拒绝克里托劝他越狱而服从法庭对他的判决的事例；苏格拉底为什么要如此做呢？这实际上涉及柏拉图关于自然法和实在法，法律和命令，善法和恶法关系的看法问题。众所周知，法律是柏拉图毕生关注的主要问题之一，他的法律观主要体现在《政治家篇》和《共和邦篇》尤其是《法律篇》中。

《定义篇》中对"法律"的释义为："大多数人关于不限定在某些时期之内的公共生活方面的信条。"而对"法令"的释义为："限定在某些时间之内的政治信条［415b］"。这可以有助于进一步解释为何苏格拉底服从法律而不服从法（命）令。简而言之，苏格拉底生活于雅典民主制虽然被认为是大多数人的统治但其民主制却由鼎盛转衰落的时代，而极端的民主制与"僭主制"也就一步之遥。在雅典，人们决定问题通常采取集体会议制，法律也以"会议与民众决定"的字眼开头，所以法律就是民主的体现，服从法律就是尊重民主。命令（ἐντολή）则是具体当权者发出的指挥性和强制要求受命者执行的指示或指令。因为智者认为的遵守统治者的命令就是正义并非正确，而错误的命令就不是法律。所以，苏格拉底可以尊重雅典民主的法庭依法定程序对他的审判结果而坦然受刑，却冒死拒绝执行三十僭主的命令而不愿干不义的行为①。此外,《定义篇》关于"美德"、"正义"、"审慎"、"明智"、"勇气"、"法治"、"立法者"、"非正义"等的释义都与法律的观念密切相关。长期以来,我国学术界对《法律篇》重视程度不够,因此,通过研究柏拉图的法律学说,包括伪柏拉图《弥诺斯篇》中的法律观点,人们也有助于改正长期以来对柏拉图是"人治论"的片面认识。

(二)《定义篇》开创了用"定义"的方法阐释思想的"辞典"形式

从哲学上看,概念是反映事物本质属性的思维形式。作为一种认识工具,定义可以被视为一种"理想类型"。从认识论角度来看,事物的本质需要以概念反映出来,概念又是通过定义的方式揭示的。定义即指出概念所反映的对象的本质属性。在每门学科中,都有各自特有的概念。各种概念标志着人们对事物的认识的一定阶段,它们是人们在实践基础上概括起来的成果,转过来成为进一步认识事物和指导实践的方法。柏拉图即坚信认识对象的本质——型(ιδέα)——的存在。在主张言辞模仿它们所代表事物的真相并且孜孜不懈寻求事物定义的他看来②,对事物本质的揭示,就其实质来说,就是对真理的追求。因此,放弃对本质的探讨,也就放弃了对真理的追求。

除了哲学家,古希腊的许多其他知识领域的学者也在研究定义的不同问题,例如普罗狄科③所教授的课程中就有一门完整的语法和语言

① 参见《共和邦篇》[340a-b]。
② 参见《克拉底鲁篇》[422b-427d]。亚里士多德在《论题篇》中也说:"定义乃是揭示事物本质的短语。"[101b34-35]转引自"苗本"第一卷,第357页。
③ Πρόδικος(公元前465—前395年),希腊哲学家和属于诡辩派第一代的一分子,他作为开奥斯的大使来到雅典,成为人们所熟知的一位演说者和教师。柏拉图对他比其他诡辩学者给予更大的尊重,并在他的几篇对话中,例如《普罗泰格拉篇》,苏格拉底似乎是普罗狄科的朋友。普罗狄科在他的课程中突出了语言学和伦理。他演讲的内容之一至今还是大家知道的,并且关注的是赫拉克勒斯在善与恶之间做出选择的一个寓言;他还经由自然主义的框架解释宗教。

课，其主要内容之一即研究名称正确性的问题。而在苏格拉底看来，熟知正确的伦理理念的定义会使人们在道德上更好。针对智者对许多概念似是而非和模棱两可的说法，柏拉图许多对话作品中的苏格拉底即用辩证法——定义的方法试图对所探讨的对象下"定义"，来说明其"型"是什么。但由于其辩证的认识方法和开放性的态度以及所涉对象本身的复杂性，并没有明确给出多少"定义"。据忒拉叙洛斯的说法，柏拉图的对话作品中有五篇是属于逻辑性质的，它们是《克拉底鲁篇》、《泰阿泰德篇》、《智者篇》、《政治家篇》和《巴门尼德篇》，他在这些对话作品里也具体运用了他在《斐德罗篇》中主张的像辩证法家那样借助于划分与综合的定义方法，他还将天生能够识别一和多、整体和部分的人视为神①。

柏拉图之后的许多哲学家也对各种定义感兴趣；柏拉图的外甥和接班人斯彪西波，作为学园的负责人，著有《定义集》，在其所谓的定义方面的工作受到人们的好评。在亚里士多德著作的一份目录中② 我们看到有《定义集》（十三卷）、《〈论题篇〉前的定义集》（七卷）、《三段论与定义》（一卷）和《非难定义的论题集》（两卷）等，尤其是，他的《论题篇》（特别是第六卷）就专门讨论了定义问题；而他在其《形而上学》含有三十节的第五卷中分析了三十个重要哲学名词——例如"本原"、"原因"等——的各种歧义而被学术界通常称为是"哲学辞典"以及他在其被称为《形而上学》一书的中心卷的 Z、H、Θ 卷即第七、八、九卷以很多篇幅讨论了定义，此外，他在其伦理学著作也对许多术语做了界定，并

---

① 参见《斐德罗篇》[255d-266b]。另外，对此句的翻译，参见［英］培根：《新工具》，许宝骙译，商务印书馆 1984 年版，第 172 页。
② 参见"名哲本"[5.22]；"苗本"第十卷"残篇一：书目"。

且对柏拉图或苏格拉底做的一些定义进行了批评；忒俄弗拉斯托斯① 也写了《定义集》（三卷）、《定义评说》（一卷）、《关于定义》（两卷）、《关于三段论措辞的定义集》（一卷）；克塞诺克拉特斯也写了《论种和属》等几篇有关逻辑学的作品；而且对定义也非常重视的斯多亚学派例如其代表人物之一的克律希珀斯② 甚至写了许多大部头的属于和关于定义的书。在现存《定义篇》作品集中的定义和亚里士多德的及斯多亚学派的定义之间的某些相似性已经使得一些学者倾向于认为《定义篇》是晚些时候和折中主义的作品，但这些相似之处或许由这一事实较好地解释了，即亚里士多德和斯多亚学派两者都利用了公元前4世纪柏拉图学派的理念构思出他们自己的哲学观点。凡此种种，使得《定义篇》的作者们也就有可能将"定义"定义为："从区别和种属推断出来的命题。"③ 亚里士多德则很有可能受之影响乃至基于此发扬光大而在解释命题的基础上，最终创立了西方第一个形式逻辑系统，尤其是三段论理论。因为无论是判断还是推理抑或证明都是建立在通过定义界

---

① Θεόφραστος（公元前约372—约前287年），希腊哲学家，生于莱斯沃斯岛（Λέσβος）的埃雷索斯（Ἐρεσός），是柏拉图的学生和亚里士多德的著名学生和朋友，他在年轻时就来到雅典并在柏拉图的学园进行最初的研究。在柏拉图去世后，他从师亚里士多德。亚里士多德把他的作品遗赠给忒俄弗拉斯托斯，并指定后者为他的吕克昂学园的继任者。因此，他是亚里士多德遗著的受托人和亚里士多德所创的吕克昂学园的第一代继承人。忒俄弗拉斯托斯在亚里士多德隐退到卡尔西斯后，自公元前323年起任吕克昂学园主持一职。他主持吕克昂学园三十六年，在此期间学园大为繁荣。他也留下了卷帙浩繁的著作，其《人物志》（Ἠθικοὶ Χαρακτῆρες）尤其有名，开西方"性格描写"的先河。据说，他教授过雅典著名的喜剧诗人米南德（公元前342—前291年）。

② Χρύσιππος（公元前约280—前207年），斯多亚学派的哲学家。约公元前230年，他继任斯多亚学派的第三任领袖。

③ 《定义篇》[414d10]。参见亚里士多德所奠定的形式逻辑中的"定义"概念（《论题篇》[101b35，103b15]等）。例如，亚里士多德主张"种加属差"是定义的主要方法，他说："一个正确的定义应该是按照种加属差的方式作出的。"[141b23-24] 转引自"苗本"第一卷，第479页。

定的概念基础之上的①。正如亚里士多德强调的:"定义是由种和属差构成的。"② 只有定义即"种的属"才是事物的本质,"定义是关于'是什么'或本质的。而一切证明很显然首先把'是什么'确定为一个既成事实"。"证明的本原是定义","最初真理是不可证明的定义"。③ 这极大地影响了以后逻辑学的发展。

(三)从《定义篇》经《苏达辞典》和《哲学辞典》到《柏拉图辞典》

柏拉图的作品是西方文化的主要奠基文献之一,对西方思想的影响极大。《定义篇》则是使用新的辞典方法对柏拉图的作品的最早解释。尤其是,"晚期希腊的语源学和词汇编纂学和各种词典,不仅保存了古代文献资料,而且促进晚期希腊各学派注重词汇的含义的界定和语风的优雅"④。在罗马时期,"西塞罗是第一个将许多希腊哲学的专门术语译为拉丁文的作者,后来西欧的许多拉丁文术语沿用了他的翻译"⑤。而《苏达辞典》⑥的

---

① 参见亚里士多德《形而上学》和《工具论》(尤其是参见《前分析篇》和《后分析篇》)。例如亚里士多德在《后分析篇》中认为,"各种科学知识的获得,不论通过三段论推理或归纳推理,都要运用原先已有的知识。归纳推理是根据具体事实的明显性质概括出普遍命题,三段论推理则是根据初始的原理证实普遍或特殊的结论。原先具有的知识,或者是关于事实的肯定或否定的陈述,或者是对专门术语的意义分析即定义"。转引自"汪陈本"第三卷上,第 332 页对原文[71a1-18]的概述。

② 亚里士多德《论题篇》[103b15];转引自"苗本"第一卷,第 362 页。而亚里士多德在其著作,尤其是在其三部《伦理学》中就着重对一些概念进行了界定。

③ 亚里士多德《后分析篇》[90b24-32];转引自"苗本"第一卷,第 315—316 页。

④ "汪陈本"第四卷上,第 73 页。

⑤ "汪陈本"第一卷,第 116 页。

⑥ Σοῦδα,中世纪或拜占庭的希腊语,意思是"堡垒"或"要塞",是公元 10—11 世纪由拜占庭学者编纂的一本古代地中海世界的一种大部头的百科全书性质的辞书或词典,以前将之归于一位叫苏达的名下;它有约 30000 条目,跟中国的《永乐大典》一样,许多取自古代已遗失的原始资料,从而保存了大量已散失的古籍的内容,成为后世的重要史料,它也常常源于中世纪基督教的汇编者,还是一部传记性质的辞典。参见[英]约翰·埃德温·桑兹:《西方古典学术史》第三版第一卷下册,张治译,世纪出版集团、上海人民出版社 2010 年版,第 392 页。

词条覆盖整个希腊和罗马的古代，也包括《圣经》和基督教的材料。

时间跨越两千年，与《定义篇》遥相呼应，法国启蒙运动时期的伟大启蒙之作《哲学辞典》原为"法兰西思想之父"伏尔泰应《法兰西大百科全书》之约而撰写的词条，后由作者单独汇集出版。《哲学辞典》按照法语字母顺序排列，对一百余个术语以叙述描写的方法进行了诠释，有些词条还采用了对话的形式。《哲学辞典》中虽然没有"哲学"的词条，不过倒是有"形而上学"的词条。该辞典虽然词条不多，但释义较为详细，并且旁征博引、谈古说今，论述范围主要涉及哲学、宗教、伦理、法律、政治、历史、文化和著名人物，甚至还有几个有关中国和日本的词条。总之，伏尔泰教导人们学会像哲学家一样思考，行文颇有柏拉图的风格。他提倡理性、独立、自由、平等，为现代文明奠定了思想基础。

法国启蒙运动思想家集体编纂的《法兰西大百科全书》（包括《哲学辞典》）让我们再次领略到思想的力量，而它还是通过书面语言（辞典方式）展示出来的。

德国哲学家阿斯特①甚至专门撰写了有助于研究柏拉图作品的《柏拉图辞典》。后来，英国古典学者坎贝尔②进一步根据柏拉图文体风格和语言，检验考察后者使用的词汇、文法、结构，考察文体风格的演变和大量语言现象，如柏拉图最爱用的短语"κομιδῆ μέν οὖν"（用作答语的"完全如此，正是"）和"οὐκ ἄρα（的确不是）"等，尤其是柏拉图所使用的小品副词（如"ναί [是]"、"οὐ [不是]"）、虚词、不变词（如冠词、副词、前置词、连接词等）的演变，可以看出晚期的《法律篇》和早期的

---

① Georg Anton Friedrich Ast（G.A.F.Ast，1778—1841 年）是一个德国古典语言学家和哲学家，以哲学史学家和柏拉图研究者而著称。他最后的作品是三卷本的拉丁语释义本《柏拉图辞典或柏拉图哲学词语索引》（*Lexicon Platonicum sive vocum Platonicarum index*）3 Bände. Weidmann, Leipzig 1835–1838，另外著有 Plato's Leben and Schriften（《柏拉图的生平和著作》，1816）。

② L.Campbell（1870—1908 年），英国古典学者，他的主要贡献为编订柏拉图的对话，如《智者篇》和《政治家篇》、《泰阿泰德篇》等，他根据柏拉图的文体风格演变和大量语言现象辨析柏拉图对话篇的分期，他的这方面的研究产生了深远影响。

《申辩篇》的区别很大①。

柏拉图也主张言辞模仿它们所表示的事物。按照他的"模仿说"，表示事物性质的名称也是对事物真相的模仿。他对名称真相的看法是，人们能够用字母和音节构成的名称和符号表达事物的本质和性质，因为构成语词的要素与在它们代表的事物中的要素标准相关联②。

按照一般的分类，语言大体上来说可分为书面语（文字）、对话语（口语）和独白语以及内部语。《定义篇》则可归为书面语和独白语。众所周知，书面语言是以文字为物质外壳，以词为基本单位，以语法为构造规则的符号系统，是人们进行写作和阅读的工具；而独白语言则是相对于对话语言和沉思的内部言语来说的，它既可以表现于不存在人们之间进行面对面的问答或交际互动，而是一种自言自语或者自问自答，它和对话语言一样也可以体现在书面语言中。毋庸置疑，一个人不论使用何种类型的语言都可以有效地探索真理和表达思想。但言语一经书面语言体现，相对而言，对读者添加了更多理解和解释的问题，尤其是随着年代的久远，更是容易产生这方面的问题。读者就需要对其中的概念等词语的蕴含关系进行研究，甚至需要无穷界定。因此，可以说，书面语言是死言语，它不能对读者的责难或疑问自我辩解。但对思想史来说，对人类思想影响最大的仍然是书面语言，不论是独白体（语言）还是对话体（语言）。

那么，《定义篇》中是如此定义"语言"、"名词"和"话语"的："语言：有音符的人类说话声；以及解释没有乐声的任何事物的一致的符号。"③

"话语④：根据字母发出的、每一个现实存在的言辞的声音；从没有乐声的名词和动词合成的谈话。"⑤

---

① 参见"汪陈本"第二卷，第631页。

② 《克拉底鲁篇》［422a-427d］。

③ 伪柏拉图《定义篇》［414d］。

④ 参看前面"λόγος"的注释。

⑤ 伪柏拉图《定义篇》［414d］。

"名词:解释非复合的和表明状况的以及一切不说及它自身的语言。"①

我们从以上"定义"可以看到,它们至今仍然影响着人们对这些语言学术语的认识。从逻辑的角度看,无论是形式逻辑和辩证逻辑还是数理逻辑依然在探讨语言的表达与理解等一些主要问题。

特别是,研究人的语言的哲学一度成为当代哲学的主要方向。语言哲学着重对语言的来源及本质、语言的用法和意义进行理性的研究;其主要代表人物维特根斯坦即主张哲学的本质就是语言,他甚至说:"凡是能够说的事情,都能够说清楚,而凡是不能说的事情,就应该沉默。"②

此外,由中世纪欧洲经院哲学中发展出的实在论与唯名论关于共相与个别的争论,长时间也曾成为哲学探讨的主题。它在认识论上即是关于普遍概念的形成、性质和意义问题的争论。而就其思想渊源来说,则可上溯到古希腊柏拉图的"型论"等其他哲学家。

而在近现代哲学中,洛克代表的唯实论,美国新实在论等依然延续着对这一问题的探讨和争论。后现代主义则把哲学定义为创造概念的学术。

因此,人们一直在探索如何能够明晰、准确地表达思想的方式。《定义篇》就是对"概念"明晰化的最早努力的成果之一。

迄今为止,西方哲学中的许多概念和术语都与《定义篇》中的相同和相似。所以,《定义篇》与柏拉图学说一同对西方哲学史有着深远的影响。柏拉图哲学的辩证法着重分析的主要内容之一就是辩论和澄清语词的内涵。例如,柏拉图在《欧绪德谟篇》试图说明,对所讨论对象的概念首先要界定清楚(按照如今的话说,就要遵循传统逻辑的基本规律,如同一律等),因为语言本身所具有的多义、双关语或双重含义对一场严肃的讨论和推理来说是决定性的。这就像维特根斯坦对于哲学的一般理解所说的:

---

① 伪柏拉图《定义篇》[414d]。

② [奥]维特根斯坦:《逻辑哲学论》("逻辑哲学论序"),郭英译,商务印书馆1985年版,第20页。

"一些哲学问题的提法，都是建立在误解我们语言的逻辑上的。"①

　　总之，西方哲学自柏拉图之后经过两千多年的发展，人们对哲学概念所达到的一般认识之一是，哲学是研究范畴及其相互关系的一门学问，而范畴又涉及一门学科最基本的概念。至于理性认识、理性的人、理性主义等概念中的"理性"含义之一就是人们在思考、表达、论辩等行为中都要做到对所涉及问题的"概念"（包括"术语"等）——通过定义——要明晰，然后才谈得上判断和推理的准确和正确②。

---

① ［奥］维特根斯坦：《逻辑哲学论》（"逻辑哲学论序"），郭英译，商务印书馆 1985 年版，第 20 页。
② 参看《斐德罗篇》［237c，277b-d］。

《论美德》

——美德可教、可学吗？

一、引　言

　　柏拉图的全部对话作品中约有十篇（以及大部分书信中）是属于伦理性质的。而伪柏拉图作品则有一半涉及伦理问题，其中，与柏拉图的《美诺篇》的结构和主要思想最为相似的是《论美德》[①]，它显然是一篇阐释柏拉图伦理和教育思想的小对话，在一定程度上可以将之看作是《美诺篇》的摹本。

　　《美诺篇》是对柏拉图《普罗泰戈拉篇》中智者普罗泰戈拉主张的每个人都拥有一份美德，灌输善是可能的回应。虽然普罗泰戈拉在回答苏格拉底的——美德并非自然而然拥有的或天赋的，也非通过学习或接受教育得到的——疑问时，也承认，虽然人们可以把凭学习才能得到的一些知识教给他的儿子，使得他们在相关事务方面成为专家，但却不能把他们自己的美德教给其儿子，使他们变得比其他人好些，却有那么多好人的儿子变得那么卑劣。但他还是认为美德能够通过关心、实践、教导获得。并且提出了有价值的观点：美德是生活的正义、勇敢、节制和虔诚等的整体，除

---

① 假若省略《美诺篇》中对美德的定义和灵魂不朽以及学习是一种回忆的一些例子，则《论美德》基本上可看作是《美诺篇》的缩写本。

了自觉自愿地学习和实践美德,城邦甚至可以用法律强制教育美德等。但是他对苏格拉底的什么是美德本身的提问却回答不了,也就对于个别的所谓美德是否是美德说不上是正确所指。而他的美德可教的主张也主要是为智者的合法和合理存在进行辩护的。

至于苏格拉底在柏拉图对话作品中所说的美德本身,作为整体的美德和具体的美德之间的关系,这涉及柏拉图的型论、通种论、模仿说和分有学说。

纵观希腊哲学史,如果说苏格拉底开始了从自然哲学向以伦理哲学为主的实践哲学的转向,那么柏拉图则开创了由思辨哲学向侧重于以政治哲学为主的实践哲学的转向。柏拉图的实践哲学主要论述伦理道德和政治社会中的正义以及如何实现正义诸美德的问题,它以苏格拉底的"善即知识"①的命题为其具有理论哲学和实践哲学双重属性的典型表达。从涉及的具体内容上看,实践哲学主要探讨人生的意义、生活的价值和幸福、伦理的善行、社会正义和政治的价值和目的以及好的政体等问题。

显然,实践哲学在哲学史上主要表现为伦理学、政治哲学、法学、宗教哲学和教育学等。实践哲学是指将思辨哲学获得的真理性认识应用于实际生活之中的智识活动。它直接面对生活,其目的是实现善,而这有待于诸多条件或需要外在的条件成就其善的活动才可行。例如,一个人内在的善只有在外在的行为善中才能够成就其为善。所以,实践哲学重在行为过程本身。

而美德是否可教的问题也必须与柏拉图的教育哲学思想和他的灵魂不死说、回忆说、苏格拉底的"助产术"等结合起来才能得到一定的认识。柏拉图的教育哲学思想的核心价值观是他非常强调"善"的教育。即使说认识和解释世界的思辨哲学没有多少实用性,则改造世界的实践哲学是有

---

① 《共和邦篇》[505b];这里的"知识(φϱόνησις)"一词主要是在实践智慧的"见识或明智"等意义上使用的。第欧根尼·拉尔修在《名哲言行录》[2.31]中关于此句所使用的"知识"一词的原文则是"ἐπιστήμην"。另外参见《斐莱布篇》[60b];"知识即善"可以儒家修养身心的"以学养德"而"止于至善"的主张参照理解。

大的功用的。例如，"善即知识"观有助于行善为义和避免作恶；可以决定人们对于幸福、快乐与痛苦的正确取舍。

尤其是，体现善、正义诸美德和真理的伦理、宗教、法律和政治的内在一致性在柏拉图的实践哲学中是明确的。柏拉图终其一生所关注的和在其作品中论述的主要问题即是对哲学、理性、知识、真理、善和美德（智慧、节制、正义、虔敬和勇敢）等"好事物"的理念如何认识并实践的问题。柏拉图倡导"知识是善"和"无人自愿为恶"等这些主张的目的在于：通过弘扬美德和强调知识的价值，认识和实践善和正义诸美德。他告诫人们要求知探真、为善避恶。简言之，柏拉图的教育理念是：崇尚知识和注重美德教育，以认识"善"、实践善和正义诸美德为最高目标。

《论美德》作为伪柏拉图作品中较为短小的对话之一，不足四千字，其中还有几大段［377b-378c］基本上出自柏拉图《美诺篇》的整个段落［93d-94e］，只不过与苏格拉底对话的人不同，前者是希庖特劳芳斯，后者是阿尼图斯（Ἄνυτος）。从《论美德》整段引用柏拉图《美诺篇》中的原话来看，可以确凿地判定它是伪作。但它也"冒名顶替"地——虽然是片面地——在一定程度上起到了传播柏拉图伦理和教育思想的作用。

二、《论美德》概述[①]

（一）《论美德》的作者和写作的时代以及版本、研究简况

从《论美德》大段引用柏拉图《美诺篇》中的原话来看，虽然我们可以确凿地判定它是伪作，但究竟谁是《论美德》的作者，我们却不得而知。它的作者有可能是柏拉图学派的某个成员或柏拉图学园中的某个学生。但从这种不说明引文出处在现代无疑是一种剽窃行为的"引用"手法

---

① 以下一些内容参考了"C本"，"提要"、第1694—1695页。

来看,《论美德》也有可能是一位为了其论题而引证来自《美诺篇》和其他著名的柏拉图（学派）的对话的主题和段落以获得权威文献支持的有神论者所作。

如果《论美德》属于柏拉图老学园后期内部辩论的一部分,则可能写于克塞诺克拉特斯执掌柏拉图学园的时期或在他去世后不久,要么,该对话可能写在亚里士多德探讨美德问题的时候[1]。那么,《论美德》的写作时代就可以被追溯至公元前 4 世纪的末叶。因为作为柏拉图学园第二代主持的斯彪西波基本上承继了柏拉图的学说,虽然他也写有大量对话著作,但是几乎没有写有关美德或伦理学方面的。而任柏拉图学园第三代主持的克塞诺克拉特斯的基本思想虽然也与柏拉图保持了一致,但因为他在其写的一篇同名作品《论美德》（二卷,现已遗失）等其他几篇有关伦理学的作品中肯定了美德能够被传授,也许《论美德》的作者正是对他的观点的回应,而捍卫他本人认为的柏拉图的美德不能够被传授的主张。否则,《论美德》是由针对声称美德能被教而且其基础在于人性的斯多亚学派的人所写;若是如此,它就有可能写于公元前 3 世纪中叶,作为柏拉图学园主持的阿尔凯西劳斯[2]重新强调柏拉图撰写的作品并且从中得出怀疑主义和反斯多亚学派教训之际。再者,如果《论美德》是某位有神论者所作,则可能写于公元前后基督教兴起之际。

《论美德》似乎在古代一直被传播着。人们猜测,它也有可能是第欧根尼·拉尔修在其《名哲言行录》第三卷"柏拉图"中提到的一篇伪造的作品《养马人》(Ἱππότροφος),其名称恰好是《论美德》中的对话人希庖特劳芳斯,而希庖特劳芳斯一词 "Ἱππότροφος" 本来是形容词,在古希腊语里字面意思是"养马的"或"牧马的"。据说柏拉图常常赞许马[3]。第欧根尼·拉尔修在其《名哲言行录》（第三卷）记载,最早编订《柏拉

---

① 亚里士多德写有著名的三大伦理学著作。

② Ἀρκεσίλαος（公元前 316—前 241 年）,希腊哲学家,第二期或中期柏拉图学园的创始人。他反对某些希腊化哲学家的教条,特别是斯多亚主义。

③ 参见"名哲本"[6.7]。

图全集》的是公元前 3 世纪的拜占庭的阿里斯托芬，但他编订的全集和在公元 1 世纪上半叶，门德斯的武拉叙洛斯编订的《柏拉图全集》编辑体例中都没有将《论美德》包括在内。从中世纪开始，特别是在文艺复兴时期的人文主义的时代，人们重新发现了《论美德》①。

　　由于人文主义者重新重视古希腊文化研究，人文主义者马尔塞琉·菲齐努首先在他于 1484 年出版的最早的拉丁文版的《柏拉图全集》中辑录了他认为归于伪造的作品《论美德》②。阿尔多·马努齐奥则在 1513 年最早重印的柏拉图的希腊文版本中也辑录了《论美德》。尤其是在 1578 年，亨利·艾蒂安在他所编订和出版的《柏拉图全集》（三卷）完整版中不仅辑录了被视为伪作的《论美德》，而且他在该版中首次使用了新的分页方法，即对全部原文用数字和大写的拉丁字母作为边码以标注页码和分栏，例如《论美德》[376A–379D]，这也成为现代对其他古希腊作者作品的标准分页的基础。现今，由伯内特校订的被学术界公认为较好而广泛使用的《柏拉图全集》的希腊文版根据的即是这一版本，不过将边码改为小写字母并且加以细化到行号，例如《论美德》[376a1–378b5]。

　　至于其他语种版本的情况，主要在近现代西方重新重视柏拉图研究以后由德国、英国、法国和美国以及意大利等几个主要国家为代表，不过在这些国家出版的大多数所谓《柏拉图全集》除了有几种版本含有多少不等的伪作外，主要包括柏拉图的真作，而将部分伪作（包括《论美德》）排除在外。迄今为止，最全的《柏拉图全集》当数库珀（John M. Cooper）主编的英译全译本 1997 年版《柏拉图全集》（*Plato Complete Works*）和施莱尔马赫（Schleiermacher）等人三卷本的德译文本（*Platon: Sämtliche Dialoge*，1982 年版）；除了没有将"柏拉图的遗嘱"辑录在内，而将其他几乎所有伪作（包括《论美德》）悉数收录，此外，Les Belles Lettres 出

① 最早的拉丁文译本产生在 1436 年或 1437 年。参见"J. H 本"，第 84 页。
② 但菲齐努认为该篇对话的作者使用了假名。参见"J. H 本"，第 307 页。

版社的 *Œuvres complètes de Platon*（希腊文、法文对照本《柏拉图全集》）中也收录了《论美德》。而西方学界对该篇对话的研究，主要在哲学史中论及柏拉图哲学时简要述及。

在我国，似乎尚无《论美德》的中译文和对之研究的文章发表。

（二）《论美德》的梗概和若干细节

古希腊语的美德一词是 "ἀρετή"，具有 "善良，卓越，英勇；（对）名声、荣誉、卓越的奖励或报答；（土地，马，公民的）优良，（形态的）优美；（为某人立下的）功劳；[拟人] 美德，完美；（在荷马史诗中特别指）男子气概的任何一种品质；（在晚期指）有关众神的 [主要用于复数] 辉煌的事迹，奇迹，灵异；（《七十子圣经译本》经常用于）对上帝的赞美"等含义①。因此，"ἀρετή" 有德行和才能两方面的基本意义。在柏拉图作品中，"ἀρετή" 一般指 "道德意义上的美德，善良的本性或品性，仁慈等"②。该词的反义词是 "κακία"，具有 "卑劣，怯懦，邪恶，耻辱，不光彩" 等含义。

在《定义篇》[411d] 中，"美德"③ 的释义是："最好的安排；非永生的生物由于其本身所处的赞美状态；由于其本身拥有者被说成是好的状态；依照法律的正义关系；由于其本身拥有者被说成是置于完美、卓越的境况或安排④；被视为守法的状态。"可见，这一定义包含自然和社会双重属性。值得注意的是，这一释义也与属于实践哲学的政治和法律有关。

《论美德》这篇对话作品中只有两个对话人，伯内特在其《柏拉图全集》的希腊文版中将他们列为 "苏格拉底、希庖特劳芳斯"，而希庖特

---

① 参见 "希汉词典"，第 115 页，以及 "汪陈本" 第二卷第一编第三章第一节关于该词（"ἀρετή"）词义的演变。

② 参见《申辩篇》[18a]；《共和邦篇》[500d，618b]；《法律篇》[963a，963c]；另见色诺芬《回忆苏格拉底》[2.1.21]；亚里士多德《尼各马可伦理学》[1102a6]；《政治学》[1295a37]；等等。

③ 希腊四主德的释义参见 "名哲本" [3.91]。

④ 参见《高尔吉亚篇》[506d-e]；亚里士多德《论题篇》[131a37-131b2]。

劳芳斯一词"Ἱππότροφος"本来是形容词，如前所述，在古希腊语里字面意思是"养马的，牧马的"。再者，《论美德》主要模仿或根据《美诺篇》写成，而在《美诺篇》中，苏格拉底回答第一个提问的例子中即说到"ἱππικός"（"善于骑马的，或骑术"），因此，可视为双关语，人名也就是一个有技艺的养马人。

《论美德》基本上可看作是柏拉图《美诺篇》的缩写本。《论美德》的开头［376a］，由苏格拉底向希庖特劳芳斯提问："那么，美德是能够教会的吗？"换成《美诺篇》的首句［70a］，则是由美诺向苏格拉底提问的而已："美德是能够教会的吗？""能够教会的"（"διδακτός"）一词在古希腊语中也有"从（某人那里）学来的，（某人）教的；能够（凭经验）学会的"的含义。甚至对话人希庖特劳芳斯的名字也有可能是杜撰的，来自《美诺篇》中与苏格拉底回答的话提到的词"ἱππικός"（"善于骑马的或骑术"）有关。

而《论美德》末尾的结论与在《美诺篇》末尾苏格拉底的结论是一致的：美德既非能学会又非天生，而是将由神在场分配给拥有者的。所不同的是，《美诺篇》指出要正确回答人如何得到美德这个问题，我们必须知道什么是美德或美德自身是什么。这牵涉本体论的问题。

《论美德》这篇短小精悍的对话作品虽然缺乏柏拉图对话作品中常见的戏剧性或对话背景描写，也没有引用什么文献或典故，而是通篇一问一答直到对话结束，行文显得有些枯燥乏味，但是它的主题明确，结构严谨，层次清楚，论据恰当，用词准确，简明扼要，首尾呼应，结论能够自圆其说。

该篇对话的基本思路或框架是：首先由苏格拉底开门见山，提出主题："一个人如何才能变得好？"然后，考察了有可能达到其目的的两种途径：一种是，美德能否可教？另一种是，美德是否天生的？在对它们否定之后，最后，再由苏格拉底得出结论：美德是由神分配给其拥有者的。

具体而言，由苏格拉底直达对话主题："［376a］那么，美德是能够教会的吗？或者是不能够教会的，再者，人们天生地变成好①的，或是用其他的什么方式成为好的呢？"然后，通过厨师、医生、匠人等内行掌握的技艺为例，说明人们若愿意获得专门知识，那你就必须遵从专家的教诲，可以从那些内行专家学得技艺或者变得有才能和有知识，但是学不到美德。接着，又以不只有技艺而且也有美德的好人——诸如雅典著名的人物修昔底德、塞米司托克勒和阿里斯提得斯以及伯里克利②等人——为例，再次证明，人们——包括他们自己的儿子——从他们那里即使能够学到技艺也还是全都无法学到美德，而且也说明美德不能教授，否则，那些有美德的人早就将美德教给或传授给他们的儿子了，更遑论其他人。因而"美德"显然不可能这样来获得。

其次，美德也不是一种天赋，或者它似乎不靠"天性"产生。人不像马和狗等动物以及金币和银币等物质。良马和好狗以及金币和银币以自然形成的性质为前提，人们可以训练前者，检验它们的优劣。但是对人的天性而言，就没有这样的训练者和分辨者，也就不存在判断他们的技艺。要

① 该词（"ἀγαθός"）具有一般"好的"意思外，还有"高尚的，高贵的，勇敢的，能干的，善良的"等含义；当用作比较级时，随着用词和语境不同，分别多指智力和勇气、品德和美德、愿望、体力方面的"好"。通常也译为"善"。在伪柏拉图的作品中和像在柏拉图的作品中一样，该词是一个被频繁使用的重要的词语。

② 修昔底德（Θουκυδίδης），参见本篇正文解释。塞米司托克勒（Θεμιστοκλῆς，约公元前524—前459年，另说约公元前514—前449年），绰号"法律的荣耀"，是公元前5世纪雅典著名政治家和将军。希波战争初期他在雅典推行民主改革，使贵族会议的成分发生改变。他的海军政策会对雅典产生了长远的影响，作为海上力量的基石，因而成就了雅典帝国的黄金时代。后来，他遭到放逐并死于波斯。阿里斯提得斯（Ἀριστείδης）有大阿里斯提得斯和小阿里斯提得斯。这里是指前者。大阿里斯提得斯（公元前530—前468年）是古雅典政治家，绰号"正义"；历史学家希罗多德（《历史》[8.79]——括号内的数字表示该书的卷数和节数，[8.79]即第8卷第79节。下同。）称他为"雅典最好的和最值得尊敬的人"；在柏拉图的作品中，他同样受到尊重。大阿里斯提得斯虽然在美德方面著称，但没有将儿子吕西玛考斯教育好。参见《美诺篇》[94a]；小阿里斯提得斯在与苏格拉底的交往中没有受益，参阅《泰阿泰德篇》[151a]。伯里克利（Περικλῆς，公元前495—前429年），公元前5世纪雅典著名政治家，民主派领导人（公元前460—前429年），其统治时期成为雅典经济、文化和军事上的全盛时期，迄今都是雅典政治中最负盛名的人。

不然，如果它是天赋，我们就可能像我们有养狗和养马的行家或培训师和像教师一样的有人性方面的专家致力于识别和培养它一样。他们也就能够告诉我们哪些青年人具有应当精心培养的品质。

显然，对城邦来说，好人比好的马和狗以及其他诸如此类的什么东西更有价值。如果有显示好人自然形成性质的那种技艺，那其价值也就极大，掌握那种技艺的人"仿佛是说神示之人①的神道和解释神示的人②"［379c］。"因为像拥有它的那些人就会给我们宣布年轻人中的哪些人，现在仍然是孩子的，注定将成为好人，我们就会靠公费开支，就像用银钱，甚至更为有价值的什么，在卫城中款待他们保卫他们，免得他们在我们看来遭受轻微的某一种既非在战争中又非在其他任何其他中的危险；另方面，他们会被当作拯救者和恩人为城邦贮存起来，至少自从他们直到成年时起③［379a-c］。"

由此产生的问题在于，既然美德既非天生又非通过学习产生？那么，用其他什么方式才会变成好人呢？像柏拉图式的开放性的或揣测性的结论一样，《论美德》的作者提出了另外一种可能：美德像预言一样，似乎依赖于某种难于测度的"神的"灵感，拥有它们的人"是由诸神用吹气"④的方式变成这样的⑤。但只不过像这样，好人们任何时候对城邦宣告可能的结果和将至的事情，尤其是从诸神注入的气息比预言者们更为明白清楚。此外，也许妇女们也说那种人是神一样的⑥；拉栖第梦人⑦每当赞扬某个显赫的人时，他们也说那人是神一样的。再者，荷马像其他的诗人

---

① "Μάντις"一词可比喻"预卜未来的人"。
② 但该词（"χρησμόλογος"）同时也有贬义"贩卖神示的人"。
③ 参见《美诺篇》［89b］中相似的表述；另外，参见《共和邦篇》中对卫士培养的论述。
④ 该词（"ἐπίπνοια"）引申义为"神的启示"。
⑤ 古希腊人也有一种"谋事在人，成事在天"的意识，在勇于承担自作自受的后果之余，将不可把握的未来之事都归于"天道"所为。
⑥ 该词（"θεῖος"）是个多义词，有"来自神的，神指定的，出于神意的，敬神的，属于神的，神圣的；神一样的，超过常人的（英雄），高出常人的；杰出的，极好的"等含义。
⑦ Λακεδαιμόνιοι，即斯巴达人。

一样，在许多地方也应用了那同一种赞语。尤其每当神打算使一个城邦走运时，他就将好人放进城邦；但每当一个城邦注定要倒霉时，那位神就从该城邦中取出好人。如此看来，美德既非能学会又非天生，而是将由神在场分配给拥有者［379c-d］。

总之，结论是，那些享有美德的人要感谢神，而不是他们的天性，也不是他们的教育者。

在用词方面，《论美德》的原文中有几个单词存在问题，例如：在［376b］中，苏格拉底说："那么，我们像这样思考它"的"思考"一词，及另外几处相同的用词"σκέπτομαι"（"观察"或"思考"）不是阿提卡方言"σκοπώ"（"观察"或"思考"）一词。或许作为根据之一，由此可以推测，该篇对话作者不属于主要使用阿提卡方言写作的柏拉图。但这种个别用词方面的不同也有可能是后来学者传抄时发生的笔误，所以，也可以不足为凭。

在［377d］的一句中，苏格拉底说："因为你和我也知道他并且我们和他一同诞生。""一同诞生"的原文用词是"συνεγενόμεθα"，疑是讹误，《古希腊语汉语词典》和《希腊词研究工具》等都未录该词；或是印刷错误，或是原作者自造的复合词"συν"+"γίγνομαι"；意思等于συγγίγνομαι［除了有"和……一起诞生"的含义外，也有"和某人交往，（学生向老师）请教"等含义］。因此，根据语境，"一起诞生"很可能是"一同交往"。例如，"C本"、"L. B.L本"和"S本"分别译为："for we've spent time with him"（p.1696）；"toi et moi, l'avons connu et fréquenté"（XIII, p.30）；"denn diesen haben du und ich gesehen mit ihm verkehlt"（III, p.809）。

在［378d］的一句中，原文"关于金币和银币"的"银币"（"ἀργύριον"）疑印刷有误，应该为"ἀργύιον"（银币）。例如"L. B.L本"（XIII, p.32）译为"l'argent（银钱）"；"C本"（p.1698）和"S本"（III, p.811）同样译为"silver"和"Silber"（银钱）。

此外，值得一提的是，据《拉凯斯篇》［179a］和普鲁塔克《希腊罗马名人传》（《伯里克利》［11.1-2，14］和《尼基亚斯》［2.2]），本篇对

话 [376c，378a-b] 中提及的修昔底德（Θουκυδίδης）显然是指与伯里克利同时代的雅典一位杰出的政治家，军人，即与伯里克利一直相抗衡是其政敌的修昔底德 [他是雅典政治家和将军基蒙（Κίμων，公元前 510—前 450 年）的亲戚，后被伯里克利放逐，死于外地；他的祖父和父亲是雅典的贵族，是阿洛佩克人麦莱西亚斯（Μελησίας）的儿子，虽然生年不详，但他的年纪可能大于苏格拉底]。而非生活于公元前 5 世纪下半叶，与苏格拉底年龄相仿的雅典历史学家、政治哲学家、将军和著名的《伯罗奔尼撒战争史》作者的修昔底德（Θουκυδίδης，公元前 460—395 年），和苏格拉底一样，其生活的时代正值雅典的极盛时期，也是古希腊文化的全盛时期。他的《伯罗奔尼撒战争史》叙述了在公元前 5 世纪斯巴达和雅典之间直到公元前 411 年的战争。修昔底德也被称为"科学的历史之父"。据修昔底德《伯罗奔尼撒战争史》第四卷第八章记载，他的父亲是奥劳鲁斯，其家族在色雷斯沿海地区拥有金矿开采权。

三、《论美德》和柏拉图的伦理和教育思想 以及教育方法的关系

（一）《论美德》可看作是柏拉图《美诺篇》的摹本和缩写本

《论美德》主要根据《美诺篇》和《普罗泰戈拉篇》——特别是前者——而写成。

按照忒拉叙洛斯在其编订的《柏拉图全集》中为柏拉图的作品给出的篇名和分类方法①，《美诺篇》的副标题是"论美德"，属于试验性的。那么，《论美德》也属于试验性的。

在《论美德》的最后所提出的观点——"如此看来，美德既非能学会

---

① 参见"名哲本"第三卷。

又非天生的,而是将由神在场分配给其拥有者"——不只基本上重复了苏格拉底在柏拉图的《美诺篇》最后的结论:"美德就既非天生又非能学会的,而是将由神在场促使那些人在心灵中就会生成(美德)。"①它也具有部分柏拉图的哲学家应该统治而且他们的统治可能将经由神的分配变成现实的观点②。柏拉图在其《蒂迈欧篇》和《法律篇》等作品中也为这种神助的观点提供了神学上的支持③。

在有神论者和某些人性论者看来,人之是善是恶皆由神预定,本性使然。有些人屡教不改,所谓"朽木不可雕也",只能是"天生就坏"④,人性本恶;同理,有些人能够从善如流,超凡脱俗,品德高尚,是由于天生就好,人性本善。有时同一个人显得或好或坏也有转换,似乎本性有善有恶,但终究还是好人或是坏人。就像金质的东西涂上铁锈也不会变成铁,铁质的东西虽然也可镀上金,但是到底也不能成为金。

而从无神论者的立场来看,只有人不像物质的或动物的东西,具有各种可塑性。人性本无善亦无恶,通过习染和环境影响成为善或变为恶。传说也好,还是事实上存在的现象也罢⑤,不论美德是否是知识,仅仅就对一个有正常智力的人来说,可学,却并非像学技艺一样必然可以学会;显然美德也可言传身教,但并非像教授技艺一样必然可以教会。民谚说,一

---

① 可比较《美诺篇》[99e-100a] 的原文:"ἀρετὴ ἂν εἴη οὔτε φύσει οὔτε διδακτόν, ἀλλὰ θεία μοίρᾳ παραγιγνομένη ἄνευ νοῦ οἷς ἂν παραγίγνεται" 和《论美德》[379d9-10] 的原文:"οὕτως ἔοικεν οὔτε διδακτόν εἶναι οὔτε φύσει ἀρετὴ, ἀλλὰ θεία μοίρᾳ παραγίγνεται κτωμένοις"。

② 参见《共和邦篇》[473c-d];《第七封书信》[326a-b]。

③ 参见《法律篇》[715e-716d]。

④ 参见伪柏拉图《定义篇》[416a20] 的释义:在天性和涉及本性的过错中的卑劣;就本性的疾病而言。该词条释义与柏拉图的观点——将天性邪恶视作精神疾病——相同。参见《蒂迈欧篇》[44c,86b-87c,88b] 等。

⑤ 例如,父亲贤明没有超过"其仁如天"的尧帝的,但是他的嫡长子丹朱被其视为"不肖乃翁"而被放逐。"郁郁乎文哉"的文王也有忤逆不道之子(管叔鲜和蔡叔度是周公的兄和弟),正所谓"父贤不足恃"等等皆说明此理。苏格拉底一生为人师表启迪他人,不知其子是否具有其父的美德。

母之子有善有恶，一树之果也有甜有苦。史实也告诉我们，圣贤之家有凡夫逆子，大忠之家也有奸贼。现实也时常证明，近朱者未必赤，近墨者亦未必黑；而且善者和恶者也有转化的可能。这一切都证明，即使教育的条件和受教者所处的环境相同，美德的可学和可教只是一个或然性或机会问题，并无规律性可循。

最可能的情况是，是以上综合的因素而以内因——自由意志——为主决定一个人的为善或为恶。

美德是否可教的问题主要也在《普罗泰戈拉篇》中进行了讨论。普罗泰戈拉在讲了神创生物尤其是人类的故事之后说道："说真的，无论如何，这一（属于城邦的①）美德和一起分得一份儿的所有人有关，或者不会有城邦……如同不可或缺的，每一个人以某种方式有一份儿（正义或节制），或者他不会在人类之中……美德是能够教会和习得的。"②

若从表面上来看，柏拉图的一些主张与普罗泰戈拉的没有大的不同，但柏拉图是将美德之所以为美德的"型（ίδέα）"建立在理性基础之上，辩证地理解各美德之间的关系的，而且是为他设想的哲人王理想国或第二等最好的法治城邦服务的。这就与建立在感性基础上、就事论事和仅仅为授徒赚钱的"智者"③不同。

总之，如果说一种解释即一种理解，人只有在解释中才能理解点什么的话，那么，《论美德》的作者主张美德来自外因神赋的看法也只是柏拉图观点的一个侧面，若冒充为柏拉图的作品则是对柏拉图片面的理解甚或误解。该主张起码不是柏拉图学园的共同立场，更不是柏拉图本人的立场，因为他的立场远比《论美德》的作者更为微妙和辩证。

---

① 该词（"πολιτικός"）也有"关于政治的；适合于公民的；属于公共生活方面的"等含义。

② 《普罗泰戈拉篇》[323a-324d]。

③ 该词（"σοφιστής"）是个多义词：具有"有技能的人，大师，能人，巧匠（指诗人和音乐家）；[泛指] 哲人，哲学家"等含义。柏拉图在其对话作品中，特指（雅典公元前5世纪中叶以后的）智者，修辞学教师，诡辩家；也指骗子。是他批驳、讽刺的主要对象。

此外，在《论美德》中谈到的关于美德是否可教时所提及的一些政治家教育其儿子们的事例类似于《美诺篇》中的人物和例子。

（二）柏拉图的美德观和教育思想是其实践哲学的重要组成部分[①]

《论美德》的作者所主张的观点只有与柏拉图的相关主张联系起来才能正确地理解。

从表面上看，柏拉图在其各篇对话中的思想并不总是一致的，常常也有不同甚至矛盾之处；他在许多重要问题上的原创思想也显得处于不断探索之中并且是从不同方面有所变化或发展的。而人们——包括《论美德》的作者——对他的解释和理解也多有不同甚至存在根本性的分歧。但是，从柏拉图作品的意向性分析，动机总是明确的。柏拉图的伦理和教育思想以及教育方法源自苏格拉底的熏陶——近朱者赤或近朱者未必赤——和同叙拉古僭主们的交往——近墨者亦未必黑——以及对希腊世界，特别是衰落的雅典的忧虑和对未来美好社会的憧憬的思索等，具有一种浓厚的目的论色彩。

作为一个思想家、教育家和作家的柏拉图虽然没有写过一篇专门系统论述美德或教育的作品，但在其许多对话中谈到美德及其教育的方方面面的问题，它们涉及美德的产生、美德的属性、美德对个人和社会的重要性、美德的构成以及教育和培养、教育的本质和必要性以及方法等。他也是从不同角度和不同层面上论述这些问题的。所以，作为一个研究者、听者和读者为避免片面理解柏拉图的思想，需要结合他的所有著作，通过解释性的理解并对其作出因果性的说明。换句话说，若只着眼于《美诺篇》和《普罗泰戈拉篇》而不联系《共和邦篇》和《法律篇》等其他作品，不对柏拉图写作的动机和其作品体现的意向性进行全面的把握则不能正确理

[①] 考虑到柏拉图的美德观和教育思想的重要性以及伪作涉及的许多方面都与此有关，以下稍多论述一些柏拉图在此方面的主张以有助于与伪作的比较研究或对之的理解。

解这些问题。

要理解美德这一问题，需要把握柏拉图主张的"善即知识"这一命题的意蕴。"善即知识"观既是他的理论哲学又是他的实践哲学的重要组成部分。他提出这一命题的目的在于认识和实践善和正义诸美德。

"善即知识"或"智慧即善"是柏拉图归于苏格拉底名下的一个著名观点。另外，有文献也记载了类似的观点，如《名哲言行录》中引述了色诺芬的话，记载苏格拉底说过："善只有一种，那就是知识，同样，恶也只有一种，那就是无知。"①

"善即知识"的善（"Ἀγαθός"）一词具有：[形容词]"好的，高尚的，高贵的，勇敢的，能干的，善良的，有用的（东西）"以及[名词]"贵人，贵族，财富，幸福"等词义；而"知识"一词的原文是"φρόνησις"②，当"φρόνησις"属于美德之一种的智慧时，"善即知识"则也可以理解为"善即智慧"（"σοφία"）。因为柏拉图是将这两个词互用的。就区别而言，柏拉图一般在美德的列表中所用的"智慧"一词是"φρόνησις"，该词主要使用于《法律篇》等涉及实践哲学的对话③，而非主要于《共和邦篇》等有关思辨哲学的对话中使用的"σοφία"一词。换句话说，或许"φρόνησις"涉及一个人在公共和私人事务的谨慎行为方面表示其自身的实际智慧，如"精明"；而"σοφία"则暗示哲学家理论上的智慧④。第欧根尼·拉尔修即是在后一意义上说，在一种特殊意义上，柏拉图"把智慧看作是思维的而且也是实际存在的东西的知识，他说，这门知识是关于神及其与肉体相分离的灵魂的。特别是，他用智慧来称谓哲学，而哲学是对

---

① 第欧根尼·拉尔修在《名哲言行录》[2.31]中关于此句所使用的"善"和"知识"二词的原文分别是"Ἀγαθὸν"和"ἐπιστήμην"。

② 该词有"意图，意向，心高志大；聪明，精明，见识，审慎；[贬]高傲，傲慢"等含义。也指在治理和公共事务方面的实践智慧或精明。

③ 参见《法律篇》[630a-d，631c]。

④ 参见亚里士多德在《尼各马可伦理学》第六卷第五节和第七节的用法。另外参见R.F.Stalley 在 其 An Introduction to Plato's Laws（Basil Blackwell Publisher Limited，1983，p.48）中对此的分析。

神圣智慧的渴望。在一般意义上，他也把所有经验看作是智慧，例如，他称手艺人是智慧的"①。

而在不同的英文、德文和法文版中，通常也是将"Ἀγαθός"依次译为"good"、"Gute"和"bien"，这三个词都具有"善，善良，美德；利益，好处，幸福"等含义；而将"φρόνησις"依次译为"knowledge"（知识）、"Einsicht"（明智）和"intelligence"（智慧）。由此，可以看出，不同的译者对"Ἀγαθòς"主要是从伦理上"善"的角度认识的，而对"φρόνησις"则是从"智识"层面理解的，不同的译者由于在理解上侧重不同而译文略有差别。

对于善（美德）和知识的关系问题，我们在讨论的主题是祈祷的被认为是伪作的《阿尔基比亚德斯篇（Ⅱ）》中还可看到类似的论述或阐释。

柏拉图也在宽泛的意义上使用善的概念和从不同的角度及层面讨论善的属性，认为一切属于"好的事物"(καλός)②、或"优秀的东西"都是善，但也时常将善与美德（"ἀρετή"）③在相同的意义上使用④。他也接受了古希腊传统上所持的四种美德——通常由智慧、正义、节制和勇敢等部分构成——的主张，⑤认为美德的各组成部分是一种具体的善，与善是知识一样，美德的属性也与知识相通。因此，他认为，美德的所有部分大约都处在相互友善之中。⑥

伽达默尔对此评论说，柏拉图证明德性（古希腊四主德）的"所有这些古典概念在本质上隐含着同一个东西，即知识。这种知识是对

① "名哲本"，第320—321页。不过，在此段落中，拉尔修所使用的"智慧"一词原文均是"σοφία"，其具有"才智，才艺，手艺，技巧，本领；知识，见识，常识；科学的知识，智慧，哲理，学识；[贬] 机灵，狡诈"等含义。
② "καλόν"作为名词具有"善良、高尚、美德"等含义。
③ 按照柏拉图在《克拉底鲁篇》的解释，"ἀρετή"是好事物或适宜事物的永远流动 [415b-e]。
④ 《政治家篇》[306c]。
⑤ 《拉凯斯篇》[198a]。
⑥ 《政治家篇》[306c]。

'一'——它就是'善'——的知识。因此，柏拉图很早就看到了一和多的问题。即使在《国家篇》提出的庞大的乌托邦城邦模型中，这个问题仍是中心议题——不是把三个阶级互相区别开的差异而是它们之间的和谐和统一才构成了有秩序的城邦。与此相应，灵魂的真实本性是多中之一，和谐、一致或其他适用的表述都指向这同一方向。"①

柏拉图还通过著名的"太阳喻"来说明善是知识和真理的源泉，他说，善的"型"相当于太阳，是把真理赋予知识对象，使认知者拥有认识能力的存在，是知识和真理的起因②。因此，"善"既是知识，也是各种具有"好"的属性的事物。我们如果将作为整体的美德譬喻为一台车，其组成部分的智慧则是方向盘，勇敢是动力，节制为刹车，正义监督其各司其职、互不僭越、和谐一致，司机和乘客则是利益——自由、幸福、快乐的生活等等——所在。而用柏拉图的话说，善是一，又是多。例如，在《法律篇》中，柏拉图在谈到神授的体制的卫士们也必须受到约束时，主张首先最重要的是准确地看到渗透在美德组成部分之间的同一之处或统一性。法律的真正卫士需要关于它们的真正知识，一定要能够用语言说明这种知识，并在实践中加以运用，把握善与恶的内在界限③。

而要理解善是知识和真理的源泉这一说法，那么人们也就需要接受柏拉图关于灵魂永恒和生而有知，学习即是回忆以及理论哲学和实践哲学相辅相成的主张④。就人们对存在的反映而言，就像光线遇到反射的介质一样大多是"衍射"、"折射"甚至如戴了哈哈镜或有色镜似的"变形"和"变色"的反映。而知识的获得和获得什么样的知识以及如何使用知识也是因人而异的。我们知道，柏拉图是将灵魂不灭说与回忆说结合起来阐述他的知识学说的。在《斐多篇》和《美诺篇》中，柏拉图主张，在现实世

---

① ［德］H.G.伽达默尔：《伽达默尔论柏拉图》，余纪元译，光明日报出版社1992年版，第144—155页。
② 《共和邦篇》[508e-509b]。
③ 《法律篇》[965d-966c]。
④ 《斐多篇》[76a]。

界之外,有一个超越经验和时空而永恒存在的理念世界;人们的经验是无法认识理念世界的;虽然人们关于理念世界的知识是先天地存在于人的心灵之中的,但可以通过后天的学习——教育的作用——把它们回忆起或引出来。真理是自在客观的,认识仅仅在于发现它。如《美诺篇》中的男童奴经过苏格拉底"助产术"的引导而回忆起数学公理。而教育的重要性即在于美德基于知识的原因。

柏拉图认为有两种知识,一种是关于事物本质的,这是思辨哲学的研究对象,而属于高级的知识;另一种是关于具体应对个别事物或实际生活的,它属于实践哲学的范围。而高级的知识是关于真正存在的知识即把握了真理的知识[1],用柏拉图的说法,这主要有真正的知识和纯洁无瑕的知识。长期以来,学术界通常将柏拉图的灵魂不灭说与回忆说主张——先验说或唯理论——说成是他的知识的唯一来源说,但根据他的"蜡版说"和"知识鸟笼说",知识的另一来源似乎是感性或经验。这使我们联想到,笛卡儿的认识论与前一主张相符,而亚里士多德的"蜡块说"和洛克的"白板说"与后一主张类似。所以,柏拉图的认识学说是知识的一元论还是二元论还有待商榷。笔者认为,如果按照现代的术语,理性认识来源于灵魂不灭说与回忆说——康德的"先天综合判断"类似于此——而感性认识来源于"蜡版说"和"知识鸟笼说"也可说得过去。但只有前者才能作为可靠的真理的标准。而通过学习可将两者联系起来,学习甚或教育的作用就是由后者引出前者。

知识无论是关于事物本质或其背后一般规律,还是关于具体应对个别事物或实际生活都是有大的功用的。我们阅读柏拉图的作品,会看到他在讨论抽象的善之"型"的同时,总是与具体的生活进行相互参照。反之亦然。这正如《淮南子·要略》中所说的一样:"言道而不言事,则无以与世浮沉;言事而不言道,则无以与化游息。"

如果说,《共和邦篇》中所说的"善即知识"是肯定判断,在其他诸

---

[1] 《斐德罗篇》[247c-e]。

篇作品中，柏拉图则用否定判断明确主张知识即善。例如，当一个人做出自以为是而其实不然时的行为则可以称为恶①，而以无知为知并且伴随着出众的能力或权力时则是最大的恶行②。柏拉图提出的"无人自愿为恶"的主张似乎明显与实际生活中的现象不符③，但若与他的"善就是知识；恶就是无知"的观点联系起来理解，则自有其合理性。无知应该对许多人的为恶和不幸负有责任，正是由于无知而使人们不明情况地通过他们的行为陷入大的不义和不幸之中。与"无人自愿为恶"相反，显然有人自愿为善。具有美德和真知的人可能有"过失"，但不可能有意犯"过错"。因此，柏拉图"无人自愿为恶"这一主张与"善即知识"的目的一样，在于通过弘扬美德和强调知识的价值，告诫人们要求知探真、为善避恶。

简言之，柏拉图的"知识即善"的主张强调的是通过教育以求对人性的启迪而获得善的知识并且能够实践善的人才是真正的"善知识"。一个不能够控制住他自己而犯错或为恶的人归根结底也是由于不能够正确分辨善恶和如何做或正确选择控制的方法而使然的。因此，一切恶行或不义都是由于无知所导致的。通俗地说，知识是知晓和见识的统一，有知无识，似懂非懂，一知半解而已。见识即"知行合一"而非"意见"。所谓"明知故犯"、"知而不行"的"知"仍然不是真知而只能算是"意见"④。正所谓知而不行不是真知一样，若是真知就能够做到知行合一。借用大乘佛教"善知识"的概念，那些深通大乘教义和持守菩萨戒律的信徒是不会为恶的。同样，有"正见"则必定有"正行"。有善性之人通过正义、秩序和技艺将知识植根于自己的身体和灵魂中，或者说，自己是自己主人或自制（节制）的人才是正义、勇敢、虔诚的真正的"善知识"。拥有美德和知识就能够做到"知行合一"或践行正义。"知识即善"，具有美德和真知的

① 《斐莱布篇》[49a]。
② 《法律篇》[863c-d]。
③ 亚里士多德即认为行善和作恶一样都是自愿的。参见亚里士多德《尼各马可伦理学》[1113b17]；《大伦理学》[1187a14-18, 1200b25-33]。
④ 参见《共和邦篇》[476c-480]关于爱智者和爱意见者的论述。

人可能有"过失",但不可能有意犯"过错"。苏格拉底就是明证。他的一生即是追求正义和其他所有美德的一生。[①]

在《蒂迈欧篇》中,柏拉图表达了同样的观点:没人自愿变坏和故意作恶。但他仍然似乎认为理应照管我们自己灵魂的情况:一个人必须以各种可能的方式力图通过教育,通过他从事的活动和研究来避恶和持善[②]。

柏拉图认为,出于避免恶行的目的,我们也必须用某种力量和技艺来武装自己。这种力量和技艺就是追求正义的美德和知识。

柏拉图告诉人们,不论是无人无意犯错还是通常所谓的有意为恶,实际上都是由于无知造成的。因此,他一再强调人们要爱哲学或智慧、追求美德和知识等好的事物。

在柏拉图看来,因为美德是神圣的善,而知识即善[③],若丧失或不具备它们,最大的恶就会降临到人们的头上;因为行不义之事是与罪恶为伍的,为恶不正义的人就将被从好人群体中分开;既然正义的生活比不正义的生活更好和更快乐;正如不正义和疾病一样,既然疾病对患病者不好,没有人会情愿选择疾病。不正义明显地也将对不正义的人不好,因此,没有人会情愿选择不义。

于是,柏拉图的"没有人自愿为恶"的观点像他的"知识即善"的主张一样,强调的是通过教育以求对人性的启迪与制约,特别是运用法律使人的灵魂能够约束欲望,恪守法律,这就是正义和自制,勇敢和明智的美德。灵魂的恶就是纵欲和不义。

总之,在柏拉图所处的时代,希腊城邦特别是雅典的伦理基础不仅在实际生活中逐渐坍塌,而且在观念上不断受到智者运动的冲击,当真理的和道德的客观性质趋于消解时,维系城邦的纽带也就松弛或断裂了。柏拉图孜孜以求的是为城邦奠定新的基础,而把知识置于普遍的理性根基之

---

① 参见《高尔吉亚篇》[527e]。
② 参见《蒂迈欧篇》[86b-87c]。
③ 亚里士多德对此观点进行了批评。参见亚里士多德《大伦理学》[1182a15-30,1183b9-17]。

上，即确立了客观的实在标准。如果说"人是万物的尺度"，那么这一尺度必定也是指理性而言，而不是混乱的感觉、奇想和随心所欲的妄想。

（三）教育是达到个人正义和城邦正义的手段

在《共和邦篇》中，柏拉图主张，一个安排得非常理想的城邦，必须全部教育公有，要选择优秀之士担当教育之责，实行精英教育，不仅让卫士们而且尤其是让将来成为哲人王的哲学家接受最好的教育，这就要从童年起使他们受到真善美的熏陶，遵从理性的指导[①]。例如，他详细论述了对真正哲学家的辩证法教育，认为，胜任哲人王所应具有的资格是知识和美德。知识主要是指拥有真正知识或把握了善的本质和掌握统治技艺的知识等；而美德主要是指拥有智慧、正义、节制、虔敬和勇敢等。因此，柏拉图认为，将要成为真正哲学家的极少数人必须走一条曲折漫长的路，完成作为他们特有使命的最大学习。这最大的学习就是掌握辩证法，去学习比正义和智慧还要高的最大知识——善的理念[②]。

如果美德是知识，那么，知识是每个人灵魂里都有的一种能力，要认识善，就要完成"灵魂转向"，向往美德，通过学习和实践，使灵魂里面较坏的部分受天性较好的部分控制，做"自己的主人"。[③] 让他们接受了诸如此类的严格训练以后，人们就可以进入公共生活，为公众服务。因为他们求知探真的目的即是践行正义诸美德，以管理正义的城邦。

柏拉图清醒地认识到，用什么方式可以成为有美德的人是极为困难的事[④]。对一个人而言，在所有事情方面更为应当首先学习的是在公共生活和私人生活中必须致力于做善良、高尚的好人[⑤]。据色诺芬的记述，苏格拉底即通过引导青年热爱美德而制止了许多人的犯罪行为。他鼓励他们

---

① 参见《共和邦篇》[401a-e]。
② 参见《共和邦篇》[505a]。
③ 《共和邦篇》[517b-519b，431a-c]。
④ 《厄庇诺米斯篇》[979c]。
⑤ 《高尔吉亚篇》[527b]。

说，他们谨慎为人，就会变成真正的好人或光荣可敬的人①。

既然美德是真正的自我对这些"较低"的成分运用其正当统治权的灵魂状态，柏拉图的美德学说因此相当于他视灵魂的理性部分为真实的自我并认为美德在于由这种有理性的成分统治较低各部分的正义学说。

因而，一个人没有对善的知识或对之真正的确信，他当然不会具有美德。没有智慧的自制也能被用于最恶劣的目的；但是，智慧同样会是无价值的，如果一个人缺乏应用它的自制。人们看到，在《法律篇》中所描述的美德的种类的确与可能被在《共和邦篇》中对卫士或辅助者阶级期待的美德之种类难分彼此的相像。在以苏格拉底为主角的对话中，美德被认为是一种统一，因为一切美德最终在于一种什么是善的知识。而且天生的美德通过良好的教育最终能够懂得邪恶和美德本身。②

在将理性视为我们内部唯一神圣或不朽成分方面，《法律篇》遵循《蒂迈欧篇》和《共和邦篇》。这就是为什么含有理性至上命令的美德是神圣的善，而身体的各种益处只是人的善而已的原因③。

而且，如果不能靠说服让人们自觉自愿地接受美德的教育，那么，就需要通过强制从外部输入。因此，在主张美德是善方面，《法律篇》也是与《共和邦篇》一致的。

为保证实施美德教育的主张，在制度构建上，柏拉图在他构建的第二等最好的法治城邦中设立的最重要的职位即是负责教育的官员，他们享有很高的荣誉，当然，获选的条件也最为苛刻④。

而柏拉图关于立法的主要目的是神圣的善的观点相当于他在《共和邦篇》[427e]及其后几段中列举的四种美德。《法律篇》开头几页的其他特征似乎也将是那些通晓柏拉图早期对话的人所熟悉的。例如，立法者应该力求作为一个整体的美德的见解可以使人们想起苏格拉底的美德是一种因

---

① 参见色诺芬《回忆苏格拉底》[1.2.2]。

② 《共和邦篇》[409d-e, 558b]。

③ 《法律篇》[631b-c, 697b, 713e-714a, 728d-e, 743e]。

④ 《法律篇》[766a-c]。

其在于认识善的学说。柏拉图认为一个人的真实的或较好的自我有别于他的快乐和痛苦、他的欲望和恐惧或激情。

此外，在《法律篇》第一卷里，柏拉图即提出关于教育性质的论断："好人们就是受过好的教育变成的。"[①] 作为对此论断论证的第一步，他先对教育及其结果做了界定："教育主要就是正确的教养……从孩子少时起朝向美德使他们成为完善的公民的热爱者和爱慕者，按照正义[②] 精通统治和被统治……大体上，好人是正确地受过教育者。"[③] 他强调的是，通过完善的教育从而实现个人与城邦的正义。这是因为要实现正义的城邦，就得培养正义的统治者和邦民。

正如柏拉图以为的，教育是事关按照成年人所要求的以善或美德的形式训练年轻公民的问题。我们已经看到美德的谆谆教诲就整个来看也是《法律篇》中所订法典的主要目的。因此，在柏拉图看来，教育不只是国家许多功能中的一项，而且在某种意义上包括所有其他的功能。这个教育的中心话题从该对话开始是显然可见的，即从对克里特人和斯巴达人试图将他们自己民族精神逐渐灌输进他们年轻人心中的制度的批评开始。《法律篇》第一卷和第二卷的漫谈主要服务于表示美德如何可以被教授。

对此，雅典客人认为，通过感觉苦乐，善和邪恶首先进入儿童的灵魂。在儿童时期，这些感觉一定要受到正确训练，虽然只有当儿童达到理智的年龄时，他将才能亲眼查看本性如此要求与他理解的判断协调一致。此和谐即是美德。[④] 他还认为，执行者应该具有正确的主张和与它们一致的感觉比他应该具有专门知识更重要。既然教育力求引导儿童接受作为由老人的智慧确认的法律原则，那么，重要的事情是使儿童习惯于具有适当的苦乐感作为提供增强这种教育过程的策略。雅典客人还非常重视音乐和舞蹈。因此，艺术方面杰出的标准不是快乐本身，倒是快乐通过善感

---

① 《法律篇》[641c]。

② 该词（"δίκη"）也有"法律"的含义。

③ 《法律篇》[643d-644a]。

④ 《法律篇》[653a-d]。

觉到。当然，要在那些通过自制练习而有品德的人和那些正确地训练了激情的人之间划出明确的界限，这也许实际上是不可能的。不过，《法律篇》中美德的教授秘诀在于，把判断的正确教导同情感的恰当训练结合起来。①

总之，在柏拉图看来，就像医术可使身体健康一样，良好的教育能够使人的心灵健康和产生美德。②

（四）美德可教不可教的内在原因在于人的自由意志

显然，医术不能包治百病，教育也并非万能。柏拉图在强调教育是非常重要和必要的同时，也提出了什么可教，什么不可教的主张。在他看来，对有些人来说，显然美德和真理是不能教的。因为这就像把灵魂里原来没有的知识灌输到灵魂里去，或能把视力放进瞎子的眼睛里去似的。

例如，许多人自称是苏格拉底的弟子，虽然苏格拉底并不承认他们；尽管苏格拉底认为空谈美德不如躬行美德，而且谆谆教导他的追随者要热爱美德并以身作则给他们留下了坚持正义诸美德的榜样，但是，众所周知，教育——言传也好身教也罢——并非万能也是不争的事实。美德不可教的强有力的例证是，指控苏格拉底的罪名之一是"腐蚀青年"。像色诺芬记叙的，指控者说："克里提亚斯和阿尔克比阿底斯③在和苏格拉底交游之后，使国家蒙受了大量的祸害；克里提亚斯是组成寡头政治的成员中最贪婪和最强暴的人，而阿尔克比阿底斯则是民主政治中最放纵、最傲慢、最强横的人。"④

虽然柏拉图也用神学支持他的论点，但同时认为人有自由意志，甚至

① 《法律篇》[654b-d，658e-659c]。
② 《法律篇》[782d，788c]。
③ 此二人即三十僭主首领之一的克里底亚和雅典著名的政治家和将军阿尔基比亚德斯。前者在柏拉图的同名对话《克里底亚篇》和《蒂迈欧篇》中出现；后者在《会饮篇》中现身并且是两篇伪作《阿尔基比亚德斯篇》的主要对话人。而在这些对话中，作者对他们并不作价值判断。
④ ［古希腊］色诺芬：《回忆苏格拉底》，吴永泉译，商务印书馆1986年版，第9页。

更强调后者。因此，他的神学主张似乎有"圣人以神道设教"之意味。

　　虽然柏拉图谈及人是诸神制造的被绳子拉向不同方向的木偶或玩具，但是人们在这种"游戏"之中就有了是顺从还是抗拒美德或邪恶之分①。因为"甚至在一些有好法律的城邦中，美德具有最高的价值"②。所以，为了在生活中玩好"游戏"，"一则，在他自己心中领悟关于这些一拉一拽必定应验的神谕，对他来说，必须追随之过活；一则，城邦或从众神中的某位神那里或从认出这些神谕者那里接受之，将其制定为法律，而致力于它自己的事务和与其他城邦交往。在我们看来，如此也就会对邪恶和美德叙述得更清楚了：此外，对它较为明白清楚，教育和其他同样的事业也将变得明显一些……"③

　　有人可能主张《法律篇》通篇强调教育的重要性，并用使公民有美德的法律排除任何将民众视为替他们自己的短处负责的企图。但后来，柏拉图讨论宇宙的神圣统治时，他断然地坚决认为，导致我们的善或恶的状态完全是我们自己意志的产物④。

　　在柏拉图看来，如果说正义等美德是神所赐的，而不义则是由人选择的结果。因为人类具有自由意志，有些人的心灵受到各种不良因素的影响而受到"污染"。所以，这些人失去了最善的保障，向善之心也不纯了。而他所指的最善的保障指的是混合了诸艺术、知识和美德的和谐理性。因为它们是人一生美德的唯一内在保障，是存在于拥有美德的心灵里的。

　　柏拉图在其《共和邦篇》中还通过神话故事指出，美德不可教育的原因是人们有意志自由，是个人生前灵魂选择的结果⑤。

　　柏拉图在《蒂迈欧篇》中也有一种类似的主张。在该篇对话中，他通过造物主明确地指出，人类会是他们自身邪恶的一种原因，即，他们至少

---

①　就像马戏团中受训表演的动物一般。

②　《大希庇亚篇》[284a]。

③　《法律篇》[645b-d]。

④　《法律篇》[904c-d]。

⑤　尤见《共和邦篇》[617e-620d]。

要对他们的恶行负责。虽然他还让蒂迈欧指出，没人自愿变坏——一个人之所以变坏或为恶是由于无知和身体的无序或坏的抚育，这两者对每个人来说都是可憎的并且是无意的。我们当中是坏人的那些人是由两种完全违反我们意志的原因变得如此：由于依次产生于身体上无序的灵魂的坏情况，或者由于在恶劣地组织起的城邦中被教育。对这些情况的责任必须落到父母和那些教育儿童的人而非落在儿童自己的身上。但他仍然认为理应照管我们自己灵魂的情况。①

同一解释也能被应用于《法律篇》中责任的问题。没有一个人曾经真的想是邪恶的，但我们也许变得如此，如果我们被恶劣地教育或如果我们不做足够的努力与恶行做斗争的话。在许多城邦中对于青年人所给予的教育可能非常坏，以至对人们而言，要变得有美德实际上是不可能的。另一方面，《法律篇》中的城邦将被恰当地跟一种适当的教育体制一起组成。因此，谁都可以假定，任何由公民所表现的邪恶主要还是他们自己的过错。

此外，柏拉图也承认天性的存在②。例如，要成为真正的哲学家需要与众不同的素养和具备天赋极好所必需的品质等严苛的条件。

总之，除非归于"天意"，不存在"良心法则"，否则，有自由意志才谈得到责任自负或自作自受。如此，政治的强制，法律的惩罚也就有了合理性和合法性。

四、简要结语

人们如何获得美德和成为好人？这恐怕是人类面临的永恒问题。《论美德》的作者以柏拉图的名义进行了单向度的阐释，但柏拉图本人的论证

---

① 参见《蒂迈欧篇》[42e，86b，86d-e，87a-b]。
② 《厄庇诺米斯篇》[992c-e]。

则显示了哲学、政治、伦理、宗教与教育思想之交织，不宜做简单解释。

美德可教不可教既是知识的问题，也是本体论、认识论和方法论的问题。首先需要弄清楚什么是善和美德，它影响人们一念起处便能够决定是为善还是为恶。

在希腊哲学史上，从公元前 5 世纪至前 4 世纪开始，希腊哲学从主要研究自然转变为对人和社会的研究。苏格拉底开创了认识论和伦理学，他主张真理有其客观性，知识要与理性认识和善相联系，提出"知识即善"，强调知识在伦理道德中起决定作用；在辩论中以类似"可证伪性"或"助产术"的方法追问所涉及问题的概念究竟是什么，或寻求它们的定义。这些虽然破除了很多习见和谬误，引出了许多有价值的思想，却也很少有"立"——确定的结论。柏拉图从本体论的角度将事物的本质抽象为"相"或"型"，而后用通种论和分有说以及模仿说将一般和个别辩证地联系起来。

众所周知，苏格拉底的哲学变革具有开创性和探索性，内容丰富却尚未形成十分严密和确定的哲学体系。例如，他的最高哲学范畴"善"也还是比较抽象的规定，没有进一步作具体阐发。他本人也没有建立什么学派或团体。但在他死后，众多受他影响的人汲取甚至片面发挥他的思想的某些内容，并糅合别的哲学思想形成种种以阐述和诠释苏格拉底哲学自命的学说。除了当时无疑是最杰出的哲学大师柏拉图和再传弟子亚里士多德继承和发展了他的思想外，同时也有各具鲜明特色的小苏格拉底等学派，且有数代传人，对后期希腊哲学影响持久。而"小苏格拉底学派"在伦理思想方面一直围绕着善究竟是知识还是利益的问题展开争辩。不论如何争辩，它们各自都将苏格拉底的善解释为他们学派的立足点，并且各自极端化①。正如有学者评论的，"在古希腊，哲学家们把道德提升为善的理念，而把智慧本身等同于美德，都是特定时代的产物，今天的人们听起来似乎

---

① 例如，苏格拉底的学生克力同写有《善不因来自通过阅读（或询问，实践，经验）学习》。

总有点费解"①。

在柏拉图之后的许多哲学家也对善和美德问题感兴趣;而在亚里士多德著作的一份目录中我们看到《论善》(三卷),《关于德性的命题》(二卷),《伦理学》(五卷)。忒俄弗拉斯托斯写了《德性的特征》(一卷),《伦理学讲稿》(一卷),《论教育》或《论德性》或《论节制》(一卷);克塞诺克拉特斯也写了《论公平》(一卷),《论德性》(两卷),《论善》(一卷),《德性是可教的》(一卷)等几篇有关伦理学的作品。在西方哲学史中,亚里士多德是伦理学学科的创始人,他将伦理学归属于实践哲学。他继承理性主义——尤其是苏格拉底和柏拉图——的传统,写有著名的三大伦理学著作。亚里士多德本人也使用了一些在《论美德》或《美诺篇》的最后所发现的形象化的描述和措辞②。

但是亚里士多德学派的后继者——除忒俄弗拉斯托斯外——并不是很重视伦理学的研究。"后期希腊和罗马哲学虽然以伦理学为重点,但当时发展继承的主要是小苏格拉底学派和新柏拉图主义的观点。"③

著名的传记作家普卢塔克④被认为是公元1—2世纪初时柏拉图主义的主要代表;他和比他年长许多的斐洛⑤一起,是中期柏拉图主义的先驱。普卢塔克的著作《道德论文集》包括广泛,涉及宗教、伦理、文学、教育、政治、哲学等,为后世保存了大量资料,例如,其中就有一篇《美德可被教》,并且引用了当作柏拉图作品的《克莱托丰篇》[407c]中的话。

而作为西方思想文化另一源头的神学方面,犹太教早就认为特选子民

---

① 刘潼福、郑乐平:《古希腊的智慧:理性悲欢的人生求索》,浙江人民出版社1994年版,第207页。

② 参见亚里士多德《优台谟伦理学》[1246b37-1247a13,1248b3-7];《尼各马可伦理学》[1145a20-29];《政治学》[1284a3-11]。

③ "汪陈本"第三卷下,第1043页。

④ Πλούταρχος(约公元46—120年),是希腊历史学家、传记作家、散文家,有许多传世作品,主要以其《οἱ βίοι Παράλληλοι(比较列传)》通常汉译为《希腊罗马名人传》著称;他也被认为是一个中期柏拉图主义者。

⑤ Φίλων(约公元前25—50年),是一个住在亚历山大里亚的希腊化的犹太哲学家。他特别推崇柏拉图的学说,也是第一个尝试将宗教信仰与哲学理性相结合的哲学家。

才能获得神恩。前期基督教哲学以奥古斯丁为代表，他完全信奉柏拉图的神学思想。他系统论证了原罪说，他的人性本恶的观点终结了美德可教的可能。与《论美德》的结论一致的是，他认为仅仅通过个人努力取得的成就是不能得到拯救的；神恩是善的根源。有些人是命里注定会得到拯救的，而要获得拯救必须靠上帝的恩典。这些观点也深深影响了中世纪的哲学思想。

总之，当一个人或国家放弃对美德的关注和践行，那么他或它就不会再有希望了。所以，像柏拉图一样，伪柏拉图在其《论美德》中注重塑造人性而强调美德教育的主张理所当然也是值得人们重视的。

《论正义》

——《共和邦篇》概要

一、引 言

《论正义》像《论美德》一样，是一篇近四千字数的简短的小对话。按忒拉叙洛斯的说法，柏拉图的《共和邦篇》(《理想国》) 是属于政治性质的;《论正义》也是属于政治性质的对话。

根据古希腊的传统看法，正义和智慧、节制、勇敢一样属于美德的一个组成部分。一方面，柏拉图也将正义看作神圣的好事物，并且他的理想的正义城邦也有着明显的伦理道德的品性;另一方面，在柏拉图看来，正义不仅属于美德的一个组成部分，正义也具有超出伦理道德的特殊意义。例如，他认为，正义这一品质像心灵一样为一切事物安排秩序，穿越一切事物，能够使智慧、节制和勇敢在理想城邦产生，并在它们产生之后一直保护着它们。正如他反问的:"难道你甚至不曾认为进入属于城邦的美德之中与这些① 一同参加势均力敌的这一竞争者就是正义?"②

正义，自柏拉图之后两千多年以降，许多人——政治家或思想家或形

---

① 指"智慧、节制和勇敢"。
② 《共和邦篇》[433d-e]。

形色色的人——假其之名而各行其思。在当代，正义既是西方政治哲学的首要价值，也是中国学术界近年来的热点话语。然而，正如任何一种社会现象只有在它充分发展时，才有可能被正确地认识一样，在人类思想史上，从柏拉图到罗尔斯，关于正义的内涵，不同时代、不同的思想家因其观察视角的不同而有着各异的看法；或由于人们所处的历史条件和文化背景的差异，正义也被不同地域、不同信仰的人们赋予了不同的内容，从而形成了不同的正义观。

正义问题横跨哲学、伦理、政治、法律、宗教、经济、社会及心理学等范畴。无论人们对正义做如何理解，甚或承认与否，抛开那种极端相对主义的、主观主义的和仅仅以经验的态度看待正义的实用主义观点[1]，正义都是一个社会最基本的价值取向之一，因此，正义具有超越特定时空和意识形态的基本内涵。

不论人们对正义的理论如何争论，正义所内含的诸多价值事关人生的幸福、社会的和谐发展也是不争的事实。总体而言，正义具有指引、调整、规范、预测和评价个体的行为和社会制度以及能够引起政治、法律等制度的进步等方面的功能。就像柏拉图对话作品中的苏格拉底所说的，如同"一则，经商赚钱的技术避免匮乏；一则，医术摆脱病痛"，"但正义避免无节制和不公正"。[2]

就含义而言，西方几种主要语言中的"正义"一词源出于古希腊文"δικαιοσύνη"。古希腊人的"正义"既与法律相关，也与宗教有关。在希腊神话中，"δικαιοσύνη"，或"δίκαια"、"δίκαστης"、"δίκαιος"等

---

① 尼采对那些假谈正义者的攻击是值得关注的。参见［德］尼采：《查拉图斯特拉如是说》（第二部"塔兰图拉毒蛛"一节），钱春绮译，生活·读书·新知三联书店2007年版，第108—112页。在该书第109页中，尼采说："不要相信那些大谈特谈自己的正义的人！"

② 《高尔吉亚篇》［478a-b］。

有关正义的词类①可能都源自希腊最高神宙斯②或"Δίκη"③，后者是希腊宗教中的正义女神，是宙斯和忒弥斯④的女儿，职司为向宙斯报告和惩罚人们的过错和罪行。

因此，正义的概念起源于神或希腊人一开始就把正义赋予神圣的特性。之后，荷马时代的希腊人关于"正义"的观念又蕴含着政治和法律观念的萌芽。在荷马史诗和赫西俄德的《神谱》、《工作和农时》中即使用了"Δίκη"和"Θέμις"这两词表达神及其正义等的观点。该词及其派生词具有"正义"、"公正"、"天理"、"神律"、"神谕"、"习惯（法）"、"行为的规则或举止标准"、"风尚"、"秩序"、"应得"、"权力"、"法律"、"公道"、"均衡"、"审判"、"诉讼"、"惩罚"等含义。由此可见，正义和法律的关系十分密切。在《论正义》中，那位无名氏的对话人即将正义说成是法律或习俗［372a］。

而在归于柏拉图名下的《定义篇》［411d-e］中，对"正义"的释义是："心灵合乎其本身的协调一致，像灵魂的各部分处处都整齐有序；按照每一个人的价值拥有所分配的；根据其有优先选择的给他拥有显然是正当的；在一生中保持服从法律的状态；人人平等公正；保持服从守法的状态。"而对"非正义"的释义是："藐视法律的状况。"［416a］这一释义基本上符合柏拉图的观点。

在柏拉图的《共和邦篇》中，对话人之一的阿德曼托斯对苏格拉底

---

① "δίκαια"具有"正义、公道、法律、判决、惩罚"的含义；"δίκαστης"指法官、陪审员、公证人；"δίκαιος"意思为"合法的、正义的、公正的"；其作为原始成分的词根都相同，都是"δι"，大写为"ΔI"，其在希腊语中用于构成复合词；而词干都是"δίκα"。

② 宙斯之名"Δεύς"或"Ζεὺς"的古体字写法即为"Δίς"，与格写法即为"Δί"；而在古希腊语中，名词的与格与属格用法一样都可以表示领有关系或支配权。

③ 即"狄铿"，其绰号是"阿斯特瑞亚"（Ἀστραία，字面意思是"繁星"）。

④ "Θέμις"，是天与地的女儿，法律和正义的象征，也是正义女神，是司正义、习惯和法律以及主持秩序的女神，还是掌管奥林匹斯山各殿堂以及整个宇宙治安的女神，她和宙斯又生育了公正或正义女神、正义的化身的阿斯特瑞亚（Ἀστραία），即"Δίκη"。

说："从最初自英雄① 开始以后，像历史一样长久留下来的，到今人为止，但尚未有人曾非难不公正也无人赞许过正义，除了因声望和荣誉以及从它们产生的馈赠；但正义和不正义中的每一个本身，它自己做任何事的能力，心灵拥有的任何事，以及未被众神和人类注意到的某事，还未有人，既没在诗作中也未在私人的谈论里，曾充分地用表现思想的话讨论过，以致一则，像心灵在它自己中拥有最大的邪恶（的不正义）②一样；一则，正义是（心灵在它自己中拥有的）最大的善……你全部的生命决没有比起这③有另一种不同的考虑更要细说。"④ 而柏拉图本人也明确地表示："渺小的和卑鄙的人中没有一个对来自神的和属于人二者的善和正义是熟知的。"⑤ 众所周知，苏格拉底有言行而无著作，所以，就著述来说，柏拉图是西方第一个系统地论述了正义的思想家，他最有名的对话之一《共和邦篇》的主题即是论正义。

综观柏拉图的全部作品，我们发现，正义是柏拉图给予明确界定并在其许多对话中反复论及和得到系统论证——例如他对正义的内涵、正义的原则和价值、正义的标准和分类、正义和非正义的来源、正义之目的等——的一个概念和一种学说。

我们可以猜测地说，柏拉图一以贯之的真正学说之一——即是关于正义的学说。

而《共和邦篇》最为详细、集中、全面和系统地对正义进行了论证，用苏格拉底的话说即是："正义是我们整个研究的对象。"我们可以把《共和邦篇》视为一篇讴歌正义之诗作。

显然，柏拉图把《共和邦篇》展现为一篇关于正义性质的对话，在与

---

① 该词（"ἥρως"）的含义较为宽泛，在古典作家——如荷马、赫西俄德和品达等——的作品中所指是不同的。柏拉图在这里的用词大概泛指"杰出人物"。
② 括号中是话是译者据语境添加的。下同。
③ 即关于正义和不正义的问题。
④ 《共和邦篇》[366e-367e]。
⑤ 《第七封书信》[334d]。

现行的各种政治制度相比之后，他认为只有"哲人王制"最具合理性，因此，它被展现为以善为基的"第一等最好"的正义之邦。

《论正义》则是模仿《共和邦篇》主题的一篇小对话作品。

二、《论正义》概述①

（一）《论正义》的作者和写作的时代以及版本、研究简况

从对话内容主要摘自或改编自柏拉图作品来看，《论正义》的作者至少是苏格拉底或柏拉图的一位信徒或学生；而如果该篇对话的用意是支持柏拉图的观点，它可以被断定写于公元前 4 世纪中叶柏拉图去世之后，也许更后。

《论正义》似乎在古代一直被传播着。据第欧根尼·拉尔修在其《名哲言行录》（第三卷）记载，最早编订《柏拉图全集》的是公元前 3—前 2 世纪的拜占庭的阿里斯托芬，但他编订的《柏拉图全集》和在公元 1 世纪上半叶，忒拉叙洛斯编订的《柏拉图全集》编辑体例中都没有将《论正义》包括在内。从中世纪开始，特别是在文艺复兴时期的人文主义的时代，人们重新发现了《论正义》。

由于人文主义者重新重视古希腊文化研究，人文主义者马尔塞琉·菲齐努首先在他于 1484 年出版的最早的拉丁文版的《柏拉图全集》中辑录了他认为归于伪造的作品《论正义》②。阿尔多·马努齐奥则在 1513 最早重印的柏拉图的希腊文版本中也辑录了《论正义》。尤其是在 1578 年，亨利·艾蒂安在他所编订和出版的《柏拉图全集》（三卷）完整版中不仅辑录了被视为伪作的《论正义》，而且他在该版中首次使用了新的分页方

① 以下一些内容参考了"C 本"，"提要"、第 1687—1688 页。
② 菲齐努认为该篇对话的作者使用了假名。参见"J. H 本"，第 307 页。

法，即对全部原文用数字和大写的拉丁字母作为边码以标注分卷、页码和分栏，例如《论正义》（St.III372A–375D），St.III 指分卷，372 指页码，A 指分栏。这也成为现代对其他古希腊作者作品的标准分页的基础。后来，德国的贝克尔于 1818—1823 年在柏林出版了将柏拉图的希腊文版本历来的注释一并辑入的校刊本。迄今为止，由伯内特校订的被学术界公认为较好而广泛使用的《柏拉图全集》的希腊文版根据的是亨利·艾蒂安的版本，不过该版本将边码改为小写字母并且加以细化到行号，例如《论正义》（St.III372a1–375d1）。

至于其他语种版本的情况，主要在近现代西方重新重视柏拉图研究以后由德国、英国、法国和美国以及意大利等几个主要国家为代表，不过在这些国家出版的大多数所谓《柏拉图全集》除了有几种版本含有多少不等的伪作外，主要包括柏拉图的真作，而将部分伪作（包括《论正义》）排除在外。迄今为止，最全的《柏拉图全集》当数库珀（John M. Cooper）主编的英译全译本 1997 年版《柏拉图全集》（*Plato Complete Works*）和施莱尔马赫（Schleiermacher）等人三卷本的德译文本（*Platon: Sämtliche Dialoge*，1982 年版）；除了没有将"柏拉图的遗嘱"辑录在内，而将其他几乎所有伪作（包括《论正义》）悉数收录，此外，Les Belles Lettres 出版社的 *Œuvres complètes de Platon*（希腊文、法文对照本《柏拉图全集》）和库赞（V. Cousin）① 的 *Œuvres de Platon*（法文版《柏拉图文集》）中也收录了《论正义》。而西方学界对该篇对话的研究，主要在哲学史中论及柏拉图哲学时简要述及。

在我国，似乎尚无对《论正义》的翻译和研究论著的发表。

（二）《论正义》的梗概和若干细节

《论正义》的对话人只有两个，伯内特在其《柏拉图全集》的希腊文

---

① Victor Cousin（1792—1867 年），是法国的一位哲学家和政治家，他主张苏格兰学派的常识实在论并对法国的教育政策有重要影响。

版中将《论正义》的谈话人列为"苏格拉底，某位无名氏"。

本篇对话的梗概是：首先由苏格拉底开门见山，向对话人提出主题："你能告诉我们什么是正义吗，或者在你看来不把它当作一件值得一提的事？"在对话人肯定值得一提之后，便开始了对正义性质的考察。对话人的回答是，正义是"法律"①。苏格拉底却认为这样的回答不恰当，他举例说，眼睛是用以辨识的东西，灵魂是我们用以认识的东西，说话声是我们用以交谈的东西，正义是什么，也应该如例子一样回答。对话人表示他做不到。于是，苏格拉底又通过测量技术、称量的技能，测量者，计数者以及正在测量、称量和计数的行为三方面说明，审判者也像他们决定了小和大、重和轻、多与少一样，正在用审判的技能通过宣判断定正义和不正义从而解决了人们之间的争执。但即使审判者的"话语②决定了什么是正义和不正义"，并在对话人表示认可之后，苏格拉底认为，正义和不正义到底是什么？还是没有得出答案。

但在此时，苏格拉底话锋一转，又问起："人们是自愿做错事和不正义的，还是不情愿做错事和不正义的呢？"在不同意对话人肯定人们是自愿做错事和不正义的回答之后，苏格拉底引用了著名诗人埃琵卡尔瑁斯③

---

① 该词（"νομιζόμενα"）是"νομίζω"的分词形式，前加冠词则有"习惯，风俗，法律"的含义。因此，也可以说，正义是习俗。

② 该词（"λόγος"）在古希腊语里和在古希腊哲学中是一个重要而且著名的多义词，也是一个非常重要的术语，其基本意思是"表现思想的话"；它具有 20 多种含义，例如，在哲学方面常常译为"思想，道理，原则，原理，准则，逻各斯（规律）"；在宗教方面常常译为"（上帝的）话，道，道理（比如《新约·约翰福音》的首句：太初有道，道与神同在，道就是神）；神示，神谕"；逻辑方面为"命题，推论"；与神话和正史相对的"传说，故事"；语言学方面的"字，词，片语"；以及日常的"谈话，对话，讨论"；法律方面为"行为规则，准则，原则"；等等。因此，"话语"也蕴含"法规"的意思。

③ Επίχαρμος（公元前 540—前 450 年），是柏拉图赞赏的希腊西西里岛的喜剧诗人、哲学家，对西西里、多里安的戏剧影响甚大。他也写了关于哲学、医学、自然科学、语言学和道德操守方面的作品。其中有许多哲学和道德方面的训诫，他教导说持续践行美德可以克服遗传特性，这样，无论出身如何，任何人都有可能成为一个好人。

的一句诗："没有一个人情愿是邪恶的，但也不愿成为蒙福者①。"并表示对之认可。而对话人却认为诗人是在撒谎。

接着，苏格拉底就顺势问道：说真话是正义的，还是撒谎是正义的？结论是：撒谎和说实话像不欺骗和欺骗、伤害和帮助等现象一样既是正义的也是非正义的。

这时，苏格拉底话锋又一转，问起："我有右眼和左眼吗？"由此引出关于名称与所指事物的关系问题，而后，他通过有人懂得做手术、耕耘和锄地以及种植的例子指出，正是由于知识②和智慧的缘故，一个人在有必要和合时宜的时候实施的行为才是正义和不正义的，而不正义的人由于反面的缘故是不正义的。

然后，苏格拉底话锋再一转，问起：人们是情愿无知或不情愿无知呢？结论是：人们是不情愿做错事和不正义以及邪恶的。由此也证明了所引诗人的话的确没有撒谎。

从以上内容梗概来看，《论正义》这篇太过简洁的对话作品虽然主题明确，是讨论关于正义的问题的，但从论证的角度来看，结构不严谨，逻辑性也不强，有些单调、枯燥乏味，起承转合显得突兀，并且没有做到首尾呼应。它实际上是讨论了有关正义的几个不相连贯的问题，对正义本身是什么的提问并没有做出回答，甚至好像忘记了回答，而是在对话中间插入了另外的问题，例如，人们是自愿还是不情愿有不正义行为的，在什么情况下同一种行为有时是正义的有时又是不正义的等，却对之给出了答案。

值得注意的是，关于《论正义》中类似情境伦理的论点，虽然易使人们产生行为功利主义和相对主义的印象，但其实在柏拉图看来，它是受

---

① "μάκαρ"一词也有"（脱离苦海的）亡灵"的意思。考虑到这是喜剧诗人所说的话，因此，该词也有戏谑或双关语成分。西方语言中也多有与该词相同含义的宗教意义上的词语，指"死后已升天者"。

② 该词（"ἐπιστήμην"）具有"知识，智慧，熟练，经验；学问，科学知识；［复］各种科学"的含义，通常译为"知识"。

知识和智慧以及法律制约的。因为任何实际事物都各自存在一个本身的标准，而判断摹本近似程度的标准应依据符合正义性质的多少而定，尤其"应当用真理作为衡量的标准"。否则，任何言行就无所谓善恶、是非、真假和对错、程度之分。

此外，《论正义》在用词方面显得基本上是古典时期的希腊共同语。全篇只有一个单词比较生僻，《古希腊语汉语词典》和 *Greek Word Study Tool* 以及 "*A Greek-English Lexicon*" 里都未录该词，大概是作者自造的，即在［373b1］一句话中的单词 "ἀριθμηταί"。本著认为它可能是形容词 "ἀριθμητικός"（擅长计算的）的名词化，因此译为"擅长计算者"。对该词，"C 本"（p.1688）、"L. B.L 本"（XIII，p.14.）、"S 本"（III，p.800.）和 "V. C 本" 分别译为 "the ones who count"、"les calculateurs"、"l'arithmétique"、"Rechenkünstler" 含义都是"计算者"。在 "*Lexicon Platonicum*（*1*）" 和 "*Handworterbuch Der Griechischen Sprache*" 中的释义分别为 "ratiocinator" 和 "der Rechner，Berechner"。该词所在的全句是："苏格拉底问：再者，每当我们争论有关较多和较少时，判定它们的又是些什么人呢？不是一些擅长计算者吗？"

总的来看，《论正义》也不失为一篇用摘要或改编的方式试图阐释柏拉图正义思想的文献。

三、《论正义》和柏拉图作品的关系

或许是由于过于简短，《论正义》反映的所谓柏拉图正义观也只是柏拉图正义思想的某一方面。但就精神实质而言，本篇对话与苏格拉底或柏拉图正义思想的某些方面是相符的。例如，根据具体情况的不同，相同行为（甚至欺骗、撒谎和伤害）有时是正义的[①]而有时是不正义的，不正

---

① 参见《共和邦篇》（第三卷，例如，关于"高贵的撒谎"尤见［414b-415e］）。

义的人由于无知因此是不情愿不正义的，正义是关于在正确的时机做事的知识和智慧等；诸如此类论证，都是流行的苏格拉底的观点，这既在色诺芬①的《回忆苏格拉底》[Ⅳ.ii.12–20]中可以印证，只不过在那里，与苏格拉底对话的是有名有姓的欧绪德谟②；也与柏拉图在其《共和邦篇》中使苏格拉底应用了当作情境伦理的类似论证——例如，柏拉图在《共和邦篇》[331b-d]中，以及他关于知识和正义相关的"知识即善"[505b]等主张——和在其《法律篇》中的思想，例如"无人自愿为恶"[860d]是一致的③。甚至《论正义》中关于审判和计数大小、计量长短和轻重的技艺之间的比较的论点也模仿了柏拉图《欧绪弗隆篇》[7b]以下几栏的内容。而其对所探讨主题无明确结论的开放式末尾也具有柏拉图早中期对话体的一般性风格。

若要理解《论正义》的主题则必须结合柏拉图的正义学说。

众所周知，柏拉图毕生深切地关心着政治问题，他也被公认为是最伟大的政治哲学家之一。就对柏拉图研究的各种解读而言，"现代西方学术界对于研究古典著作又提出了新的研究方法，如分析法、解释法等"④。20世纪中期以来的解读方向之一是政治哲学解读，代表人物如列奥·施特劳斯等。他于1963年写成的《政治哲学史》即为名作。我们赞同他在书中的断言："所有柏拉图的对话多少都涉及政治问题。"而"最好的政治制度或应该由谁统治城邦的问题是政治哲学的核心问题"。⑤

柏拉图的以理论或思辨哲学为主的思想体系中包含着丰富的实践哲

---

① 苏格拉底的学生中有两个最著名的作家，他们是色诺芬和柏拉图。区别在于，色诺芬是个军人，柏拉图是个思想家。苏格拉底的生平事迹和思想主要是由他们两个记载的。不过，色诺芬经常改编前苏格拉底哲学的文本。

② Εὐθύδημος，生活于公元前5—前4世纪的雅典人，柏拉图在《共和邦篇》提及；另外参见同名对话《欧绪德谟篇》。

③ 另外参见《蒂迈欧篇》[86d-e]。

④ 汪子嵩"中文版序"，载"王本"（第一卷），王晓朝译，人民出版社2002年版，第14页。

⑤ ［美］施特劳斯、克罗波西主编：《政治哲学史》上册，李天然等译，河北人民出版社1993年版，第30、284页。

学，以正义为核心的政治哲学便是其集中表现。

任何一个读者只要认真通读柏拉图所有的著作，就会感觉到在柏拉图所有对话作品中，正义主题像一根红线贯穿始终，或渗透于他的各种思想和学说之中。我们作出这种判断的另外一个主要根据是：在《共和邦篇》（第二卷）中，格老孔和阿德曼托斯兄弟俩对正义相关的问题做了长篇叙述后，要求苏格拉底回答他们提出的问题，因为苏格拉底一生专门思索正义相关的问题[1]。显然，正义也是作为苏格拉底这一思想的传承者柏拉图毕生专心致志研究的问题。在评论统治权是否和哲学结盟关系到城邦和个人是否能够幸福时，柏拉图坚信："如果哲学和权力二者真正地是在同一人的掌握中，那么他在所有的人希腊人和野蛮人二者之中就会光辉灿烂足以把真实的（哲学）见解提供给所有人，不如此就会没有一个既没有一个城邦也没有一个人一度是幸福的，他就不会凭审慎在正义之下度过一生，确实不论在他自己掌握中已成为拥有者还是从敬神的凡人统治者那里正当地按照习俗成长和受教育。"[2]

无疑，《共和邦篇》论述的主旨是正义。在柏拉图看来，正义是建立他的理想国的总原则和人生的指南。

概略而言，《共和邦篇》中的正义理论主要有以下两部分组成：一是正义的内涵，它包括城邦正义与个人正义的含义，讨论理想城邦的制度和理想邦民的人格等内容；二是正义城邦如何实现以及正义城邦的制度保障。相对而言，前者主要属于柏拉图的思辨哲学，而后者主要属于柏拉图的实践哲学。柏拉图认为城邦和个人的理想都在于达到正义，就是社会中的各个阶级，个人性格里的各种因素，都处于他们所应处于的岗（地）位，应支配的支配，应服从的服从，形成一种和谐的、合理的有机整体，其中的一切都恰到好处。意志和情欲受制于理智，才能得到人格中的正义，与之对应，辅助者或卫士和工商业者受哲学家兼政治家即哲人王的统

① 《共和邦篇》[367d-e]
② 《第七封书信》[335d-e]。

治，才能达到城邦的正义。在柏拉图看来，就像天体运行有序一样，众神也遵守秩序，各尽各的职守①，何况神所创造的人类及其社会。

显然，柏拉图的正义学说涉及正义问题的方方面面：他考察了正义的词性，界定了正义的概念，分析了正义和不义的来源，划分了正义的类型，揭示了正义的价值，提出了正义的标准和原则，探讨了如何使个人成为正义的人、如何构建正义的制度、社会怎样才能实现正义等等，并且从哲学、政治、法律、宗教、经济、教育、文化、社会及心理等角度全方位进行了论证。

就正义的性质而言，柏拉图给出的定义是：正义属于善，正义是美德之间的一种谐和关系，是在智慧与节制和勇敢等美德相互结合中产生的。正义即是"渗透"或贯穿并体现于个人的灵魂、观念和言行以及城邦社会各阶级成员、各种制度和社会方方面面里的一种像有机体的组成部分各自恪守本分、各司其职、各尽其责做自己的事情、互不僭越一样处于和谐一致而各得其所井然有序的状态。

在柏拉图看来，一个人选择什么样的生活道路是由其自身决定的，既然意志是自由的，那么过错由选择者自己负责，与他人、与社会、与神都无涉②。他以此揭示了一个人应该求知为善，明智地进行选择而走上正义和智慧之路的重要意义。

而且，柏拉图明确提出，他想要建立的城邦，其目标不是为某个阶级的幸福，而是为了全体邦民的最大幸福，使城邦作为一个整体得到幸福。为此，他塑造了一个"正义城邦"的模型，这一模型是为"整体的"城邦的；他要使整个城邦像是互关痛痒的有机体一样得到和谐发展和良好治理。柏拉图认为，这样建立起来的城邦必定是既善且美，又是智慧、勇敢、节制和实行正义的，各个等级的人能够得到自然赋予他们的那份幸福。而在其他城邦是找不到的这样的"正义"的。③

---

① 《共和邦篇》[247a-b]。

② 《共和邦篇》[617e-620d]。

③ 《共和邦篇》[420b，466a，420b-421c，427d-e]。

总之，正义的概念不仅给所有制度和公共组织确定了一个标准或样板，而且也为人生的意义确定了一个标准。进而柏拉图在不同对话中通过苏格拉底、雅典客人和爱利亚客人对美德的理解，提供了据以对各种政体、社会生活实践和人们的言行是否正义的判断标准或尺度。

此外，在其他许多篇对话中，尤其是在《政治家篇》和《法律篇》等对话中，柏拉图结合其他范畴将正义理论进一步实例化或具体化。如果说，《共和邦篇》所要探求的并不是某一特殊的可以称为正义的行为，而是正义作为正义的普遍的本质定义，那么，柏拉图在其他对话中更多的是阐述某一特殊的可以称为分有甚至模仿了正义属性的行为。

对此，E.博登海默不无正确地指出，柏拉图的正义理论详尽而明确，并构成了其整个哲学体系的基石。①

无疑，柏拉图是从善的理论出发论证正义的。纵观希腊哲学史，如果说苏格拉底开始了从自然哲学向以伦理哲学为主的实践哲学的转向，那么，柏拉图则开创了由思辨哲学向侧重于以政治哲学为主的实践哲学的转向。柏拉图的实践哲学主要论述伦理道德和政治社会中的正义以及如何实现正义诸美德的问题，它以苏格拉底的"善即知识"的命题为其具有理论哲学和实践哲学双重属性的典型表达。

政治之善相对于个人伦理之善，它更加事关人群之善，而且是最高的善即众人的美好生活或幸福，所以，它更加需要诸多——特别是良好制度的——条件。在此意义上，就可能性而言，实践哲学的任务之一即是通过伦理和政治调停人们冲突的欲望和权益并且在争执的存在环境下人们按照正义观念创造和谐统一的各种秩序。

柏拉图认为："善的型……总的来说是所有公正的和好的二者事物的原因……权威性的它本身在有思维的领域里产生真相和理智。"②"谁一度不识正义和美二者如何是善的，不拥有任何所值甚多的此人就会是一个

① ［美］博登海默：《法理学：法律哲学与法律方法》，邓正来译，中国政法大学出版社1999年版，第7页。

② 《共和邦篇》［517c］。

不识它们本身的保卫者；再者，无人将比认识善更早地充分了解它们。所以，该政体将被完美地管理，假如这样，精通这些的保卫者检察该政体本身。"①

当然，正义的个人和正义的城邦之间的关系是类比的。后者仅仅当在组成它的三个阶层恰当地各司其职、互相和谐一致时才是正义的；同样地，个人的灵魂仅仅当它的三个部分显示正确的顺序类型时才是正义的；正义也就显现在美德合适的顺序之间。而正义的城邦应该由正义的个人居住是理所当然的。

总之，《共和邦篇》中论述的最主要美德是既在城邦中又在个人中的正义。作为一种美德，最高最美的智慧是统治城邦和社会的，这种美德也就是正义。

在《法律篇》中，城邦和灵魂之间也存在一种相似之处，但在好的城邦和好的灵魂之间的联系要明显得多。法律至上应该只在邦民们拥有自制美德的地方才行得通，并且对法律至上的认可本身无论如何也能促进这种美德。例如，代表柏拉图思想的雅典客人即认为，法律必定要力求城邦全面的善。社会之所以需要用法治是因为存在不正义。若城邦中没有了正义和法律，人类就会"对所有属于公共的事务来说全部敌对，针对私人领域也个个都与他们自己敌视"。因此，"关于法律，不论什么法，一度从本质的角度查明它是正确和错误"就显得非常重要②。如果说，哲人王和真正的政治家可以无法而治，而科学的立法家则必须实行依法而治。在柏拉图看来，法就是正义在法律范畴的体现，而正义是指导城邦政治生活的最高原则。

就正义和知识或智慧，不正义和无知或愚昧的关系而言，柏拉图认为："如果较有知识的心灵更有正义，但较无知的心灵较为不义。（那么，如果再加上能力，不就）必然意味着如此而已：拥有知识和能力的心灵更

---

① 《共和邦篇》[506a-c]。在此需要说明的是，译文中的最后一句在原文中是一个反问句。
② 《法律篇》[626d-627e]。参见霍布斯在其《利维坦》中描绘的人类社会所处的自然状态和进入政治社会的必要性。

有正义，而保持无知和无能力的心灵较为不义。"①

　　而且，柏拉图确信无疑的是："有学问的人中没有一个甚至不认为人类中无人心甘情愿犯错、自愿作恶和干坏事，但他知道得很清楚，所有人做卑劣之事和行坏事全都不情愿而为。"②这一主张无论是自早期对话还是后期对对话作品也是一以贯之的。

　　柏拉图经常说似乎不正义是极度愚蠢、鲁钝或甚至是一种精神疾病之类。对此，《共和邦篇》、《蒂迈欧篇》和《法律篇》等对话作了系统详尽的阐释。有西谚正合此意，说的是，"上帝若让谁毁灭，必先让其疯狂"。在《蒂迈欧篇》中，柏拉图认为造物主或宇宙的创造者明确宣称没能用理性克服非理性的生灵或人会躲避诸神而自己作恶，从而是他们自身邪恶的一种原因。他说："人们真的必须同意，一则，愚蠢是心灵的疾病；一则，愚蠢有两类：一方面，一类是疯狂；另一方面，一类为无知。因此，所有人，无论谁遭受它们两类情况中的哪一种，都意味着，必须称为有病，但对心灵来说，一个人必须认为最重大的疾病属于过分的快乐和悲痛。"③也即一个人若缺乏理智、知识和节制，就会产生不正义。

　　因为一个不能够控制住他自己而犯错或为恶的人归根结底也是由于不能够正确分辨善恶和如何做或正确选择控制的方法而使然的，所以，一切恶行或不正义都是无知所导致的。

　　再由于"无论如何，涉及正义的一切的正义的事全部是美好的"④，因此，柏拉图的立场是极为坚定的：美德是神圣的善，知识即善，若丧失或不具备它们，最大的恶的就会降临我们的头上；正义的生活比不正义的生活更快乐；不正义的人将被从好人群体中分开而且将在以后的生存中为恶。行不正义之事是与罪恶为伍的；所以，没有人会情愿选择不义。

---

① 《小希庇亚篇》[375e]。在此需要说明的是，原文是反问句；括号里的话为译者据语境所添加。

② 《普罗泰戈拉篇》[345d-346a]。

③ 《蒂迈欧篇》[86b-c]。

④ 《高尔吉亚篇》[476b]。原文是反问句。

柏拉图的"知识即善"和"没有人自愿为恶"的主张强调的是通过教育和法律以求对人性的启迪与制约，特别是运用法律使人的灵魂能够约束欲望恪守法律，这就是正义和自制的美德，灵魂的恶就是纵欲和不正义。善通过正义、秩序和技艺将知识植根于身体和灵魂中，自己是自己的主人或自制（节制）的人才是正义、勇敢、虔诚的真正的"善知识"。正确理解知识即善对于认识和实践正义诸美德具有非常重要的意义。

再者，从意向性角度分析，柏拉图论正义和创建正义学说之目的：一是伸张正义，为苏格拉底鸣冤喊屈、唱赞歌；二是批判现实，以正义学说统摄其诸理论；三是期望发挥正义的功能，重建希腊社会良好秩序，构建地上的"乐土"。为此，他否定现实政体，构想新型的理想政体：首先是"第一等最好"之正义共和邦——理想的哲人王制；其次是"第二等最好"的法治共同体——混合政体玛格奈昔亚城邦；再次是"第三等好"的"威权政体"——"独裁者（僭主或君主）立宪制"。

正如有著名学者所说的："柏拉图的政治哲学就诞生于极度非正义经验，即苏格拉底的死亡，此外诞生于对当时派别利益的纷争中借助正义观念重新获得城邦和睦统一的努力中。"[1]

若将柏拉图的所有作品视作一部关于正义的悲喜剧，那么，正义在与不义较量的第一幕中以苏格拉底被不义地判处死刑的悲剧而"败北"。这以《申辩篇》、《克里托篇》和《斐多篇》等早期对话为代表，而中期对话则以《共和邦篇》等为代表，可以说，正义在与不义较量的第二幕中，在理论上以论证了正义之"理念"的喜剧完胜。第三回合将要展示的则是在现实生活中如何实现正义，这即他的以后期的对话《法律篇》等为代表所要解决的课题。

虽然人们对柏拉图的哲人王等政制也不无责难之声，但无论如何，柏拉图构想的哲人王统治的理想城邦起码能够让我们思考什么是正义的

---

① ［德］奥特弗利德·赫费：《政治的正义性：法和国家的批判哲学之基础》，庞学铨、李张林译，上海译文出版社 1998 年版，第 19 页。

城邦，什么是正义的生活，怎样才能实现这样的生活等等这类政治社会和人生的重大问题。而且，"哲人王"等思想开辟了知识、美德和能力与权力结合的精英主义政治设计思路；当代一些国家极力倡导的专家治国理念最早也可以追溯到柏拉图的"哲人王"。而柏拉图的法律至上学说和伴随着的政府机构之间相互制衡的立宪政治理论也对他之后西方的政治和法律思想有着持久的影响。现代许多学者即认为不仅罗马法许多思想源自他的这一理论，而且近代资产阶级启蒙思想家如洛克、孟德斯鸠等人提出的代议制分权制、权力分立和相互制衡的学说都可以上溯到这一理论。

四、《论正义》的影响

如果人类要过一种尚可的生活，那么人们无疑都会同意最一般的某种前提：正义是要被追求的。正义之所以有意义，是因为人们需要它。正如斯宾塞所说的："执行正义就是维持正在社会状态上进行的生活环境。正义和公平执行得越充分，生活的状态就会越高级。"①

自古至今，正义都为大多数人和众多的社会所崇尚，随着时代的发展和文明的进步，尤其是全球化进程的加快，正义将逐渐成为人们普遍接受的具有共通性的价值规范。

如上所述，《论正义》的影响也只有与柏拉图的正义学说联系起来才能加以深刻理解。

柏拉图鉴于当时他所处的社会的无序、动荡和不义现象的普遍存在现实以及恩师苏格拉底遭到不公正审判的实际，激发起他对正义的关注和向往；他反思诸如这一切的原因并从理论上力图给予解答。他提出了著名的

---

① ［英］赫伯特·斯宾塞：《社会学研究》，张宏晖、胡江波译，华夏出版社 2001 年版，第 383 页。

型论和通种、分有、模仿等诸说，并在早期的对话直至最后的作品中，一以贯之地对正义问题做了全面、深入、系统的探讨，构建了完整的正义学说。

正义学说是柏拉图哲学——思辨的和实践的——的重要组成部分。可以说，通过正义这一"扭结"，柏拉图将他的诸多理论和学说编织为一个环环相扣的有机整体，也可以说正义学说即是柏拉图的理论哲学到实践哲学的"中介"。

柏拉图的对话作品对正义的楷模——其恩师兼友的苏格拉底的讴歌入手，阐明了正义与人生的意义以及正义与城邦的关系。正义的城邦是幸福的城邦。如同正义的生活比不义的生活是最有价值的选择，甚至是一个人唯一能够选择的生活一样，正义之邦也是最值得人们选择和生活于其中的社会。正义既是人们行为的内在标准，也是行为的外在标准。只有正义的生活和正义的制度才能使得一个人和一个城邦内外一致和谐地行动或良性发展。

柏拉图认为或许绝对正义的城邦永远不会出现，但像苏格拉底一样，一个人是可以做到正义的。而同类相知，只有正义的人才能知道什么是正义。苏格拉底本人就是明证，他为正义和真理而生，也为正义和真理而死。

柏拉图的"正义学说"的主题是政治实践问题。如上所说，正义是柏拉图实践哲学的核心概念。他的"正义理念论"依靠教育对人性的启迪或说服和以法律的制约来确立其自身的合理性和合法性，并使它得以贯穿个人修养与社会规范，以建立个人、城邦与社会的和谐秩序。启迪或说服主要是指针对那些对正义有天然亲近感或能够自觉为之的人，它靠自我教育、身心完善达到和谐；而制约或惩罚则是对那些需要从外部依靠法律强制遵守正义习惯的人们而言的。在柏拉图看来，自律和他律是相辅相成的。因此，在《共和邦篇》及其以前的对话中主要是解决个人的自律教育理念问题；在其后以《法律篇》为代表则是通过各种制度解决社会的他律教育的"理念"问题。个人的正义通过音乐、体育、数学、天文和哲学等知识教育而具备各种美德达到；社会的正义主要通过政治、道德社会化和法律教育以及制度建设——无论是"第一等最好"、"第二等最好"还是"第三等好"的政制，其精神实质是一致的——使社会达到整体和谐、共同幸福。

在专论正义的《共和邦篇》中，与不义对立，柏拉图是以个体灵魂中的理智、情感与欲望这三个组成部分和社会各阶级分工的和谐有序来描述个体和城邦的正义美德的。如上所述，柏拉图所谓的正义即是社会中的各个阶级、个人性格里的各种因素都处于他们所应处于的岗位，应支配的支配，应服从的服从，做它自己分内适当的、该做的事情，或各司其职互不僭越地做好他自己的工作，从而形成一种和谐的、合理的如痛痒相关的有机体一样使其中的一切都恰到好处的整体；意志和情欲受制于理智，才能得到人格中的正义，与之对应，卫士和工商业者受哲学家兼政治家即哲人王的统治才能达到城邦的正义。而不义则是与正义的对立状态。

正义是善之一种，对它的定义只有在美德的整体中才有可能。柏拉图在其实践哲学中则将善几乎等同于正义，所以，与小苏格拉底学派相比而言，他对正义的解释也即是对善的最切近的解释："正义是美德和智慧，而不义是恶和无知。"[1] 而且，如果人们拥有了正义，那么无论他们是在做公共的还是在做私人的事务中，"在做所有这些事情期间，他相信并且就会管这些行为或保全和帮助完成这些行为的这一状态，一则，叫正义的和美好的作为；一则，称辅助这一作为的知识为智慧，但或者就会将永远破坏这一作为的行为称作不正义的作为，再者，又称辅助这一破坏作为的见识是无知。"[2] 因此，柏拉图的将善解释为正义的认识等于是把善辩证地理解为既是知识也是真正的幸福、快乐和利益或兼而有之。知识即善，知识

---

[1] 《共和邦篇》[350d]。

[2] 《共和邦篇》[443e-444a]。

的目的是寻求善之型（"ίδεα"）①，认识善之型并实践善之型。而正义是最大的善或是善之层次中最高的一级。从政治哲学的角度而言，认识正义之型的目的即是实现正义这一不论是对城邦而言，还是就个人来说的重大利益。现实的善即是被实现了的正义，而人们唯有掌握了真正的和科学的知识才能做到这一点。

正如 K.雅斯贝尔斯所认为的，真正的哲学家应像柏拉图和马克思那样，只应该注重大政治，即不仅本国的，还有全人类的政治命运。他说："没有哪种伟大的哲学是不带有政治思想的，伟大的形而上学家的哲学更不会这样……一种哲学到底怎样，就表现在其政治性表现中。这种政治性表现不是附带性的，而是具有核心意义。"②

对柏拉图而言，正义即是他关注的重大政治问题，它不仅事关他本城邦的，还有全人类的政治命运。因此，正义是柏拉图哲学、法律、伦理、政治和社会等学说的最重要最基本的概念，也是统摄他的诸理论的灵魂。他认为，正义是各种美德的和谐均衡，是他理想的共和邦的立邦之本，是达到社会和谐有序和稳定的基本原则。正如有学者指出的，柏拉图在《共和邦篇》等对话中致力于寻求的就是正义，并与非正义划清界限；他在政治实践中努力追求实现的便是正义之邦的建立。③

柏拉图之后的许多哲学家也对正义问题感兴趣；在他们著作的目录中我们看到有关正义的作品，如斯彪西波有《论正义》，在亚里士多德著作

---

① 按学术界一般的说法，柏拉图的主要哲学思想若用最概略的词语表述，即"型论"。然而"型"为何意？在学术界，研究者迄今尚无一致认识。笔者综合各种译名、词典解释和柏拉图的原意，"穿凿附会"大乘佛教的"真如"或"实相"概念，似译为"型如"即理解为各种存在（包括主观和客观）所以然之原型或真本为妥。如果说客观事物是真实存在于物质世界中的，那么我们的观念也是真实地存在于我们的主观世界里的。因此，"型如"应具有主观和客观实在双重属性，它是柏拉图的本体论，是具体事物存在的原因、根据和判断的标准。

② ［德］维尔纳·叔斯勒：《雅斯贝尔斯》，鲁路译，中国人民大学出版社 2008 年版，第19页。

③ 参见黄颂杰：《正义王国的理想——柏拉图政治哲学评析》，载《现代哲学》2005 年第3期。

的一份目录中我们看到有《论正义》（四卷）；克塞诺克拉特斯有《论正义》（一卷）等；在近当代，则有著名的专论正义的著作，例如威廉·葛德文的《政治正义论》、赫费的《政治的正义性：法和国家的批判哲学之基础》以及约翰·罗尔斯的《正义论》和《作为公平的正义》等。

《爱慕者篇》

——哲学是什么？哲学家何为？如何培养哲学家？

一、引 言

在公元前 5 世纪后半叶的雅典，人们对哲学和哲学家存在一定程度的误解和偏见的一个重要原因是由于智者的出现和其所作所为。就像《爱慕者篇》①[132b] 中的一个爱慕者所说的，哲学有"什么重要的和美好的"?! 哲学家们"实实在在至少的确唠叨② 一些涉及悬在空中③ 的事和爱哲学④ 的蠢话"。⑤

所以，在雅典发生多次驱逐哲学家的事也就不足为怪，甚至将思想不能见容于当时雅典社会的苏格拉底判处死刑，而使苏格拉底成为历史上第一个为寻求真理而殉道的哲学家。

《爱慕者篇》的作者有可能即是仿照柏拉图的作品和依据柏拉图的相关思想对人们关于哲学和哲学家的误解和偏见乃至迫害的回应。

---

① 原文的标题 "Ἐρασταί" 是 "ἐραστής" 的复数形式。在古代，其副标题为 "论哲学" 或 "哲学爱好者"。

② 该词（"ἀδολέσχέω"）的名词 "闲谈者（ἀδολέσχης）"特指智者、诡辩派而言。另外有褒义"精明人"的含义。也有人称古希腊人为闲聊的民族。

③ 暗示喜剧家阿里斯托芬喜剧《云》中的苏格拉底。

④ 该词（"φιλοσοφέω"）也具有"诡辩，弄玄虚"的含义。

⑤ 另外参见《欧绪德谟篇》[304e-305b]。

"智者（σοφιστής）"一词在古希腊语中有"工艺大师，有技能的人，[在音乐和占卜等方面] 娴熟的专家，能人，巧匠（指诗人和音乐家）；自然哲学家，[泛指] 哲人，哲学家；精明的或有政治家风范的人，如古希腊的七位圣贤；[雅典]（从公元前 5 世纪中叶以后的）智者，修辞学教师，[作为墓志铭的] 标题；[在讽刺和坏名声的意义上指] 诡辩家，吹毛求疵者，骗子"等意思。

而"哲学家（φιλόσοφος）"一词的本义为"爱智慧的，爱哲学的，爱知识的；哲学的，科学的"；作为名词，毕达哥拉斯（Πυθαγόρας）首先称呼自己为"爱智慧者而不是智者（σοφός）"。之后，该词（"φιλόσοφος"）即指"爱智慧者，哲学家，学者，用科学方法研究一门学问的人，从事艺术或科学研究的人；有哲学家气质的人，生活严肃的人，贤人，圣人"等意思①。

智者主要活动的时代是在公元前 5 世纪中叶至前 4 世纪初，这恰好也是苏格拉底从事哲学活动的半个世纪和柏拉图成长（公元前 420 年，7 岁的柏拉图进入文法家狄奥尼修斯的学校读书，学作诗，写悲剧；而后研习赫拉克利特②哲学。自 20 岁起从师苏格拉底，直到公元前 399 年后者被处死）的重要时期。而雅典的一些著名智者（派）大多数不是雅典人，如普罗泰戈拉、普罗狄科、希琵亚斯和高尔吉亚等③。

想必柏拉图耳闻目睹了苏格拉底与智者之间的许多谈话和辩论，对智者们的思想和言行自然有所认识。

在柏拉图的笔下，真正的哲学家是与冒牌的假哲学家"智者"对立的。柏拉图写有多篇关于智者的对话，如《智者篇》、《高尔吉亚篇》、《普罗泰戈拉篇》、《小希琵亚斯篇》、《大希琵亚斯篇》，在其他对话中也提及一些著名的智者，如《共和邦篇》等。他认为"智者"是自封为聪明的

① 参见"希汉词典"，第 961 页。
② Ἡράκλειτος（约公元前 530—前 470 年），出身于爱菲斯城邦的王族家庭，是一位富传奇色彩的哲学家，也是伊奥尼亚地区爱菲斯学派的代表人物。
③ 参见《申辩篇》[19e] 和《普罗泰戈拉篇》[317d] 等。

人，自以为是地以为他们自己能使别人变得有智慧；而"真正的哲学家"才是"爱智者"，他们既有美德，又渊博高深①。亚里士多德也说过："智者派就是从一种好像是却并不是的智慧来逐利的人。"②当然，既然是一种职业，何况是外邦人，为了生活，难免授徒则收费，也无可厚非。但是为了钱，教授似是而非的假知识，尤其是智者思想的消极作用日益明显，则是虽然传授似非而是的真正智慧但不收费的苏格拉底所不能容忍的。苏格拉底不像自封为智者的无所不知的聪明人，他总是说他知道他不知道，所以渴望探知，仅就这一点而言，他真正是全希腊最有智慧的人③，因为他还知道他不知道，比起那些自以为是或知道但不知道他们实际上不知道的人来说还有所知道。总之，柏拉图在其对话作品中，智者作为他批驳、讽刺的主要对象，主要是在智者具有的讽刺和坏名声的意义上，对公元前5世纪中叶以后雅典的智者进行的。

柏拉图之所以这样做，主要是因为在他看来，智者主张的一切知识、真理和道德都是相对的，都有赖于具体的感知者，也就没有客观真理，只有主观偏见。例如，普罗泰戈拉的名言："人是万物的尺度。"因此，没有一个共同的标准衡量这些不同认识的优劣是非的观点具有颠倒黑白、混淆视听和误导民众的恶果。此外，还有一个原因在于智者们最为关心的是道德问题和政治问题，并把系统得到的知识，尤其是政治知识作为主要的教育内容，而高尔吉亚也认为哲学是毫无意义的思想，这也与柏拉图关于这些问题的主张是相互对立的。例如，柏拉图是将美德之所以为美德的

---

① 参见《共和邦篇》［596c-598e］；《普罗泰戈拉篇》［313c-314a］；《欧绪德谟篇》［271c-272b］；《拉凯斯篇》［186c］；《美诺篇》［91b-93a］。
② 参见亚里士多德《辩谬篇》［165a20］（电子版，第434页）。关于亚里士多德作品的引用，除了贝克尔（August Immanuel Bekker，1785—1871年）编辑的《亚里士多德全集》希腊文标准版本（1831—1836年），本著主要参考的《亚里士多德全集》的中译本是"苗本"，因此，译文略有不同。例如，篇名"περὶ σοφιστικῶν ἐλέγχων"（《辩谬篇》）也可以译为《关于驳智者（诡辩）派》。
③ 参见《申辩篇》［21a-e］；"名哲本"［2.37］。另外参考［古希腊］色诺芬：《回忆苏格拉底》（"苏格拉底在法官前的申辩"［14］）。

"型"建立在理性基础之上，辩证地理解各美德之间的关系的，而且是为他设想的理想国或第二等最好的法治城邦服务的。这就与建立在感性基础上、就事论事、进行诡辩和仅仅为授徒赚钱的"智者"不同。而教育作为事业则应该是苏格拉底式的，教师在这个事业中使学生变得更好就是他的主要目标。

但是，从客观上看，智者的出现也是时代使然，也有一定的积极意义。希腊在持续长达半个世纪的希腊波斯战争（约公元前499—前449年）中最终获胜后，希腊半岛的经济和文化达到一个极为繁荣的时期。当时希腊一些主要的城邦，特别是伯里克利（Περικλῆς）执政期间（约公元前460—前429年）实行民主政体的雅典成为希腊世界最强大的城邦。雅典公民几乎都广泛地参与政治事务。在公共政治生活中演讲和掌握辩论术就显得日益重要，一些人甚至通过诡辩，花言巧语，颠倒黑白，就能够达到不义的目的。再者，人们也迫切要求受到多方面的、更高的教育。为了适应这些需要，在希腊便应运而生出现了一个自称"智者"职业教师阶层。智者们周游希腊各城邦，授徒收费，教授语法、修辞学、数学、政治学、哲学，为青年人参加公共生活做准备。智者们以他们的称号以及能传授希腊人所渴求的知识而自豪。简言之，"智者"即是古希腊以教学为职业而赚取钱财的哲学家们的称号。

无疑，外邦人对雅典文化的繁荣是有积极作用的。例如，正是伯里克利的良师益友，博学的外邦人、哲学家阿那克萨戈拉① 将哲学引入了雅典。

在归于柏拉图名下的作品《定义篇》中，对"智者"的释义是："富有的和有名声的年轻人雇用的猎人。"［415c］对"爱慕"的释义是："完

---

① Αναξαγορα（约公元前500—前428年）他出生于爱奥尼亚的克拉佐美尼。他是米利都学派的哲学家阿那克西美尼的学生。在雅典人战胜了波斯人之后，他被伯里克利带到了雅典。他是第一个把哲学介绍给雅典人的。在伯罗奔尼撒战争爆发前，在伯里克利的政敌鼓动下，阿那克萨戈拉受到指控而被迫离开了雅典。

全的显示①[413b]。"

而哲学（"φιλοσοφία"）一词是由"φίλο（喜爱）"和"σοφία（智慧）"②复合而成。这一术语的词典释义是："爱智慧，爱哲学，爱知识；有系统的钻研，科学的钻研。"③

与"爱哲学"相对的词则是"轻视哲学"，它在《定义篇》中的释义是："有关其具有厌恶学术辩论的状态[415e]。"

《定义篇》[414b]中对哲学的定义则是："对于永远真实知识的渴望；思考真相怎么样真实存在的状态；灵魂按照正确的原理的经管。"④而对与哲学相关的哲理⑤的定义是："无可怀疑的知识；永远确实的知识；考虑真实原因的学问。[414b]"这种释义基本上是符合柏拉图的主张的。

第欧根尼·拉尔修在其《名哲言行录》[3.63]中也说，柏拉图在一种特殊意义上，"把智慧看作是思维的而且也是实际存在的东西的知识，他说，这门知识是关于神及其与肉体相分离的灵魂的。特别是，他用智慧来称谓哲学，而哲学是对神圣智慧的渴望。在一般意义上，他也把所有经验看作是智慧，例如，他称手艺人是智慧的"⑥。

在柏拉图的对话作品中，就篇名（副标题）而言，有一篇是专门谈论哲学家的，即《厄庇诺米斯篇》，按照忒拉叙洛斯的说法，其副标题是"夜间集会"或"哲学家"，属于政治性的。但柏拉图在其他多篇对话中也论及哲学家，特别是在《共和邦篇》，柏拉图主要是讨论如何培养真正的哲学家以解决"第一等最好"的理想城邦领导集团的素养问题。

总之，哲学是什么，哲学家何为，如何培养哲学家是柏拉图作品的主

---

① 该词（"ἀπόδεξις"）属于伊奥尼亚方言，等于"ἀπόδειξις"。
② 该词（"σοφία"）是个多义词，具有"才智，才艺，手艺，技巧，本领；知识，见识，常识；科学的知识，智慧，哲理，学识；[贬]机灵，狡诈"等含义。
③ 参见"希汉词典"，第961页。
④ 参见伪柏拉图《定义篇》[414b]。
⑤ 该词（"σοφία"）的释义参见前注②。
⑥ "名哲本"，第320—321页。不过，在此段落中，拉尔修所使用的"智慧"一词原文均是"σοφία"。

要论题之一。而《爱慕者篇》的主题也是关于这些方面的。

二、《爱慕者篇》概述①

（一）《爱慕者篇》的作者和写作的时代以及版本、研究简况

在近代以前，《爱慕者篇》的作者在传统上一直被认为是柏拉图。在19世纪之后，它逐渐基本上被学者们判定是伪作②。但究竟谁是其真正的作者，我们却不得而知。它的作者有可能是柏拉图学派的某个成员或柏拉图学园中的某个学生。

然而，该篇作者为何而作呢？我们大胆地猜测，当《爱慕者篇》的作者主张，国王、君主、政治家、管家、一家之主都是同样的；国王术、君主术、政治术、主宰术和治家术也是一种技能［138c］——这与苏格拉底（色诺芬的《苏格拉底回忆录》［III，4.12］和柏拉图《政治家篇》［258a-259d］）的观点是一致的——时，被称为古希腊最博学的第一个百科全书式的哲学家亚里士多德却认为这种说法是谬误（《政治学》［1252a7-17］）；而当《爱慕者篇》的作者主张哲学本质上是一种关于最高权威的训练时，这位怀抱要探求知识的每一分支的柏拉图的学生亚里士多德又认为（尤其是在他的遗失的对话《论正义》中）存在很多种权威和正

① 以下一些内容参考了"C本"，"提要"、第618—619页。

② 参见 Friedrich Schleiermacher: Platons Werke（《柏拉图的作品》）和 Über die Philosophie Platons（《论柏拉图哲学》）中关于《爱慕者篇》的评论。

在近些年来也有个别学者认为它是柏拉图本人早期的作品。参见 Michael Davis: Philosophy and the Perfect Tense: On the Beginning of Plato's Lovers, 刊登在: Graduate Faculty Philosophy Journal（New School for Social Research, New York）1985 年第 10 卷第 2 期，第 75—97 页；另外参见英国著名哲学史专家格思里（William Keith Chambers Guthrie, 1906—1981 年）: A History of Greek Philosophy, 第五卷, 1978, 第 390—392 页。他认为该篇的作者是柏拉图至少是可能的。

义，它们根据被运用的背景不同而有所不同①；考虑到亚里士多德与柏拉图学园的关系并不融洽以及他对柏拉图的观点多有批评，有可能惹得柏拉图学派某些人的反感和不满，为捍卫柏拉图的学说，反过来看，某人针对亚里士多德的上述针锋相对的观点写出这一对话也是有可能的。

如果这种猜测能够成立，很可能在亚里士多德其时还是柏拉图学园一个成员时就有过热烈的辩论，而《爱慕者篇》可能是在柏拉图公元前347年去世之后对那场辩论的一份书面表达；要不然它可能是柏拉图学派的一个成员旨在反对亚里士多德的思维方式的一篇酷评，写在亚里士多德开始在雅典的吕克昂学园②教学之后，假若那样的话，它的写成可追溯到公元前4世纪的最后三十年。另外，《爱慕者篇》的作者也有可能是把"五项全能运动员"和"亚军"绰号赋予昔兰尼的厄拉托斯特涅斯③——一位公元前3世纪早期在雅典研究哲学的有造诣的学者和学识渊博的人——时写的④。而据第欧根尼·拉尔修说，德谟克里特在哲学家方面就是一位全能运动员⑤。考虑到百科全书式的哲学家亚里士多德更有资格是一位全能运动员以及他对柏拉图的对手德谟克里特多有认可的事实，《爱慕者篇》的作者更有可能是针对亚里士多德而写。

---

① 参见亚里士多德：《形而上学》[982a5-983a11]；《政治学》[1278b30-79a21]；《优台谟伦理学》[1231b27-40]；《论动物部分》[639a1-12]。
② Λύκειον，雅典三大体育场之一，在雅典东郊，因附近有 Λύκειος（"光明之神"）阿波罗的神庙，固以得名。它曾是古希腊雅典的一个健身房和公众聚集场所；公元前335年，亚里士多德的巡回学校（吕克昂学园或莱森学园）即设在那里。自此200多年之后，直到公元前86年，罗马将军苏拉抢劫雅典时被毁。1996年，在现代雅典发现了吕克昂或莱的遗址。Λύκειον 也是苏格拉底经常光顾之地。参见《欧绪弗隆篇》[2a]；《欧绪德谟篇》[271a]。
③ Ερατοσθένης（公元前276—前194年），生于昔兰尼，即现在利比亚的夏哈特；逝世于托勒密王朝的亚历山大港，是希腊数学家、地理学家、历史学家、诗人、天文学家。厄拉托斯特涅斯的贡献主要是设计出经纬度系统，计算出地球的直径。公元前236年，托勒密三世指定他为亚历山大图书馆的图书管理员和馆长。他跟阿基米德还是好朋友。
④ 参见"C本"，"提要"、第1677—1678页。
⑤ 参见"名哲本"[9.37]。

　　《爱慕者篇》在古代一直被传播着，至于作为一单篇作品如何传播的情况，我们仅知，其现存最早的手稿源于公元9世纪的拜占庭。它在1699年和1769年先后被当作柏拉图的作品译为法文和英文。

　　据第欧根尼·拉尔修在其《名哲言行录》（第三卷）记载，最早编订《柏拉图全集》的是公元前3世纪的拜占庭的阿里斯托芬。虽然在他编订的全集中没有明确列出是否有《爱慕者篇》，但从文意推测很可能有。在公元1世纪上半叶，门德斯的忒拉叙洛斯编订的《柏拉图全集》编辑体例中将《爱慕者篇》[1]包括在内，并且将之视为柏拉图的作品。第欧根尼·拉尔修在其《名哲言行录》[3.4]中也将之视为柏拉图的作品，并且加以引用。

　　从中世纪开始，特别是在文艺复兴时期的人文主义的时代，由于人文主义者重新重视古希腊文化研究，人文主义者马尔塞琉·菲齐努首先在他于1484年出版的最早的拉丁文版的《柏拉图全集》中和阿尔多·马努齐奥则在1513年最早重印的柏拉图的希腊文版本中也辑录了《爱慕者篇》[2]。尤其是在1578年，亨利·艾蒂安在他所编订和出版的《柏拉图全集》（三卷）完整版中不仅辑录了《爱慕者篇》，而且他在该版中首次使用了新的分页方法，即对全部原文用数字和大写的拉丁字母作为边码以标注卷次、页码和分栏，例如《爱慕者篇》（St. I, 132A–139A），这也成为现代对其他古希腊作者作品的标准分页的基础。现今，由伯内特校订的被学术界公认为较好而广泛使用的《柏拉图全集》的希腊文版根据的即是这一版本，不过将边码改为小写字母并且加以细化到行号，例如《爱慕者篇》（St. I, 132a1–139a8）。

　　至于其他语种版本的情况，主要在近现代西方重新重视柏拉图研究以后由德国、英国、法国和美国以及意大利等几个主要国家为代表，不过在

---

① 忒拉叙洛斯将其编辑在第四组对话中；并且有一个副标题"或《论哲学》"，伦理性的。该词"ἀντεϱασταί"含义为"情敌"，泛指"敌手"。

② 不过前者在目录中是将《爱慕者篇》与《希帕尔科斯篇》并列的，篇名是拉丁语"Amatores"，意思是"情人们"。

这些国家出版的大多数所谓《柏拉图全集》除了有几种版本含有多少不等的伪作外，主要包括柏拉图的真作，而将部分伪作（包括《爱慕者篇》）排除在外。迄今为止，最全的《柏拉图全集》当数库珀（John M. Cooper）主编的英译全译本 1997 年版《柏拉图全集》（*Plato Complete Works*）和施莱尔马赫（Schleiermacher）等人译的三卷本的德译文本（*Platon: Sämtliche Dialoge*，1982 年版）；除了没有将"柏拉图的遗嘱"辑录在内，而将其他几乎所有伪作（包括《爱慕者篇》）悉数收录，此外，Les Belles Lettres 出版社的 *Œuvres complètes de Platon*（希腊文、法文对照本《柏拉图全集》）和库赞（Victor Cousin）的法文版《柏拉图文集》（*Œuvres de Platon*）中也收录了《爱慕者篇》。而西方学界对该篇对话的研究，或以专论形式，或在哲学史中论及柏拉图哲学时简要述及。

在我国，华夏出版社 2014 年出版了吴明波译的《情敌》。

（二）《爱慕者篇》的梗概和若干细节

《爱慕者篇》是一篇近七千字的对话作品，在伪柏拉图作品中属于中等长度的对话。在忒拉叙洛斯编订的《柏拉图全集》中，《爱慕者篇》的篇名是"ἀντερασταί"[①]，该词意思是"情敌"，泛指"敌手"；副标题或主题是《论哲学》[②]，是伦理性质的；在马尔塞琉·菲齐努的拉丁文版目录中是将《爱慕者篇》与伪柏拉图作品《希帕尔科斯篇》并列的，篇名是拉丁语"Amatores"，意思是"情人们"。在亨利·艾蒂安和伯内特的希腊文版中，《爱慕者篇》的边码是 St.I, 132a1-139a8，篇名是"ἐρασταί"[③]，本著即依据此篇名译为《爱慕者篇》。在此还值得一提的是，亨利·艾蒂安在他所编订和出版的《柏拉图全集》中将《爱慕者篇》和《阿尔基比亚德斯篇（Ⅰ）》（St.Ⅱ, 103a1-135e8）中的部分边码 [132a1-135e7] 编为相同；

---

① 该词（"ἀντερασταί"）的阴性名词为"ἀντεράστρια"。参见《共和邦篇》[521b]；亚里士多德《修辞术》[1388a14]。

② 或"哲学爱好者"。

③ 参见《吕西斯篇》[221e-222a]。

这是因为他是按照每卷重新编页所致。

《爱慕者篇》的对话人共有三个人，伯内特的希腊文版中没有明确列出对话人的姓名；但其中一个无疑是苏格拉底，另外两个是不知名的青少年，本著暂且将他们称呼为爱慕者甲和爱慕者乙。

全部对话是以苏格拉底第一人称叙述的。从说话的语气看，在本篇对话中，主导着这场对话的苏格拉底显然是作为长者出现的［132c］。

本篇第一句即交代对话的场景，它被设立在曾是柏拉图的教师的狄奥尼修斯的学校中。

《爱慕者篇》的梗概如下：

某一天，苏格拉底进入一个文法学家或语法教师狄奥尼修斯开办的学校，他遇到一些外表最适宜的，尤其祖先有名声的年轻人和他们的爱慕者；前者似乎正在讨论天文学或数学的问题，苏格拉底好奇地询问爱慕者甲，他们在争论什么，由此引发一场关于"爱哲学是否是美好的？""哲学是什么？""哲学家何为？"等问题的对话。

爱慕者乙认为爱哲学是美好的，主张博学和通识教育，渴望对每一件事知道一些并且嘲笑他的竞争对手爱慕者甲：一个专门从事体育术，其长处不是知识而是体育训练的年轻人。他对"爱哲学是什么？"问题的回答，甚至引用了梭伦的说法以支持他的观点："'我虽在变老[1]但永远多学。'[2]我也认为如此而已，人们的确就要在学习什么的过程中时常应当爱哲学，尤其比较年长的和更年轻的人，以便在一生中尽可能多地学。"［133c］

但苏格拉底对这位年轻的博学者爱慕者乙设想的，在追求博学的知识

---

[1]　该词（"γηράσκω"）也具有"（果实等）老了，熟透了"等含义。

[2]　这句诗见梭伦：《残篇》［10 或 18？］。另参见：《共和邦篇》［536d］和《拉凯斯篇》［189a5］。它们虽然意思大体相同，但用词（主要是"学习"一词，本篇中是"διδάσκω"）有别。后两篇中的"学习"一词使用的是"μανθάνω"，该词除了一般意义上的学习外，还有通过询问、实践和经验学习的含义，此外还有"弄明白，理解，认识"的意思。

中他正在爱哲学的这一回答不以为然。

　　继而，苏格拉底和从事身体锻炼的爱慕者甲探讨关于适度和适量以及有节制的锻炼对身体产生益处的问题，结论是，像适度锻炼对身体产生益处一样，那些适量但非许多的学问也使人受益［134d］。由此引出"什么样的知识是一个哲学家，不需学习所有的知识，也不需学习很多，最为应当学习的"问题。爱慕者乙接过话题来说："那些最美好和最适宜掌握的知识是关于一个哲学家可能会获得任何最多声望的知识，再者，可能会获得最多的荣誉，假如他显得在所有技艺领域有经验，但如果不是在一切领域，至少尽可能多的一定是值得一提的领域，通过阅读、询问、实践和经验学习属于他们的那些关系到自由人学习的知识，即获得像智慧一样和别人共享的学识而非像做手艺一样的实践。［135b］"① 而且还认为："哲学家就像有技艺的人一样应当准确地精通各项技艺。［135d］"

　　于是，［135e］苏格拉底问："我将你说的哲学家理解为正是那样的人吗？因为在我看来，你说的那种人如同是在竞赛中针对② 奔跑者或角力士③ 的五项全能运动员④。因为就与竞赛者的关系而言，那些人甚至真的落在他们的后面，和他们相比虽然是第二名⑤，但他们擅长于其他的项目是第一流的人物并战胜了他们。你大概说的是这种性质的某事，像爱哲学使他们专心致志完成那种事业一样；无疑，在关于技艺的精明方面，他们比不上第一流的人物，［136a］但之后有能力胜过其他人，这样，使得爱哲学的任何人在各方面甚至成为几乎是最高级的竞赛者；你似乎给我所宣

---

① 值得注意的是，这里所做的区别后来由亚里士多德明确为"思辨或理论哲学"和"实践哲学"。

② 这里是对前置词"πρός"一词的直译，意译则是"与……竞赛"。

③ 该词（"παλαιστής"）在比喻意思上指"耍花招的人，狡猾的人"。或许是双关语。

④ 该词（"πένταθλος"）在比喻意思上指"多面手，全能者，如精通全部哲学问题的人"；贬义为"杂而不精的人"。或许是双关语。因为据第欧根尼·拉尔修说，德谟克里特在哲学家方面就是一位全能运动员。参见"名哲本"［9.37］。五项全能运动在古希腊包括：赛跑、跳远、掷铁饼投标枪、摔跤；选择项目是拳击。其中，摔跤是最重要的一项比赛。

⑤ 在古希腊，唯一的获胜者仅指第一名或冠军，没有亚军和季军等获胜者。

布的就是这样的一个人。"也即是说，由于没有通才能够如同一个专家能掌握他的专业一样掌握多学科达到同等水平，具有一般知识的人没有一个可以曾经在任何具体领域胜过他人，就像是可能赢得总分第一但在每项单独的竞赛中只是一名亚军甚或季军的参加五项运动的运动员①。

再者，虽然爱哲学的人是有助益的人，哲学是美好的，哲学家们自身也是优秀的②，但他们还是比不上在各具体领域中的专家。所以，人们若要在他们之间二择一，哲学家又处于二流或是无用处的，这却导致哲学家和没有用益处的邪恶的人一样的悖论，假如当在人们中存在有技艺的人时〔137a〕。所以，苏格拉底说："哲学家绝非是那样，虽然他关心一些技能，但不经常俯身靠忙于许多事情③生活，也不博学，但是关心其他的任何事物，因为我料想做那种事甚至是耻辱，关心技艺的那些人也将被称为庸俗的人。〔137b〕"

于是，似乎哲学家无意在这些具体技艺方面用心，而是着力于指正④人的学问和认出好人和坏人的学问。例如正义和审判，像不识好牛和劣牛等动物一样，一旦某个人不识好人与坏人，于是他就不识他是好的还是邪恶的，〔137e〕因此，哲学对于灵魂就像锻炼对于身体一样在于锻炼明智和正义。因为有了明智和正义我们也就懂得真正指正。〔138a〕既能够分

---

① 可参考中国的典故"鼫鼠五技而穷"。

② "B本"如是。"C本"接受一种删除此句的推测。见〔C注6〕（p.623）。一些译本却接受增加此句的做法；例如："L. B.L本"（XIII, 2e partie, p.121.）译为："nous avons accordé que la philosophie est belle, que les philosophes sont bons et que les gens de biens sont utiles, tandis que les méchants sont inutiles"；以及"S本"译为："die Philosophie wäre etwas lobenswertes und rühmliches, die Philosophen aber wären gut, und die Guten auch brauchbar"。

③ 该词（"πολυπραγμονέω"）除了有"好追问，追求知识"的意思外，也含有贬义："搞政治阴谋；爱管闲事，多事，瞎忙的"。"C本"接受一种删除此句的推测；参见〔C注7〕（p.624）。但"V. C本"译为："et que philosopher ne soit point du tout se mêler de tous les arts"；"S本"译为："und das gar nicht Philosophieren heißt, sich mit vielerlei Künsten abgeben"。

④ 该词（"κολάζω"）也含有"修剪；纠正，惩罚"的意思。

辨和指正他自己，也能够分辨他人。[138b] 所以，追求哲学应当是非常的博学和忙于各种技艺的努力经营和那种把哲学家看作一个全能的优秀的但是第二流人物的想法看来是不恰当的 [139a]①。

总之，这篇对话的目的显然是确定柏拉图的哲学观就是关于善的理念的知识，必然的结论是，由于人们在社会生活中的需要是不同的，真正的哲学家像《共和邦篇》、《政治家篇》和《法律篇》等对话中主张的一样就是真正的"王者"，他们虽然不是具体行业中的行家，但他们在既能够研究，也能理解各行各业的实践方面是第一流或最高级别的实践者，这种观点类似哲学本质上是一种关于最高权威的训练，不论是评价权威，还是判断权威，抑或训练和指正自己和他人的权威，都是一种基于正义、善的观念和自知之明的居于第一流的权威；而哲学家同样，他们无论在公共事务中是正确地治理城邦的国王、君主、政治家、审判者；还是私人事务中正确地管理家务的管家、一家之主，自我的主宰；他们都必须是明智者、正义者，甚至哲学也是一种技能：国王术、君主术、政治术、主宰术和治家术② 以及正义和明智 [138c]。哲学家本人应该是这种技艺的第一流的实践者，这就与哲学也属于"形而下"的那些具体行业的行家拥有的知识的较肤浅的观念以及显然羞耻的事是哲学家成为"无所不知又无所真知"从而居于二流甚至三流庸俗的手艺人形成鲜明的对照 [139a]。

此外，关于本篇对话的用词方面也是有特点的，例如双关语、典故和诗歌的使用和引用等手法，在一定程度上也趣味盎然、生动；以及原文中还有一些校对等方面的问题，可参考"C 本"的脚注。以下仅举数例。

双关语和多义词的使用方面③：

---

① 类似《老子》第八十一章："知者不博，博者不知。"可参考赫伯特·A.西蒙（Herbert Alexander Simon，1916—2001 年，美国管理学家和社会科学家，诺贝尔经济学奖获得者）的有限理性（Bounded rationality）理论。他即认为，人的理性是有限的，人的精力是非常有限的，不可能全知全能。哲学作为认识的一门学问，也有它特定的研究对象和范围。

② 这几个词在古希腊语中本身都含有"技艺"的意思。

③ 了解之特别有助于全面理解作品的思想。

"［132a］青少年（μειράκιον）"一词具有两种含义：一是指14岁到21岁的青少年；另外是指30岁左右的壮年男子。在古希腊语中，30岁左右的壮年男子被称为"青少年"则含有嘲讽的意思。按照古希腊当时的风俗，被爱者（ἐρώμενος，情人）通常是年龄较小的青少年，爱慕者（ἐραστής，钟情者）通常是年龄较长者。①

这里很可能包含讽刺对话中的那两位爱慕者的意思。另外参见以下校对方面对"宠爱少年者（παιδικά）"［133b］一词的分析。

"［132b］什么重要的和美好的?! 他们实实在在至少的确唠叨一些涉及悬在空中的事和爱哲学的蠢话。"其中"唠叨"一词的名词"闲谈者（ἀδολέσχης）"特指智者、诡辩派而言；另外也有褒义"精明人"的含义；据称古希腊人为闲聊的民族。"悬在空中"暗示阿里斯托芬喜剧《云》中的苏格拉底。因为"爱哲学（φιλοσοφέω）"一词也具有"诡辩，弄玄虚"的含义。

"［132c］ἀντεραστής"一词泛指"敌手"。在本篇对话中具有双重含义：既是情感上的"情敌"，也是对方观点上的"对手"。

"［132d］两个爱慕者中的这一个无疑始终从事于缪斯们掌管之诸艺术以培养自己。""缪斯掌管之诸艺术（μουσική）"主要包括：尤其是音乐、诗歌、文学等，也即指通识教育。

［135e］"我将你说的哲学家理解为正是那样的人吗？因为在我看来，你说的那种人如同是在竞赛中针对奔跑者或角力士的五项全能运动员。""角力士（παλαιστής）"一词在比喻意思上指"耍花招的人，狡猾的人"；"五项全能运动员（πένταθλος）"一词在比喻意思上指"多面手，全能者，如精通全部哲学问题的人"，贬义为"杂而不精的人"。如同杂而不精、五伎而穷的鼯鼠。或许是双关语。因为据第欧根尼·拉尔

---

① 原文的标题"Ἐρασταί"是"ἐραστής"的复数形式。"ἀντεραστής（情敌；[泛指]敌手）"一词的复数"ἀντερασταί"或许更符合本篇主旨。参见本篇对话［132c5，133b3］的用法。另外参见《共和邦篇》［521b5］中使用的"ἀντεραστής"一词；尤其是《斐德罗篇》和《会饮篇》等篇中也涉及古希腊有关同性恋的问题。

修说，德谟克里特在哲学家方面就是一位全能运动员。第欧根尼·拉尔修还提及，忒拉叙洛斯说，如果《爱慕者篇》是柏拉图的作品，那么德谟克里特就是此人（参见"名哲本"［9.37］）。但是第欧根尼·拉尔修也据他人说，柏拉图曾想烧毁他所能收集到的所有德谟克里特的著作；而且柏拉图憎恨德谟克里特，他几乎提到了所有早期哲学家，却唯独不提德谟克里特，甚至在需要反驳他的地方也不提及（参见"名哲本"［9.40］）。

"［137b］哲学家绝非是那样，关心一些技能，但不经常俯身靠忙于许多事情生活，也不博学。""忙于许多事情"一词"πολυπραγμονέω"除了有"好追问，追求知识"的意思外，也含有贬义："搞政治阴谋；爱管闲事，多事，瞎忙的"。而"C本"接受一种删除此句的推测①。

"［137c］哪些人真正精通指正马呢？""指正"一词"κολάζω"也含有"修剪；纠正，惩罚"的意思。这里有可能暗示哲学家也是有关"善"和"正义"以及立法的理论和行为等方面的教育者的含义。

校对方面的问题如下：

"［133b］宠爱少年者（παιδικά）"一词在罗念生、水建馥编的《希腊语汉语词典》（第628页）的释义为名词"宠爱少年的人"。在 *Greek Word Study Tool* 中的释义是形容词做名词用："心爱的少年"或"被爱的年轻人（παιδικός）"。根据语境，好像后者的解释符合原意。"C本"、"L. B.L 本"分别译为"young favorite"、"de celui qu'il aimait"。"S本"仅译为"die beiden Knaben"。

"［137a］哲学是美好的，哲学家们自身也是优秀的。""C本"接受一种删除此句的推测。见［C注6］（p.623）。一些译本却接受增加此句

---

① 参见［C注7］（p.624）。但"V. C本"译为："et que philosopher ne soit point du tout se mêler de tous les arts"；"S本"译为："und das gar nicht Philosophieren heißt, sich mit vielerlei Künsten abgeben"。

的做法①。本著赞同"B 本"和"L. B.L 本"，加以保留。

"［137c］哪些人真正精通指正马呢？总之，是那些使它们成为最好的人……虽然涉及马，如此而已也实在涉及不同的每一动物吗？"

该句子中"最好的（βελτίστους）"一词，"C 本"注释为：Reading beltious（βελτίους）rather than beltistous at c1，c2，c3，c6，c9，and d1，见［C 注 8］（p.624）。这恰恰与"B 本"校对的相反②。"βελτίστους"是"好"的比较级变格的最高级，基本意思是"最好的"；"C 本"的此处用语"βελτίους（beltious）"，是"好"的比较级变格，多指品质和美德方面的好，而与多指智力、勇气、体力和愿望方面的"较好"或"最好"有别。因此，在这里是将马等动物的"好"比作人的品质和美德的好。关于最后一句，从上下文语气分析，好像"B 本"的句子顺序有问题。本句和下一句应当从后面调整到此位置。"C 本"注释为：Moving this and the preceding line［137d8-9］，so as to make them follow c2（a conjectural transposition），见［C 注 9］（p.624）。本著赞同"C 本"的解释。

"［138e］所以，关于那些所说的两者中的哪一个呢？是我们尤其要说，他需要使他成为一名全能运动员和几乎是最高级别的（所有哲学家真的也拥有那属于他的第二名，他们中的任何一个人甚至一度就会是不中用的人呢），还是……"

从上下文语气分析，好像"B 本"的句子有问题。"C 本"注释为：Accepting a conjectural deletion of kai tautes...touton tis ei（e2-4）。参见［C 注 10］（p.626）。③

---

① 参见"L. B.L 本"（XIII，2e partie，p.121）译为："nous avons accordé que la philoso-phie est belle，que les philosophes sont bons et que les gens de biens sont utiles，tandis que les méchants sont inutiles"；以及"S 本"译为："die Philosophie wäre etwas lobenswertes und rühmliches，die Philosophen aber wären gut，und die Guten auch brauchbar"。

② 参见［B 注］（电子版），第 963 页。

③ 参见"S 本"译为："unnütz bleiben so lange noch einer von den Meistern da ist?""V. C 本"译为："audessous des maîtres et au second rang，c'est-à-dire toujours inutile，tant qu'il y aura des maîtres?"中译文按"B 本"译出，不做删除，而是置于括号中。

"［139a］那么，对我们来说，最亲爱的朋友，追求哲学应当是非常的博学和忙于各种技艺的努力经营二者。（ ）"括号为中译文添加，因为原文似乎缺失了一句否定上述说法的话。"C 本"（第 626 页）根据语境在最后一句后添加了一句："would be very far from the truth" 可能符合原意。①

三、《爱慕者篇》和柏拉图作品的关系

《爱慕者篇》所主张的观点、写作技法类似于柏拉图的②；难怪在长时期内被认为是柏拉图的作品。当然，或许由于篇幅所限，《爱慕者篇》所主张的观点也只是柏拉图观点的某些侧面而已。柏拉图的相关主张则要更为全面和精深。

所以，《爱慕者篇》所主张的观点只有与柏拉图的相关主张联系起来才能正确地理解。《爱慕者篇》主张的诸如哲学是重要的和美好的［133d］；凡事应当是适度和适量以及有节制的［134d］；总工程师和工匠的比喻是说明领导被领导的关系［135c］；哲学在于锻炼明智和正义，哲学家依靠它们就能懂得真正指正［138a］；国王、君主、政治家、管家、一家之主都是同样的；国王术、君主术、政治术、主宰术和治家术也是一种技能［138c］；哲学本质上是一种关于最高权威的训练，哲学家在既能够研究，也能理解各行各业的实践方面是第一流或最高级别的实践者［138d-139a］等与如《共和邦篇》［521c-535a］；《政治家篇》［258a-259e］；《法律篇》［817e-819a，965a-968a］；《厄庇诺米斯篇》［992c-e］等中的主张是一致的。

而柏拉图习惯从不同的角度，在不同语境下，用不同的含义解释同一

---

① 参见 "L. B.L 本"（XIII, 2e partie, p.126）译为："Il s'en faut donc de beaucoup, excellent ami, que la philosophie se confonde avec l'érudition et qu'elle soit l'étude des sciences techniques"；"S 本" 译为："Weit gefehlt also, Bester, daß das Philosophieren Vielwisserei wäre und Beschäftigung mit allerlei Künsten"。

② 可比较《卡尔米德篇》、《欧绪德谟篇》和《吕西斯篇》等。

对象。他经常也使用不同术语意指同一事物。他还使用反话暗示相同的事物。因此，他在其作品中则认为：哲学是属于缪斯们掌管之诸艺术中最伟大的艺术（《斐多篇》[61a]）；哲学是神圣的（《斐德罗篇》[239b]）；哲学家理应为"王"（《共和邦篇》[473d-e]）等。柏拉图关于哲学和哲学家的观点在他的"哲人王"理论中最为集中系统地给予阐述。

在对智者或假哲学家的讽刺和揭露的同时①，柏拉图首先描述并且盛赞了真正的哲学家；其次，阐明了如何培养真正的哲学家——哲人王的问题。

柏拉图的作品显示，他的哲学是从事关知识的学说（"知识即善"，掌握辩证法，认识善或正义的"型"等）开始的。该学说在对哲人王的描述中达到了顶点。鉴于没有保证我们的统治者将拥有哲学家智慧的实际方法的事实，这种哲人王的理想只能在一种理论的层面上运转。但它依然有某些实际的含义：它为人们提供了一个用以判断现实国家和实际生活中的哲学家的标准。因此，它将引导和促进我们喜爱合理性采取决策的制度。类似的，虽然《共和邦篇》的政治制度从未能够实行，但一个视它为一种理想的人们事实上将有助于促进统一与和谐而非分歧与不合的制度。

在柏拉图所处的时代，希腊城邦、特别是雅典的伦理基础不仅在实际生活中逐渐坍塌，而且在观念上不断受到智者运动的冲击，当真理的和道德的客观性质趋于消解时，维系城邦的纽带也就松弛或断裂了。柏拉图孜孜以求的是为城邦奠定新的基础，而把知识置于普遍的理性根基之上即是确立了客观的实在标准。如果说"人是万物的尺度"，那么这一尺度必定也是指理性而言，而不是混乱的感觉、奇想和随心所欲的妄想。柏拉图创建正义学说即是重建希腊社会良好秩序的努力。正如有著名学者所说的："柏拉图的政治哲学就诞生于极度非正义经验，即苏格拉底的死亡，此外诞生于对当时派别利益的纷争中借助正义观念重新获得城邦和睦统一的努

---

① 参见《智者篇》[216c-217a]。

力中。"①

在柏拉图看来，正义是与合理性和合法性密不可分的。政治的正义即是建立在合理性和合法性之上的。柏拉图赋予"哲人王"至高的权力，因为只有他们更具有所应具备的哲学理解力和美德以及知识。知识主要是指拥有真正知识或把握了善的本质和掌握了统治技艺的知识等；而美德主要是指拥有智慧、正义、节制、虔敬和勇敢等。这一思想不仅体现在《共和邦篇》中，在某种程度上，也反映在《法律篇》中：大多与执政官和其他资深监察官的职责互相重叠的夜间议事会的全体成员将专心从事哲学和神学问题。

按照柏拉图的描述，这种人唯有求知探真，过着真正的哲学生活，轻视政治权力，践行正义诸美德，通才和专才相结合，文武双全的最优秀人物的哲学家才具备②。

而柏拉图在《共和邦篇》第五卷和第九卷中对此讲得极为详细，简直就是对他所处不义城邦的政治状况和他或苏格拉底自身的写照。③

他认为，一个重视美德的哲学家在不合他意的城邦里是不会自觉自愿地参与政治的；反之，在中他意的城邦里他是一定愿意参加政治的。合意的城邦自然指的是他意欲建立的那个正义的城邦，这个城邦是这种正义之人的家，是一个理想的城邦。虽然世界上任何地方都找不到这样的城邦。④

施特劳斯即认为，之所以在希腊思想界造成对政治敬而远之的这种态度，"最明显最原始的原因是迫害"，是社会对哲学家构成的威胁。⑤ 而在实际生活中，自古以来往往是，即使你（尤其是著名人物）对政治不感兴

---

① ［德］奥特弗利德·赫费:《政治的正义性：法和国家的批判哲学之基础》，庞学铨、李张林译，上海译文出版社 1998 年版，第 19 页。
② 参见《共和邦篇》［503b、519b、543a］。
③ 参见《共和邦篇》［496b-e］。
④ 参见《共和邦篇》［592a-b］。
⑤ ［美］施特劳斯、克罗波西主编:《政治哲学史》（下册），李天然等译，河北人民出版社 1993 年版，第 1081 页。

趣，政治也会对你"感兴趣"。苏格拉底遭受迫害的事例即是明证。这种现象或许从某个方面印证了亚里士多德的"人是政治动物的"名言。就是这样一位被柏拉图认为是真、善、美乃至古希腊四种美德——智慧、正义、节制和勇敢象征和化身的苏格拉底由于民众的无知和司法的不公而置其死地给柏拉图留下了刻骨铭心、终生难以忘怀的印象，也改变了他一生的志向。柏拉图在《共和邦篇》中描绘的"哲人王"必定像苏格拉底一样既真、善、美，又是智慧、正义、节制和勇敢的。

柏拉图在他提出的著名的"太阳喻"中主张，为了认识善之本身，灵魂必须转向，即从变化世界转向真理和实在；他论证说，懂得辩证法、具有真正知识、最重视正义的哲学家是能见到最高实在，掌握了永恒不变的善的理念的人，而且，还应该让最能守卫城邦的习俗和法律的哲学家当城邦的领袖。[①]

柏拉图还认为，哲学家是真正的爱知爱智者。他们永远不愿苟同一个"假"字，他们憎恶虚假，他们热爱真理。而真理与智慧密不可分。[②] 总之，"真正的哲学家是喜欢观赏真相的人"[③]。

因此，哲学家显然具有与众不同的品质或天性。此外，他们还只真心地尊重美德[④] 等。

在《斐德罗篇》、《泰阿泰德篇》等对话中，柏拉图用富有想象如诗一般的语言描述了掌握真理的哲学家所过的生活。[⑤]

他还时常用比喻来说明一个真正的哲学家即使身处不利于他们生活的城邦，环境再恶劣，他们也自有"孔颜乐处"，仍然松柏之性不改、我行我素地坚持真理。

---

① 参见《共和邦篇》[484b-d]。

② 参见《共和邦篇》[485a-d]。

③ 参见《共和邦篇》[475e]。

④ 参见《厄庇诺米斯篇》[989b-e]。

⑤ 参见《斐德罗篇》[247c-249d]；《泰阿泰德篇》[173e]。

在柏拉图看来，他们还要能够经得住各种诱惑。[①] 这也是判断一个人是否真的献身于哲学的办法之一。

"知识即善"[505b]。柏拉图还反复强调并证明真正的哲学家是极少数的，因为他们必须掌握最大的知识——善的理念。他们既聪明、大度、温良、勇敢、强记，又亲近真理、正义和节制。

此外，由于什么样的政体最优以及由谁统治和如何统治的问题是政治哲学的核心问题之一，这也就是柏拉图将哲学和政治、哲学家与权力紧密联系起来的原因所在。因此，在《共和邦篇》[473d-474e]中，柏拉图主张所有权力应该交托给在哲学方面经过长期训练的"哲人王"或"护卫者"；这种人应当成为城邦的统治者。因为只有哲学家才是真正德高望重的，因为只有他们才具备善的知识。那么，城邦为什么需要"哲人王"而这又如何才能成为现实呢？柏拉图虽给出了合理的理由却听起来有些幻想的途径："除非或者哲学家们做了一些城邦中的国王，或者我们现在所谓的领袖们和首脑们真正地并充分地爱上了哲学，而且这——政治权力和哲学——偶合进入了同一体中，但如今，就两者中的每一个来说是迥异的，因为对将两者同时带给某些人，大多数人的本性就强行阻止了，所以，对城邦，灾难终止是不可能的，此外，在我看来，甚至对人类的后代灾难终止是没有可能的……因为知道任何其他的做法就既不会使个人也不会使大家繁荣昌盛是有困难的。"同样的主张是在他的《第七封书信》[326b]表达的："我赞扬真正的哲学，一则如此，从它可能确知公共事务的和属于个人的全部的正义：人类的子孙真的将不停止邪恶，直到真正爱哲学的人中有人并且至少真正的后代有人会掌权，或者诸城邦之内掌权者中从某种出于神意的定命里有人真正地成了爱哲学者的时候。"

众所周知，权力存在的地方就有统治和服从。柏拉图对此看得很清楚。[②]霍布斯也说过："最有资格当将帅、当法官，担任任何其他职务的人，

[①] 参见《斐多篇》[68c]。

[②] 参见《法律篇》[689e]；《共和邦篇》[428e-429a]。

是最有能力良好地执行这些职务所需的品质的人……缺乏任何这种品质时，一个人仍然能成为有资格的人，在其他事物方面有价值。同时，一个人可以有资格具有财富、职位和被任用，然而却不能要求有权优先于他人获得，因之也就不能称为应当获得。因为应当就事先假定了一种权利，应当获得的东西是由于允诺而成为其应得之分的。"① 卢梭也同样认为："一个人喜欢一项工作和适合于做那项工作之间，是大有区别的。""对整体有很好的了解的人，就能了解每一个部分应有的位置，对一个部分有彻底的研究的人，就能成为一个有学问的人；至于要成为一个有卓见的人那就要对整体有彻底的了解了。"②

柏拉图还认为，将要成为真正哲学家的极少数人必须走一条曲折漫长的路，完成作为他们特有使命的最大学习。这最大学习就是掌握辩证法，去学习比正义和智慧还要高的最大知识——善的理念。③ 例如，柏拉图详细地提出"哲人王"的教育计划："哲人王"将从小拾级而上或循序渐进地先要学习体操和音乐，而后以研究数学（算数、几何）、天文学开始他们的较高级的教育。④

总之，柏拉图认为，只有确立具有善之"型"知识的"哲人王"的政体，该政治共同体才能走上正义之正轨。他教导人们要在"爱哲学"中学习哲学、理解哲学、实践哲学⑤。因为求知探真的目的即是践行正义诸美德。

在写作技法方面，在柏拉图的笔下，苏格拉底就像是一个爱慕者，他到处"物色"聪明或者长得很美或者在两方面都很杰出以及祖先有名声的青少年和他们的爱慕者，看看是否能够在他们的心灵中栽培正义诸美

---

① ［英］霍布斯:《利维坦》，黎思复、黎廷弼译，商务印书馆1985年版，第71页。
② ［法］卢梭:《爱弥儿（论教育）》，李平沤译，商务印书馆1978年版，第257、268页。
③ 参见《共和邦篇》［521b-c，503b-d，535a-d］。
④ 参见《共和邦篇》［535b-526b，527a-c，537b-d，534b-e，539e-540c］;《厄庇诺米斯篇》
　　［991e-992e］。
⑤ 参见《欧绪德谟篇》［307c］。

德；而雅典的公众聚集的场所，尤其是青少年喜欢去的健身房和体育场也是苏格拉底常常光顾之处。例如，在论自制、试验性的《卡尔米德篇》的开始即交代，苏格拉底刚从军营返回，顾不得疲劳便去了以前经常去的一个体育场，同雅典"最美的"青少年卡尔米德展开了一场关于自制和善的观念的谈话。同样地，在论友爱、助产术的《吕西斯篇》中，苏格拉底也是从一个名叫阿卡德米亚[①]的花园去吕克昂体育场的途中被几个青年邀入另一个体育运动场中进行了一场关于"友谊"性质的谈话。尤其是在论诡辩、反驳性质的《欧绪德谟篇》中，苏格拉底也是回顾了前一天他在吕克昂体育场同相貌俊美的欧绪德谟的一场关于语言使用问题的谈话，还将对话者智者欧绪德谟两兄弟称为无所不能的全能运动冠军；如同在《智者篇》和《小希琵亚斯篇》等对话中一样，苏格拉底也揭露了智者自称掌握的所谓百科知识的空洞，并且对话者中也有一对爱慕者和情人，甚至也有一段谈及挑哲学毛病的话，说哲学一文不值。对话的最后，苏格拉底也是鼓励人们鼓足勇气去追求和实践哲学[②]；不同的是，在《爱慕者篇》中，有一次，苏格拉底却进入一个文法学家或语法教师狄奥尼修斯开办的学校之中。但是学子们讨论的并非是文法学，而是谈论着阿那克萨戈拉和奥伊瑙庇德斯的天文学和数学内容。而前者又是第一个将哲学带到雅典的外邦人，后者是与阿那克萨戈拉同时代但较他年轻的外邦人，但大部分时间在雅典度过，他也是古希腊一位天文学家和数学（几何学）家。他们两个也好像是一对情侣。从苏格拉底与两位爱慕者——其中一位却是忙于体育锻炼者——的讨论来看，也是通过体育运动（五项全能运动员）论及"适度"（节制），与另外一个博学者探讨的是关于哲学和哲学家的问题。因此，《爱慕者篇》的作者通过一个文法学校的背景给我们的暗示是，"文法

---

① Ἀκαδήμεια 位于古雅典城墙外西北郊约 1.6 公里处，原来是纪念希腊神话中的英雄阿卡德珉斯（Ἀκάδημος）的一座花园和运动场，并因此得名。柏拉图后来在该处办学讲学，他的学派被称作学园派，该词也指柏拉图学派。参见普鲁塔克《希腊罗马名人传》（《忒修斯》[32]）。

② 参见《欧绪德谟篇》[271c，305a，307c]。

学校"或指哲学家（智者）开设的学校（包括亚里士多德的吕克昂和斯多亚的画廊等），甚或是指类似阿里斯托芬在其《云》中描写所讽刺的苏格拉底的"思想所"或指柏拉图的阿卡德米亚学园，总之，在此类"学校"之中的这些"出身良好、长得很美且富有智慧的"年轻人包括他们的爱慕者便是学子或门徒。

在比喻论证用法方面，例如［134e］以下请教专家的比喻和"［136c］如果你或者他——你非常尊重的安然无恙中的某位朋友——碰巧有病了，你意欲获取健康，可能会找到两者中的哪一个进自己家里呢？是那个几乎最高级的人（哲学家），还是一位医生呢？"之后所举的几个例子也是柏拉图对话中常见的例子。另外，可对比亚里士多德《政治学》［1278b30-1279a21］中的相似论证。

又如，"［137b］因为我料想做那种事甚至是耻辱，关心技艺的那些人也将被称为庸俗的人。那么，此外，我们如下就较为清楚地知道我说的是否真实，如果你回答那个问题的话"。之后的比喻也是柏拉图对话中常见的例子，也类似于伪柏拉图作品《论美德》。

再如，"［134d］难道在和灵魂打交道中学问不也是有益处的吗？"其中的"学问"一词是该词复数形式"μαθήματα"，它尤其指数学而言。而对话中论及的"［134a］适量，适中"概念一词"μέτριος"通常也被译为"中庸的，有节制的"。它是古希腊人所崇尚的美德之一，也是本篇对话的主旨之一，它也与数学、天文学、灵魂有关。柏拉图的数论思想也是学园派着重主张的，甚至被认为是柏拉图的内传学说之一。而"适中的"，有可能意味着柏拉图《蒂迈欧篇》等对话中的数论思想。不过在《欧绪德谟篇》［305c-306d］中，柏拉图对居于中间状态的"中道"则持否定态度。

此外，《爱慕者篇》中的某些看法也与柏拉图有不同之处，例如："［138b］再者，每当一个人正确地治理城邦，人们不就的确称他是君主和国王（βασιλεύς）二者吗？"句中，君主（Τύραννος）一词在古希腊语中有如下释义："主子，主宰；众神之王；王子。（不受法律或宪法限制的）独裁君主，专制君主；（借民众的力量夺取政权的）僭主（早期的僭主相当开明，但后期的僭主专横残暴）"①；与柏拉图主要在贬义上使用该词不同，根据上下文语境，显然《爱慕者篇》的作者在本篇对话中是在中性甚或褒义的意义上使用该词的。但是，柏拉图最憎恨的即是与僭主政治相适应的统治者——具有最恶劣的人格和道德品质，属于与哲人王势不两立的最不正义的一种人——僭主②。尤其是该名词前面加上褒义性质的修饰语"正确地治理城邦"时，这种用法在柏拉图的作品中更是少见。柏拉图在褒义上指"王"时基本上用的是"βασιλεύς（王）"一词，其基本含义为"国王，首领，领袖"；他是王政时代的雅典九位执政官中的第二执政官，在荷马史诗中主要指军事首领，在王政时代的雅典，国王执政官主要执掌宗教仪式和司法。

最后，值得一提的是，在［135b］有一段对话："却说比较聪明的那个接过话题来说：'那些最美好和最适宜掌握的知识是关于一个哲学家可能会获得任何最多声望的知识，再者，可能会获得最多的荣誉，假如他显得在所有技艺领域有经验，但如果不是在一切领域，至少尽可能多的一定是值得一提的领域，通过阅读、询问、实践和经验学习属于他们的那些关系到自由人学习的知识，即获得像智慧一样和别人共享的学识而非像做手艺一样的实践。'"这里所做的区别与后来由亚里士多德明确为"思辨或理论哲学"和"实践哲学"之间的相互影响有待进一步探讨。当然，柏拉图作品中的相关思想无疑都影响了《爱慕者篇》的作者和亚里士多德二者。

总之，在哲学史上，哲学是什么？哲学家何为？如何培养哲学家？迄今仍然是——恐怕将永远是——人们热衷探讨的话题之一。

---

① 引自"希汉词典"，第908页。
② 参见《共和邦篇》［565d-566b，569b-c］；《第八封书信》［353d-355a］。

《阿尔基比亚德斯篇（Ⅰ）》

——论"认识你自己"

一、引　言

在伪柏拉图作品中，《阿尔基比亚德斯篇（Ⅰ）》是根据真实人物命名的一篇对话，也是伪作中最长的一篇对话，译为中文约三万字数，几乎占全部 14 篇对话部分的四分之一篇幅。

在古代，《阿尔基比亚德斯篇（Ⅰ）》长期以来被当作柏拉图的作品而归于其文集之中①，并且一直被视为柏拉图哲学入门的最好文本传播着。直到 1836 年，德国哲学家施莱尔马赫②对《阿尔基比亚德斯篇（Ⅰ）》的作者提出质疑，情况才有所改变。对《阿尔基比亚德斯篇（Ⅰ）》的评价随之下降。之后，也有人仍然认为它是柏拉图的著作。尤其近些年来，一些学者也在辩护其是柏拉图的著作的真实性，但现在这只是一种

---

① 例如新柏拉图主义的创始人之一的普罗提诺（Πλωτῖνος，约 204/205—270 年）和扬布里丘（Ἰάμβλιχος，约 250—330 年）分别即将《阿尔基比亚德斯篇（Ⅰ）》当作柏拉图的对话作品引用和定其为学员的首要读物或作为柏拉图对话作品的导论。

② Friedrich Schleiermacher（1768—1843 年），德国哲学家、新教神学家和圣经学者。实际上，早在 1809 年，施莱尔马赫指出该篇部分是真实的，可能是柏拉图起草了框架，后来，他的一个学生加以发挥撰写了它。参见 Friedrich Schleiermacher: Platons Werke（《柏拉图的著作》第三卷，第 298 页，Berlin 1809）和 Über die Philosophie Platons（《论柏拉图哲学》）中关于《阿尔基比亚德斯篇（Ⅰ）》的评论。

少数人的见解。笔者倾向于认为，至少它的作者是有疑问的，权且当作伪作。主要理由是，本篇对话的意向性之一不仅是为苏格拉底辩护，例如，他对阿尔基比亚德斯^① 要具备正义等美德的劝说，而不是教唆他为恶等；甚至也是为阿尔基比亚德斯开脱其背叛雅典以及道德上的污点的责任 [132a，135e]。而在 [122d-123b]，关于斯巴达财富的陈述，大概只对于雅典在公元前404年向来山得^② 投降和公元前371年留克特拉^③战争之间的一段时期是确实的，而这些描述对于对话所设想的年代是不相符的。

此外，对话中的苏格拉底还编造了波斯王 [121e] 和斯巴达王 [122c] 自小所受的美德等良好教育而受到尊崇的话语以及雅典和波斯与斯巴达交恶的事实，再者，我们考虑到苏格拉底被雅典民主的法庭判处死刑和柏拉图与苏格拉底的关系等，柏拉图冒天下（雅典）之大不韪写这样的作品的可能性也不大。

---

① Ἀλκιβιάδης（公元前450—前404年）是雅典杰出的政治家、演说家和将军，苏格拉底的著名学生和"忘年交"之一。阿氏曾经被雅典法庭判处死刑，先后叛逃到过雅典的敌人斯巴达和波斯。最终可能被暗杀了。参见色诺芬《希腊史》；修昔底德《伯罗奔尼撒战争史》；普鲁塔克《希腊罗马名人传》《阿尔基比亚德斯》；科尔奈利乌斯·奈波斯（Cornelius Nepos，约公元前100—前25年，是古罗马的传记作家）《阿尔基比亚德斯》。在希腊古典时代，有多位作家——例如苏格拉底的学生、哲学家安提司特涅斯（Ἀντισθένης）、埃思基涅斯（Αισχίνης）和欧克里德斯（Ευκλείδης）等——写了同名作品《阿尔基比亚德斯》。阿尔基比亚德斯死于苏格拉底之前。在柏拉图的作品中，对苏格拉底的赞扬无人能比阿尔基比亚德斯（参见属于柏拉图最伟大的对话之一《会饮篇》）。而我们不清楚苏格拉底和柏拉图对他的评价。

② Λύσανδρος，死于公元前395年，是指挥斯巴达舰队在公元前405年打败雅典，并于次年迫使其屈服从而结束了伯罗奔尼撒战争的斯巴达军事和政治领袖。

③ Λεῦκτρα，地名，是古代希腊的一个村庄，在忒拜西南七英里处。公元前371年在该地发生一次重要的战斗，忒拜人在将军和政治家埃巴密浓达（Ἐπαμεινώνδας，公元前约418—前362年）指挥下大败斯巴达人，忒拜成为希腊世界的新兴力量直到马其顿崛起。

二、《阿尔基比亚德斯篇（Ⅰ）》概述[①]

（一）《阿尔基比亚德斯篇（Ⅰ）》的版本、作者和写作的时代以及研究简况

迄今发现的《阿尔基比亚德斯篇（Ⅰ）》的最早手稿是公元前 2 世纪的两页纸莎草纸残片。它的完整保存的最早的传统文本存在于公元 895 年的拜占庭帝国。而据第欧根尼·拉尔修在其《名哲言行录》记载，最早编订《柏拉图全集》的是公元前 3 世纪的拜占庭的阿里斯托芬，在他编订的全集中是将《阿尔基比亚德斯篇（Ⅰ）》列为单独对话的；在之前后，也有人在其编订的《柏拉图文集》中将《阿尔基比亚德斯篇（Ⅰ）》列为单独对话或《柏拉图文集》中的第一篇。在公元 1 世纪上半叶，亚历山大时期的忒拉叙洛斯编订的《柏拉图全集》编辑体例中将《阿尔基比亚德斯篇（Ⅰ）》（副标题是《论人性》，性质为助产术的）列在第四组对话中的第一篇。

在中世纪，该对话不为西欧的拉丁语学者界所知。在 10 世纪前后，有影响力的穆斯林哲学家阿尔法拉比[②] 撰写了柏拉图著作的概述，题为"柏拉图的哲学，它的部分及其从开始到结束的各部分的次序"，他即以《阿尔基比亚德斯篇（Ⅰ）》开始论述的。

而在文艺复兴时期的人文主义的时代，由于人文主义者重新重视古希腊文化研究，人们重新发现了《阿尔基比亚德斯篇（Ⅰ）》。人文主义者马尔塞琉·菲齐努称赞《阿尔基比亚德斯篇（Ⅰ）》这篇对话比阿尔基比亚德

[①] 以下一些内容参考了"C 本"，"提要"、第 557—558 页。

[②] Al-Fārābī（872—950 年或 951 年），在西方为 Alpharabius，是中亚伊斯兰黄金时代的一位著名的穆斯林科学家和哲学家，他也是一位宇宙学家、逻辑学家、音乐家等多种学科和方法的代表，在中世纪的穆斯林知识分子中被尊为伊斯兰哲学的"第二导师"（即"第一导师"亚里士多德的继承人）。通过他的评论和论著，法拉比在西方像在东方一样成为众所周知者。

斯更漂亮，而且比一切黄金更值钱[①]；他于 1484 年出版的最早的拉丁文版中和阿尔多·马努齐奥在 1513 年最早重印的柏拉图的希腊文版本中也辑录了《阿尔基比亚德斯篇（Ⅰ）》。尤其是在 1578 年，亨利·艾蒂安在他所编订和出版的《柏拉图全集》（三卷）完整版中不仅辑录了《阿尔基比亚德斯篇（Ⅰ）》，而且他在该版中首次使用了新的分页方法，即对全部原文用数字和大写的拉丁字母作为边码以标注该篇对话所在的卷次、页码和分栏，例如《阿尔基比亚德斯篇（Ⅰ）》（St.Ⅱ，103A-135E），这也成为现代对其他古希腊作者作品的标准分页的基础。现今，由伯内特校订的被学术界公认为较好而广泛使用的《柏拉图全集》的希腊文版根据的即是这一版本，不过将边码改为小写字母并且加以细化到行号，例如《阿尔基比亚德斯篇（Ⅰ）》（St.Ⅱ，103a1-135e8）。在此还值得一提的是，亨利·艾蒂安在他所编订和出版的《柏拉图全集》中将《阿尔基比亚德斯篇（Ⅰ）》（St.Ⅱ，103a1-135e8）和《爱慕者篇》（边码是 St.Ⅱ，132a1-139a8）中的部分边码〔132a1-135e7〕编为相同；这是因为他是按照每卷重新编页所致。

至于在近现代，它被收录在大多数语种的《柏拉图全集》的版本之中，如施莱尔马赫和奥托·阿佩尔特的德译文；周伊特和库伯的英译文，库塞和 Les Belles Lettres 出版社的法译文等。除了施莱尔马赫认为它是伪作，库伯认为它是有疑问的，其他人则是将之作为真作看待的。

与其他伪作比较，西方学界对《阿尔基比亚德斯篇（Ⅰ）》的研究是较为充分的，或以专论形式，或在哲学史中论及柏拉图哲学时述及。

在我国，华夏出版社 2009 年出版了梁中和译的《阿尔喀比亚德》（前、后篇）。

然而，假若《阿尔基比亚德斯篇（Ⅰ）》是伪作，那么，谁是它的作者，我们却不得而知。就对话内容透露出的信息来看，它的作者最有可能是柏拉图学派的某个成员或柏拉图学园中的某个学生。

《阿尔基比亚德斯篇（Ⅰ）》写作的年代也是猜测性的，若当作柏拉

---

① Marsilii Ficini Opera, Bd.2, Paris 2000（Nachdruck der Ausgabe Basel 1576），p.1133.

图的作品，则传统上它被认为是柏拉图的一篇早期对话，比如，马尔塞琉·菲齐努的拉丁文版中和阿尔多·马努齐奥的希腊文版本中将《阿尔基比亚德斯篇（Ⅰ）》列为第一篇。亨利·艾蒂安在其所编订和出版的《柏拉图全集》（三卷）完整版中，《阿尔基比亚德斯篇（Ⅰ）》位于第二卷的第三篇而被列在《卡尔米德篇》之前；若不被当作柏拉图的作品，则它很可能被完成在柏拉图去世（公元前 347 年）后，约公元前 4 世纪下半叶或公元前 3 世纪之前，但至少不早于公元前 337 年标志希腊诸城邦的历史结束而希腊化时代开始的科林斯会议之前。

（二）《阿尔基比亚德斯篇（Ⅰ）》的梗概和若干细节

本篇的对话人物只有两位：爱慕者苏格拉底和被爱者阿尔基比亚德斯。从对话来看 [110a，120a2-3，123d6-7]，按照他们相差约 20 岁估算，苏氏接近中年，阿氏其时大概刚刚成年。而根据雅典的法律，20 岁以上的成年人才可以完全享有公民权，进入公共生活，参加公民大会，担任公职①。因此，对话的时间大概发生在公元前 431 年伯罗奔尼撒战争爆发前。对话的背景则表明，阿尔基比亚德斯在青少年时即有 "鸿鹄之志"，企图成年后在雅典和希腊乃至世界政治舞台施展身手。苏格拉底则希冀通过理性引导和美德教育让阿氏改变对美貌、财产和出身等身外之物的追求和价值认可，而转到对德性和灵魂的关注和认知上来，从而使他树立正义观而走上正确的人生和事业轨道。

本篇对话可谓动之以情、晓之以理，思想深刻，结构合理，逻辑缜密严谨，问答层层递进，环环相扣，语言也生动优美，叙述自然流畅，可谓一篇优秀的 "劝导文"；在全部伪作中它也属于上乘的质量，难怪它一直被当作柏拉图的经典作品而归于其文集之中，并长期以来被视为柏拉图哲学入门的最好的文本被传播着。

---

① 雅典法律规定，满十八岁的青年即为成年人，锻炼两年后正式成为有公民权者，在公民大会上有发言权。参见亚里士多德《雅典政制》[42]。

对话梗概如下：

对话一开始，苏格拉底就直率地向阿尔基比亚德斯表明自己是唯一没有放弃对他的爱的第一人，之所以过去没有明示这点，责任不在己，那是由于他的"神灵①"现在才允许他这样做。这就对此篇对话赋予了一种神秘甚或神圣的属性，并且此后也多次提及这点。

接着，苏格拉底细述了阿尔基比亚德斯过分骄傲的理由：从各方面看，阿氏无论是在物质财富和身体方面，还是在出身和社会关系方面；不论是在美貌和能力方面，抑或在天赋和精神方面都优越于他人，以致他的爱慕者自愧弗如，自叹无望得到他的青睐而纷纷放弃了对他的爱。

苏格拉底的这种表达一拍即合，引起了阿尔基比亚德斯的同感和好奇，他很想知道苏格拉底一直关心他、没有停止爱慕他的原因。

苏格拉底声称他其实并不在乎阿尔基比亚德斯外在的优势条件，他看重的是他的内在的"使你的名字和权力充满一切地方"的宏大企图［105c］。而要实现它，除了靠他的帮助——当然更"要靠神的帮助"［105e］——就不可能做到。这一语中的话更使阿尔基比亚德斯急于想知道原因。虽然他仍然羞羞答答不愿意直率地承认他有那种企图，只是假定有它，而让苏格拉底试着说说看。

于是，他们两个正式开始了关于"认识你自己"的对话。

苏格拉底问阿尔基比亚德斯，在他准备进入公共生活向城邦展示能耐或在雅典人前面提出劝告时是否比他人更懂得一些技能，诸如语法和弹弦

① 该词（"δαιμόνιον"）意为"神灵，神力"，是低于神（θεός）的小神，也是苏格拉底所说的"灵异"。相同的一词（"δαιμόνιος"）在荷马史诗中常作呼格，既指［褒义］神佑的人，贵人，也指［贬义］神谴的人。而在阿提卡方言中既有"我的好人！"也有［贬义］倒霉蛋！可怜人！"的含义；此外还有"天上降下来的，神奇的（事物）；神圣的，像神一样的（人）"等意思。在苏格拉底看来，它属神的阻止力量，苏格拉底也因此被指控为"不信城邦尊奉的神"而"引进新神"《申辩篇》［26 b］；色诺芬《回忆苏格拉底》［I.1.1］。另外，参见《申辩篇》［31c-d, 40a-c, 41d］；《泰阿泰德篇》［151a］；《欧绪德谟篇》272e；《斐德罗篇》［242b-c］；色诺芬《回忆苏格拉底》［I.1.4］；伪柏拉图作品《塞亚革斯篇》［272e］。

琴以及摔跤、建筑、预言术、健康、造船等事务；后者承认他不比那些行业中的专家"更好"。接着，苏格拉底引出对城邦而言重大的话题之一："全力以赴对谁应当保持在和平中'更好'和与谁应当进入战争中'更好'？[109a]"由此，得出结论：任何别的什么"更好"，关于是否进行战争，应不应当与谁进行战争，当什么时候和不当什么时候进行战争"更好"的"更好"，恰好是更"正义"[109c]。如果不知道"正义"是什么，不懂分辨更"正义"和"更不正义"，那就谈不上给城邦提这方面的建议。

对此，阿尔基比亚德斯先是不愿承认不懂得。于是，苏格拉底指出，或是他自己发现的，或是他自学的，抑或他从别人学会的，既然不是前二者，则只能是后者；但教的人首先必须自己知道，而阿尔基比亚德斯既然不懂，又怎么去在公民大会对他说来决不知道的事情劝告雅典人呢？[113b]所以，在阿尔基比亚德斯头脑中有不留心学习就教他所不懂的"狂热的"企图。然后，苏格拉底通过阿尔基比亚德斯关于正义和不正义、美好和卑鄙、善和恶、有益和无益的自相矛盾为例的论证，最终让阿尔基比亚德斯彻底承认："但我凭诸神起誓，苏格拉底啊，至于我，不但不懂我说的，而且看来我完完全全是荒诞不经的。[116e]"他只好央求苏格拉底告诉他真相。

于是，苏格拉底向阿尔基比亚德斯指出："无论如何，如果你知道你不知道，你就不会对不知道的那些事感到困惑。你明白在那些作为中的错误也是由于那无知，不知道以为知道的那些东西引起的。[117d]"所以，一个人不懂就不要装懂，而把不懂的事情交由懂得的人去做，就不会犯错；否则，不知道但以为知道的"无知之过的本身正是引起恶事的原因"[118a]。

接着，苏格拉底借题发挥，指桑骂槐，把矛头指向城邦的那些政治家，虽然他们不懂政治却在办理城邦的政事。[118b]对此，阿尔基比亚德斯也表示同意。不过，鉴于政治现状——我们可以视之为对当时雅典政治现状的揭露和讽刺——阿尔基比亚德斯再次强调了他的外在的优越条件，认为："现在由于像那些外行都有能力动身向政治，为什么我应当练

习和有学习的麻烦呢？因为我清楚地知道我具有的极著名的天性①，的确
将完全胜过那些人。"［119c］可在苏格拉底的眼中，他的这种外表②和属
于他的其他东西，诸如貌美、高大、血统高贵和有财富以及灵性，不值一
文！由此，苏格拉底向他指出，如果他真的一心想要成为雅典城邦的指
挥官③，他的真正竞争者就不是他的那些无能的雅典同胞，因为像墨狄亚
斯之末流的政治家或将军不值一提［120b］，而是雅典城邦迫在眉睫的真
正强大的敌人——拉栖第梦人和波斯大帝④。

于是，苏格拉底以拉栖第梦人的国王和波斯人的国王的出身、教养
和管教——例如，波斯的王子从小受教于"王家的保傅"四位最智慧的
人、最正义的人、最节制的人和最勇敢的人⑤，而拉栖第梦王族的节制和
守秩序的行为、刚毅⑥、随和、宽厚⑦、有纪律、勇气、坚忍、勤勉、爱争
论以及爱荣誉⑧——为例，同阿尔基比亚德斯拥有的相比较，则后者自愧
弗如；若再从他的竞争者拥有的财富来看，他更是不可比较，简直是天壤
之别。正如苏格拉底料想的，波斯当今国王阿尔塔薛西斯一世的母亲所说
的，没人会相信阿尔基比亚德斯这家伙会企图与她的儿子竞争："除非用
心和才智；因为在希腊人之中唯独那些事情是值得一提的。［123d］"若是
再加上她听说阿尔基比亚德斯尚未成年，也未受过良好的教育，仅凭貌

---

① 在原文中，该词（"φύσις"）也有"出身，家世"的含义。
② 在原文中，该词（"ἰδέα"）也有"观念"，以及特指柏拉图哲学的"理念"或"型"的含义。
③ 阿氏后来被雅典人选为将军，参与指挥同叙拉古、波斯和斯巴达的战争，后又先后叛逃至斯巴达和波斯反对雅典。
④ 谈话的背景设立在当时雅典同时与波斯和斯巴达进行持续的战争时期。
⑤ 而"智慧"等也即古希腊人推崇的最主要的四种美德。关于四种美德的教育，参见《共和邦篇》［427c，441c-442d］，《斐多篇》［69b］，《会饮篇》［196d］，《法律篇》［631c-d，965d］等。
⑥ 但该词（"εὐχέρεια"）也有"不顾一切，鲁莽"的贬义。
⑦ 但该词（"μεγαλοφροσύνη"）除了有"高尚，宽厚"的褒义外，也有"高傲"的贬义。
⑧ 但该词（"φιλοτιμία"）除了有"好胜，雄心，慷慨"的褒义外，也有"夸耀，自负，顽固，固执"的贬义。因此这几个词或许也有双关语的意思。

美、血统高贵和有点财富以及灵性就想与她的儿子竞争，可能会视阿尔基比亚德斯甚至将会重用他的雅典人为发狂了。而他俩自己也应该认为这是可耻的。

因此，苏格拉底指出："那些天生就很好的人，如果也受到很好的教养，这样就会成为有关美德方面完善的人。"［120e］首先应当学习受教育和经管自己以及只不过这样锻炼①。"相信我和在德尔斐②中的记录：'认识你自己。'""对我们而言，就因那些人是对手，却不是你料想的那些；我们真的就可能甚至没有其他一项占优势，如果我们不真的就非常凭借用心和技能做事③。你如果在这些方面不如人，你产生的名声在希腊人和异邦人中也就不如人，据我看来，在别处没有任何一个人像你那样渴望所渴望的名声。［124a-b］"

经过此番对比和开导，阿尔基比亚德斯算是彻底认输了。他只好真诚地问："我应当把什么当作自己用心的呢？苏格拉底啊，你能教导④我吗？因为你所说的所有的话似乎毋宁是正确的。"

这也正中苏格拉底的下怀，于是，苏格拉底爽快答应了下来，对话也由此转入哲学、伦理和教育性质的探讨："我们共同商量用无论什么方式才会成为最好⑤的人。［124b］"

---

① 也即是说，"学而优则仕"，要"知己知彼"。如果一个人外在的优越再加上内在的美好品质，就如锦上添花，行事则如虎添翼。

② Δελφοί，位于希腊福基斯（Φωκίς）境内的一城市，该城有阿波罗庙，是一处重要的"泛希腊圣地"，即所有古希腊城邦共同的圣地。这里主要供奉着"德尔斐的阿波罗"，庙中所发神示著著名，著名的德尔斐神谕就在这里颁布，它也似乎常作阿波罗神示的代称。据说阿波罗神庙的入口上刻着"认识你自己"的格言。

③ 如同中国的江湖比武，若无真功夫，则往往非死即伤。

④ 该词（"ἐξηγέομαι"）也有"管理，带头，领路，口授，解释"等含义，这里是引导上路的意思；因为希腊宗教秘仪中的引导师就叫"ἐξηγητής"。该词有"指导者，顾问；解释神示或预兆的人，圆梦的人"等含义；在雅典，指"（宗教秘仪中的）导引师"；泛称"导引师"；所以，这里用这个词也有几分宗教意味。

⑤ 该词（"βέλτιστος"）多指品德和美德方面的好，是"ἀγαθός"的最高级，基本词义是："好的，高尚的，高贵的，勇敢的；能干的；善良的，有用的"也才能成为真正的"贵人，贵族"，从而才真正是幸福的人。

苏格拉底首先显示了他自己的优越条件："我的监护人比你的监护人伯里克利更好和更有才智①。"他所指的监护人就是神，他的那个"灵异"。而学习的第一步，"我们需要关心②，比所有人真的更甚。[124d]"比如关心拥有美德等好的事物。接着，苏格拉底又通过举出类似前面一些技能的例子，诸如骑马和航海以及做靴、制衣、吹奏管乐器、歌舞、测量等技艺方面的事物就要请教那些行业中的专家，说明使城邦变得更好也照管和治理得更好的是友谊、和谐和一致的意见[126c]。问答的结果是，阿尔基比亚德斯也承认他在这些方面一无所知。因此，对话再转入"关心他自己是什么[128a]"以及"通过什么样的技艺关心自己[128d]"的论题。

从而，苏格拉底再次通过举例说明，正如谁不知道鞋是什么，那么，他就一度不可能会了解使鞋子更好的任何一种技艺一样，如果一个人从前不识他自己是什么，那么，他就不可能会一度知道使他自己更好的某种技能。因而，"一方面，如果认识了我们自己，大概就知道了关心我们自己；另一方面，则如果不认识我们自己，就一度不知道关心我们自己。[129a]"但"我们用什么方式就会达到认识自己本身的目的呢？因为，一则，这样我们就可以很快地发现我们到底是什么；一则，如果在那方面仍然是在无知之中，我们也许不可能做到认识自己本身。[129b]"

随着对话的推进，问答便上升到"到底人是什么？"的论题。推理的初步结论是："除了灵魂，人决没有别的什么。"既然人的本质属性是灵魂，那么，人与人之间的关系当然是灵魂与灵魂的关系，也即通过使用语言，苏格拉底与阿尔基比亚德斯的交谈是灵魂对着灵魂交谈。接下来则自

---

① 该词（"σοφός"）基本词义是："精通某行技艺的，聪明能干的，骨有才智的，精明的。有知识的，有学问的；[贬]有鬼聪明的，机灵的；深奥的；巧妙地设想出来的（事物），巧妙的（话，意见）"等。

② 该词（"ἐπιμέλεια"）有"用心，关心，关怀，注意，经管（事务）"以及有"关注自我"的意思。"C本"译为"self-cultivation（自我修养）"，第581页，"V.C本"译为"fait de soin（关怀）"；"S本"译为"Mühe anwenden müssen（必须劳神）"；"梁本"译为"用心"。

然讨论人们要认识他自己就应该要认识灵魂了［130e］。

对话至此，阿尔基比亚德斯的疑问之一——为什么在别的爱慕者离他而去之后，苏格拉底仍旧爱他——算是有了答案：无疑，那些爱慕者爱的是他的躯体，而在他的"青春之花的极盛期①终止以后"，他们岂能不远逃呢？苏格拉底让阿尔基比亚德斯明白，因为他是爱恋他的灵魂的人，所以不会停止他的爱，直到他的爱人的灵魂可能进入更好的状态。而苏格拉底对于阿尔基比亚德斯请求他决不要离开他的条件也只是"你要热衷于是尽可能最美好的"。而阿尔基比亚德斯答应，他会热衷的［131d］。

所以，这一谜底的揭示是苏格拉底想让阿尔基比亚德斯轻视美貌、财富等外在之物，而重视对正义诸美德和灵魂的关注和认知。

然而，即使如此，鉴于有许多雅典人，尤其好人已经遭受到败坏的现实，苏格拉底还是对阿尔基比亚德斯说出他最害怕担心——以后也成为事实——的事，也提出了离开他的条件，如果他被雅典的民众②败坏和变得更卑劣。所以，苏格拉底警告阿尔基比亚德斯："你要留意我说的小心谨慎。［132a］"也即，"首先锻炼，你尤其应当学习走向城邦事务③的知识④，但不要在学习之前走向，以便在你走向之前拥有解毒药，你也就绝不至于遭受危险。［132b］"

关心灵魂意味着德尔斐的题词"认识你自己"。认识自己的命令激励我们要认识灵魂。像视力用眼睛看镜子里的它自己的眼睛一样，灵魂如果打算认识自己，它就要向灵魂自己看，必然地向那产生了灵魂的美德和智慧的地方本身看，和向那恰好是相似灵魂的其他区域看⑤。只有更

---

① 此句为意译，直译取其一义——"青春"或"花朵"或"极盛期"——即可。因为该词（"ἄνθος"）即包含这几种意思。
② 该词（"δῆμος"）通常译为"民众，平民，人民，公民（尤指雅典有公民权的人）"，也有"民主政体"的含义，但考虑到柏拉图对"民主政体"的厌恶，因此，可以理解为双关语。
③ 即从事政治的知识。
④ 正如《论语》中所说的："学，然后知不足，学而优则仕。"
⑤ 参见《共和邦篇》［508d］。

神圣的灵魂产生知道和明智。因为人是由灵魂主宰的，所以，灵魂是怎么样的，人就是怎么样的。于是，苏格拉底给出如何算是认识自己的回答："所以，我们有能力说，比那关于产生知道和明智二者的灵魂更神圣的吗①？于是，在那像是神本身的区域中，和向那看的任何人，以及认识所有神明者，神②和明智③二者的人，他也就会最为认识他自己④，如此而已。[133b-c]"

既然认识自己是有如自知之明和有节制的明智，那么，我们不认识我们自己，我们就绝非明智，我们就不能够知道属于我们自己的那些恶和善的事情，也就不会知道那些属于我们的东西所以是属于我们的，甚至也不认识那些属于我们所属的东西。总之，"认识自己，认识属于他自己的，认识他自己属于的属于的东西。[133e]"由此可以推论得出，任何人他不知道属于自己的，同样地也就自然不可能知道属于其他人的；他如果不知道属于其他人的，也就不知道属于城邦的东西。他这样的人就不可能成为政治家⑤。再者，既然他不认识他自己，绝非明智，从而不知道正确行事，他难免就会犯错，将对属于自己的和对属于公共的做坏事；这样，不仅自己是可怜的人，受其为害的人也是如此。而且就像个人的外在条件不足以凭借一样，城邦的高墙深池、地大物博、人口众多、船坚炮利等也无济于事；城邦若要长治久安、繁荣昌盛则需要美德。[134b]

因此，苏格拉底对阿尔基比亚德斯说："如果你实在即将要正确和顺

---

① 灵魂中的理智是像神一样神圣的，人本身实质上就是其灵魂，也就是其理智的说法，参见《斐多篇》[80a]；《斐德罗篇》[253c-255a]，亦参见亚里士多德《劝勉篇》[41.15-43.25]。编自 [梁本注 4]，第 171 页。

② [C 注 29]（第 592 页），校对"神"为"视力"；"S 本"和"V. C 本"等同"B 本"。

③ 该词（"σωφροσύνη"）作为希腊四美德之一，有"头脑健全，清醒，明智，克制，谦虚，谨慎"等含义。关于理智像神，参见《共和邦篇》[589d]，《蒂迈欧篇》[90a]，《法律篇》[894e-898c]。

④ 这是对如何认识自己的回答。第欧根尼·拉尔修在其《名哲言行录》[3.63] 中说，柏拉图认为哲学是对神的智慧的追求。

⑤ 从上下文施教的内容来看，有点类似《论语·子张》："学而优则仕。"《孙子·谋攻》："知己知彼，百战不殆。"

利地办理城邦的政事，那么，你就必须把美德给予同邦人。"因为没有哪一个人就能够给他没有的，所以，"你和其他打算不仅管理和关心属于自己私人的而且属于公共的事务，另外城邦的和属于城邦诸事务的人，应该首先获得美德。但你不是首先就自己考虑应该为自己预备好权力来做你自己的事，也不是为城邦做事，除了应该首先获得正义和节制而外[134c]"。"既然如果你真的正义和明智地行事，你和城邦将为神所喜爱地行事。你就会望着①神明和光辉行事。你们将观看到并认识你们自己和你们的善。那么，你们将正确地和顺利地行事。这样我乐意担保你们无疑可称幸福。"反之，就像个人不识自己，缺乏美德却拥有权力会使他自己和公共事务遭遇不幸一样，"如果在城邦和所有的统治权以及当局中缺乏美德的话"，那也会导致国破、家亡、自毁的结局[135b]。

苏格拉底经过开导，最终让阿尔基比亚德斯认识到他自己的无知，并心悦诚服地接受苏格拉底的教诲和管教，甚至要侍奉他，并表示从此关心他自己的灵魂和正义，做一个有美德的自由人。

但是，苏格拉底在对话的末尾还是表达了他的顾虑："我有可能愿意相信你也坚持不懈；但我为我和你二人的力量②而发抖惧怕③，不是有点儿不相信你的天性④，而是我看出城邦的力量占了上风。"[135e]

总之，从苏格拉底的观点和对话的意图来看，阿尔基比亚德斯为了变得更好，还必须处于苏格拉底和他的"神"的监护下。苏格拉底说他最担心阿尔基比亚德斯被某种民众的爱败坏；对话的其他段落里则指明，对于阿尔基比亚德斯而言，最大的危险在于他发现一些成功之道或看似在政治上成功的手段，不是通过美德、知识和真正的功劳，而是通过某种城邦的

---

① 该词（"όράω"）也有（主要从心中）"看出，辨认，识别"等含义。

② 该词（"ῥώμη"）有"体力，力气；[泛指]（民族、军队等的）力量，兵力，军队"等含义。

③ 根据阿氏后来的表现，苏格拉底的担心成为事实。因为据色诺芬说，阿氏"是民主政治中最放纵、最傲慢、最强横的人"。转引自［古希腊］色诺芬:《回忆苏格拉底》，吴永泉译，商务印书馆1986年版，第9页。

④ 该词（"φύσις"）也有"家世"、"本质"等意。

怂恿诱惑，诸如美貌、财富、出身或其他手段而得到的。因为这些"高贵的"因素所具有的一切：所谓寡头政治在于富有、权势、家世门第、受过最好的教育等，并且夸耀自己是最有智慧的人，在民主制的雅典已经过时了，因为其结局是负面的。

此外，在用词方面，《阿尔基比亚德斯篇（Ⅰ）》一个显著的特点是多用加强语气的词达 20 次左右。

如多次使用的"δῆτα"是"δή"的延长体。［106e］

"νυνδή"是"现在"（"νῦν"和"δή"都有现在的意思）的加强意思的字形。［104e］

"ἅπας"是"πᾶς（全部）"的加强体。［105d］

"τοσοῦτος"和"τοιόσδε"使指示意义更强。［105d，105e］

"συνάπας"是"πᾶς（全部）"的加强体。［108c］

"τοίνυν"是小品词"τοι"的加强体。［110a］

"Φράζω（宣告）"的意义比常用的"λέγω（说）"一词意思加强，说明苏格拉底郑重其事。［110d］

"ὡσαύτως"是"ὥς"的加强体，以进一步加强意义。［111c］

"无疑"（μήν）是"μέν（真的）"的加强语气的小品词。［124d］

再者，值得指出的是，本篇对话中有几个用词非主要使用阿提卡方言写作的柏拉图作品的用词。例如：［113a］"于是，关于那些事情难道显然是我这个提问者说的，还是你这个回答者说的？"句中"难道"一词"μῶν"是多利斯方言。作为疑问副词，答案一般是否定的，意思是"当然不是我说的"；或许可以作为旁证之一，此篇属于伪作。另外见［120d］"难道你真的认为你在意什么会损害你自己吗？"

再如［135a5］："νηί（船）"属于伊奥尼亚方言，是"ναῦς（船）"的与格，单数。阿提卡方言则为"νηΐ"。

当然，个别现象也可以不足为凭，因为这也有可能是传抄过程中发生的改换或编辑者所为。

此外，也有一些校对方面的问题，略举一二。

[133c]〈苏：于是，的确，在那里就像镜子比在眼睛中的镜子更清楚、更洁净和更光亮，神也比在我们的灵魂中最好的[①]部分恰巧是更洁净和更光亮，如此而已，是吧？

阿：的确看来是，苏格拉底啊。

苏：所以，我们就可能会使用那面最美好的镜子向神和人的灵魂的美德看，这样，我们也就尤其可能看见和认识我们自己。

阿：是的。〉

此尖括号内的这几句对话［133C 8-17］，"B 本"保留；［C 注 30］（第592 页）认为它们似乎是稍后由新柏拉图学者添加的内容，从而在正文中省略未译；"V.C 本"和"S 本"如"C 本"。

"［134d］苏：既然如果你真的正义和明智地行事，你和城邦将为神所喜爱地行事。"

［134d1-e7］以下的内容，"B 本"未做省略和说明。"C 本"认为它们似乎是稍后由新柏拉图学者添加的内容而接受推测在正文中删除，但在注释中保留（见第 594 页，注释 32）；"S 本"和"V.C 本"如"B 本"。

而在"［130c］苏：此外，由于既非身体，又不是身体和灵魂两者的复合体是人，剩下来的，我认为，或是人什么也不是，或者如果真的人是什么，得出的结论是，除了灵魂，人决没有别的什么[②]。

阿：完全如此。"

该短句"完全如此"（κομιδῇ μέν οὖν，或译为"正是"）用作答语，是柏拉图最爱用的短语，特别是在较为哲学化的讨论时（在《共和邦篇》、《巴门尼德篇》、《泰阿泰德篇》、《智者篇》、《政治家篇》等篇中共出现30 余次），色诺芬的苏格拉底文献中完全没有这个词。喜剧家阿里斯托芬嘲弄这种表达，认为让它变得听起来很奇怪；他有个角色叫义人，曾在六行话里用过三次（参见《财神》［833-838］）[③]。

---

① 该词（"βέλτιστος"）多指品质和美德方面的好。

② 即人的本质属性是灵魂。

③ 本段引自［梁本注 1］，第 162 页。

以及在"〔131d〕阿：的确，你在行好事，苏格拉底啊！尤其你决不要离开我。

苏：那么，你要热衷于是尽可能最美好的"。

"要热衷于（προθυμέομαι）"一词是中动态现在时的命令式。相对于通常柏拉图多用的希求式，这种用法是罕见的。

最后，值得一提的还有一个在〔132a〕中的用词"爱民者"，该词"δημεραστής"似乎是该篇作者自造的词，它是"δημοὐ（民众的）"[①]和"εραστής（爱慕者）"的复合词，很少见用于古希腊其他作者的作品中。不过，参见考柴努斯[②]在其《罗马史》[③]第37卷第22章中也使用了该词。在"希汉词典"和*Greek Word Study Tool*以及*A Greek-English lexicon*中的释义为"人民之友"和"a friend of the people"；而"C本"、"V. C本"、"S本"和"梁本"分别译为："a love of the common people"；"la faveur populaire comme"；"Volksliebhaber"和"大家贪恋的人"。此外，在阿斯特（AST）的*Lexicon Platonicum（1）*〔p.451〕"中和帕索（Franz Passow）的*Handworterbuch Der Griechischen Sprache*中的释义为"populiamans"（"爱民者"）。

三、《阿尔基比亚德斯篇（I）》和柏拉图作品的关系

《阿尔基比亚德斯篇（I）》的主要思想、写作手法等方面与柏拉图的基本上是一致的。当然，这种一致性并不能说明它即是伪作，因为柏拉图

[①] 该词的名词（"δῆμος"）通常译为"民众，平民，人民，公民（尤指雅典有公民权的人）"，也有"民主政体"的含义，但考虑到柏拉图对"民主政体"的厌恶，因此，可以理解为双关语。

[②] Cassius Dio Cocceianus（150—235年），古罗马政治家与历史学家。

[③] Historiae Romanae, ed. Earnest Cary, Herbert Baldwin Foster. William Heinemann, Harvard University Press, London, New York, 1914.

的作品之间也有这种一致性。以下的对比分析，仅仅是指出它们之间有许多的类同罢了，说明它是"高仿"之伪作。例如，就篇名和主题而言，与其最相近似的是试验性的、"论自制"的《卡尔米德篇》。再如，《阿尔基比亚德斯篇（Ⅰ）》有多处关于所提及人物家世和自身才貌的叙述①也类似《卡尔米德篇》[157e-158b]。而在其对话的末尾，一则，阿尔基比亚德斯将愿意侍奉苏格拉底；一则，卡尔米德将要追随苏格拉底，愿意听他每天念关于智慧等美德的咒语。

此外，"我有可能愿意相信你也坚持不懈"[135e]一句中"愿意"一词"βουλοίμην"的句式是典型的希求式。它的基本功能是表达某种愿望；也表示命令和可能性以及委婉语气。它也是柏拉图最常用的句式。

具体而言，《阿尔基比亚德斯篇（Ⅰ）》与柏拉图作品的大概一致性和关系略举如下：

对话伊始，苏格拉底被描写[103a]为是阿尔基比亚德斯多年的暗恋者，而根据柏拉图在《会饮篇》里所说，倒是阿尔基比亚德斯是苏格拉底的爱慕者。

关于"有些正义是有益的，有些不是"的论证[115a-116e]，可以看出是对《高尔古亚篇》[474c-479e]和《普罗泰戈拉篇》[329e-333c]的仿效。

"[116b]苏：他们幸福而繁荣难道不是凭借他们拥有一些好的事物吗？"

在《会饮篇》[205a]和《欧绪德谟篇》[280d-281e]中也有相似的说法。

在[118e]关于伯里克利教育儿子的内容也模仿了《普罗泰戈拉篇》[319e-320b]和《美诺篇》[94a-c]。

"[120e]苏：那么，那些天生就很好的人，如果也受到很好的教养，这样就会成为有关美德方面完善的人。"

---

① 参见该篇[104a-c，121a-124b]。

关于此句，可参见《共和邦篇》[487a] 和 [491d-492a]。

"[121e] 苏：但一经孩子们已经是七岁大，他们常到乘战车出去作战的士兵那里去和到他们的老师那听课，他们也开始去狩猎。但他们已经十四岁时，人们把那些控制那孩子的人叫'王家的保傅'；但他们像是从成年人中选出的波斯的最优秀的四个人物，即最智慧的人、最正义的人、最节制的人和最勇敢的人。"

在《吕西斯篇》[208c-d] 有对"保傅"的描述。而"智慧"等美德也即古希腊人推崇的最主要的四种美德。关于四种美德教育参见《斐多篇》[69b]；《会饮篇》[196c-e]；《共和邦篇》[441c-442d]；《法律篇》[631c-e] 和 [965d] 等。这里将本来希腊人崇尚的美德教育归于波斯人，或许也有讽刺的含义。

"[125a] 苏：但你说的美且善的人是那些明智的人还是没头脑的人？那么，涉及靴子手艺，鞋匠的确是明智的吧？"

苏格拉底在举例时常常说的都是一些不足道的东西，老是提一些下层生活中常见的事物，如靴子、鞋匠、铁匠、厨师、皮匠等。对此的指责参见《会饮篇》[221e]、《高尔吉亚篇》[491a-b]。

"[l25e] 苏：但是怎么，你称懂得统治那些共同参与公民生活的技艺是什么呢？

阿：至少在我这方面，我称之为深思熟虑的技艺，苏格拉底啊。"

参见《共和邦篇》[428b-d] 关于"深思熟虑（εὐβουλία）"的解释。

"[l26b] 苏：此外，什么的在场会使我们的眼睛有更好的治理和保全呢？"

眼睛一词"ὄψις"直译为"视力"。柏拉图喜欢运用它比喻德性之类的事物；他的哲学术语"ἰδέα（型）"一词的词根即来自"ἰδέ（看）"。而看见的前提是要有光。所以如《旧约·创世记》中说，上帝创造世界的第一件事物是光，西方"启蒙运动"的"启蒙"的字面意思也是光（法语，lumière），等等。参见《拉凯斯篇》[190a]、《共和邦篇》[353b-c] 以及"洞喻"和"太阳喻"、"型"等都和眼睛相关。

"［126b］苏：却说至于数目，由于什么技艺能让各城邦有一致的意见呢？"

"一致的意见（óμóνοια）"也有"意见（感想）一致，和睦，和谐"等含义；柏拉图常常也运用数阐述他的适度观点、和谐和节制思想；参见《共和邦篇》［351d-352a，431d -432b］。数论也是柏拉图哲学和柏拉图学园研究的重要内容。

"［129a］苏：一方面，如果认识了我们自己，大概就知道了关心我们自己；另一方面则，如果不认识我们自己，就一度不知道关心我们自己。"

"［132c］苏：我们要关心灵魂甚至必须到那里面去看看。①

阿：显而易见。

苏：但对身体和其余的财物的关心必须交给其他人。"

"关心（ἐπιμέλεια）"一词有"注意，用心，经管，关怀"等含义。苏格拉底的一贯主张，身外之物如出身、美貌、财富，名誉等一切若都与灵魂的完善不相干，也就不值得关心。"关心灵魂"参见《申辩篇》［29e-30b，36b-d］。苏格拉底称这种对灵魂的关心是"关心自己"和"关心属于自己的东西相反对"。另外见《法律篇》［644a］。

"［129b］苏：你现在说，我们用什么方式就会达到认识自己本身的目的呢？因为，一则，这样我们就可以很快地发现我们到底是什么②；一则，如果在那方面仍然是在无知之中，我们也许不可能做到认识自己本身。"

"自己本身（αὐτό ταὐτó）"一词即"αὐτó τὰ αὐτó"的融接形式，意思即有关事物自身的本质属性，在柏拉图作品中是核心词，通常指"理念"或"相"、"型"。参见《斐多篇》［74c］；《巴门尼德篇》［131d］；《会饮篇》［211d］等；另见亚里士多德在其《尼各马可伦理学》［1161b28-33，1166a32-b］中的具体应用。

"［130a］苏：所以，灵魂统治身体吧？"

---

① 正如《大学》中所谓"正心、诚意……而已"。关心有次序和重点，例如先要正心，诚意。"所谓诚其意者勿自欺也。"

② 因为知道了各个其自身，那么我们自身和属于我们的也就清楚了。

参见《斐多篇》[94b]，《斐莱布篇》[35d]；《共和邦篇》[611b-612a]；另外参见伪柏拉图《克莱托丰篇》[408a]。

"[132b]苏：首先锻炼①，我的好人，你尤其应当学习走向城邦事务②的知识③，但不要在学习之前走向，以便在你走向之前拥有解毒药，你也就绝不至于遭受危险。"

"解毒药（ἀλεξιφάρμακον ）"一词是比喻，类似的说法参见《政治家篇》[279c，280e]；《共和邦篇》[608a]；《卡尔米德篇》[157b-d]；《法律篇》[957d]。

"[132d]苏：我将向你解释，总之，我猜想那题词向我们所吩咐和劝告的。或者是因为甚至在许多地方没有它的例证，但唯独合乎视觉的例证。"

在所有感觉中视觉是追寻知识和爱的最重要的途径，柏拉图常常以之做比喻阐释他的理论。参见《共和邦篇》[507c-d]；《斐德罗篇》[255c]；《卡尔米德篇》[167c-d，168d-e]；另见本篇 [l26b]。

"[133c]苏：所以，我们有能力说，比那关于产生知道和明智二者的灵魂更神圣的吗？"

参见《斐多篇》[80a]；《斐德罗篇》[253c-255a]。

"[134b]苏：所以，各城邦需要的但不是城墙、三层桨战船，也不是船坞，阿尔基比亚德斯啊，如果它们打算繁荣昌盛，但需要的不是人口数量，也不是面积巨大，除了美德外。"

参见《高尔吉亚篇》[517c，519a-c]。

---

① 该词（"γυμνάζω"）本指"裸体锻炼"，[泛指]"锻炼"，（尤指）"进行摔跤锻炼，进行体育锻炼"；在希腊这种形式通常是裸体进行的。苏格拉底这里用的"锻炼"一词指为将来的政治竟争做准备。

② 即从事政治的知识。

③ 正如《论语》中所说的"学，然后知不足，学而优则仕"。

"［135e］苏：好朋友①啊，那么我的爱将决不和鹳鸟的爱不同，如果在你身边造窝孵化长了翅膀的爱后，由于那，反过来受到侍奉。"

文中说及的"鹳鸟的爱"和回报的"侍奉"比喻，参见《共和邦篇》［573e］，《斐德罗篇》［255c-e］，《会饮篇》［183e，222b-e］。

此外，本篇对话中也寓含对现实政治现状的揭露和讽刺。例如：

"［119 b-c］阿：现在由于像那些外行都有能力动身向政治，为什么我应当练习和有学习的麻烦呢？因为我清楚地知道我具有的极著名的天性，的确将完全胜过那些人。"

"［120a-c］苏：但不，好朋友，你不应当把目光转而专注于墨狄亚斯那个打鹌鹑游戏者②和其他那样的人——那些人着手办理城邦的政事，依旧奴隶③般的，女性们可能会说，在灵魂中留有头发，处在粗俗之下也尚未抛弃，他们更仿效外国人交谈，将阿谀逢迎④但不是统治城邦——对于那些人，我说的就是那些人，你应当渴望你自己马上忽略他们，尤其既不

---

① 该词（"γενναῖος"）做呼格时，有"好朋友，尊敬的朋友"之意。但该词本意为"高贵的，高尚的；良种的（牲畜）；优良的（物品）"等。可见或许苏格拉底的话含有讽刺之意。

② Μειδίας，一位雅典政治家，除了很会打鹌鹑游戏外没什么出名的事迹，常在喜剧中被嘲笑。他本人出身底层阶级，还曾盗用公款。参见［梁本注3］，第128页。此例说明，像踢球高手高俅之流无能政治家的作为除了斗鸡走狗乏善可陈。

③ 该词（"ἀνδϱοποδον"）与生而为奴隶的家奴（δοῦλος）不同，尤指战争中被俘后为奴的人。

④ 该词（"ϰολαϰεύω"）的名词是"Κολαξ"（阿谀逢迎者、马屁精、献媚者）为了自身的利益而夸大其词满足其他人的自尊心，关于这种人的个性详参忒俄弗拉斯托斯（Θεόφϱαστος）的《论诸性格》［2］；这个词在喜剧中用于形容蛊惑人心的治国者（如阿里斯托芬《骑士》［48］，而"Κολαϰώνυμος"是阿里斯托芬在喜剧中给雅典政治家Κλεώνυμος取的谐音外号，意思是"以马屁精为名字的人"）；哲学家们也这么用，如《高尔吉亚篇》［463a-466a］对这种奉承记述详备，那些马屁精如演讲家和智术师只是为了满足听众，不及真正的政治家，他们是为了公民的福利而操劳。亚里士多德《政治学》［1292a15-38］中说，在民主社会中，人们已经放弃了法律的统治，那些蛊惑人心的政治家们对待人民，就像阿谀奉承者对待僭主一样。转引自［梁本注1］，第129页。

另外参见《政治家篇》［293c-294e，297a-d，303c］；《高尔吉亚篇》［518e-519d，525d］；《共和邦篇》［565e-569c］。

学像他们让你为将至的这样大的竞赛竞争一样去学，也不练习像他们让你为将至的这样大的竞赛竞争一样应当去练习，这样也为自己预备好充分的装备① 参与政治②。"

像假哲学家一样，假政治家也是柏拉图重点批判的对象。因为他们讨好民众，就像专家曲意逢迎外行，则只能是谋私利的政客或假权威。参见《政治家篇》[293c-294e，297a-d，303c]；《高尔吉亚篇》[518e-519d，525d]；《共和邦篇》[565e-569c]。

鉴于有许多雅典人，尤其好人已经遭受到败坏的现实，苏格拉底对阿尔基比亚德斯说出他最害怕担心——以后也成为事实——的事，并且提出了离开他的条件，如果他被雅典的民众败坏和变得更卑劣。因为那实在是他最害怕的，在他看来，阿氏还没有受到爱民者的败坏③；所以，苏格拉底警告阿尔基比亚德斯："既然面貌好看④ 是属于厄瑞克透斯⑤ 的豪迈的民众的；但你应当观看其赤裸的外表。所以，你要留意⑥ 我说的小心谨慎。[132a]"也即，"首先锻炼，你尤其应当学习走向城邦事务的知识，但不要在学习之前走向，以便在你走向之前拥有解毒药，你也就绝不至于遭受危险。[132b]"而在对话的最后，[135e]苏格拉底对阿尔基比亚德斯说：我有可能愿意相信你也坚持不懈；但我为我和你二人的力量而发抖惧怕⑦，不是有点儿不相信你的天性⑧，而是我看出城邦的力量占了上风。

对此，在《高尔吉亚篇》中，苏格拉底对卡利克勒的一番忠告可供解

---

① 该词（"παρασκευή"）也泛指"能力，力量，资源，财力"。

② 直译为"走向办理城邦的政事"。

③ 一个城邦的体制、法律造就了人的性格、生活方式和灵魂，这种观点很常见。如亚里士多德《政治学》[1295 a40-b1]。

④ 该词（"εὐπρόσωπος"）也有"外表装得好看的，假装的"等含义，因此，可以理解为有讽刺的意味。见下句，透过现象看本质。

⑤ Ἐρεχθεύς，为雅典人起的一个绰号。在希腊神话中，厄瑞克透斯是雅典国王，是雅典城邦的创始人，也是雅典英雄。参见荷马的《伊利亚特》[2.547-548]。

⑥ 该词（"εὐλαβοῦ"）是中动态现在时的命令式。

⑦ 根据阿后来的表现，苏格拉底的担心成为事实。

⑧ 该词（"φύσις"）也有"家世"、"本质"等含义。

释：在将生死之事托付神的条件下，"一个人就必须思索尽可能以什么最好的方式打算过活一生，那么使他自己完全就像他在这儿生活于其中的政体，此外，你如今就应当尽可能变得和雅典的民众一致，如果你打算在这种情况下是热情而友好的尤其是在城邦中成为握有大权的人；你要注意这是否对你和对我有益，免得，我的好人！① 我们将遭遇就是那个人他说帖撒利亚人摘下月亮的同样处境②；对我们来说，这一对城邦中权力的选择将是和最亲爱的人们在一起。但如果你认为人们中的任何人他将交给你这样的某种技术，无论什么技术它将使你在这里在城邦里能够拥有大权而你与现有的政体是不相像的，或者向更好或者向更差，依我看来，你没有正确地自己考虑，卡利克勒啊，因为你不应当是一位模仿者而应当天然地同这些人相像，如果你打算使你与雅典的民众③结成某种道道地地的友情……"④ 这里暗示的是，真正的政治家应该听从政治科学的引导，而不是一味逢迎民众的胃口，除非他与他们意气相投。

以上关于社会环境对人的品性有重要影响的观点，也可参见《共和邦篇》[490d-497e]。

而"认识你自己"是柏拉图的认识论和正义学说以及教育思想的前提和主题之一。在他的作品中时常引用这句刻在德尔斐神庙外墙的箴言；那么，柏拉图是如何论述"认识你自己"的呢？

在柏拉图的笔下，苏格拉底即是"认识自我"的典型人物。苏格拉底教导人们要"认识你自己"，他常常自认无知，说"我只知道我一无所

---

① 该词（"δαιμόνιος"）作为呼格"δαιμόνιε"也有"神谴的人！倒霉蛋！可怜人！"等贬义。可以视为双关语。

② 该谚语意即：冒大的风险。帖撒利亚（Θεσσαλία）是古希腊北部一地区，许多神话人物与事件与它有关。例如，据说帖撒利亚人的一些女巫在实施摘下月亮这种作法时，引起了月食。参见"C本"[C注23]。也有另外的说法，她们这样做时，不仅失了明，而且丧失了行走的能力。参见"L. B.L本"第三卷第二部分，《高尔吉亚篇》，[L.法注1]，第204页；"V. C本"[法注48]。

③ 该词（"δημός"）也有"民主政体"等含义。

④ 《高尔吉亚篇》[512e-513c]。

知"。因此，对"没有谁比他聪明"的神谕① 进行了一生的"证伪"。然
而，结果最终证实他确实比他"聪明"的人聪明一点：起码他还知道他不
知道。而那些自以为是的"聪明人"却不知道他们并不知道。知道不知道
是知道的前提。正是因为苏格拉底知道他不知道，他才对真理终其一生孜
孜以求，名副其实是一位真正的爱智者② 。

而认识你自己是为了战胜自我，把握你自己，首先使自己成为自己的
主人，然后或者使你适应你应当从事的工作，或者才有可能统治他人，或
者心甘情愿地接受他人的统治③ 。

至于柏拉图提及的传说中希腊七贤的智慧，"对于每一个说过的值得
一提的简短言辞，有人也就会查清由他们的这样的智慧构成；他们甚至曾
共同来到一起，在德尔斐进入神庙中，将智慧的最早收获献给了阿波罗
神，就刻写了所有人颂赞的这些：'认识你自己'和'勿过度'"④ 。

我们要通过这句"认识你自己"的箴言必须知道我们的知识、能力、
理智和认识等的有限或局限性⑤ 。另外，它在埃斯库罗斯的《被缚的普罗
米修斯》[310] 中的意思是"识时务者为俊杰"，例如，长河神奥克阿
诺斯劝告被缚的普罗米修斯："你要认识自己，采取新的方式，因为现今
是新的王者统治众神明。"⑥ 即要听命于新的强大的诸神的统治者宙斯。再
如，喜剧家阿里斯托芬在其《云》[840-842] 中写道：有一青年问在苏格

---

① 《申辩篇》[21a]。另外参见色诺芬的《回忆苏格拉底》和第欧根尼·拉尔修的《名哲
言行录》中类似的说法。

② 参见《卡尔米德篇》[165b]。在中国典籍如《老子》中也说："自知者明"；再如《论
语·为政》："知之为知之，不知为不知，是知也。"

③ 《法律篇》[626e-627d]。

④ 《普罗泰戈拉篇》[343a-c]。另外参见《卡尔米德篇》[164d-165b]。

⑤ 可参考赫伯特·A.西蒙（Herbert Alexander Simon, 1916—2001年，美国管理学家和
社会科学家，诺贝尔经济学奖获得者）的有限理性（Bounded Rationality）理论。他即
认为，人的理性是有限的，人的精力是非常有限的，不可能全知全能。哲学作为认识
的一门学问，也有它特定的研究对象和范围。

⑥ ［古希腊］埃斯库罗斯等：《古希腊悲剧喜剧全集》（1），王焕生、张竹明译，凤凰出
版传媒集团、译林出版社2007年版，第162页。

拉底的"思想所"可以学得什么有用的知识时，他的回答是："你可以学得人们称之为智慧的一切。你可以明白你自己多么无知缺乏教养。"

又据普卢塔克《道德论集》[1118C] 中记载，亚里士多德说，这句"认识自己"的箴言"引导苏格拉底开始疑问和探索"[1]。

正是由于对自我有了一定的知道，苏格拉底的一生无论是在对事物的认识上还是在参加公共事务中和在处理私人事务方面都能够做到正确、正直和公正并且都是始终如一的。例如，在履行公事方面，他一贯都坚守职责，按照法律和正义行事，即使面对暴政也刚直不阿，大义凛然，从不助纣为虐。在处理私事方面，他能够做到节制自律，也从来没有对任何人与正义不符的行为表示过支持等[2]。正如柏拉图在《斐多篇》最后一句总结的：在穿越整个时代的所有人中间，苏格拉底都是最好的，尤其是最英勇、最明智、最正义的人。

苏格拉底认为，一个人不会试图发现他虽然不知道但他认为知道的东西[3]。他与青年们谈话的唯一愿望是使他们使用自己的心灵。他认为自己能为他们做的最好的事情是激发他们去思考问题。以这种方式，他们最终会转向他们自己的内心世界，对自己进行考察，学会认识自己，"未经考察的生活是没有价值的"。这样，也只有这样，他们才能发现内心善良的火花，靠他们自己使之变成熊熊烈火。在柏拉图对话中，作为苏格拉底方法的一个例证，没有比《吕西斯篇》更好的了[4]。

《斐德罗篇》也属于柏拉图最伟大的对话之一，它叙述的是苏格拉底和朋友斐德罗在雅典城外的一次愉快的交谈，它与《会饮篇》一起提供了柏拉图关于提升灵魂、使之能够踏上——用柏拉图的话来说就是寻求使人在完美的真理中得到爱的满足的"超越的东西"——通往真理之路并把真善美刻在灵魂上的爱的思想。但正如苏格拉底对斐德罗所说的："朋友啊！

① 参见亚里士多德残篇《论哲学》[7]。转引自"苗本"第十卷，第 106 页。

② 《申辩篇》[32d-33a]。

③ 《美诺篇》[84c-d]。

④ 引自"王本"第一卷，《吕西斯篇》，"提要"、第 199 页。

我迄今未能够合乎德尔斐的铭刻认识我自己；在我看来似乎实实在在是荒诞的，若还不识这点而探知那些属于别人的事。"①

就像在《吕西斯篇》和《拉凯斯篇》一样，苏格拉底在《卡尔米德篇》没有别的对话比他在本篇对话中使他的同伴更加迅速地信服自己的无知，而对希腊人来说，无知意味着生活在黑暗中，是一种可悲的失败。《卡尔米德篇》的主题是：什么是"自制"②。古希腊文"σωφροσύνη"是多义词，含有"头脑健全、清醒，明智、自我克制，谦虚，谨慎，有节制"等意思。事实上，自制的这种性质对希腊人来说是一种无比重要的观念，这种观念是我们所没有的。该词难于被翻译为对等的某个中文语词。希腊文献中有关它的论述相当多，使我们能够以某种方式描述它。它是隐藏在两句伟大的德尔斐箴言——"认识你自己"、"万勿过度"（或"要自制"或"过犹不及"）——背后的那种精神。傲慢、目空一切的自高自大，是希腊人最憎恶的品质。"σωφροσύνη"的意思正好是它的反面。它的意思是接受美德为人性所设置的限制，约束那种向往无限制的自由和所有各种放荡的冲动，服从和谐与适度的内在法则③。

苏格拉底并不注重向人们传达他对于一些问题的具体观点，他的真正目的也不是要改变他们的观点和揭露人们的无知，而是指明正确认识的方向以求发现真理。

在柏拉图看来，教育的目的是为人处世公平正义，明辨是非、善恶，鉴别真理和谬误。柏拉图在《蒂迈欧篇》[89d] 中指出，人应当如何接受训练和训练自己以求得最合理的生活，人们必须尽力提供最优秀的训练方

① 《斐德罗篇》[229e-230a]。
② 参见"王本"第一卷，第134页注①，"希腊文 'sophrosyne' 有多种含义，一般英译为 'temperance'，中文也随着译为 '节制'。实际上，这个词有三重主要含义：一是指理智健全、稳健，同理智不健全、愚妄而无自知之明、看问题偏狭等意思相反；二是指谦和、仁慈、人道，尤其指少者对长者、位卑者对位尊者的谦恭态度；三是指对欲望的自我约束和自我控制。本篇主要是在这三重意义上将 'sophrosyne' 通译为节制"。
③ 引自"王本"第一卷，第134—135页，《卡尔米德篇》，"提要"。

式以适应我们的目的。

助产术是苏格拉底帮助别人通过认识自己无知而点燃求知欲望的最有力的方法之一。在柏拉图对话作品中有几篇的副标题被标记为属于助产术性质的对话，如《拉凯斯篇》和《吕西斯篇》。当然，在其他对话中也运用了助产术①。

与自知之明对应，知道何种人将算得上"纯粹的"无知将是有趣的。也许那些如此深信他们自己的"知道"而拥有能力和权力的人是一些盲信者，以至于他们不能被称为具有理智，而那些没有能力的人由于缺乏自觉使他们自己成为滑稽可笑的人。这使人们忆起苏格拉底视为最大的邪恶是当一个人实际上无知时而以为他有知识的想法。无疑，治疗"双重无知"的方法，如在《法律篇》第九卷［863c-864b］中所认为的一样，部分在于获得关于正确和错误的一种较健全完整的知识。

此外，色诺芬在《回忆苏格拉底》中记叙道："苏格拉底说疯狂就是智慧的对立面。但他并没有把无知认为就是疯狂。不过，一个人如果不认识自己，把自己所不知道的事倒以为，而且相信自己知道，就是很接近于疯狂了。""这样看来，一个不知道自己能力的人，就是不认识自己了。那么，岂不是很显然，人们由于认识了自己，就会获得很多的好处，而由于自我欺骗，就要遭受很多的祸患吗？因为那些认识自己的人，知道什么事对自己合适，并且能够分辨，自己能做什么，不能做什么，而且由于做自己所懂得的事就得到了自己所需要的东西，从而繁荣昌盛，不做自己所不懂的事就不至于犯错误，从而避免祸患。而且由于有这种自知之明，他们还能够鉴别别人，通过和别人交往，获得幸福，避免祸患。但那些不认识自己，对于自己的才能有错误估计的人，对于别的人和别的人类事务也就会有同样的情况，他们既不知道自己所需要的是什么，也不知自己所做的是什么，也不知道他们所与之交往的人是怎样的人，由于他们对于这一切都没有正确的认识，他们就不但得不到幸福，反而要陷于祸患。但那些

———————

① 参见《泰阿泰德篇》［150b-151e，157c-e，210c-d］。

知道自己在做什么的人，就会在他们所做的事上获得成功，受到人们的赞扬和尊敬。那些和他们有同样认识的人都乐意和他们交往；而那些在实践中失败的人则渴望得到他们的忠告，唯他们的马首是瞻；把自己对于良好事物的希望寄托在他们身上，并且因为这一切而爱他们胜过其他的人。但那些不知道自己做什么的人们，他们选择错误，所尝试的事尽归失败，不仅在他们自己的事务中遭受损失和责难，而且还因此名誉扫地、遭人嘲笑、过着一种受人蔑视和揶揄的生活。"①

四、《阿尔基比亚德斯篇（I）》的影响

在柏拉图的对话作品中，就苏格拉底和对话中的人物的关系而言，例如，从柏拉图最伟大的对话之一的《会饮篇》来看，苏格拉底与阿尔基比亚德斯算是最熟悉甚至亲密的了，而后者对苏格拉底的赞扬无人能比。我们可以联系《共和邦篇》中对哲人王的培养来看，或许《阿尔基比亚德斯篇（I）》的作者的意向性也在于说明苏格拉底是在发现和培养哲人王。在现实生活中，鉴于苏格拉底对阿尔基比亚德斯的特别器重和日后阿尔基比亚德斯表现出的领导能力与政治作为，我们似乎从柏拉图和迪翁的关系中也能够看出他们之间有一定的相同性。

当然，阿尔基比亚德斯在以后的生活中也因他的在当时雅典人看来不道德的行为而臭名昭著。例如，在伯罗奔尼撒战争中，阿尔基比亚德斯虽然成为雅典的一位出色的政治家和将军，但当他在雅典受到应处死刑犯罪的指控时，他叛逃到斯巴达人的一边，而且后来成为雅典和波斯之间战争中的双重代理人，最后可能被暗杀了。再加上苏格拉底与"三十僭主"政体的主要执政者卡尔米德和克里提亚斯极为相知而且是密友，后两人也被

---

① ［古希腊］色诺芬:《回忆苏格拉底》，吴永泉译，商务印书馆 1986 年版，第 117、149—150 页。我国的圣哲老子和孔子也分别说过类似的话："知不知，上，不知知，病。"（《老子》第七十一章）；"知之为知之，不知为不知，是知也"（《论语·为政》）。

民主派杀死的事实①，苏格拉底也就成为雅典城邦的民众所诟病的教唆和腐蚀青年的典型人物，他与这些人相关的事件也就成为典型事件。在一定意义上说，对苏格拉底的审判也可看作是雅典民主派对反民主派的总清算。但近朱者赤，起码他们与苏格拉底交往期间是如此。反之，近朱者未必赤，也说明美德不可教授，家世门第不能说明为人如何。修行在个人。苏格拉底与他们的交往只是引导他们向善而已。另外，在《泰阿泰德篇》中有一段话也可以说明这点。苏格拉底在谈到他的思想助产术和对他人的有益影响时说："许多人迄今无知这一点甚至归功于他们自己，却小看我，或者他们自己或者被他人说动比起有必要较早离开了，再者，在那些人离开后，其余的人因为和邪恶者的交往流产了并且由我助产的由于他们有害的抚养也夭折了，他们把虚假和幻象更当作真实，但最后，在他们自己和其他人二者看来是无知的……不论什么时候，重新回到我这就教并且促成令人惊异的事，对有些人，灵异出现禁止我结交；对有些人，容许，这些人也再次取得进步。"②

在柏拉图看来，苏格拉底本人则是正义诸美德的化身。

因此，不仅柏拉图在其作品中一再为苏格拉底辩护，《阿尔基比亚德斯篇（Ⅰ）》除了论"认识自己"的主题外，也有为苏格拉底辩护的意向。例如在［132a］，苏格拉底对阿尔基比亚德斯说："尤其现在，若非你被雅典的民众败坏和变得更卑劣③，我至少决不离开你④。因为那实在是我最害怕的，在我们看来，你还没有受到爱民者的败坏⑤；因为有许多雅典人，

---

① 阿尔基比亚德斯、卡尔米德和克里底亚斯三人都死于苏格拉底之前，我们不知苏格拉底对他们有何评价；柏拉图在其作品中也是持"价值中立"态度，对他们不作褒贬。
② 《泰阿泰德篇》［150e-151b］。
③ 该词（"αἰσχρός"）也有"丑陋的，卑鄙的，可耻的，恶劣的"的含义，因此，可以理解为双关语。参见本篇对话末尾的呼应。
④ 苏氏接下来的意思是，如果阿氏变得更卑劣，则他当然会与他一刀两断。
⑤ 这里强调的是社会环境对人的品性有重要的影响。参见亚里士多德《政治学》［1295 a40-b1］。

尤其好人已经遭受到败坏①。"而在该篇对话的结语处，苏格拉底为阿尔基比亚德斯和他本人的力量而发抖惧怕，因为他"看出城邦的力量占了上风"（135e）。而"看出（ὁράω）"一词也有（主要从心中）"看出，辨认，识别"等含义，因此，暗含"预言"之意思。根据阿氏后来的表现，以及对苏格拉底的审判，这一担心成为事实。

另外，表面上看，对话中的苏格拉底虽博得阿尔基比亚德斯的爱情，但他们的恋情仍然处于柏拉图式精神的层面；色诺芬在其《回忆苏格拉底》中记述："关于色情，苏格拉底劝人要严格禁戒和容貌俊美的人亲昵。在色欲的享受方面，他对于这一类事情是非常有操守的，即使对于最青春貌美的人，他也能泰然自若，不为所动。②"在《会饮篇》和《普罗泰戈拉篇》等作品中表明，比起雅典最漂亮的青年阿尔基比亚德斯，苏格拉底更爱智慧。实际上，他们的爱恋故事给了我们"柏拉图式爱情"的术语。许多苏格拉底的追随者写了这个爱情故事的各种版本：欧几里得斯③，安提司特涅斯④ 以及埃思基涅斯⑤ 每人都写有一篇阿尔基比亚德斯的对话——

---

① 以上表述很明显意味着，如果阿氏遭到败坏，祸首将最有可能是雅典民众而不是苏格拉底本人。这也说明该篇对话的作者是在为苏格拉底辩护。

② ［古希腊］色诺芬：《回忆苏格拉底》，吴永泉译，商务印书馆 1986 年版，第 27、29 页。

③ Εὐκλείδης（约公元前 430—前 360 年），希腊哲学家，生在墨伽拉，是墨伽拉学派的创始人。他早年在墨伽拉研究巴门尼德的哲学，他在公元前 5 世纪末移居雅典之后，成为苏格拉底一位忠诚的学生许多年。他的立场是"苏格拉底主义"和埃利亚学派的组合，主张美德是知识或"一"。在苏格拉底去世时，他在场。参见《斐多篇》［59c］。

④ Ἀντισθένης（约公元前 444—前 366 年），雅典人，高尔吉亚篇的学生和苏格拉底的追随者，后者大大影响了他的理论。他在成为一个狂热的苏格拉底信徒之前最初在高尔吉亚指导下学习修辞。安提司特涅斯接受并发展了苏格拉底对于伦理教诲的方面，主张按照美德生活，强调实践禁欲苦行的生活。后世因而认为他是犬儒学派的创始人。

⑤ 司菲滔斯（Σφηττός，古雅典费莱部族所在的一个区名）的埃思基涅斯（Αἰσχίνης，约公元前 425—前 350 年）是苏格拉底的追随者，他像柏拉图一样撰写以苏格拉底为主要发言人的哲学对话，有残篇保留下来。历史学家称他为"苏格拉底的埃思基涅斯"以区别当时许多同名的人。例如，另外有同名的希腊的政治家和阿提卡十大演说家之一的 Αἰσχίνης（公元前 389—前 314 年）。柏拉图在《申辩篇》［33e］和《斐多篇》［59b］中提及此人出席了审判苏格拉底的大会和苏格拉底被处决时在场。这里应当指的是前者。

埃思基涅斯的某些残篇还幸存了下来，其中写到阿尔基比亚德斯最终以蒙羞而悲叹①。

事实上，正如新柏拉图学派的注释家们所看出的，《阿尔基比亚德斯篇（Ⅰ）》构成了全部柏拉图的伦理和政治哲学的极好的导言。

因为《阿尔基比亚德斯篇（Ⅰ）》对作为任何其他有价值的知识的必要基础的自我知识的强调，而在古代当作开始对柏拉图哲学研究的理想的著作占据了第一位②。

最早引用《阿尔基比亚德斯篇（Ⅰ）》的哲学家，据说是希腊化罗马时期的哲学家卢修斯·阿普列乌斯③，"他虽然没有提到这篇对话的名称，但的确首次将其作为柏拉图著作来征引，并且认为是柏拉图的首篇对话。新柏拉图主义哲学奠基人普罗提诺在其《九章集》中也引用了该篇中的观点和说法。④ 新柏拉图主义哲学家扬布里丘⑤ 在新柏拉图学园的课程中，给予《阿尔基比亚德斯篇（Ⅰ）》以很高的地位，定为首要读物，因为后期学园非常注重'认识自己'的训练，而本篇对自我认识又有详细的论述。普鲁塔克在其《希腊罗马名人传》的《阿尔基比亚德斯》也中运用了该

---

① 引自"C本"《阿尔基比亚德斯篇（Ⅰ）》，"提要"、第557页。
② 关于《阿尔基比亚德斯篇（Ⅰ）》的影响，参见"梁本"："关于《阿尔喀比亚德》前、后篇""一、古代对《阿前》的注疏、解释及其影响"。
③ Lucius.Apuleius（约公元125—180年）柏拉图主义哲学家，著有《申辩》和《金驴记》（一译《变形记》，是希腊化时期留存下来的唯一完整的拉丁语小说，讽刺了罗马帝国的社会生活）。参见卢修斯·阿普列乌斯的著作：De Dogmate Platonis（《论柏拉图的学说》）。
④ 例如在《九章集》第一卷第一章"什么是生命物，什么是人"等章节中关于躯体和灵魂的复合体、灵魂把肉体作为工具等的观念来自于《阿尔基比亚德斯篇（Ⅰ）》[129e-130d]。这一观念不仅影响了晚期柏拉图主义和斯多亚学派以及诺斯替主义，甚至成为它们鲜明的身体—灵魂二元论的一个重要源泉。再如，在《九章集》第四卷第四章中引用了《阿尔基比亚德斯篇（Ⅰ）》[132a]中的话："既然面貌好看是属于厄瑞克透斯的豪迈的民众的。"
⑤ Ἰάμβλιχος（约公元245—325年），是新柏拉图主义的草创者之一。

篇"。①我们有奥林比奥道罗斯（完整的）广泛的评论②，普罗克洛③（只有前半部分）以及扬布里丘和达马思基奥斯④和其他人评论的未完稿。普罗克洛说："那么就让这成为柏拉图的哲学和教义的开始，即是说，属于我们自己的知识的开始。"⑤

阿尔法拉比也在其《柏拉图的哲学》（第一部分）中首先提到的柏拉图的第一部对话是《阿尔基比亚德斯篇（I）》，并且名之为"论人"，认为柏拉图首先研究了人的完美性，而《阿尔基比亚德斯篇（I）》主要在于论说财富、出身等都不是人们可以从中获得幸福的东西，应该像苏格拉底那样去追问知识和美德等⑥。

荷兰文艺复兴时期的人文主义者、著名的《愚人颂》的作者伊拉斯谟在其关于教会需要改革最直接的评估论著之一的《阿尔基比亚德斯的西勒诺斯们》（*Sileni Alcibiadis*）中也是以柏拉图在《阿尔基比亚德斯篇（I）》和《会饮篇》中的主要观点为立论根据的。

直至在现代，泰勒也认为，《阿尔基比亚德斯篇（I）》在范围和价值

① 以上转引自"梁本"，第1—2页。

② 在希腊哲学史上有两个著名的Ὀλυμπιόδωρος，一个通常称为大奥林比奥道罗斯，是公元5世纪的逍遥学派的哲学家或新柏拉图主义者，在西罗马帝国后期的亚历山大港任教，是新柏拉图主义重要的哲学家普罗克洛（参见下一注释）的老师。但是他的著作没有流传下来。而另外一个叫小奥林比奥道罗斯（Ὀλυμπιόδωρος ὁ Νεώτερος，约公元495—570年）是公元6世纪的新柏拉图主义者，他留下一部柏拉图传记和《阿尔基比亚德斯篇（I）》的注疏。参见［英］约翰·埃德温·桑兹：《西方古典学术史》第三版第一卷上册，张治译，世纪出版集团、上海人民出版社2010年版，第364页。

③ Πρόκλος（公元410—485年），是一个希腊新柏拉图主义哲学家，古典哲学最后重要的哲学家之一。他提出了一个新柏拉图主义的最详细、全面发展的系统。他几乎站在古典哲学发展的终结，并对西方中世纪哲学（希腊和拉丁）以及伊斯兰思想非常有影响。

④ Δαμάσκιος（约公元458—538年之后），他被称为"最后的新柏拉图主义哲学家"，是最后一任雅典学园的主持（园主）；他也是一个在6世纪早期受查士丁尼一世迫害的非基督教徒（异教徒）的哲学家。

⑤ 以上和以下一些内容转引自"C本"，"提要"、第557—558页。

⑥ 参见阿尔法拉比：《柏拉图的哲学》，程志敏译，华东师范大学出版社2006年版，第39—52页；以及"梁本"，第1页。

方面是伪作中最重要的一篇，因为它包含了苏格拉底——柏拉图关于善的衡量标准和灵魂的"关心"学说的极好的全面总结。①

此外，《阿尔基比亚德斯篇（Ⅰ）》中［132c-133c］内含的认识自我的思想与亚里士多德的类似，他的《大伦理学论集》［1213a15-25］提出了惹人注目的观念：认识自己最困难也最快乐，自知之明最好是通过朋友的友爱获得，它犹如一面镜子，我们在其中认出我们自己②。

总之，不仅在过去，而且在现在以至今后，《阿尔基比亚德斯篇（Ⅰ）》的主题——认识你自己——恐怕也是人类自身永远需要思考、探索的问题之一。

---

① ［英］泰勒：《柏拉图——生平及其著作》，谢随知等译，山东人民出版社 1991 年版，第 739 页。

② 亚里士多德在《后分析篇》卷 2［97b18］及以下，也以阿尔基比亚德斯为例，谈到骄傲和耻辱的关系。

《阿尔基比亚德斯篇（II）》

——论"如何正确祷告"

一、引 言

在柏拉图的对话作品中有两篇是重名的对话，一篇为主题是论虚假的《小希琵亚斯篇》，另一篇为主题是论美的《大希琵亚斯篇》，它们都是反驳性的；而通常认为柏拉图不会写重名的对话作品，因此，有人认为后一篇是伪作。在伪柏拉图的对话作品中也有两篇是重名的对话，这就是《阿尔基比亚德斯篇（I）》和《阿尔基比亚德斯篇（II）》，它们都是助产性的。《阿尔基比亚德斯篇（I）》通过着重指明人首先通过认识自己，拥有明智正义等美德，才能在参加公共事务中和在处理私人事务方面都能够做到正确、正直和公正；《阿尔基比亚德斯篇（II）》则进一步阐明，神更为看重祈祷者的善良、谦卑的心地、内在的虔诚和正义诸美德而非盛大的祭神游行以及华贵的献祭品等形式；如果说，《阿尔基比亚德斯篇（I）》是从认识论的基础和实践论的意义上对于自我认识与善和正义诸美德以及知识的关系问题进行了深入细致的讨论和阐释，那么，《阿尔基比亚德斯篇（II）》则通过宗教性质的祈祷对于践行善和正义诸美德以及知识的关系等问题方面进行了论述。

《阿尔基比亚德斯篇（II）》自古以来即被保存在《柏拉图文集》中。

但在 19 世纪起，被疑为是伪作[①]。"古典学家的理由之一是，亚里士多德和柏拉图同时代或稍晚些的其他古代著作中从来没有提到过这篇对话。"[②]根据其文字内容，显然，《阿尔基比亚德斯篇（Ⅱ）》对《阿尔基比亚德斯篇（Ⅰ）》和柏拉图其他对话有一些明显模仿的痕迹，如果前者是伪作，则后者当然更是伪作。从历史的影响和写作水平等方面来看，后者也不如前者，属于一部较为粗陋的作品；在篇幅上，它约一万两千字，属于伪作中较长的一篇对话。

另外，根据本篇对话［143e，148d］等段落的内容，排除［141d］段落与史实矛盾的内容，对话发生的虚拟时间可能在伯罗奔尼撒战争（公元前 431—前 404 年）的初期，伯里克利去世之前（公元前 429 年），也即在《阿尔基比亚德斯篇（Ⅰ）》对话发生后的几年内。

二、《阿尔基比亚德斯篇（Ⅱ）》概述[③]

（一）《阿尔基比亚德斯篇（Ⅱ）》的作者和写作的时代以及版本、研究简况

从《阿尔基比亚德斯篇（Ⅱ）》对柏拉图的著作和《阿尔基比亚德斯篇（Ⅰ）》有明显的模仿来看，虽然我们可以确凿地判定它是伪作，但究竟谁是《阿尔基比亚德斯篇（Ⅱ）》的作者，我们却不得而知。虽然阿特奈

[①] 参见 Friedrich Schleiermacher: Platons Werke（《柏拉图的著作》）和 Über die Philosophie Platons（《论柏拉图哲学》）中关于《阿尔基比亚德斯篇（Ⅱ）》的评论。

[②] 关于《阿尔基比亚德斯篇（Ⅱ）》的真伪，参见"梁本"："六、《阿后》的年代、作者及内容来源"。

[③] 以下一些内容参考了"C本"、"提要"、第 596—597 页。

俄斯①曾报道，有些人声称它的作者是色诺芬；但其作者很有可能是柏拉图学派的某个成员或柏拉图学园中的第二代或第三代某个学生。至于写作的时代也是猜测性的。从用词方面看，有些词语不是柏拉图使用的以阿提卡方言为主的古典希腊语（主要指公元前5—前4世纪雅典全盛时期）或属于晚期希腊语。无疑，学园中的相当一部分学员不是雅典人。例如，亚里士多德即是属于希腊殖民地伊奥尼亚的色雷斯的斯塔基拉人，但他使用的语言是古典希腊语，虽然也掺杂一些伊奥尼亚方言。不过，若同诸如现存的伊壁鸠鲁残卷之类的通俗的早期作品相比较，《阿尔基比亚德斯篇（Ⅱ）》基本上可以称为古典希腊语②。它也可能属于斯多亚主义刚出现之后不久的某一时期。就对话内容来看，在［141c］，苏格拉底对阿尔基比亚德斯说："对你来说，的确，一定甚至就不会变得打算宁要全希腊和非希腊的领土以及僭主的统制而不要你的性命。"后者的回答是："至少在我这方面认为不会。怎能就会做这种事呢，真的绝不，我将拿它们作什么意图用呢？"而在《阿尔基比亚德斯篇（Ⅰ）》里，苏格拉底说阿尔基比亚德斯的权力欲很大，如果不能够权倾世界，后者甚至就不想活了［105a-c］；但阿尔基比亚德斯在这里却认为：多大的统治权也不比生命更重要。如果作者是在暗指亚历山大大帝的早逝，则写作的年代可能在亚历山大去世（公元前323年）之后。因此，这篇对话录的写作年代可能在公元前4世纪末期，但不迟于公元前3世纪中叶。这样也可以解释为何亚里士多德（公元前322年去世）以及其他和柏拉图同时代或稍晚些的古代著作中，也从来没有提到过这篇对话。

　　《阿尔基比亚德斯篇（Ⅱ）》在古代一直被传播着，至于如何传播的情

---

①　Ἀθήναιος（鼎盛期在公元2世纪末至3世纪初）是一位最初居住在埃及亚历山大港，后来居住在罗马的希腊修辞学家和文法学家。用希腊文写作，留下《欢宴的智者》（Δειπνοσοφισταί）一书，该书以对话体写成，为后世保留了大量珍贵的风俗和文学资料。（参见 Ἀθήναιος，506c）以上文献参见 Wikipedia, the free encyclopedia。

②　［英］泰勒：《柏拉图——生平及其著作》，谢随知等译，山东人民出版社1991年版，第750页。

况，我们得知，第欧根尼·拉尔修在其《名哲言行录》第 3 卷"柏拉图"中记载，最早编订《柏拉图全集》的是公元前 3 世纪的拜占庭的阿里斯托芬，他编订的全集和在公元 1 世纪上半叶，门德斯的忒拉叙洛斯编订的《柏拉图全集》编辑体例中都将《阿尔基比亚德斯篇（Ⅱ）》包括在内。

现存《阿尔基比亚德斯篇（Ⅱ）》最古老的手稿产生于 9 世纪末叶的拜占庭帝国。在中世纪，该对话不为西欧的拉丁语学者界所知。不过，在 10 世纪，有影响力的穆斯林哲学家阿尔法拉比在其《柏拉图的哲学》中提及《阿尔基比亚德斯篇（Ⅱ）》，认为"它是关于好的和有利可图的事情"①。

在文艺复兴时期的人文主义的时代，由于人文主义者重新重视古希腊文化研究，人们重新发现了《阿尔基比亚德斯篇（Ⅱ）》。

人文主义者马尔塞琉·菲齐努首先在他于 1484 年出版的最早的拉丁文版的《柏拉图全集》中辑录了《阿尔基比亚德斯篇（Ⅱ）》。阿尔多·马努齐奥则在 1513 年最早重印的《柏拉图全集》的希腊文版本中也辑录了《阿尔基比亚德斯篇（Ⅱ）》。尤其是在 1578 年，亨利·艾蒂安在他所编订和出版的《柏拉图全集》（三卷）完整版中不仅辑录了《阿尔基比亚德斯篇（Ⅱ）》，列于第二卷第四篇，而且他在该版中首次使用了新的分页方法，即对全部原文用数字和大写的拉丁字母作为边码以标注页码和分栏，例如《阿尔基比亚德斯篇（Ⅱ）》[138a-151c]，这也成为现代对其他古希腊作者作品的标准分页的基础。现今，由伯内特校订的被学术界公认为较好而广泛使用的《柏拉图全集》的希腊文版根据的即是这一版本，不过将边码改为小写字母并且加以细化到行号，例如《阿尔基比亚德斯篇（Ⅱ）》[138a1-151c2]。

至于其他语种版本的情况，主要在近现代西方重新重视柏拉图研究以后由德国、英国和法国以及美国等几个主要国家为代表。西方比较通行或流传较广受到学术界公认的柏拉图著作的各种版本（包括全译本）

---

① ［古希腊］阿尔法拉比:《柏拉图的哲学》，程志敏译，华东师范大学出版社 2006 年版，第 44 页。

大都收录了《阿尔基比亚德斯篇（Ⅱ）》，例如牛津古典系列的伯内特（Ioannes Burnet）牛津版（希腊文版）、乔伊特（B.Jowett）的英译本、库塞和 Les Belles Lettres 出版社的法文译本以及迄今为止最全的《柏拉图全集》当数库珀（John M. Cooper）主编的英译全译本 1997 年版《柏拉图全集》（*Plato Complete Works*）、阿佩尔特（O. Apelt）和施莱尔马赫（Schleiermachers）等人的德文译本等。而西方学界对该篇对话的研究，或以专论形式，或在哲学史中论及柏拉图哲学时简要述及。

在我国，华夏出版社 2009 年出版了梁中和译的《阿尔喀比亚德》（前、后篇）。

（二）《阿尔基比亚德斯篇（Ⅱ）》的梗概和若干细节

该篇对话的场景虚拟为：阿尔基比亚德斯拿着献祭的花环正前往神庙的途中时遇到苏格拉底，他们便开始了一场关于祷告等内容的对话。[①] 而阿尔基比亚德斯所祷告的则很有可能是希望获得极大的权力。

《阿尔基比亚德斯篇（Ⅱ）》的梗概如下：

该篇对话以人们对祈祷的困惑——神答应不答应和如何满足人们的祈求不仅是因时、因人而异的，而且有时还会导致不幸的后果——开始。通过俄狄浦斯[②]的祈求导致不幸的后果之例，苏格拉底首先将对话引入对明智和没头脑的考察。他指出，在城邦中，好像只有少数人是明智的，多数人实实在在是没头脑的疯子［139c］。进而，就像一种技艺和另外一种技艺以及一种疾病和其他疾病不同一样，他详细区分了没头脑的几种形式：疯子、笨蛋和呆子。从而得出，明智的人是任何一些就知道他们应当做和说的人；没头脑的人则与之相反，那些对其应当所说所为一无所知的任何人也将对他们不应当的言和行不知不觉［140e］。由此，解释了俄狄浦斯的祈求为何导致了不幸的后果。

---

① 参见该篇［141a，148a］。

② Οἰδίπους，是希腊神话中的底比斯国王，希腊神话中的悲剧英雄。参见古希腊悲剧的典范作品，索福克勒斯的《俄狄浦斯王》。

　　然后，再通过举出政治和生活中的一些例子，苏格拉底指出，人们指责神并声称，他们的不幸是神造成的，这事实上很不公正。他们的确是自己由于或轻率或没头脑而"逾越厄运的界限，替自己招致了悲痛"。阿尔基比亚德斯经过苏格拉底的开导认识到，无知应该对许多人的不幸负有责任，正是由于无知而诱使人们不明情况地通过他们的行为陷入大的不幸之中。但苏格拉底对阿尔基比亚德斯的这一认识进行了纠正，并由之引申出最好的知识是关于善和正义的知识。苏格拉底认为，无知并无太大的害处，如同无知对有些人有害一样，对有些事和有些人在一定情况下无知还是有益的。因为有些人正是由于无知才没能做成有意而为的一些坏事。所以，如果不同真正最好的知识联系，即使一个人具有精到的专业知识，对享有者来说益处也不大，而是一般地说有害。因为这对做坏事的人更为有利。因此，正如苏格拉底所论断的，对何为最好的无知才是有害的〔143e〕。反之，如果有人要做他所懂的或相信所懂的事，而且如果将有益的知识同时与之联结起来，他还将促进城邦和他本人的幸福〔146c〕。因此，苏格拉底认为：在何为最好的方面，大多数人迷了路，因为他们缺乏理智的见解，通常只是听从不可靠的观点，即使博学的和精通多种技艺的知识也无济于事。所以，"对每个城邦和每一心灵来说，如果它打算正确地存活也应当执着于那有关什么是最好的知识，完完全全就像一个生病的人求助于医生或者为了打算航行安全的人仰仗于某个舵手。〔147a〕因为没有那最好的知识①的佑助，到这样的程度，幸运，或者有关财物的获取，或者身体的力气，或者像其他诸如此类任何东西的顺风刮得越强劲，为此，差不多，由之产生的错误就会越大……没有舵手的他在沧海中度日，〔147b〕延伸生命的时间不长久"。

　　就人们祈求神而言，通过雅典人和拉栖第梦人的方式为例，苏格拉底认为神更为看重祈祷者的善良、谦卑的心地、虔诚和正义而非盛大的祭神游行和华贵的献祭品。而且众神的态度是难以让人通过送礼和献祭品而改

---

① 即知道什么是"最好"。"最好"是指品质和美德的"最好"。

变的。为善起见，但愿神赐予他们美好之事。因此，在众神以及一切有理智的人那里，正义行为和明智以及合乎神的法律所准许的事情首先受到赞颂和尊重。然而只有那些懂得在其言行中必须如何对待神和人的人才是明智的和正义的 [150b]。

最后，阿尔基比亚德斯将本来打算献给神的花冠想给苏格拉底戴上以感谢他所给予的教诲；而苏格拉底也愉快地收下他的礼物并幽默地说乐意从他的手中接受任何赠品并且打算成为他的爱慕者中的一位光荣的获胜者 [151c]。

此外，就对话叙述而言，《阿尔基比亚德斯篇（Ⅱ）》和《阿尔基比亚德斯篇（Ⅰ）》之间的相似点是，前一篇的作者改编了后一篇中的某些内容：它们是 [141a-c] ≈ [105a-c]；[145b-c] ≈ [107d-108a]。但或许能用它们共同源自著名的司菲滔斯的埃思基涅斯[①] 写的《阿尔基比亚德斯篇》，或从其他称作《阿尔基比亚德斯篇》的对话之一加以解释。我们无法确定此问题，因为埃思基涅斯的对话只幸存于断简残篇中，而欧几里得斯[②] 和安提思特涅斯[③] 的《阿尔基比亚德斯篇》的对话，苏格拉底其他的学生和

---

① 司菲滔斯（Σφηττός，古雅典费莱部族所在的一个区名）的埃思基涅斯（Αἰσχίνης，约公元前425—前350年）是苏格拉底的追随者，他像柏拉图一样撰写以苏格拉底为主要发言人的哲学对话，有残篇保留下来。历史学家称他为"苏格拉底的埃思基涅斯"以区别当时许多同名的人。例如，另外有同名的希腊的政治家和阿提卡十大演说家之一的 Αἰσχίνης（公元前389—前314年）。柏拉图在《申辩篇》[33e] 和《斐多篇》[59b] 中提及此人出席了审判苏格拉底的大会和苏格拉底被处决时在场。这里应当指的是前者。

② Εὐκλείδης（约公元前430—前360年），希腊哲学家，生在墨伽拉，是墨伽拉学派的创始人。他早年在墨伽拉研究巴门尼德的哲学，他在公元前5世纪末移居雅典之后，成为苏格拉底一位忠诚的学生许多年。他的立场是"苏格拉底主义"和埃利亚学派的组合，主张美德是知识或"一"。在苏格拉底去世时，他在场。参见《斐多篇》[59c]。

③ Ἀντισθένης（约公元前445—前365年）是希腊哲学家和苏格拉底的学生。他在成为一个狂热的苏格拉底信徒之前最初在高尔吉亚指导下学习修辞。安提思特涅斯接受并发展了苏格拉底对于伦理教诲的方面，主张按照美德生活，强调实践禁欲苦行的生活。后世因而认为他是犬儒学派的创始人。苏格拉底被处决时，他在场。参见《斐多篇》[59b]。

信奉苏格拉底的作家的对话都遗失了①。

再者，在用词方面，有几处表明作者生活在晚于拉图的时代，或者有些词语不是柏拉图使用的以阿提卡方言为主的古典希腊语。例如：

[141d8] 阿：决不

[144a4] 苏：决不

[148a8] 阿：决没有

[149a8] 苏：决没有

以上"决不（决没有）"都使用了晚期希腊语用词"μηθέν（οὐθέν）"。

[148b6] "引用"一词"ἐπιμιμνήσκομαι"当有"提到，引用"的含义时，属于晚期希腊语用词。该词当释义为"忆及、想到"则非晚期希腊语。

[149c5] "游行者"一词"πομπάς"为多利斯方言。

[149d6] "献给神的"一词"ἱρή"属于伊奥尼亚方言。

[149e1] "用好的桦木制成的长矛武装起来的"一词"ἐυμμελίω"属于伊奥尼亚方言。

[149a8] "回答"一词，"ἀποκριθῆναι"代替一般的"ἀποκρίνασθαι"用来表示"回答"，表明作者生活在晚于拉图的时代（引自[梁本注3]，第195页）。该词原型是"ἀποκρίνω"，有"选出，挑选；分开，区分；答复，回答问题，辩护"等含义，只不过"ἀποκριθῆναι"是动词先过时的不定式被动态；"ἀποκρίνασθαι"是动词先过时的不定式中动态。

"苏：或者他们自己也这样思考，每一回为私人和公共事务祈祷，誓愿也几乎相等，为了良善目的，他们恳求众神给他们自己赐予美好之事物；一则，没有一个人会听到那些人中的谁祈求更多的什么。由于那个缘故，直到过去的时间……[148c]"

上面最后一句的用词是：τό παρήκω τοῦ χρόνου（字面意思是"时间的过去"），参看[梁本注3]第194页：这种希腊语表达很明显不是柏拉

———————————

① 参见"C本"《阿尔基比亚德斯篇（Ⅰ）》，"提要"、第557—558页。

图用语。通常的词组是 ὁ παρήκων χρόνος（字面意思是"过去的时间或以前"），即"迄今为止"；见词典释义。例如，亚里士多德《物理学》[4，13.5]中即使用了"ὁ παρήκων χρόνος"，表示"以前"。不过，本著参考的几个译本均未对此评注；而柏拉图的用法有待查实。

在[141d]所举马其顿的独裁君主阿尔凯劳斯①被杀的例子说明，起码本篇对话的时代有误。因为该事件发生在苏格拉底去世的公元前399年，而阿尔基比亚德斯早在公元前404年即已去世。

[149e]"众神居然如同卑鄙的放高利贷者。""放高利贷者"一词"τοκιστής"，在"S本"为"Wucherer（放高利贷者或重利盘剥者）"；"B本"仍然是"高利贷者"或"放债人（τοκιστής）"；"J本"也是"usurers"（高利贷者）。"C本"为"moneylender（放债人）"。"V.C本"为"usurier（高利贷者）"；"梁本"为"借贷者"。在"*Lexicon Platonicum*（3）"和"*A Greek-English Lexicon*"中的释义分别为"fenerator"（"高利贷者或债权人"）和"money-lender（放债人）；usurer（高利贷者）"。

此外，在[149d]引用荷马《伊利亚特》第2卷，Ⅷ 548以下的诗句除了"神坛上焚烧的牺牲的香气从原野被风带进众神所居住的天庭"一句与原文相同外，其他有出入。从而，其他伪造的引文成为本篇对话被认为是伪作的证据之一②。

三、《阿尔基比亚德斯篇（Ⅱ）》和柏拉图作品的关系

就精神实质和基本观点而言，本篇对话与苏格拉底或柏拉图的思想几

---

① Ἀρχέλαος，马其顿国王（公元前413—前399年在位）。有关他的事迹，参见修昔底德在《伯罗奔尼撒战争史》[2.10]中的记载；另外参见亚里士多德的《政治学》[1311b7-19]。

② 参见[英]约翰·埃德温·桑兹：《西方古典学术史》（第三版第一卷上册），张治译，世纪出版集团、上海人民出版社2010年版，第145页及该页脚注1和脚注2。

乎完全一致。

色诺芬在其《回忆苏格拉底》[1.3.1-3]中关于苏格拉底对祈祷的言行也有详明的记述。例如，"当他向神祈祷的时候，他只求神把好的东西赐给他，因为什么东西是好的只有神知道得最清楚。如果恶人的祭物反倒比善人所献的祭物更蒙神的悦纳，对人来说，人生就没有什么价值了。他认为神所最喜欢的乃是最敬虔的人的祭物"而不在大小和多少①。

柏拉图也持同样的观点，认为神不容许让自己被不义的祈祷者的祈祷和祭品所抚慰甚或贿赂（参见《共和邦篇》[364b-c]；《法律篇》[905d]）。

我们在《斐德罗篇》[279b-c]看到，苏格拉底在结束对话回城之前，也对当地的神灵祈祷了一番。从某个侧面表明他是一个看重内在美，崇尚智慧、虔敬和有节制的人。

而从主题和对话叙述的基本结构来看，《阿尔基比亚德斯篇（Ⅱ）》与柏拉图的论什么是真正虔敬的《欧绪弗隆篇》最相近似。该篇对话中的苏格拉底认为，虔敬之为虔敬并非因为诸神的赞许，而是因为它是虔敬的诸神才赞许它[10d]；而虔敬属于正义的一部分[12d]；苏格拉底也在一定程度上认可欧绪弗隆所说的："假如有人一则，在祈求和献祭二者时懂得向众神言和行，从而得到了其欢心，就这一点而论他是虔敬的，他也以这样的言行保全个人的家政和大众的公共事务；一则，与神喜爱的相反言行是渎神的，而且这推翻和彻底毁灭全部。"②

至于《阿尔基比亚德斯篇（Ⅱ）》与柏拉图作品的相似性简要对比如下：

"[139a]苏：那么，人们也遇到那些属于既非此亦非彼的别的一些人吗？"

这句话及以下的论证依据的是《欧绪弗隆篇》[7a-b]和《普罗塔戈拉篇》[332a-e]中的原则，即相对立的两个事物非此即彼，不存在虔

---

① ［古希腊］色诺芬：《回忆苏格拉底》，吴永泉译，商务印书馆1986年版，第22页。
② 《欧绪弗隆篇》[14b]。

敬和不虔敬、智慧和愚蠢等两类之间的第三种情况。另见《共和邦篇》[349c-350b]。

"[140e]苏:那么,难道你不认为,那些明智的人是任何一些就知道他们应当做和说的人吗?"

这里也是对《普罗塔戈拉篇》[332a-c]的模仿。因为在柏拉图看来,明智的人是指在现实生活中懂得节制,如何正确而有益地行事的人。

"[142d]苏:人们愚蠢地责怪众神是多么不对,他们声称在他们看来不幸是出自众神;另一方面,他们也或者因他们自己的轻率或者因他们自己的没头脑,而我们应当说他们'逾越厄运的界限,替自己招致了悲痛'"①。

在《共和邦篇》第十卷(参见[617e,619c])中,苏格拉底讲了关于一个勇士复活后所讲的故事,即说到"命运"女神的使者宣布:决定人们命运的不是神,而是人们自己的选择。不幸之过错由选择者自己负责,与神无关。有些人对遭遇的诸多不幸却"不归咎他自己,而毋宁是命运和守护神二者甚至全都必定加在他自己身上"②。

在[141d-e]中对僭主显然是从贬义的角度的描述方面来看,这也符合柏拉图的意思。史学界一般的看法是,早期的僭主相当开明,如庇西特拉图③就继承了梭伦的改革政策;后期的僭主则专横残暴。而在柏拉图与亚里士多德对僭主提出严厉的批评之后,僭主开始成为带有贬义的用语。柏拉图在其许多篇对话——特别是《共和邦篇》——中有对僭主的描述,而这些描述大都用的是讥讽和鄙视的口吻。在《共和邦篇》(第八、九卷)中,柏拉图详细系统地分析了僭主是如何产生的,僭主的特点和实质,僭主对己、对他人和对城邦的危害性,以及他为何要反对僭主及其政制等等。柏拉图认为最坏的政体是和最好的政体最为相反的类型——退化政

---

① 参见《奥德赛》[1.32-35,21.286]。句中的用词"μόρος"指"注定的命运,厄运";而"ὑπέρ μόρος"的意思则是自作自受,这种罪不在命运注定的范围之内。

② 《共和邦篇》[619c]。

③ Πεισίστρατος(公元前600—前527年)是雅典的第一位僭主,也是最著名的僭主。

体类型中最后一种的僭主政治；他最憎恨的即是与僭主政治相适应的统治者——具有最恶劣的人格和道德品质，属于最不正义的一种人的僭主。①

"［143d］苏：阿尔基比亚德斯啊，但在你看来，奥瑞司泰斯就会，如果他碰巧是明智的并熟知对他做了最好的事，下决心做完那样的一件事吗？"

在《阿尔基比亚德斯篇（Ⅰ）》［117d］中即有类似的论述。

"［144a］苏：在不知何为最好的情况下，就像你也许决不阻止一度设想有如此念头，既然它甚至一度被料想最坏的事是最好的。"

在柏拉图看来，在关于与善和正义相关的有知和无知方面，"最好"是伦理的善和必然性。"善即知识"，善的理念是最高和最好的知识（《共和邦篇》［505b］等）。对最好的无知通常总是有害的。相反，无知在纯粹偶然的情况下或许也是有益的，无论它是否同对最好的无知相联系。因为在后一种情况下可得到的好处不是源于对最好的无知，而是源于对偶然的无知。有些人正是因为无知，才有可能做不了大的坏事。对"最好"的无知导致何种结果，最明显的例子由《小希琵亚斯篇》举出，在该篇中，如果说失算恰好完全是故意的，也即不考虑伦理的善的"最好"，那么，拥有较大力量和较多智慧的灵魂在各种行为中既能够更加能干地行善，也能够更加有效地作恶。再如，《法律篇》［661a-663d］中即说到那些通常所被认为的好的事情（例如健康、美貌、财富、优秀的体格、力量、长寿等）是对善良人的神恩，而对不义之人绝对是有害的。在《美涅克塞努篇》中，柏拉图即指出："使正义和其他的美德分离的所有知识显然是骗局，而非智慧。"②

同样地，"［145e-146a］苏：因此，你预料这样一种政体——它全然由这些人组成：能干的弓箭手③和吹笛家，也更有竞赛者和其他巧手，再

---

① 《共和邦篇》［576d］。
② 《美涅克塞努篇》［246e-247a］。另外参见《大希琵亚斯篇》［296a-e］。
③ 在雅典，弓箭手或警察（τοξότης）通常是由做奴隶的西徐亚人（Σκύθης）充当的。西徐亚（Σκυθία），地名，泛指黑海以北的地带，古代是游牧人放牧的地方。

者，在他们之内还掺混有我们先前提到的懂得战争和杀戮本身的人，此外，来自那些人中的还有擅长演说的、有政治家风度的吹鼓手①，但他们全都不具有也不精通关于最好的知识，对他们的每一个人而言，不知道在何时和对谁使用他们的本领更好——会是什么样的呢？"

以上内容可以看出柏拉图对现实政治的讽刺和批判，也是他在其对话中反复论述的问题，而那些具体知识只是一种技艺，不是真知识。正如他说的，真正的知识是最接近真理的知识，是关于好坏的知识。甚至"每件事产生的一些益处和幸运将会失去，当我们缺乏了它时。"② 又如，"［145c］苏：于是，不论谁精通这样的任何事，假如一则，他具有关于最好的知识③——一则，这知识也正和有助益的知识一定是同一回事一样"。

"［147b］苏：这位诗人却也有点儿像几乎其他全体的诗人一样在说谜语。因为诗的艺术天然地全都是谜语似的，也不会得到一个人认识的。"

苏格拉底即把诗人和真正的政治家说成了预言家、占卜者，是讨得神喜悦和受神激励的人（参见《伊安篇》［531b，534b-535b］；《美诺篇》［99c-e］）。甚至他自己不仅赞同欧绪弗隆和赫谟根尼等人的话，视自己为预言家，而且还是受神激励，宣布神谕的预言家，因此，惹得人们嫉妒；他也说自己有预言的才能（参见《欧绪弗隆篇》［3c］；《克拉底鲁篇》［396d，428c］；《申辩篇》［39c］；《斐多篇》［85b］）。

"［150a］苏：我认为，比起有关那些个人和城邦会每年有能力举行昂贵的宗教游行和献祭品，的确更加甚至没有阻止，一则，时常涉及众神；一则，不断涉及人的犯罪；但众神，为不受贿赂的缘故，藐视所有那些游行和礼物，神和众神的代言人如此吩咐。无论如何，也许是在众神和有头

---

① 字面意思是由内在宾语构成的词组"Φυσάω φύσημα"，该词组的动词"Φυσάω"和名"φύσημα"的本义是"吹气；喷出；气息；吼叫，狂吹"，比喻意义是"欺骗"。这里做引申义，具有讽刺的意思。

② 《卡尔米德篇》［174c-d］。另外参见《斐多篇》［97d］，《高尔吉亚篇》［464b-465e］，《大希琵亚斯篇》［296a-e］，《美诺篇》［87e］，《共和邦篇》［379b］。

③ 该句字面意思是："最好的知识紧随他。"

脑的人们面前，正义和审慎尤其地受到尊重。"

上述观点也是柏拉图极力申述的。例如他在《共和邦篇》的最后一段叙述道："那么大家就相信我的话，按照习惯承认灵魂永生并且它有能力，一则，忍受所有的恶；一则，坚持一切的善，我们将永远保持向上之路并且靠审慎的帮助用一切办法一心从事正义，我们也就可以与我们自己和众神是朋友，我们就逗留在这（世上）①，和在（离世）以后我们夺走（竞赛的）奖品，恰似胜利者们到处为自己这样做，我们也在这儿（世上）和在历千年之久的旅程期间，我们已细说了的，我们顺利。"②

"［150b］苏：然而，没有审慎和正义的人［除了］懂得对众神和对人们应当如何言和行。"

此句也与《高尔吉亚篇》［507a-d］中的观点完全一致。

［150d］及以下至对话结束，"苏：正是对你关心的这个人。正如荷马叙述过雅典娜③为狄俄墨得斯④从他双眼中取掉迷雾⑤。以便他不但好认出永生的神而且也好认识凡人⑥……你大概不但认出邪恶而且也认识善良……甚至我就会打算成为你的爱慕者中的一位光荣的获胜者。"

在《阿尔基比亚德斯篇（Ⅰ）》的结尾，阿尔基比亚德斯表示将开始关心正义，也愿意从师且侍候苏格拉底，但后者担心他们的力量抵不过城邦的力量。而在本篇的结尾，苏格拉底似乎要乐观得多；他本人最终赢得了阿尔基比亚德斯的信任，后者愿意遵从他的教导，变得更好。而在柏拉图其他对话中，例如《卡尔米德篇》［176b］，苏格拉底最后也大都被与他

---

① 这段话中括号里的词系译者据语境添加。

② 另外参见《共和邦篇》［363a-367e，612e-621c］。

③ Ἀθηνᾶ，在古希腊的宗教和神话中，雅典娜是主神宙斯之女，希腊奥林匹斯十二主神之一，是战神与智慧女神，也是雅典的守护神。

④ Διομήδης，是古希腊神话中的英雄，阿尔戈斯（Ἄργος）的君主；参加了希腊联军对特洛伊的战争，在荷马的《伊利亚特》中是仅次于阿喀琉斯的英雄。曾于该战争中受到雅典娜帮助而多次击败特洛伊人并获得重大胜利。

⑤ 该词（"ἀχλύς"）有"昏暗，朦胧"的含义；比喻"愁苦，愁惨"。在荷马史诗中特指当人死亡或昏厥时眼前出现的迷雾。

⑥ 参见荷马《伊利亚特》［5.127-128］。

交谈并且中意的青年追随或愿意服从他的教海。

　　就"引经据典"的方式来看,《阿尔基比亚德斯篇（II）》也有模仿柏拉图作品的特点。例如"［146a］以便他为他自己获得最好的"。这里用的"最好（κράτιστος）"一词多指体力方面的好,或指"最强大的"。而这一句话是苏格拉底援引了欧里庇得斯《安提厄普》［残篇 183］中的几行。在《高尔吉亚篇》［484e］中,卡里克勒即引了这一句话（另外参见［485e-486a，486b］）。只不过是卡里克勒对苏格拉底所说而已。

　　"［147d］说真的,一则,玛尔吉泰斯曾精通过许多事;一则,对他来说全都精通那些是有害的。"

　　《阿尔基比亚德斯篇（II）》的作者具有引用和改写希腊诗歌的显著偏好与柏拉图共有,但和柏拉图学派的文集中的其他作者很少共有。具体而言,柏拉图对话中的苏格拉底喜欢在引用诗歌或说教时,用自己的解释,往往与原文字面意思不一样,这种曲解词义以适新解的做法,是典型的苏格拉底风格。[①]

四、《阿尔基比亚德斯篇（II）》的影响

　　《阿尔基比亚德斯篇（II）》的作者也似乎正在违背苏格拉底哲学的不同分支——犬儒哲学——的传统写作,犬儒学派的门徒把所有的无知视为疯狂,而《阿尔基比亚德斯篇（II）》中的苏格拉底细心区别了疯子和具有较少无知外貌的人。他管后者叫傻瓜和蠢货,或（委婉地）头脑简单的人,天真的,单纯的,乃至宽厚的（宽宏大量）。他说:"那么,没头脑者真的也能被如此区分,一方面,我们尤其将其中没头脑最多的一部分人

---

① 　转引自"C本"的"提要"、第 596 页和［梁本注 3］的第 193 页。参见《普罗泰戈拉篇》［343a-347a］;《卡尔米德篇》［161a-162e］;《拉凯斯篇》［189a］;《吕西斯篇》［214a-e］;等等。

称为疯子，另一方面，将其中较少没头脑的少部分人称为笨蛋和呆子①；但人们想用作最有利的解释的名称，他们就被命名为：一则，宽厚的，一则，心地单纯的②，此外，用其他的名称为无邪的、无经验的或者木讷的人；再者，如果寻求，你也将设想出许多另外的名称。但那些人全都是没头脑的人，此外，他们之间是不同的，就像对我们来说，显然可见，一种技艺和另外一种技艺以及一种疾病和其他疾病不同一样。"为什么作者用"Μεγαλοψυχια"③这个词？超越和不受通常被认为是剧痛的贫穷，遭他人恶待，诸如此类生活中事件影响的能力是犬儒主义者的一种基本的美德。但在这一点上，苏格拉底把该措辞运用于愚蠢地不知道或者不在乎什么对他们是好的人［140c-d，150c］。"宽厚的"这一奇特的负面的含义——在古希腊其他地方未发现——是《阿尔基比亚德斯篇（Ⅱ）》驳斥犬儒学派的另一种迹象。另外，在《阿尔基比亚德斯篇（Ⅱ）》这篇对话录中，似乎贯穿着一个对斯多亚学派下述论点的明确的驳斥。这论点以为，除了斯多亚学派的"圣贤"以外，每个人都是愚妄的（特别对照《阿尔基比亚德斯篇（Ⅱ）》［139c，140d］）。我们把对这种奇谈怪论的攻击，看作是这篇作品的主要目的④。

总之，正如有学者评论的："由于当时的思想文化氛围已经不同于苏、柏时代，所以语言风格和议题都有不小改变，作者或许是出于吸收斯多亚派哲学、反对犬儒主义者和亚里士多德学派的目的，而撰写了此对话。当然很明显，主要还是受柏拉图对话的启发……在尊重荷马史诗和古代悲剧传统的前提下，创作了本对话，其论题是典型的苏格拉底式的，观点也是符合柏拉图对话内容的，而且它还扩充和加深了柏拉图对话在该论题上的思考。后世重视它大多都从各自不同的立场取其所需，比如神学家在本篇

---

① 该词（"ἐμβρόντητος"）本义为"遭了雷的，吓呆的"。
② 但该词（"νόσος"）也有"既有心地单纯的，善良的"含义，也有"头脑简单的，愚蠢的"贬义。
③ 该词（"μεγαλοψυχία"）除了有"高尚，宽厚，慷慨"的含义，也有贬义："傲慢"。
④ 转引自"C本"的"提要"、第596页。

中发现，那些让基督教神学家们头疼的问题，对于希腊化时期柏拉图学说的追随者们并不陌生；现代学者在研究思想史时甚至发现，本篇还以惊人的抽象的方式介绍了现代政治经济学的一些原理。"①

---

① 引自"梁本"第 43 页以及参见其注释。

《阿克西奥科斯篇》

——论"灵魂不朽"

一、引　言

　　古希腊哲学中一个主要的论题即是灵魂论。它争论的一个基本问题是：灵魂是非实体的因此是不朽的呢？或者它也是实体的因此是随肉体共生共灭的？肯定前者的主要代表人物是柏拉图，而认可后者的主要代表人物是伊壁鸠鲁。

　　在有些译本中，例如马尔塞琉·菲齐努于1484年出版的最早的拉丁文版中和库塞的法文译本中，他们将《阿克西奥科斯篇》的主题或副标题说成是"论死亡"。但该篇对话其实是通过主人公阿克西奥科斯对死亡的害怕，着重探讨的是关于灵魂的性质问题。在《阿克西奥科斯篇》中，苏格拉底对阿克西奥科斯进行"临终"安慰的论证有斯多亚学派的，例如：灵魂通过神的某种感召而具有很高的理解和认识能力，死亡只是改换进入不朽，人应当沉着安静很好地度过一生［370b-d］；但表现为愤世嫉俗、放浪形骸的犬儒学派的高谈阔论和老生常谈，例如：人生皆苦，生如同死，现世一切全无意义等，似乎并没有引起阿克西奥科斯的注意［366d-369b］；而关心人类痛苦和怕死问题，提倡幸福快乐观的伊壁鸠鲁派的论证，例如：生前死后与己无关，不必为此烦恼［365d-e，

369b-370b]①，他则几乎没法理解。最终，还是柏拉图（学派）的观点，例如：所有的灵魂全都是不朽的，死亡只是换个住所而已；所谓"善有善报，恶有恶报"，虔诚地生活者死后上"天堂"，不敬神者下"地狱"[371a-372a]等观点劝服了阿克西奥科斯。

让《阿克西奥科斯篇》不落俗套的是，它不是一封写给失去亲人的某人的书信，而是一次跟将失去其生命之人的对话，一种未可预断的情绪不是悲伤而是害怕的情境，并且是一篇从早期苏格拉底作品借用了一些角色用一种苏格拉底式对话的外表以体现某种哲学观点的安慰文②。就像柏拉图笔下的苏格拉底所说的："对一个将注定离家远行到彼岸世界去的人以不同的方式叙述并考察那一我们所认为的某种旅程的神话故事也许是极为相配的。某人在直到日落时刻究竟还能做别的什么事呢？"③

总之，《阿克西奥科斯篇》作者的策略似乎是通过简要对比几种当时流行的关于如何看待死亡的主张，说明柏拉图的"灵魂观"更为可取。因此，本篇对话的精神实质和观点以及写作手法基本上是依据和模仿了苏格拉底式或柏拉图的。我们可与《申辩篇》、《克里托篇》、《斐多篇》、《斐德罗篇》、《蒂迈欧篇》、《共和邦篇》和《法律篇》等柏拉图的作品进行对比研究。

此外，值得指出的是，本篇的关键词"灵魂（ψυχή）"一词在古希腊语中是个典型的多义词④，相对而言，柏拉图主要是在狭义即理智的范围内使用该词的⑤，亚里士多德主要是在广义的角度使用的，而伊壁鸠鲁则

---

① 参见"名哲本"[10.124-127，10.139]。
② 参见"C本"，"提要"、第1734页。
③ 《斐多篇》[61e]。
④ 该词具有："气息，呼吸；生气，元气，性命，（人和动物的）生命；像生命一样宝贵的东西；[荷马史诗]（人死后依然具有生前形状容貌的）亡灵，阴魂，幽灵，鬼魂；[泛]（人的无实质的，不朽的）灵魂，（和'肉体'相对）；生灵，生物，动物；意志，欲念；情感等的出发处；心灵，内心；[喻]（宇宙，世界等的）精神；性情，性灵；理智，理性，悟性，理解力；蝴蝶，蛾"等含义。而"蝴蝶，蛾"本身有转生或不朽的寓意。引自"希汉词典"第1014页中的释义。
⑤ 参见《斐德罗篇》[247c]。

是在居于二者之间使用的①。

二、《阿克西奥科斯篇》概述②

（一）《阿克西奥科斯篇》的作者和写作的时代以及版本、研究简况

《阿克西奥科斯篇》的作者很有可能是中期柏拉图学派的某个成员或柏拉图学园的一个学生，也可能是一位新毕达哥拉斯主义者。至于写作的时代也是猜测性的，可能写于希腊化时期至罗马帝国过渡时代，或大约公元前 1 世纪至公元 50 年之间，但不迟于公元 2 世纪末。值得一提的是，这个时代也恰恰是基督教与大乘佛教大概同时兴起的时代，它们的主要教义之一即是关于灵魂不死和轮回的思想，关注的主要问题之一是肉体和灵魂关系。而新毕达哥拉斯主义和后起的新柏拉图主义的共同特点之一是将柏拉图哲学神学化。

《阿克西奥科斯篇》在古代即作为伪柏拉图作品一直被传播着，至于如何传播的情况，我们得知，据第欧根尼·拉尔修在其《名哲言行录》第三卷"柏拉图"中记载，最早编订《柏拉图全集》的是公元前 1 世纪的拜占庭的阿里斯托芬。公元 1 世纪上半叶，门德斯的忒拉叙洛斯也编订了《柏拉图全集》。《名哲言行录》中没有明确指出他们编订的全集中是否有《阿克西奥科斯篇》，即使它包括在他们编订的全集中内，在第欧根尼·拉尔修看来，《阿克西奥科斯篇》也被认为是作为一单篇作品的伪作 [3.62]。因为在该篇 [369b-c] 中的几句话（另外参见该篇 [365d-366c]）虽然托名普罗狄科，但从第欧根尼·拉尔修在其《名哲言行录》[10.124-

---

① 参见"汪陈本"第四卷上，第 233 页。

② 以下一些内容参考了"C 本"，"提要"、第 1734—1735 页。

127,10.139〕中所记载的来看，与伊壁鸠鲁属于治疗性哲学的主张非常类似。假如《阿克西奥科斯篇》的作者是借用甚或引用了伊壁鸠鲁的话，考虑到伊壁鸠鲁生于柏拉图去世之后，则该篇必是伪作无疑。

在中世纪，该对话不为西欧拉丁语学者界而为拜占庭帝国的一些学者所知①。现存《阿克西奥科斯篇》最古老的手稿即产生于 9 世纪末叶的拜占庭帝国。在文艺复兴时期的人文主义的时代，由于人文主义者重新重视古希腊文化研究，人们重新发现了《阿克西奥科斯篇》并被广泛认为是柏拉图的一篇作品②。

人文主义者马尔塞琉·菲齐努首先于 1484 年出版了最早的拉丁文版的《柏拉图全集》，之中也辑录了《阿克西奥科斯篇》并且将之列为全集之末③。阿尔多·马努齐奥则在 1513 年最早重印了的《柏拉图全集》的希腊文版本中也辑录了《阿克西奥科斯篇》。尤其是在 1578 年，亨利·艾蒂安在他所编订和出版的《柏拉图全集》（三卷）完整版中不仅辑录了《阿克西奥科斯篇》，列于第三卷，而且在该版中首次使用了新的分页方法，即对全部原文用数字和大写的拉丁字母作为边码以标注页码和分栏，例如《阿克西奥科斯篇》〔364a-372c〕，这也成为现代对其他古希腊作者作品的标准分页的基础。现今，由伯内特校订的被学术界公认为较好而广泛使用的《柏拉图全集》的希腊文版根据的即是这一版本，不过将边码改为小写字母并且加以细化到行号，例如《阿克西奥科斯篇》〔364a5-372c5〕。

至于其他语种版本的情况，主要在近现代西方重新重视柏拉图研究以后由德国、英国和法国以及美国等几个主要国家为代表。就单篇作品而言，在 15 世纪上半叶，一些学者即将《阿克西奥科斯篇》译为拉丁语和

---

① 参见〔英〕约翰·埃德温·桑兹：《西方古典学术史》第三版第一卷下册，张治译，世纪出版集团、上海人民出版社 2010 年版，第 405 页脚注 4。

② 最早的拉丁文译本可能产生在 1426—1437 年。参见"J. H 本"，第 84、87、155 页。

③ 但菲齐努认为该篇对话的作者是柏拉图的著名学生克塞诺克拉特斯。参见"J. H 本"，第 307、805 页。

西班牙语①。在 16 世纪，《阿克西奥科斯篇》已经被人译为法语和意大利语出版②；第一个英文版出现在 1592 年。

而从《柏拉图全集》的编纂来看，西方比较通行或流传较广受到学术界公认的柏拉图著作的各种版本有些也收录了《阿克西奥科斯篇》。例如，迄今为止最全的《柏拉图全集》当数库珀（John M. Cooper）主编的英译全译本 1997 年版《柏拉图全集》（*Plato Complete Works*）和施莱尔马赫（Schleiermacher）等人译的三卷本的德译文本（*Platon: Sämtliche Dialoge*，1982 年版）；它们除了没有将"柏拉图的遗嘱"辑录在内，而将其他几乎所有伪作（包括《阿克西奥科斯篇》）悉数收录，此外，Les Belles Lettres 出版社的 *Œuvres complètes de Platon*（希腊文、法文对照本《柏拉图全集》）和库赞（Victor Cousin）的 *Œuvres de Platon*（法文版《柏拉图文集》）中也收录了《阿克西奥科斯篇》。

而西方学界对该篇对话的研究，或以专论形式，或在哲学史中论及柏拉图哲学时简要述及。

在我国，似乎尚无对《阿克西奥科斯篇》的翻译和研究论著的发表。

（二）《阿克西奥科斯篇》的梗概和若干细节

《阿克西奥科斯篇》是一篇由苏格拉底转述的对话，穿插着一些情景描写。根据本篇对话［368d-e］等段落的内容，对话发生的虚拟时间大概发生在伯罗奔尼撒战争（公元前 431—前 404 年）即将结束的时期。当时苏格拉底也已约 65 岁，由于阿克西奥科斯是阿尔基比亚德斯③的叔伯，他的年纪显然大于苏格拉底；该篇作者或许也有通过描写苏格拉底劝慰临

---

① 里努奇奥（Rinuccio）在 1426—1431 年之间即将它译为拉丁文。参见"J. H 本"，第 87 页；另外参见第 82 页。

② John Edwin Sandys, A History of Classical Scholarship, Vol. II, Cambridge at The University Press, 1903, pp.180, 195.

③ Ἀλκιβιάδης（公元前 450—前 404 年）是雅典杰出的政治家、演说家和将军，苏格拉底的著名学生和忘年交朋友之一。参看《阿尔基比亚德斯篇》。

死而感到害怕的阿克西奥科斯的言行暗示雅典虽然将以战败收场但也将获得新生的意思。对话地点在阿克西奥科斯的家里①。对话梗概如下：

那是一个天气适宜散步的清晨，苏格拉底又像往常一样去他喜欢去的有漂亮年轻人聚集的体育场，看看是否有值得"传教"的对象。他这次要去的是快犬体育场，在半路上，他却听到阿克西奥科斯的儿子克莱依尼亚斯②叫他的悲唤声："苏格拉底！苏格拉底！"原来是阿克西奥科斯濒临死亡，克莱依尼亚斯及他的老师和朋友想让他去他家里安慰前者的父亲。于是，苏格拉底义不容辞地立即随他们一同赶往他的家中。

到了其家中，苏格拉底发现阿克西奥科斯的心情很糟糕，便既鼓励又激将他提起精神，对他说，生命无非是某个在外地逗留的家伙，人们应当宽厚地欢欣鼓舞地度日甚至近乎唱凯旋歌离去回到定命的家里，而不必为怕死伤神［365b］。

阿克西奥科斯承认他确实怕死，于是，苏格拉底开始了他的"布道"。人们之所以害怕死亡，是因为他们几乎没有注意到把无感觉和感觉两者混在一起了。人活着则死亡不存在；人死后则活着不存在。既然人的生前死后的所谓自己与现在的自己无关，那何必为之担惊受怕呢?! 因为尘土一样的肉体和无理性的东西不是人［365e］。就因人们真正存在的是灵魂，它即像不朽的生物被禁闭在一个会死的③监狱④里。所以，如果说自活着解脱是从某种坏的状况转变进入好的状况，那么，死亡就是值得期盼的事情。

对苏格拉底的开导，阿克西奥科斯提出了一个尖锐的问题，甚至很不

---

① 有趣的是，类似的一幕发生在 1464 年 7 月，意大利文艺复兴期间最著名的人文主义者的赞助者美第奇家族的创始人老科西莫（Cosimo de'Medici）在其临终前夕，将人文主义者马尔塞琉·菲齐努叫到病床前，吩咐后者为他翻译并朗读了《阿克西奥科斯篇》等对话作品以安慰他。参见"J. H 本"，第 267 页以及该页注释 1。

② 阿克西奥科斯（Ἀξίοχος），雅典政治家；克莱依尼亚斯（Κλεινίας）作为苏格拉底圈子的成员出现在《欧绪德谟篇》中。

③ 该词（"θνητός"）的名词即"θνητοί（凡人，人类）"。

④ 该词（"φρούριον"）本意为"要塞"，也指"监狱"。

服气地责难苏格拉底说:"如果你相信活着是一种坏状况,你怎么逗留在它之内呢?况且你是思想家①,尤其从智力的角度优越于我们大多数人吗?[366b]"

苏格拉底反驳他说得不合事实,实际上他的灵魂甚至宁愿死。他也不比别人聪明,只是从智者普罗狄科②那里道听途说受到启发而已[366c]。接着,他便举出大量例子说明,各色人等,从生到死,都充满痛苦和不幸③。阿克西奥科斯也颇有同感。

苏格拉底也赞成普罗狄科所说的:"死,既不有关那些活者的情形,也与那些离开生命者无关。[369b]"并且给出他自己的解释:"因为有关活者的情形,一方面,死不存在;另一方面,死者不存在。[369c]那么,死,既不有关现在的你——因为你没有死去——也不,如果你出了什么事,将有关你:因为你不将存在。所以,苦恼是无意义的④。"但是阿克西奥科斯的痛苦还是没有被苏格拉底的"妙语"消弭,他表示,用唯独能够达到他的心灵的话才使他满足[369e]。

因此,苏格拉底进一步细述了灵魂的伟大和不死,指出阿克西奥科斯不会进入死亡而是改换进入不朽,死亡并没有夺走好的状态,而是更纯粹的享受和快乐,[370d]应该像爱哲学的人一样,过着安详的更无用的非劳苦的生活,靠沉着安静很好地度过一生,向四周细察自然⑤,不是朝向

---

① 该词("φροντιστής")泛指"哲学家"。该词的形容词("φροντιστικός")有"冥思的,思考的和思辨的"的含义;尤其是与喜剧家阿里斯托芬《云》剧中说苏格拉底开设的思想所(φροντιστήριον)一词是同一词根。所以该篇作者使用该词或许具有讽刺的意味。

② 生于Κέως岛的Πρόδικος(约公元前465—前395年)是希腊的一个哲学家和第一代智者中的一员;比起其他智者,柏拉图给予他较多的尊重,在他的几篇对话中,苏格拉底显得像普罗狄科的朋友,见《普罗泰戈拉篇》[315d;337a]等。

③ 就像佛教教义"四谛"中的"苦谛"。

④ 该词("μάταιος")还有"无头脑的,蠢的,无聊的,傻的,狂妄的,不敬神的"含义。

⑤ 该词("φύσις")有"造化,(宇宙,万物的)本质,元素,本然,本性,原动力,自然力"等含义。

乱糟糟的穷氓和剧场，而是对着繁多的真相①。

接着，苏格拉底拿出最得力的论证：一个人对死亡真正应该担心的是死后灵魂去往何处。对那些在活着期间因其虔诚、具有美德无疑受到善良的守护神助以一臂之力的人来说，死亡一点都不可怕，因为他将会迁入居住在生活美妙如"天堂"之所在［371c］；但对像那些四处行走生活在为非作歹之中的不敬神者来说，死亡才真的可怕，因为有"地狱"在等待他，在那儿，他们因永恒的惩罚和永无止境的苦难而苦恼，对他们来说，劳苦的终点就是艰辛的重新开始［371e］。因此，一个人或者是在下界的死者，或者是尘世的人，都应当是走运和幸福的，如果他虔诚地生活［372a］。

最终，苏格拉底的开导取得预期效果，阿克西奥科斯算是被说服了，就像脱胎换骨已经变成为一个新人，他表示不再恐惧死亡，甚至想望和欢迎死亡的前景作为他神圣的灵魂到一个更好所在的解脱。随即，他想继续独自考虑或回味苏格拉底所说过的那些话，而苏格拉底则继续上路去快犬体育场。

从用词方面看，除了个别词语属于晚期希腊语或不属于阿提卡方言外，《阿克西奥科斯篇》基本上可算是柏拉图使用的以阿提卡方言为主的古典希腊语②。相对于其他伪作，本篇对话神学意味浓厚，蒙着一层害怕而非伤感的色调；相对其他伪柏拉图作品，本篇用典也最多；词汇丰富多样，但也显得有些堆砌；篇幅则属于中下，约有七千字；此外，原文存在一些校对问题；生僻词也较多；值得注意的是双关语用词较多，是赞赏还是讽刺呢？而双关语或双重含义对理解对话的讨论主题来说是关键性的。以下略举几例。

"［364b5］从某个时辰突然没了气力。"

关于"突然"一词"αἰφνίδιος"，［C注3］（第1726页），接受推测

---

① 这些说法与柏拉图在其《共和邦篇》中关于哲学和哲学家的论述是一致的。
② 主要指公元前5—前4世纪雅典全盛时期的希腊语言。

删除;而"B本"、"V. C本"、"L. B.L本"和"S本"保留。本著也保留。

"［364d1］但当我们沿城墙更迅速地走……"

此句中使用的"走""ἤειμεν（=εἶμι）",是第三人称复数形式,古典作家不使用,散文作家似乎更喜欢用"ἤεσαν"①。

(人死后可能)"变腐烂,改换进入蛆虫和禽兽之中［365c］。"

这是典型的轮回思想。

"［366b］苏:阿克西奥科斯,我知道一件不寻常的事情。"

值得指出的是,这里的呼格是直呼其名字,而没有用常常前置的感叹词"ὦ（啊）",这在柏拉图的对话作品和伪作中很少见。该段末尾用法相同。

而"不寻常的"一词"περιττῶν"是一个晚期阿提卡方言。参见亚里士多德《政治学》［1265a12］。他在该句评价柏拉图的对话作品时说:"于是,苏格拉底的所有表现思想的话含有不寻常的、巧妙的、革新的和探求的意思。"

"让你残废［367b］。"

"残废"一词"παρήρθρωσεν"在"希汉词典"、"*Greek Word Study Tool*"、"*Lexicon Platonicum*" 和"*Handworterbuch der Griechischen Sprache*"以及"*A Greek-English Lexicon*"中都没有被收录,可能是该篇作者自创的复合词"παρήρθρωσεν=παρα+ ἀρθρόω",字面意思是"(俗称的)身体散架",引申为"肢体不全或某器官功能丧失"。"C本"、"V. C本"和"L. B.L本"分别译为"crippled"、"estropie"和"disloque";意思基本上都是"残废"。但是"S本"没有译出含有该词的此句。

"体育训练的司理（γυμνασιαρχία）［367a］"一词的含义是"(古希腊的体育,竞技和学校的)监理官或古雅典的体育官"。雅典规定,体育训练司理的职务由富人担任,他主管体育学校,出钱请教练。但这一职位

---

① Herbert Weir Smyth:A Greek Grammar for Colleges, American Book Company, 1920, p.212, Chapter 775.

是在柏拉图去世之后才设置的，因此作为强有力的证据之一，此篇对话作品非柏拉图所写①。

"非凡的演说家［370e］"中"περιττός（非凡的）"属于晚期阿提卡方言，既有"卓越的，超过一般的，不寻常的"等含义，也含有贬义："奇怪的，过多的，过度的，过分的，无用的；过于造作的（话）"。

"［371b］进入冥王宫殿进路的前门由铁②门闩③和铁钥匙设防。"

值得一提的是，柏拉图的原名即是与这一句里的"钥匙"一词"Κλείς"意思相同的"Κλῆς"（"=κλείς"）。或许作者在这里暗示柏拉图是打开或锁住地狱之门的阐释者。特洛伊国王的女儿、太阳神阿波罗的女祭司、疯疯癫癫的状态下代阿波罗发布预言的卡珊德拉即有一串"神圣的钥匙"（参见欧里庇得斯《特洛伊妇女》［256］）。

"［371e］尤其有关赫拉克勒斯④和迪奥尼索斯⑤在下往哈得斯的冥土那儿之前的传说⑥是这样的，他们就参加了宗教秘仪，穿过冥土下面的深坑。"

在本句中，"在下"一词"κάτειμι"也有"从流放中回国、回家"的含义。可看作双关语，指灵魂自肉体中出来回到应去地方。

---

① 参见"C本"，"提要"、第1718—1719页。体育训练的司理"具有很大的权力。他们的管理机构允许他们把智者、修辞学家和哲学家驱逐到健身房之外，如果他们确信他们所教授的信条在青年人中产生了某种很坏的影响的话"。引自［瑞士］布克哈特：《希腊人和希腊文明》，王大庆译，上海人民出版社2008年版，第233页。另外参见亚里士多德《政治学》［1323a］、《雅典政制》［60］。

② 远古时期的铁出产自黑海北岸和东岸。在荷马史诗中作为奖品，是贵重金属；铁在古代也作为坚硬、刚毅、顽强的象征。

③ "κλεῖθρον"一词有"门杠或门闩"的含义。

④ 在希腊神话中，Ἡρακλῆς是宙斯和凡女阿勒克麦奈（Ἀλκμήνη）的儿子，为希腊最伟大的英雄。

⑤ Διόνυσος，是希腊宗教和神话中的酒神，葡萄园的主神，戏剧的保护神。传说中他是宙斯与凡女塞墨勒（Σεμέλη）之子，又有说是宙斯与冥界之王后女神珀耳塞福奈（Περσεφόνη）之子。古希腊人对酒神的祭祀是秘密宗教仪式之一，而专属酒神的迪奥尼索斯狂欢仪式是最秘密的宗教仪式。参看尼采《悲剧的诞生》。

⑥ 该词（"λόγος"）在指"传说或故事"时，与神话和正史相对。

"参加宗教秘仪"或"入秘教"一词"μνέω"也比喻"使得到（科学艺术等的）秘诀"。可视为双关语。而"冥土下面的深坑"一词"Τάρταρος"，在希腊神话中，是"地狱"的代名词，提堤奥斯（Τιτυός）巨神族曾被囚禁在这坑里。它是人死后灵魂的归所，用冥河与人间世界连通。坑与冥土的距离等于地与天的距离，该词在晚期希腊语中泛指冥界，亡灵受刑的地方。

"［368b］我们详述精通某一技艺的人和匠人阶层的职业，整天卖劳力糊口。"

句中"整天"一词字面意思是"从夜间出来到夜间里面去"。而该词"νύξ（夜间）"也有"下界，冥界，［喻］死亡"的含义。因此可视为双关语。

在本篇对话的最后一句，苏格拉底对阿克西奥科斯说："我将依你所说的做，但我也回到快犬体育场里去，当时在散步中，我被从那里召唤到这儿。"

句中"散步"一词"περίπατος"有"走来走去：散步，散步的长廊；在长廊中散步时的讲课，讨论；散步学派（特指亚里士多德学派）"等含义；也泛指"哲学讨论"。也可视为双关语，暗示苏格拉底的"聊天"——进行他的"说教"。

而句中"召唤"一词"μετεκλήθην"在"希汉词典"、*"Lexicon Platonicum"* 和 *"Handworterbuch Der Griechischen Sprache"* 以及 *"Greek Word Study Tool"* 中都没有被收录。它可能是该篇的作者自造的一个"μετά+καλέω"的复合词，"μετά"是前置词，有"表示改变位置，条件，主意"等许多词义；"καλέω"除了"呼唤，召回，招来"词义，还有"请到家里来，邀请；呼唤众神，向众神呼吁，祈求；［法律用语］传讯，传（某人）出庭"等含义。因此，也不乏具有双关语义。说明苏格拉底不是不请自来，或不速之客，甚或是将他当作"神"请来拯救阿克西奥科斯。"C 本"、"V. C 本"和"L. B.L 本"将"μετεκλήθην"分别译为"summoned"、"appelé"和"appelé"；基本意思都是"召唤"。但"S 本"

的 "abberufen" 有 "召回" 甚至 "[婉转语和文雅语] 去世" 的意思。

再者，对政治黑暗的揭露和叙述用词也具有讽刺意味。例如：雅典公民大会的主席接受贿赂徇私枉法等[368d-369b]；各行各业中决没有比政治更残忍的[1]。

"和群氓相比，究竟有谁能够走运活着[368d]。"

句中"群氓"一词"ὄχλος"有"乱糟糟的一群人，暴民"等含义，和"守法的公民，人民，公民（δημός）"相对。暗示当时政治生活的险恶。尤其见《共和邦篇》中，柏拉图对已经变质了的民主政体的指责。

"如同雅典的大群人[366b]。"

句中"大群人"一词"πληθύς"也有讽刺的含义，在柏拉图的眼中，群众是无知的群氓，在民主制下，正是凭借人数多（所谓多数人说了算的暴政）而将真理的化身苏格拉底判处了死刑。

"[369a]因为民众，朋友苏格拉底啊！是一种忘恩负义的，难以取悦的，残暴的，恶意的，粗鲁的东西，以便从乌合之众和强暴的胡说八道的人出来一起凑份子。"

句中"凑份子"一词"συνερανίζω"的词干"ερανίζω"也有"乞讨，征集（捐献物），资助，捐献"的含义。或许用双关语暗示当时的民众已经可以被收买。对十位将军以及苏格拉底的审判可以为证。

---

[1]　参见普鲁塔克《希腊罗马名人传》（《狄摩西尼》[26]最后一段话）。狄摩西尼（Δημοσθένης，公元前384—前322年）因受贿被判监禁。在逃跑后，将人民称为如蛇枭一样凶狠和难以约束的野兽。当一些年轻人前去拜访将要流亡的他的时候，他劝说他们要远离政治，并说出了其时雅典的政治家可能会有此同感的话：如果他有两条路可以选择，或者政坛或者死亡，若他能够预见到从政将要面临许多灾害和弊端，诸如恐怖、诽谤、嫉妒和陷害，他宁愿径直选择去死。他最后自杀身亡。狄摩西尼是古希腊一位著名的演说家，民主派政治家。他极力反对马其顿入侵希腊，发表《斥菲利普》等演说，谴责马其顿王菲利普二世的扩张野心。

三、《阿克西奥科斯篇》和柏拉图作品的关系

就精神实质和基本观点以及写作方法而言，本篇对话与苏格拉底或柏拉图的思想几乎完全一致，尤其很有可能是模仿柏拉图的《克里托篇》和《斐多篇》而成。

如果我们将柏拉图的《共和邦篇》撷头取尾，再将其《申辩篇》、《斐多篇》、《克里托篇》、《斐德罗篇》、《蒂迈欧篇》和《法律篇》等对话的相关内容置于中部，则可缩写一篇对话作品《阿克西奥科斯篇》。

例如，在《共和邦篇》的开头几段（《阿克西奥科斯篇》的开头也类似《吕西斯篇》和《会饮篇》的开头）可以看作是该对话的序曲，在介绍了对话的时间、地点和人物以及活动——苏格拉底和几个同伴一块儿来到某港口参加向女神的献祭，同时观看赛会之后正要回城的路上被克法洛斯的儿子玻勒马霍斯挽留，并邀往他父亲克法洛斯的家中——之后，苏格拉底将对话从看上去很苍老、身子骨不太硬朗、时常怨天尤人、不胜伤感，但是家财万贯的克法洛斯对老年人的人生感受的诉说转到正义（包括个人灵魂正义）的讨论上[①]。

而在《共和邦篇》最后一卷的末尾几页，苏格拉底在主要论述了事物的本质、影像和模仿三种形态和像在其他对话中运用寓言、神话、传说和比喻等形式说明问题一样之后，他通过讲述一个名叫厄洛斯勇士的故事，论证了灵魂不灭说，以支持他的向善、行正义者有好报的正义观并且对卷首提出的问题做了总结。他通过神使的警告指出，一个人选择什么样的生活道路是由其自身决定的，既然意志是自由的，那么过错由选择者自己负责，与他人、与社会、与神都无涉。一生追求智慧和正义的人"有可能由此不仅恰在这时（在世）就会顺利，还有此后（离世）到那儿（阴间）和重新到这儿（再转世）地旅行也就不会是地府的和崎岖的旅程，却是平坦

---

① 参见《共和邦篇》[330d-331a]。

的和到达天上的旅程"。甚至即使人与动物互变或一种动物变成另外一种动物，"不正义的变成残忍的（人或动物），正义的变成驯服了的（动物或有教养的人）"。①

由此，柏拉图基于人具有自由意志的主张，表达了追求正义、实践神一般的美德、像神一样的人会与神合一的思想。他深信："一个正义的人即使是在贫穷中，就算是在疾病中或是假设的其他某种灾难中，在这种情况下，在活着时或甚至死去时，他将完结于某种幸福中，因为无论如何，一心想要成为正义之人和对一个人来说涉及就能力所及变成像神一样苦心经营美德的他实实在在是就不会被众神一度忽略的。"② 而这就是神赐给正义者的胜利奖品之一。

所以，苏格拉底（柏拉图的代言者）揭示了一个人应该求知为善，明智地进行选择而走上正义和明智之路的重要意义。在《共和邦篇》的最后，他意味深长地说了一段想必他和柏拉图相信、一生也是如此做的话："那么大家就相信我的话，按照习惯承认灵魂永生并且它有能力，一则，忍受所有的恶；一则，坚持一切的善，我们将永远保持向上之路并且靠审慎的帮助用一切办法一心从事正义，我们也就可以与我们自己和众神是朋友，我们就逗留在这（世上），和在（离世）以后我们夺走（竞赛的）奖品，恰似胜利者们到处为自己这样做，我们也在这儿（世上）和在历千年之久的旅程期间，我们已细说了的，我们走运。"③

《申辩篇》、《克里托篇》和《斐多篇》是柏拉图撰写的一组主要叙述苏格拉底受审、被监禁和死前言行的作品，像《共和邦篇》、《蒂迈欧篇》和《法律篇》一样也集中阐述了他的生死观和灵魂论以及神学思想。

在《申辩篇》中，苏格拉底认为："死亡是两者中的另外一种：或者因为死者真没有一个绝无像是那样的，既无感觉又没有一个有能力感觉，或

---

① 《共和邦篇》［619e-620a，620d-e］。这段话中括号里的词系译者据语境添加。

② 《共和邦篇》［613a-b］；另外参见［618d-619b］。

③ 另外参见《共和邦篇》［363a-367e，612e-621c］。这段话中括号里的词系译者据语境添加。

者根据有些人说的，对灵魂来说碰巧是从这里的一个地域到另一个地区里面去的某种改变和迁居。"他自信地宣告，他的结果很可能是好的，他会像过去那些因为生前正直但审判不公正而被处死后成为神的人一样。他还奉劝判处他死刑的审判者们："关于死亡的事你们也必须是乐观的，尤其思考某个这一必定应验的（神示），一个好人决没有坏状况既非在活着时也非在结束了生命时，此人的境况也不会不被众神关心的。"他在申辩结束时的话是："的确已经正是离去的时候，一则，对我来说将死去；一则，对你们而言将活着；但我们中的哪一个去向更好的事实，对所有人来说都是不可测知的，除了在神看来一定测知。"①

《克里托篇》和《斐多篇》也是关于一个人临终前的谈话作品，只不过劝慰的对象不是临死者苏格拉底，而主要是劝慰者们。在《克里托篇》[54a]中，苏格拉底对忠诚的老朋友克里托劝他越狱逃跑的忠告加以拒绝，并且反过来还安慰了后者。因为神已经给他指明了道路。在《斐多篇》中论证灵魂不朽时，柏拉图描述苏格拉底基于灵魂不朽的看法，继续宣称神的公义必将在人们的来生显示，这与所谓"善有善报，恶有恶报"说相似。苏格拉底对他的弟子说："但是，无论如何，解放自己，如同我们说的，灵魂时常最为甚至真正地爱哲学者们唯独一心要做的，灵魂从躯体的解放和分离这一练习本身也是爱哲学者们的本分"；"那么，对你来说，难道不是足够确实的证明，此人，你见过的就会感到不快，当他注定将要死亡时，那人他除了是任何一个爱身体者，是爱哲学者吗？此外，这同一个人也许碰巧也是爱钱者和爱荣誉的人二者，真的或者这些两者中的一个，或者两者。"②他还说："据我想来，对于任何一个消耗其生命存在于爱哲学中的人来说，当他注定要将死时有勇气似乎是理所当然地，并且他是大有希望，一旦他完结了，他在另一个世界将为自己获得最大的幸福。"而"无论如何，对不曾爱哲学者和在他离去时不曾

---

① 《申辩篇》[40c-e，41c-e，42a]。

② 《斐多篇》[67d，68b-d]。

完全净化者来说，回返进入诸神的家族^①中间去，我凭神示^②发誓，决不会，除了，对任何人而言，他爱知识而外"。并且"正如我相信，为天鹅属于阿波罗的缘故，它们是能神示的和预知的，在冥土的主神哈得斯家咏唱善福并且那一天它们比在以前期间异常的高兴。此外，我本人也认为我是天鹅的同为奴隶的伙伴并且是属于同一位神的受到神庇护的人，拥有从主子来的预言术也并不比那些个天鹅差，甚至不比它们更沮丧摆脱生命。"^③苏格拉底临终之言论正如天鹅之绝唱，是一曲表达浩然之气的"广陵散"。

在《斐德罗篇》中，柏拉图还定义了灵魂的本质是自动的，或是由自身推动的不朽的东西。他还用形象的语言比喻包括神的灵魂和人的灵魂以及一切灵魂都是不朽的，甚至连神的心灵也要靠理智和知识来滋养，其他灵魂也一样。而灵魂在轮回过程中"一则，正义地度日者就会得到更好的命运；一则，不正义地度日者就会得到更差的命运"。"因为从未见过真相的灵魂无论如何将不能达到进入这人的形态。因为人应当凭理念理解叙述，用推理从许多印象一起进入被抓住的一中^④；但这一过程是我们的灵魂一度与神曾一起前进时对见过的和现在我们认为看到的，尤其真正地曾向实在仰头望过的那些事物的回忆。为此，哲学家的思想唯独实实在在是理应被加上翅膀的^⑤；因为在那些事物上记忆永远是尽全力的，在它们之

---

① 参见《蒂迈欧篇》[39e-43a]。

② 该句原文是"οὐ θέμις"；在发誓赌咒的用语中，οὐ + 宾格表示"凭……发誓"。参见"希汉词典"（第 618 页）关于"οὐ"用法的释义"V"。这里的"θέμις"是该词的复数宾格，因此，笔者直译如此。而"θέμις"做复数时，也有"法令，（现行的）法律，神的预言，神谕；法庭的判决；特权，应得的贡赋"等含义。关于此句，"J 本"、"C 本"、"V. C 本"、"S 本"和"王本"等虽然译文各异，但基本上都是意译或未译出。只有"L.B.L 本"的译文（n'a le droit d'y parvenir,）较为接近直译。

③ 《斐多篇》[63e64a，82b-c，85b]。

④ 直译如此。意译即从许多具象到抽象的统一性。

⑤ 该词（"πτερόω"）隐喻为"鼓舞"。

外还有存在的神是高出常人的。①"②

柏拉图在《蒂迈欧篇》谈及，神创造宇宙时，在宇宙的中心安放了灵魂。灵魂是万物的统治者和主宰［34b-c］。他还尤其指出所有灵魂第一次出生的方式都是一样的，遵循的准则是一致的，可谓一视同仁、众生平等。如果一个人能够正义、善良和有理智地生活，死后则可以回到他原先生活过的星辰上去居住，幸福、惬意地生活在那里；而相反的人生则会转化为与他恶性相近的野兽［41d-44c］。而在结尾部分，他依然谈到了灵魂轮回说。

在《法律篇》尤其是第十卷中，雅典客人（柏拉图）仍然认为，"灵魂"使其自身运动又使其他事物运动并因此似乎是作为一种有效率的原因运转［892d］。以这种方式确立了灵魂优先之后，接着，他认为宇宙的秩序表明它被一个拥有善和理性的灵魂所支配。他还对无神论进行了驳斥，论证了灵魂不朽，而且建议对无神论者的处罚也要最重。而他所讲的"善有善报"，上"天堂"，"恶有恶报"下"地狱"的故事类似《共和邦篇》第十卷复活的勇士和《斐多篇》［107c-108d，113d-114d］中所讲的故事。

柏拉图在《美诺篇》中关于学习即将前世拥有的知识回忆起来的论说，根据的仍然是灵魂不朽等。

---

① 原文是"πρὸς οἶσπερ θεὸς ὢν θεῖός ἐστιν"。这里的关键是对"θεῖός"一词的理解。该词是形容词，它的基本含义是"神的"，也有"超过常人的；杰出的，极好的"等含义。据语境，这一句的寓意可能是，神的智慧是至高无上的，人应该以神为榜样，在思想上效法神。柏拉图即认为，哲学是对神的智慧的追求。参见"名哲本"［3.63］。而"J 本"（in which God abides, and in beholding which He is what He is），"C 本"（to those realities by being close to which the gods are divine），"L. B.L 本"（parce qu'il s'y applique, un dieu doit sa divinite），"V. C 本"（avec les choses qui font de Dieu un véritable Dieu en tant qu'il est avec elles），"S 本"（bei denen Gott sich befindend eben deshalb göttlich ist）和"王本"（而神之所以为神，也正是对这些光辉景象的观照）等译文各异。尤见"L. B.L 本"对此句的注释。另外参见《斐德罗篇》［242c，154d］的用法。

② 《斐德罗篇》［248e，249b-d］。

柏拉图在其《第七封书信》中也写道:"对无魂魄的躯体①而言,恶和善是没什么值得谈论的,除这对有灵魂而言将每一种加在躯体中或在因使其分离时而外。此外,我们应当永远真正地相信这些古老而受到敬仰的和奉为神圣的道理②,它们告诉我们灵魂是不朽的,审判者就停止惩罚它和为最大的报复而惩罚它,每当任何一个灵魂离开躯体③;所以,我们也应当认为遭受大的罪过和伤害的不幸是小于做它们的不幸的。"④

就《阿克西奥科斯篇》的写作方法来看,本篇对话与柏拉图的作品也如出一辙。例如:

"[364a]苏:我出外走到快犬体育场里去并正通过伊利索斯河时……"

在柏拉图的对话中,也常常有这样的背景描写⑤。他这次去的快犬体育场(Κυνόσαργες),是一个刚好位于古代雅典城墙外、伊利索斯(Ἰλισός)河南岸专供非纯血统的雅典公民使用的公共体育场。它的确切位置是未知的,但现在人们通常认为大概位于雅典南郊。在希腊神话中,它也是著名的供奉赫拉克勒斯(Ἡρακλῆς)及其母阿勒克麦莱(Ἀλκμήνη)、其妻青春女神赫柏(Ἥβη)和其助手依奥拉奥斯(Ἰόλαος,一个底比斯的英雄)的神庙。苏格拉底的学生、犬儒学派安提司特涅斯(Ἀντισθένης)在此建立了一所学校,有人认为犬儒学派的名称就来源于此。在柏拉图的对话中,苏格拉底往往以犬的名义发誓。因此,本篇对话一开始即交代的这一背景预示着对话的内容是有关神学或灵魂不朽方面的。而Ἰλισός,是古代雅典南部城墙外的一条河流,其周围环

---

① 该词("ἄψυχος")也有"无生命的;胆怯的"等含义。

② 这一思想在柏拉图的对话作品中也一再强调。例如《斐多篇》、《共和邦篇》(尤见第十卷)等。

③ 即,因为生前为善不会遭受惩罚和由于生前为恶而遭受惩罚。

④ 《第七封书信》[334e-335b]。柏拉图相同的观点另见《共和邦篇》(第十卷);《高尔吉亚篇》[521e-527e]。

⑤ 参见《卡尔米德篇》[153a],《吕西斯篇》[203a],《欧绪弗隆篇》[2a],《欧绪德谟篇》[271a],《斐德罗篇》[227a]。

境在古代被认为是田园诗般的，也受到苏格拉底青睐，是他时常散步和教学的处所。①

在《阿克西奥科斯篇》[371a-372a]，苏格拉底还讲了一个他听自波斯先知高博里埃斯的故事，说的是灵魂自身体解脱之后走进隐秘不可测知的地域……他们因永恒的惩罚而苦恼。

高博里埃斯（Γοβρύας），属于某些古波斯贵族之一的 Μάγος 族的一个常见的名字，这里的 Γοβρύας 很可能是色诺芬在其《居鲁士的教育》中提及的一位将军。波斯王大流士杀 Μάγος 人的事见希罗多德《历史》第 3 卷第 79 节。而"Μάγος"一词含有"古波斯专门给人详梦的先知，释梦的智者僧侣；巫师，魔术师，会法术的人，江湖骗子"等意思。就"江湖骗子"的释义而言，或许是双关语②。

同样地，当柏拉图在其作品中谈到灵魂何去何从或有关神学的问题时，往往通过道听途说或用讲故事的方式叙述或说明③。

而《阿克西奥科斯篇》这篇对话中的苏格拉底从"此外"到"如果你虔诚④地生活"[371a-372a]所讲的内容就像是在描述天堂和地狱的情景，俨然是一个基督教传教士的口气或像福音书中耶稣布道时候的比喻⑤。

此外，本篇对话同样引证了一些诗歌，所使用的一些典故和描写也与柏拉图的作品类似。

---

① 参见《克里底亚篇》[112a]；《斐德罗篇》[229a]。该河现在基本上引入地下流经雅典城区。
② 参见《共和邦篇》[572e]。
③ 参见《共和邦篇》[614b]以下至对话结束；《会饮篇》[201d]以下；《斐德罗篇》[253d-256e，259b-d]等；《克里底亚篇》[21b]以下；《阿尔基比亚德斯篇（II）》[148d-149c]等。
④ 该词（"εὐσεβής"）也有"敬神的，孝敬父母，行为正当的"等含义。
⑤ 参见《斐多篇》[113a-115a]。

四、《阿克西奥科斯篇》的影响

我们从《阿克西奥科斯篇》感受到，古希腊哲学从真善美的探究到人生意义的终极关怀，便到了探究前生来世的宗教门口。

《阿克西奥科斯篇》除了是一篇哲学对话体劝慰作品外，也是一篇流行于希腊化和罗马时代的一种文学形式——安慰书信的完全传统类型的非常规版本。关于安慰书信的典型例证包括开创了哲学上的书信体写作方式的斯多亚学派著名代表之一塞内卡的《致母亲赫尔维亚的安慰书》、《致玛西娅的安慰书》①和《致波利比乌斯的安慰书》以及普卢塔克的《致妻子的安慰书》，而后者的《致阿波罗尼奥斯的安慰书》是一篇关于安慰论证的宝典。早在西塞罗的《图斯库兰②辩论 I、III》中即有此类型的反响和反映，以及许多其他古代原始资料，从至少公元前 3 世纪到非基督教世界的终结，表明其在被基督教作家改编前持续流行。当时的每个哲学学校提出关于安慰的论证，特别是具有"治疗哲学"宗旨的斯多亚学派，并且许多关于慰问的书信从所有可能的来源随意地借用，无论其观点是否相互一致。因此，人们在《阿克西奥科斯篇》中看到苏格拉底用各种各样互不相容的慰藉鼓励阿克西奥科斯应该不会感到惊讶，其中包括修辞学的和犬儒学派的口头禅以及伊壁鸠鲁派、斯多亚学派和柏拉图学派的论证。这种类型的一些作家似乎比起它们是否令人放心来已不那么关心这些论证是否真实，就像西塞罗所说的："同时，还有一些结合所有这些安慰种类的安慰书信的作者——因为一人被一种感动，另一人受另一类鼓励——像我将它们一起全投进我的《安慰》的方式，既然我的灵魂处于狂热中并且我想尽

---

① 塞内卡在该信［xx.2-3］中表达了对死亡的赞美。

② 图斯库兰（Tusculanae）曾经是意大利拉丁姆地区的一座罗马古城，后遭毁灭。西塞罗试图在罗马推广斯多亚哲学，而大约在公元前 45 年写于他在图斯库兰的别墅的系列作品即《图斯库兰辩论（I、III）》。

办法治好它。"①

此外，无疑，在古代，关于安慰的演说是一种正式的演讲，通常用于参加葬礼的安慰。例如伯里克利在阵亡将士国葬典礼上发表的著名的葬礼演说和柏拉图的《美涅克塞努篇》中的最后部分就是关于安慰的演说。

而安慰的演说也是一个最流行的古典修辞学的话题。安慰体裁，特别是其鲜明的语调和论题，广泛影响了中世纪到近代早期的其他文学体裁，例如各种形式的慰问的演讲、散文、诗歌、哲学论著和私人信件，人们能够从中发现许多其传统成分。

安慰文学体裁在修辞学的领域也有其根源。古代修辞学家是自觉地使用语言以期产生预期效果的先行者。从安慰传统发展的角度来看，使用这一体裁的作者们相信，在人们悲伤的时候，语言可以起到安慰和慰问作用。一些人则声称这一体裁兴起于相信交谈具有治疗之力的智者，其他人认为安慰传统产生于作为一种对希腊诗人荷马作品中的悲伤段落的反应。虽然一些古代作品包含安慰传统成分，但柏拉图学派的哲学家，老学园后期的克冉托尔②在其作品中最先创作了截然不同的安慰传统，其最负盛名的著作《论哀悼》（περὶ πένθους）深受后世著作家尊崇。虽然他的作品只有片段幸存下来，他的影响却在后来的作家的作品，尤其是如上述的以西塞罗的《论安慰》、《图斯库兰辩论》和普鲁塔克的《对阿波罗尼奥斯的安慰书》而闻名③。

本文猜测地认为，属于"哲学安慰"性质的《阿克西奥科斯篇》很可能在一定程度上也对西方安慰文学、基督教或天主教的临终安慰或关怀甚至当代认知治疗方式的谈话疗法或心理疗法有一定影响。

---

① 西塞罗:《图斯库兰辩论》[III.76]。以上编译自"C本"，"提要"、第1734页。
② Κράντωρ，生于西利西亚的索里，约去世于公元前275年，是一个柏拉图学派（属于老学园）的希腊哲学家，他最早撰写了关于柏拉图《蒂迈欧篇》的评论文章。
③ 参见"Z本"，第565页脚注23。

《傣峁道科斯篇》

——论"劝告和兼听则明"

一、引　言

在所有伪柏拉图作品之中，《傣峁道科斯篇》最具特点的是，这篇大概由不同作者在不同时期创作的有四部分内容构成的作品原文没有明确对话的主角，但其主题是按照苏格拉底风格讨论的；其无论内容（与伪柏拉图《西西福斯篇》的内容部分一致）还是论证的风格（主要通过二难推理进行）都足够是柏拉图学派的，虽然不同寻常的是，第一大部分属于几乎算不上是对话体裁的独白式作品，其他三部分也是转述他人的对话，而且所讨论的主题也各不相同。我们假定苏格拉底是主要谈话人，是他直接向对造访者傣峁道科斯，包括听众和读者所提问题的回答或发表的高谈阔论的长篇演说以及指出他对道听途说中所包含的道理的看法。

我们透过表面就事论事的对话，可以体会到在柏拉图对话中所含的一种价值取向，一切行为的正确或适当与否都与认识能力的强弱、知识的多寡和智慧的高低有关，具体而言，不论是劝告还是审议，抑或听取建议或投票表决，该对话都暗示有一种"劝告或判断的技艺"，舍此，则不可能做到正确地言和行。①

---

① 参见亚里士多德在其《修辞术》中关于教导和说服的论述。

二、《傣岽道科斯篇》概述①

（一）《傣岽道科斯篇》的作者和写作的时代以及版本、研究简况

古代所传下来题名为《傣岽道科斯篇》的作品似乎是由单独两大部分内容组合而成的。这两部分作品的作者似乎不是同一人，写作的时代也不同；所讨论的主题虽然不相同，但大体上是相关的。第一大部分是假定为苏格拉底的讲述者（向傣岽道科斯发表的）表明反对集体决策的独白；后一大部分（与匿名对话者一起）是讲述者提出了质疑常识的对话三部曲（包括第二至四小部分），其中同样假定是苏格拉底（作为匿名的讲述者）关于不同的主题通过转述几件逸事的形式所做的简要讨论。在伪柏拉图作品之中，该三部曲与《论正义》和《论美德》一起在古代可能被说成是"无标题"作品。

《傣岽道科斯篇》在古代被当作是柏拉图学派的某人作于柏拉图学园的一篇作品一直被传播着。现在，它的第一大部分则被公认为是由一位晚期的智者或修辞学家编造的作品；第二大部分很可能是柏拉图学派的某人所写。而至于写作的时代也是猜测性的，它的第一大部分可能写于柏拉图去世后约公元前 4 世纪下半叶还不存在怀疑主义的老学园时期；而从第二大部分提出对常识的质疑和柏拉图学派的信徒精通的论辩技能来看，表明该对话很可能作于公元前 3 世纪上半叶、在持怀疑态度的哲学家阿凯西劳斯②主持学园时期或稍后。

---

① 以下一些内容参考了"C本"，"提要"、第 1699 页。

② Ἀρκεσίλαος（公元前 316—前 241 年），希腊哲学家，第二期或中期柏拉图学园的创始人。他反对某些希腊化哲学家的教条，特别是斯多亚主义。

　　而其四个文本合成为一个整体可能最初发生在罗马帝国时代①。也即在某时，某个抄写员可能是偶然地将第二大部分的三部曲附加到《傣峁道科斯篇》第一大部分的最后，这引起其后所有的誊本具有扩充的格式。

　　据第欧根尼·拉尔修在其《名哲言行录》第三卷"柏拉图"中记载，最早编订《柏拉图全集》的是公元前 3 世纪的拜占庭的阿里斯托芬。公元一世纪上半叶，门德斯的忒拉叙洛斯也编订了《柏拉图全集》。他们的版本虽然没有保存下来，但是所有现存的中世纪的《柏拉图全集》的希腊手稿则是基于忒拉叙洛斯的版本之上。《名哲言行录》中也没有明确指出他们编订的全集中是否有《傣峁道科斯篇》，即使它包括在他们编订的全集中内，在第欧根尼·拉尔修看来，《傣峁道科斯篇》（不清楚是指第一还是第二大部分）也被认为是作为一单篇作品的伪作 [3.62]。

　　在中世纪，该篇对话不为西欧拉丁语学者界的学者所知。现存《傣峁道科斯篇》最古老的手稿作于公元 9 世纪在拜占庭帝国。在文艺复兴时期的人文主义的时代，由于人文主义者重新重视古希腊文化研究，人们才重新发现了《傣峁道科斯篇》。

　　人文主义者马尔塞琉·菲齐努首先在他于 1484 年出版的最早的拉丁文版的《柏拉图全集》中辑录了《傣峁道科斯篇》，并且也将之列为伪作②。阿尔多·马努齐奥则在 1513 年最早重印的《柏拉图全集》的希腊文版本中也辑录了《傣峁道科斯篇》。尤其是在 1578 年，亨利·艾蒂安在他所编订和出版的《柏拉图全集》（三卷）完整版（希腊语和拉丁语平行的对照本）中不仅辑录了《傣峁道科斯篇》，列于第三卷，而且首次使用了新的分页方法，即对全部原文用数字和大写的拉丁字母作为边码以标注页码和分栏，例如《傣峁道科斯篇》[380A-386C]，这也成为现代对其他古希腊作者作品的标准分页的基础。后来，德国学者贝克尔将历来的注

---

① Carl Werner Müller : Die Kurzdialoge der Appendix Platonica，München 1975，S.127f. S.266–271f；Michael Erler: Platon，Basel 2007，S.325. S.326. Wikipedia Die freie Enzy-clopädie：Demodokos .

② 但菲齐努本人并没有翻译该篇作品。参见"J. H 本"，第 307 页。

释一并辑入，于 1823 年在柏林发表了校刊本。现今，由伯内特校订的被学术界公认为较好而广泛使用的《柏拉图全集》的希腊文版根据的即是这一版本，不过将边码改为小写字母并且加以细化到行号，例如《傣峁道科斯篇》[380a1-386c7]。

至于其他语种版本的情况，主要在近现代西方重新重视柏拉图研究以后由德国、英国和法国以及美国等几个主要国家为代表，西方比较通行或流传较广受到学术界公认的柏拉图著作的各种版本（包括全译本）有些收录了《傣峁道科斯篇》，例如 Les Belles Lettres 出版社的法文译本以及迄今为止最全的《柏拉图全集》当数库珀（John M. Cooper）主编的英译全译本 1997 年版《柏拉图全集》（*Plato Complete Works*）和施莱尔马赫（Schleiermacher）等人译的三卷本的德译文本（*Platon: Sämtliche Dialoge*，1982 年版）等。

而西方学界对该篇对话的研究，主要在哲学史中论及柏拉图哲学时简要述及。

在我国，似乎尚无对《傣峁道科斯篇》的翻译和研究论著的发表。

（二）《傣峁道科斯篇》的若干细节

《傣峁道科斯篇》是一篇关于政治家傣峁道科斯就某项将在他所在的城邦会议中讨论表决的问题请求苏格拉底（虽然作者没有指明）给予建议的对话。但是到底有关什么事情需要提建议，对话本身没有交代。虚拟的对话大概发生在公元前 5 世纪下半叶希腊民主制度兴盛的时期，地点不详。

傣峁道科斯（Δημόδοκος）是一个历史人物，一个苏格拉底同时代的年纪较大的人。他可能是一位政治家，因《申辩篇》[33e] 和伪柏拉图的对话《塞亚革斯篇》[121a] 而知名，在这两篇对话中，他是塞亚革斯的父亲。此外，值得一提的是，"Δημόδοκος"的词干"Δημό"有"民众"的含义。而"Δημός"有"民众，平民；人民，公民（尤指雅典有公民权的人）；民主政体"等含义。"δοκος"则有"横梁，木杠"的含义。

考虑到柏拉图对当时雅典的民主政体的不满，因为正是那种民主法庭上无知的民众将他的最敬重的老师苏格拉底判了死罪。因此，猜测地说，也有可能是该篇作者有意采用的人名，暗示该对话与有关民主参与的主题抬杠的意思。

对话梗概如下：

在《傣峁道科斯篇》第一部分中，傣峁道科斯恳求苏格拉底给他们聚会审议并打算投票的事提建议［380a］。苏格拉底却先反问他们，为什么有可能集会和期望要给他们什么劝告以及为什么他们每人打算投票。然后，他通过二难推理的方式指出，某些人或者正确和有见识地或者不正确和没有见识地；或者懂得或者不懂得给他们聚会审议的事提出劝告，而他们中的有些人或全部或者懂得或者不懂得给他们所提的劝告；不懂就没能力审议，懂得就没必要审议等。结果，苏格拉底表示，有关他们的集会，甚至他真的对之不知所措［381a］。他没办法给政治家傣峁道科斯恳求的他们将聚会审议并打算投票的事提建议，其原因如下：

他们聚会商议并投票，或者有能力或者无能力断定给他们的建议是否正确；不论是有无能力断定都没必要聚会商议并投票［381e］。如果每个人无能力断定或不懂所建议的，则大家聚会商议并投票也还是没必要。

所以，苏格拉底最后认为，给具有头脑的人提有关事项的建议是值得的，但不是有关他们恳求他提建议的事项。因为一方面，出于前者的建议结果可能成功；另一方面，从后者而来的闲谈会落空［382e］。

总之，在《傣峁道科斯篇》第一部分中，苏格拉底认为，整个集体决定的过程（提出建议、听取意见和通过投票决定问题）都是荒诞不经的。因为这三个方面（提出建议、听取意见和通过投票决定问题）包括以下三部分所涉及的论题都寓含着各自的技艺，若不懂它们，就不值得做这些事情或不能正确地做它们。

在《傣峁道科斯篇》第二大部分（即第二至四小部分）中，叙述者（我们也假设他是苏格拉底）发表了三篇（部分）谈话。

在第一篇谈话（即第二部分）中，苏格拉底通过他听到的事例却在说明兼听则明和正确表达的道理。

他说，如果不听取原告和被告双方，任何人怎么就会顺利地断案判决或能够按照某一方式审问①人们呢？因为通过把各种推论放在一起互相比较，是为了更好地判断［383a］。

然后，他依然通过二难推论的方式指出，是否有能力判断两个劝告者说的是真话还是假话，将决定能否正确断案判决［383c］。这就需要判断的一种技艺。而劝告者双方怎么能同时表明所说的，这也需要一种技艺。

但尽管如此，他依然表示，在听取他们的对话后，他不知所措，也不能断定。不过，他认为，听取双方的话不是非做不可的。在最后，他还提出反问："或者你怎么认为的？［384b］"

在第三部分中，苏格拉底通过某人借银钱的事例说明人们应当提出正确的要求，真诚互信，以便如何正确交往、相互对待的道理。

"却说，为什么人们一度，"他说，"这样彼此非难，尤其，一方面，在人们看来，非难人们不相信他们，就因他们未被说服②；另一方面，就因没有说服，无论如何，他们甚至不责怪他们自己呢？［384e］"

"难道你不是？"他说，"要求他以同样方式对待，真的或者他能够美好地对待，或者他不能够美好地对待吗？假如他真的不能，他怎么就会要求他美好地对待，要求不能做到美好地对待他呢？但如果他能，他怎么可能不劝说这样的人呢？或者说这样话的人们能用什么方法美好地说吗？［385a］"

在第四部分中，苏格拉底通过某人责骂一个心地单纯的③人，就因他甚至迅即信任偶然遇见对他讲述的任何人的事例说明人们应当善于听取劝

---

① 该词"（κρίνω）"也有"区分开，选择，判断，裁决，断定，询问，传询，控告"等含义。

② 该词（"πείθω"）有"相信，信赖；祈求（天神息怒），贿赂，收买，怂恿，挑动，驱使"等含义，也具有贬义："哄骗，诓哄"。可视为双关语。

③ 该词（"εὐήθεια"）有"善良，朴实"的含义，也有贬义："头脑简单，愚蠢"。可视为双关语。

告，不要盲信的道理。而做到这点也需要这方面的知识或技艺。

在责骂者看来，之所以不要盲信，就因大多数"说三道四"的人是骗子①和卑劣者，这一点不是愚蠢的迹象［385c］。

在最后，苏格拉底总结说："当他们讲述那些事情时，我不知所措，到底我应该和不该信任的是哪些人，尤其是我应该相信值得信赖的人和知道有关他们所说的是什么的人呢，还是那些亲友和熟人呢。关于那些事，却说你是怎么样认为的呢？［386c］"

讲述人在以上的三部分内容中质疑了某些似乎合理的常识原则；因为他对这些原则也不确定，与听者或读者一样存在一种疑惑，但从不同角度的论证本身可以让人们拥有一种开放的心胸，就像在第二和第四小部分的末尾，讲述人是以同样的问句——"你是怎么样认为的呢？"——结束的。

此外，从用词方面看，基本上可算是柏拉图使用的以阿提卡方言为主的古典希腊语②。但原文存在许多校对方面的问题。相对于其他伪作，本篇对话文风闪烁其词，多冗词赘语；篇幅属于中下，有六千余字；再者，值得注意的是双关语用词较多，是赞赏还是讽刺？而双关语或双重含义对理解对话的讨论主题来说是关键性的。以下略举几例。

"［380d］他一定也是有能力给〈你们〉中〈不〉懂得的人提出劝告的。"

据［C注2］（第1700页），此句中有两处需要校正，增加"不"和改与格的"你们"为属格的"你们"。本著接受此说，并将其置于尖括号中。

"［381d］〈或者〉你们在断定不懂的和免得需要给予建议的人吗？〈另外〉，你们不许可劝告与这样的人，比如发了疯的人，有关系吧？"

据［C注5］（第1701页），此两句中有两处需要校正，将原文d1中的ἀλλά［另外］和在d2中的ἤ［或者］加以置换。

---

① 该词（"ἀλαζών"）本义为"流浪者"。比喻义为"骗子"。
② 主要指公元前5—前4世纪雅典全盛时期的古希腊语言。

"［382e］此外，某人告诫他自己的同伴时我在场，由于他①相信告发者没有听取被告发者却仅仅听取告发者。因而，他②说他指责那人时，他在做可怕的事。"

据［C注10］（第1702页），在原文e9中的"καταγιγνώσκων（指责）"很可能是"προκαταγιγνώσκων（预先判定）"一词。

"［383c4］今后，别如此轻率地既不指责也不赞美人们。"

原文（τοῦ λοιποῦ μὴ προπετῶς οὕτως τοὺς ἀνθρώπους μήτε μέμφεσθαι μητ' ἐπαινεῖν.）如此，似有误，句中多了"μήτε...μήτε..."（"既不……也不……"）或者多了否定词"μή"。或者，按照古希腊语语法，不译出"μή"③，则可译为："今后，既不如此轻率地指责人们也不如此轻率地赞美人们。""C本"（第1703页）的译文为"in the future not to blame or praise men so rashly"，可能正确。类似地，"L. B.L 本"和"S本"的译文分别为"de ne plus blâmer ou louer les hommes aussi témérairement"和"daß du in Zukunft nicht so rasch weder mit deinem Tadel noch mit deinem Lobe anderenr Leute bei der Hand bist"

"［385d］但假如他在更长的时间内也没有信任偶然遇见的那些人和受到谴责，你就断不更为非难他，是吗？"

据［C注16］（第1705页）的校正，在原文d7的"ἡτιᾶτο（责怪）"为"被骗（ἠπατᾶτο）"。"L. B.L 本"（XIII, 3, p.52）和"S本"（III, p.822）没有对此说明，直接按照已经校对的原文"ἠπατᾶτο"译为"se laisse tromper"和"sich täuschen ließe"。意思均为"受骗"。

"［386b］但是怎么？如果你应该比相信那些偶然遇见者更为信任你的亲友。"

据［C注17］（第1706页）的校正，删除在原文b2即"如果你"之

---

① 指同伴。

② 指某人。

③ 但这只限于"恐怕，担心"等动词或用在具有否定含义的动词之后，"μή"不是否定，可不译出，或只表示加强语气。

后的否定词 ου，是可取的。

[386b4]"难道你不也应该觉得他们比那些偶然遇见者更为值得信赖吗？"

据［C 注 18］（第 1706 页）的校正，在原文 b3-4，将 οὐκ ἀπίστους 置换为 οὐ καὶ πιστούς。根据语境是可取的。如此，则相反于原文的意思："难道你不应该觉得他们比那些偶然遇见者更为不值得信任吗？"类似地，"L. B.L 本"和"S 本"的译文分别为 "n'est-ce pas qu'il faut les juger aussi plus dignes de foi que ces derniers?" 和 "muß man da nicht jene auch für zuverlässiger halten als diese?"

"[384b] 不久前，有人非难某一人。"

"非难（ἐγκαλέω）"一词除了有"指责，非难以及收回债款"等意思外，也有"起诉，控告"等含义。有双关语含义。

"[384d] 如果你与他交往，以致与你有关系，难道你不就甚至不会犯错了吗？"

"交往（προσομίλεω）"一词也有"做伴，从事于（某事），交谈，（尤其是含有色情的）交欢"等含义。可视为双关语。

"[384e] 却说，为什么人们一度这样彼此非难，尤其，一方面，在人们看来，非难人们不相信他们，就因他们未被说服；另一方面，就因没有说服，无论如何，他们甚至不责怪他们自己呢？"

"说服（πείθω）"一词有"相信，信赖；祈求（天神息怒），贿赂，收买，怂恿，挑动，驱使"等含义，也具有贬义："哄骗，诓哄"。可视为双关语。

"[386c] 这是合理的。"

"合理的（πιθανός）"一词有"使人信服的，有说服力的，能说会道的（演说家），可信的，合理的（传闻），得人心的，能使人信服的"等含义，也有贬义："似是而非的，花言巧语的，貌似有理的"。有双关语味道，而且该词更倾向于贬义。在古希腊语中，通常若完全肯定"可信的，合理的"等意思，则用"πιστικός"一词。

三、《傣岽道科斯篇》和柏拉图作品的关系

就《傣岽道科斯篇》中使用的二难推理和转述谈话的形式而言，似乎有模仿《巴门尼德篇》的意思，但比较而言，前者体现出一种颇不成熟的二难推理，而其开放的结尾，如后者一样，留待每一个读者思考、回答。

至于该篇对话第一大部分的独白文体也可以在柏拉图的对话《申辩篇》中看到。

而《傣岽道科斯篇》的主要思想，诸如怎样劝告，如何善于听取劝告，不要盲信或顺从对方而匆忙认可；兼听则明；要做到正确表达；为了更好地判断，要把各种推论放在一起互相比较；要让人们相信自己，就要说服他们；在建议和说服以及听取劝告过程中要真诚互信，相互善待；应当用正确的方式提出要求和回答问题等，可以在柏拉图的许多作品中看到基本一致的主张。

在柏拉图笔下的苏格拉底一生都在奉劝他人认识自己，追求真理，树立正义诸美德。他之所以这样做，是因为，正如他说的："因为迄今大多数人，令人惊异啊，针对我如此处置，好像我完全是预备好伤人心似的，一旦我取走他们中谁的任何蠢话，他们也不认为我出于好意做这事，他们由此更往前已知道没有一个神对于人类是怀敌意的，但我不出于仇视甚至不做这样的事，然而，对我来说，决无特权同意虚假和密而不宣真实。"[1]

柏拉图的大多数信件也是如此，被学术界认为是其真实的《第七封书信》和《第八封书信》尤其含有如何劝告和建议的观点。

在柏拉图的笔下，苏格拉底终其一生谆谆教诲他人和教导他的追随者要热爱正义并以身作则给他们留下了坚持正义的榜样。他这样做主要依靠的方法之一即是劝告，他的种种劝告都在揭示一个人应该求知为善，明智地进行选择而走上正义和智慧之路的重要意义。例如在《共和邦篇》的最

---

[1] 《泰阿泰德篇》[151c-e]。

后，他意味深长地说了一段想必他和柏拉图相信、一生也是如此做的话，他说："那么大家就相信我的话，按照习惯承认灵魂永生并且它有能力，一则，忍受所有的恶，一则，坚持一切的善，我们将永远保持向上之路并且靠审慎的帮助用一切办法一心从事正义，我们也就可以与我们自己和众神是朋友，我们就逗留在这（世上），和在（离世）以后我们夺走（竞赛的）奖品，恰似胜利者们到处为自己这样做，我们也在这儿（世上）和在历千年之久的旅程期间，我们已细说了的，我们走运。"①

《泰阿泰德篇》中苏格拉底的观点使得他的对话人甚至该篇的读者会意识到，"智慧之人反对那些老是忙忙碌碌的世俗之人。对那些大忙人来说，生命就是一场追求成功的赛跑。他们会因此而变得非常敏感和胆小，他们的灵魂是渺小、邪恶的。对危险的恐惧过多地得到证实，会对他们的诚实、成长和独立起恶劣影响"②。有如苏格拉底在《高尔吉亚篇》中对卡利克勒说的："我放弃使大多数人感到喜悦的荣誉，践习真相，我将试图尽我可能随真实一同活着和死去，我一旦死去也就会是最好的人。但我也呼唤其他所有人，正像我能够做的那样，而且我召唤你朝向这种生活和这一竞赛，我相信存在宁要它不要世人的一切竞赛。"③苏格拉底还认为空谈正义不如躬行正义，对于最佳的生活方式，他的忠告是："活着甚至死了也践习正义和其他的美德。因而，我们追随这，我们也呼唤其他人追随这。"④

此外，值得一提的是，苏格拉底经常说起他的使命，那他的使命是什么呢？他在《申辩篇》[30e-31b]中说："就像似我认为神授予雅典城这样的某个家伙我，正是这个我整天坐在你们身边决不停止到处唤醒也劝说甚至训斥每个人。因而，对你们来说，别的一个这样的人将不容易出现，

① 另外参见《共和邦篇》[363a-367e，612e-621c]。这段话中括号里的词系译者据语境添加。
② 引自"王本"第二卷，第650页（《泰阿泰德篇》"提要"）。
③ 《高尔吉亚篇》[526d-e]。
④ 《高尔吉亚篇》[527e]。

啊，大人们①，那么，假如你们相信我的话，你们将饶了我；但你们很可能会反对，仿佛昏昏入睡的人们醒来，就会打我，你们若被阿尼特斯②说服，你们就会轻率地处死我，随即你们就会将继续让残存的生命睡觉，假如神不又送去另外某个人关心你们。"对于他人建议他保持安静不要"管闲事"，他声称："因为如果我说这是不听从神也由于这是不可能做到保持安静的，你们将不相信我，认为我好似装傻；假如我又说，就因对人来说甚至这碰巧是最大的善，在每一天重视一些有关美德的和有关这些其他你们听我谈论的和盘问我自己的以及其他人的事情，而未查问的生活方式对人来说是不值得生活的。"③

柏拉图则自赋使命接替苏格拉底的位置，继续像马蝇一样"叮咬"、训斥、唤醒、劝导昏昏入睡的人们和城邦，发挥批判者和创建者的作用。

柏拉图既是哲学家，又是热衷于政治实践的思想家。他的"正义论"与他的形而上学的"型论"不同，其主题是政治实践问题。他的"正义论"依靠教育对人性的启迪或说服与法律的制约来确立其自身的合理性和合法性，并使它得以贯穿个人修养与社会规范，以建立个人、城邦与社会的和谐秩序。启迪或说服主要是指针对那些对正义有天然亲近感或能够自觉为之的人，它靠自我教育、身心完善达到和谐；而制约或惩罚则是对那些需要从外部依靠法律强制遵守正义习惯的人们而言的。在柏拉图看来，自律和他律是相辅相成的。因此，在《共和邦篇》及其以前的对话中主要是解决个人的自律教育理念问题；在其后以《法律篇》为代表则是通过各种制度解决社会的他律教育的"理念"问题。个人的正义通过音乐、体育、数学、天文和哲学等知识教育而具备各种美德达到；社会的正义主要通过政治、道德和法律教育以及制度建设——无论是"第一等最好"、"第

---

① 该词（"ἀνήρ"）也有与神相对的"凡人"等含义。可视为一双关语。含有讽刺的意思。

② Ἄνυτος（约公元前5—前4世纪），雅典民主派政治家，主要起诉苏格拉底的人之一。他也是《美诺篇》中的对话人之一。

③ 《申辩篇》[37e-38b]。

二等最好"还是"第三等好"的政制，其精神实质是一致的——使社会达到整体和谐、共同幸福。

柏拉图为了实现他的法律和政治理想付诸实践和完成对朋友的承诺而直接参政的几次经历和活动都与僭主交往有关，他三次远赴西西里的叙拉古城邦，访问僭主狄奥尼西奥斯一世和二世以及并且与一度事实上成为叙拉古僭主的迪翁交往[①]即是希望该邦的执政者能够接受他的教诲，按照正义原则治理城邦，而为当时混乱纷争的希腊城邦树立一个样板。虽然他的愿望落了空，但他著书立说，为他的正义学说从政治、伦理、法律、经济、心理、社会、教育、宗教和哲学等各个方面提供理论支持，指望有朝一日有人能够将他根据正义标准构建的政治理想在现实世界中加以实现。[②]

由此，人们或许会明白，既然柏拉图最憎恨的即是与僭主政治相适应的统治者——具有最恶劣的人格和道德品质，属于最不正义的一种人的僭主，那为何还要不辞年老（60 岁和 66 岁）、辛苦和危险而与之打交道？这其中必定有他独特的考虑和认识；可能他的主要的考虑之一是，若能使僭主和君主或独裁者"灵魂转向"，则有如"放下屠刀，立地成佛"，迅速可实行他的理想的政体。

例如，柏拉图在其《第七封书信》[328c-335c] 中谆谆告诫迪翁的朋友和同伴："如果某人一度将着手实现关于法律和政体二者企图，尤其现在是必须试验的时机：因为假如充分地劝服单独的一人，我将会成就所有高尚之事……对人而言尽可能多地能够合乎道理且依照正义……不要使西西里沦为人主[③] 势力下的奴隶，其他的城邦也不，这至少是我的表现思想

---

① 参见本著《书信集（十六封）》的相关内容。

② 《共和邦篇》[415d，499b-d]。

③ 该词组（"ἄνθρωπος δεσπότης"）是两个名词复数并列使用。"C 本"、"I 本"、"V. C 本"、"S 本"和"王本"分别译为 "the despotism of men"、" der Gewalt menschlicher Herren"、"despotes"、"absolute Botmä-igkeit menschlicher Willkür" 和 "世俗的统治者"。它们也都是意译。

的话①，除从属于法律之下而外：因为既不处于奴役（他人的势力）下也不处于被（他人）奴役（的势力）下更好，对他们以及孩子的孩子和后裔二者来说，这种经历无论如何通通是致命的，但是从灵魂深处而来的性情是渺小的和卑鄙的人喜欢这样加以制服的得益，涉及未来和目前的紧要关头，这些人中没有一个对来自神的和属于人二者的善和正义是熟知的。一则，我首先企图使迪翁相信这些道理，一则，其次狄奥尼西奥斯，再者，现在第三次你们。为了第三杯酒的守护神②宙斯的缘故，你们尤其要相信我的话，因此，你们向狄奥尼西奥斯和迪翁瞧，这两个人中的前一个因不相信如今不高尚地活着③，而相信的后者已经高尚地死了：因为为他自己和城邦二者遭受属于盼望的最高尚的事，所以无论一个人遭遇什么就会全然是正确的和高尚的……我真的让迪翁相信了我讲述的相同的和其他这样的一些道理。"

在同一封信中他还对建议的条件进行了详细的论述，分析了建议对象——不论是病人还是当权者等——是否有接受建议的诚意，是讳疾忌医还是从善如流；据此，才谈得上有无必要提出建议④。

除了考虑统治者的条件，在《法律篇》中，雅典客人还关注被统治者的生存状态或社会舆情。他赞扬良好习俗在一个社会中的重要性，并举例——虽然只是假托——埃及："如今的习俗，就从我们的角度，比在所

---

① 该词（"λόγος"）有数十种含义（例如：原则；道理；推论；思想），很难准确翻译，这里取其基本词义；汉译通常音译为"逻各斯"。

② 该词（"σωτήρ"）在"守护神"的含义上使用时尤指宙斯的称号。宙斯常称为救主宙斯，在海上获救的人向"救主宙斯"献上报恩祭，古希腊人于餐后奠酒时，第三杯酒就是献给宙斯的。柏拉图在这里借用"第三杯酒"指代收信人的第三次劝告。另外，柏拉图在其对话作品中也多次使用类似的措辞。参见《共和邦篇》[583b]；《卡尔米德篇》[157b]；《斐莱布篇》[66d]以及本封信[340α]。

③ 狄奥尼西奥斯二世在被迪翁赶出叙拉古后，自公元前357—前346年一直盘踞在意大利的洛克劳（Λοκροί），过着暴虐和邪恶的生活；而在他生命的最后几年则处于日益悲惨的境地。西方传说中的达摩克利斯之剑的主角之一就是狄奥尼西奥斯二世。

④ 《第七封书信》[330d-331d]。

有城邦中和一切地方的习俗看来都是极为最好的。"①

此外，在《第七封书信》中，柏拉图分析了僭主制下民众的情况。②
而在致拉奥达玛斯③的被认为是伪作的《第十一封书信》中④，柏拉图也持
有如此的看法。⑤而他在致迪翁的朋友和同伴的《第八封书信》中劝告意
味甚至更是明确。他力权迪翁的追随者确立法律的至上权威并且靠建立
立宪君主制的形式而避免自由和奴役两者的过度之行为。为此，他推荐
了一种犹如"三权分立"的政体：有三位王；一个民众构成的议事会；由
三十五位法律维护员组成为战争与和平的统治者连同一个司法机构等。⑥

就民主参与或决策来看，也有其本身的问题。多数人不能决定某件事
情或行为是否正确，换句话说，真理不是由多数人的意见或靠投票确定
的，个别人的正确看法在投票的条件下也往往无济于事，这也是不争的
事实。

被柏拉图认为是真、善、美乃至古希腊四种美德——智慧、正义、节
制和勇敢象征和化身的苏格拉底由于民众的无知和司法的不公而置其死地
给柏拉图留下了刻骨铭心、终生难以忘怀的印象，也改变了他一生的志向。

民众的这种"无知"，正如柏拉图在《共和邦篇》中通过"洞穴喻"
描述的是多数人的愚昧或是培根所谓的各种"围困人们心灵的假象"在
作祟⑦。柏拉图在《申辩篇》为代表的早期对话中所提出的问题是：一个
正义的人何以被不正义地受审并被判处死刑？答案即是：城邦存在不
义，人们是非和善恶不辨、美丑不分、黑白颠倒，所谓"假作真时真亦

---

① 《法律篇》[658e]。
② 《第七封书信》[326d-e]。
③ Λαόδαμας，鼎盛期约公元前380年，是塔索斯（Θάσος）人，他是古希腊一位数学
家和他的家乡的政治家，也是柏拉图的学生，他的生平鲜为人知。参见第欧根尼·拉
尔修在其《名哲言行录》第三卷[3.24]。Θάσος是位于希腊东北部的一个岛上的靠
北部海岸的一个城镇。
④ 此封信被学术界认为是伪作，不过其表达的思想与柏拉图的主旨相似。
⑤ 伪柏拉图《第十一封书信》[358e-359c]。
⑥ 《第八封书信》[356d-357a]。
⑦ [英]培根：《新工具》，许宝骙译，商务印书馆1984年版，第18—21页。

假",已经衰落的民主制度下的多数人中存在不义和无知,是多数人实行的"暴政"所致。对此,在《法律篇》中的雅典客人(柏拉图)说得很明白:"那么一方面,什么地方是否一度更恶劣的超过更好的,我们不去管它——因为谈论是较长的——另一方面,我由你现在所说的知道,比如一度同胞们,天生的和已成为同一城邦的,不正义者和许多人结合在一起,他们靠使为自己所役使将压迫存在的较少正义者,而不论什么时候,一则,他们占了上风,这可以正确地叫作该城邦被它自己更恶劣的所制服也同时是邪恶的;一则,不论在哪儿他们被制服,这可以正确地叫作该城邦被它自己更好的所制服也同时是好的二者。"[1]

对此,斯宾塞有过中肯的评论:"只有通过相应的不公正的人民,一个不公正的政府才会受到支持,以它的思想和行动来支持。如果一个社团不去提供一定的非正义的机构,不公平的行为就不会占优势。没有一个暴君可以控制人民,除非这些人民坏得足够去为他提供士兵,为他的残暴统治而战斗,并将自己的兄弟们置于受奴役的状态。腐败的收买选票的行为也无法维持阶级特权,除非大量的选民为了贪污而出售选票。因此到处都是如此——有权位的人的不正当行为,是和那些受其管理的人的不正当行为相关的。"[2]

总之,苏格拉底被误判受怨致死的事例,使柏拉图对实行直接民主制的雅典没有对公民大会和大众法庭的权力进行限制的状况大为不满,也就难怪他对无约束的雅典政制的抱怨。他认为希腊民主制度是天生不合理的[3];在《法律篇》中,这种确信在讨论司法程序中表现得更明显。雅典客人明确或绝对地抱怨说,民主制度下的法庭上充斥着喧嚣,陪审团对于询问诉讼当事人和证人缺乏才能,供可用审判的时间不足,以及陪审团在做出裁决时的秘密投票问题。柏拉图认可的理想的法庭是一种相对少的法官人数以一种平静和从容不迫的方式审理案件;他们能够充分地询问证

---

[1] 《法律篇》[627b]。

[2] [英]斯宾塞:《社会学研究》,张红晖、胡江波译,华夏出版社2001年版,第360页。

[3] 《共和邦篇》[488a-497a,557a-558d];《政治家篇》[296b-297d]。

人并在做出判决时每位法官对他的表决负个人责任①。

而柏拉图的理想城邦有其明显的伦理道德的品性，智慧、正义、节制和勇敢是希腊的四种德性或美德（所谓希腊四主德），其中正义更具有特殊的超出伦理道德的意义。在"善行天下"的正义前提下，柏拉图论证了"正义之邦"的政治制度，提出了"哲人王"政治理念。他之所以为"正义之邦"首选"哲人王"政体，是认为只有"哲人王政制"最具合理性，其品性能够满足"正义之邦"的要求，从而成为合理性政制。他认为，当时与公民品性对应而存在的四种城邦政制都与完善的"正义之邦"所要求的美德相背离。而当今的政体没有一种适合于哲学。正如他所说的："甚至没有任何政体，除了这②并且我埋怨，如今制定下来的政体没有一种对城邦的哲学本性是有价值的；为此也使它改变和变坏，恰似外地的种子种植在不同的土地里，喜爱走入服从当地的风俗，因此是失效的，那么，这种族③真的也这样未获得它自己的力量，除了落入别人的习俗里；但它如果将遇见最好的政体，就像它也是最好的，在将来某个时候它将证明，一则，对任何存在来说，这是神一样的；一则，其他的事是属于人的，天性的和生活方式的任何事。"④

因此，唯有"哲人王"的政制才能克服现行各种政制的弱点，成为"正义之邦"的理想政制。

至于这种政体的合法性问题，也即如何促成这种政体或让人们接受和认可或同意这种政制，柏拉图提出运用说服或强制的手段。说服主要是进行合理性论证达到，而对如何使用强制的手段，柏拉图没有涉及。或许按照他的政体"物极必反"的更替规律，我们可以设想，这种政体将自僭主政体因僭主"灵魂转向""自然"变更产生，或者用革命的手段——"武器的批判"而产生。

---

① 《法律篇》[766d-767b，855c-856b，876a-877a]。
② 指适合哲学存在的理想政体。参见《共和邦篇》[592a-b]。
③ 指哲学。
④ 《共和邦篇》[497b-d]。

四、《傣峁道科斯篇》的影响

《傣峁道科斯篇》中的对话人傣峁道科斯也出现在大概相同时期创作的伪柏拉图《塞亚革斯篇》中，在该篇中，他与苏格拉底的意见相同：忠告是件神圣的重要之事。

在《傣峁道科斯篇》第一大部分的最后，讲述人认为给具有头脑的人提有关事项的建议是值得的，而如何对集会投票的事项提建议最为不知所措。或许该篇的作者暗示他像柏拉图一样对民主不信任。事实上，他也看到苏格拉底和柏拉图对一些人——如阿尔基比亚德斯和叙拉古的僭主等——的劝说效果不佳而感到"不知所措"。

不论是苏格拉底还是柏拉图，他们劝告的效果确实也是因人而异的。他们若"对牛弹琴"，则在《傣峁道科斯篇》的作者眼中是荒诞不经的。

因此，不论是听者还是读者，若从善如流，则劝告是成功的；若执迷不悟，劝告则是失败的。正如苏格拉底的助产术所明示的，劝告引出的是死胎、畸形的怪胎还是健康的婴儿，一个人的内因起决定作用，苏格拉底或柏拉图仅仅是帮助让建议的对象顺利生产，他们不能代替其生产（所思或所行），如此而已[①]。这对无论是建议者还是听取建议者如何建议和听取建议都有一定的启发意义。

最后，值得一提的是，在希腊古典时期的雅典还没有明确提出或确立两造审理原则，因此，在本篇对话第二部分中，讲述人通过审判之例说明既要对原告也要对被告双方或是赞扬者或责备者的意见都要听取，所谓兼听则明，而不论是原告还是被告也要正确地表达，并且要发誓对所说的是真话。这对西方后来司法的两造审理和发誓程序包括人们日常生活中如何正确地听取意见还是有一定启发和影响，也是值得人们借鉴的。

---

① 参见《泰阿泰德篇》［150b-151d］。

《埃律克夏斯篇》

——论"财富和美德的关系"

一、引 言①

苏格拉底与埃拉西司特拉托斯②等人的谈话，涉及财富和美德及其关系等一些不同的主题。例如，钱财是什么性质的？一方面，富有对有些人是好的，另一方面，对有些人是坏的；就钱财是有益而言，黄金和白银以及其他似乎是钱财的东西唯独对那恰好知道如何使用它们的任何人会是有益的；对智者批驳的是美德能够教会的还是天赋的；关于祈祷的问题，认为即使乞求从众神那里给予一个人好的东西，他也一定不知道他们是否能够给予他恰好乞求的那些东西；人们常常显然是枉然向众神祷告。苏格拉底表明，埃律克夏斯关于金钱的常识性理念也是杂乱无章的；如果最富裕者是任何拥有什么是最大价值的人，那么，苏格拉底认为，那些具有实践智慧技能的人一定是最富裕者。

此外，在争论财富的期间还进行着另一个主题，即一个关于哲学论证性质的讨论：严肃的采用问答式论辩术的哲学论证和智力游戏之间的区别是什么？哲学争论和争吵之间的区别是什么？它是通过论证说服还是推行

---

① 以下一些内容参考了"C本"，"提要"、第 1718—1719 页。
② Ἐρασίστρατος，是雅典演说家、政治家斐阿克斯（Φαίαξ）的侄子。

可信性的演讲？证词的真假本身是因人（美丑和善恶）而异的吗？爱哲学事关个人承担义务呢或是消愁解闷的表演？这几个主题一同构成一种对由苏格拉底和志同道合的哲学家所接受的生活方式的沉思。外表或物质上贫穷但内心或精神方面富裕，他们通过向别人教授他们的学识——一种对他们和他们遇到的他们的所有学生以及在生活中应用的增加价值的智慧——支持他们自己。他们的技巧在于他们的论证，他们认真对待论证但不到吵架的地步，对此类的辩论，他们赋予信任并且就他们自己而言是真诚的。

不过，这种在不同论题之间切换的叙述方式，和一些似是而非、似非而是的观点的交错，易于使人们产生飘忽不定的感觉。

总之，《埃律克夏斯篇》是一篇比较重要的和标准的对话作品，而作为范文，它一直在学园中传播着；它表达了冷静客观的学园观点：财富和智慧是不同的事物，前者虽然属于好事物的一种，但只是处于低级层次，而后者则处于好事物的顶层。对供给我们自己的身体所需要的来说，比起一位老师能够传授给别人的技能，金钱只有平常的而没有更多有益的价值。金钱不能被认为是全然有用的，哪怕在需要获取某类有价值的东西时。直至今日，它的有关财富和美德关系的观点仍然有一定的认识论上的价值。

二、《埃律克夏斯篇》概述

（一）《埃律克夏斯篇》的作者和写作的时代以及版本、研究简况

人们看到，在《埃律克夏斯篇》[399a]谈及雅典在公元前337—前318年之间的若干年代设立的体育训练的司理（γυμνασίαρχος）一职，也即这一职位是在柏拉图去世至少十年之后才设置的，因此，作为强有力的证据之一，此篇对话作品非由柏拉图所写。它一定属于柏拉图去世后晚些

时候，而可能由柏拉图学园里的某位学员作于公元前 4 世纪末期或在公元前 3 世纪的上半叶。

《埃律克夏斯篇》在古代一直被传播着。据第欧根尼·拉尔修在其《名哲言行录》第三卷"柏拉图"中记载，最早编订《柏拉图全集》的是公元前 3 世纪的拜占庭的阿里斯托芬。公元 1 世纪上半叶，门德斯的忒拉叙洛斯也编订了《柏拉图全集》。《名哲言行录》中没有明确指出他们编订的《柏拉图全集》中是否有《埃律克夏斯篇》，即使它包括在他们编订的全集中内，在第欧根尼·拉尔修看来，《埃律克夏斯篇》也被认为是作为一单篇作品的伪作［3.62］①。至于作为一单篇作品如何传播的情况，人们迄今发现的最早的文本是公元 2 世纪写在纸莎草纸的手稿中的引文片段；在公元 4 世纪，人们也发现了其写在羊皮纸上的手稿片段。在中世纪，《埃律克夏斯篇》不为西欧拉丁语学者界的学者所了解；在拜占庭帝国有零星的读者。而《苏达辞书》将该篇当作了与《埃拉西司特拉托斯篇》不同的对话；现存最古老的一份手稿存在于公元 9 世纪的拜占庭帝国。在文艺复兴时期的人文主义的时代，由于人文主义者重新重视古希腊文化研究，人们重新发现了《埃律克夏斯篇》。最早的拉丁文译本出现在 15 世纪上半叶②。

人文主义者马尔塞琉·菲齐努首先在他于 1484 年出版的最早的拉丁文版的《柏拉图全集》中辑录了《埃律克夏斯篇》，他也注明它是伪作，并且按照主题为其加了一个副标题"或论财富"③。阿尔多·马努齐奥则在 1513 年最早重印的《柏拉图全集》的希腊文版本中也辑录了《埃律克夏斯篇》。尤其是在 1578 年，亨利·艾蒂安在他所编订和出版的《柏拉图全集》（三卷）完整版中不仅辑录了《埃律克夏斯篇》，列于第三卷，而且在该版中首次使用了新的分页方法，即对全部原文用数字和大写的拉丁字母作为边码以标注页码和分栏，例如《埃律克夏斯篇》［392A-406A］，这也成为现代对其他古希腊作者作品的标准分页的基础。现今，由伯内特校

---

① 或以该篇中的另外一个对话人埃拉西司特拉托斯（Ἐρασίστρατος）的名字命名。

② 参见"J.H 本"，第 155 页。

③ 但菲齐努本人并没有翻译该篇作品。参见"J.H 本"，第 307 页。

订的被学术界公认为较好而广泛使用的《柏拉图全集》的希腊文版根据的
即是这一版本，不过将边码改为小写字母并且加以细化到行号，例如《埃
律克夏斯篇》[392a5-406a15]。

至于其他语种版本的情况，主要在近现代西方重新重视柏拉图研究以
后由德国、英国和法国以及美国等几个主要国家为代表。西方比较通行或
流传较广受到学术界公认的柏拉图著作的各种版本（包括全译本）大都收
录了《埃律克夏斯篇》，例如乔伊特（B.Jowett）的英译本、"L. B.L"的
法文译本以及迄今为止最全的《柏拉图全集》当数库珀（John M. Cooper）
主编的英译全译本 1997 年版《柏拉图全集》（*Plato Complete Works*）和
施莱尔马赫（Schleiermacher）等人译的三卷本的德译文本（*Platon:
Sämtliche Dialoge*，1982 年版）；除了没有将"柏拉图的遗嘱"辑录在内，
而将其他几乎所有伪作（包括《埃律克夏斯篇》）悉数收录。

而西方学界对该篇对话的研究，或以专论形式，或在哲学史中论及柏
拉图哲学时简要述及。

在我国，似乎尚无对《埃律克夏斯篇》的翻译和研究论著的发表。

（二）《埃律克夏斯篇》的梗概和若干细节

《埃律克夏斯篇》是一篇由苏格拉底转述的对话，穿插着一些情景描
写；作者也提供了确切的交谈者、场景和年代。谈话地点是在解放者宙斯
神庙的柱廊间，这与伪作《塞亚革斯篇》相同。在伪作中，它是人物相对
较多的一篇对话；字数约 14000，也是篇幅较长的一篇对话。谈话的年代
应该是在雅典和斯巴达签订《尼基亚斯和约》和雅典人决定远征叙拉古
之间①。

---

① 《尼基亚斯和约》签订于公元前 421 年，因雅典使节尼基亚斯得名；Νικίας（约公元前
470—前 413 年）是雅典将军，公元前 415 年，迫于民众会议决议，与阿尔基比亚德斯
等人一同率舰队远征西西里，公元前 413 年，远征军被叙拉古和斯巴达联军包围，全
军覆没，尼基亚斯被俘后被处死。参见本篇[392b]；修昔底德《伯罗奔尼撒战争史》
[5.2]和第六卷以及第七卷；此外，参见普卢塔克《希腊罗马名人传》（尼基亚斯）。

《埃律克夏斯篇》的梗概如下：

苏格拉底和埃律克夏斯①正在解放者宙斯神庙的柱廊间漫步时，埃拉西司特拉托斯往访了他们。恰巧埃拉西司特拉托斯其时新近从西西里岛②及其附近地方来。他们相互问好后，苏格拉底向他打听西西里岛的情况，由此展开了本篇对话。

埃拉西司特拉托斯认为西西里岛的叙拉古人③将会是雅典最险恶的敌人。他正在发表看法时，碰巧看见叙拉古派往雅典的使节从他们不远处经过。他便指着其中的一个说，那人被认作是西西里最邪恶的又是最富有的人［393a］。

由此，苏格拉底以为埃拉西司特拉托斯所说的最邪恶的也是最富有的人涉及有关最重要的事，即关于美德和财富的事［393b］；于是问他，就财物来说，一个人怎样才算更富有，是获得一塔兰同④银币的人，还是拥有价值两塔兰同耕地的人？讨论的最初结论是：好像是任何赢得最有价值东西的人最富有。

进一步讨论的结论则是：对人来说，繁荣昌盛⑤是最有价值的财富；而最明智的、做事最优秀的、最繁荣昌盛的和最富有的是同一些人，如果真的智慧显然就是最有价值的财富的话［394a］。

对此结论，埃律克夏斯表示异议。他问苏格拉底，对人而言，假如他

---

① Ἐρυξίας，生平不详。在对话中是克里提亚斯的朋友和亲戚。参见［396d］。

② Σικελία，西西里岛是地中海上最大的岛屿；约公元前 750 年，希腊人开始在西西里岛生活，建立了许多重要的定居点。最重要的殖民地是叙拉古。西西里岛现今是意大利的一个自治区。

③ Συράκουσαι，是位于西西里岛的一个城邦，公元前 734 或前 733 年由希腊在西西里岛的定居者所建立。参见前注。

④ Τάλαντον，作为重量单位，1 塔兰同在阿提卡是 21.261 公斤；作为币制单位，1 塔兰同钱币是 1 塔兰同重的银子，含 60 个米那，一个米那是 100 个德拉克马。［钱币单位］1 个德拉克马（银币）=6 个奥卜尔，1 个奥卜尔 =8 个铜币。一般劳动人民每天的收入为 4 个奥卜尔。

⑤ 该词（"εὐδαιμονία"）有"幸运，繁荣、昌盛"的含义。在古希腊人眼中，繁荣、昌盛是与幸运、好运密不可分的，拥有它们的人可称幸福的人。

没有物质财富，即使再有智慧会又有什么益处①？

苏格拉底也承认生活必需品的重要性，但他反问：在一个人看来，对生活而言，住在大房子里比住在一个狭小而寒微的房子里毋宁是有很大的不同，涉及最重大的事情，若一个人获得缺乏的智慧却具有不重要的价值和渺小的不同，那他是处在明智中还是处在无知中呢？[394e]

埃律克夏斯反唇相讥地说：尽管你苏格拉底将同意涉及最重大的事你不可能会更无知，除你而外就没有更明智的别人；你也决不因为这个原故更为富有[395a]。

苏格拉底表示，若不使讨论变成相互戏弄像下跳棋的游戏，那么，就应该认真对待最明智的人也是最富有人论题本身。于是，埃律克夏斯只好严肃地说，论及富有的情形，需要谈论从哪里富有是善和从哪里富有是恶，富有本身是什么，是什么性质的，是好事还是坏事[395b]。

这时，克里提亚斯②打岔，问埃律克夏斯："你认为富有是好事吗？"在后者表示认可后，克里提亚斯则认为，富有对有些人是坏事。就不会真的，如果真的它是好事，对我们中的有些人好像是坏事。[396a]

苏格拉底看到他们两个有抬杠的倾向，便劝说道，在希腊人看来，关于富有之事不是微不足道的，却是最为重大的——无论如何，那是父亲们对他们自己的儿子们规劝的为首的事，一旦他们任何一个已经到达成年有头脑时，据他们看来，将最快地考虑从哪里会有大量财富，由于，假如你真的拥有点儿财富，你就是有价值的，若不是这样，则是无足轻重的人。

---

① 参见古希腊第一位哲人泰勒斯（Θαλῆς，约公元前624—约前546年）因为预见橄榄将丰收就预租了许多油榨房而发了大财的故事，说明如果哲学家或有智慧的人想赚钱的话，他可以比别人赚得更多，不过他不屑为之，而有更重要的事情要做和更乐于追求的东西去追求。

② Κριτίας（公元前460—前403年），是古代雅典政治人物和作者。三十僭主的主要成员，写有《西西弗斯》片段。与苏格拉底友善。也是柏拉图的表兄（柏拉图母亲的大表姐的儿子），但据第欧根尼·拉尔修《名哲言行录》[3.1]中记载，是柏拉图的叔伯。他在一次与反对三十僭主者的战斗中被杀。参见柏拉图在同名对话《克里提亚斯篇》以及《普罗泰戈拉篇》、《卡尔米德篇》和《蒂迈欧篇》等中的描写。

所以，他表示预备好，就他能力所及协助，怎么使他们将承认那变富有的事。[396e]

于是，克里提亚斯高兴地问埃律克夏斯："是否有非正义的人和正义的人。"在后者表示认可后，克里提亚斯则认为，如果一个不正义的人碰巧真的有大量财富，那么，当他策划邪恶的事时就会因为有资力更有利于犯错误；但如果对那人来说，的确不是富足的，就没有能力犯错。为此，甚至对这人来说，没有大量财富就会更为有好处，如果真的急于要策划达到非正义的目的。[397a]

苏格拉底觉察到埃律克夏斯被反驳得有点恼羞成怒，他畏惧有人走得更远发生辱骂和争执，于是，提及另一话题：他在吕克昂① 听一位智者② 凯奥斯的普罗狄科③ 的演说时，一个挑刺的年轻人却与普罗狄科发生的一场争论。

埃拉西司特拉托斯对此很感兴趣，便要求苏格拉底述说那场谈论。后者愉快地表示愿意回忆复述之。

普罗狄科首先对那位挑刺的年轻人所问"究竟用什么方法认为富有是坏的和以怎样的方式认为富有是好的"的问题马上回答说，富有对美且善的人们来说是好的，因为那些人知道应该怎样使用钱财，对他们来说，钱财真的是好的，但对邪恶的和无知的人们而言，钱财是恶的。再者，所有其他的事情也意味着如此；既然使用者是什么性质的人，他们就是什么样的人。对他们自身来说，这样的状况也是必然的。[397e]

---

① Λύκειον，雅典三大体育场之一，在雅典东郊城墙外，是一个公共场所，附近有阿波罗的神庙吕克昂，固以得名。亚里士多德曾在这里租屋讲学，形成逍遥派。吕克昂也是阿波罗的称号之一。

② 该词（"σοφός"）本义是："有技能的人，大师，能人，巧匠（指诗人和音乐家）；［泛］哲人，哲学家"，复数形式指古希腊的七位哲人。在公元前5世纪中叶以后的雅典，具有贬义，指"智者，修辞学教师，诡辩家，骗子"。参见《普罗泰戈拉篇》［315d，316a］，等。

③ Πρόδικος（公元前465—前395年）是古希腊哲学家和第一代智者。他作为 Κέως（爱琴海上的一个希腊岛屿）的使节来到雅典，并成为众所周知的一个演说家和一个教师。

那位年轻人却将话题转向美德是能够教会的还是天赋的方面。普罗狄科认为美德是能够教会的。该年轻人便回应说:"如果真的美德碰巧能够被教会,那么,你好像除了祈祷被教会你不懂得的东西外就决不会有另外的什么。[398d]"

当时,苏格拉底接过话题,对普罗狄科说:"在我看来,不要热心做无关重要的事情……"但普罗狄科开始对那年轻人进行攻击,以致保卫他自己和证明他的那些看法。后来,体育训练的司理往访并命令他从体育学校离开,因为他对青少年采用问答式论辩术是不合适的,再者,假如它是不合适的,也就是说它是恶劣的。

因此,那场对话没有再进行下去。于是,苏格拉底结束回忆,将对话又回到主题上来。苏格拉底对埃拉西司特拉托斯等人鼓励之后,说:"现在留待思索的是富有自身①是什么。因为如果你们不首先知道那,你们甚至就不能相互同意两者中的哪一个是好或是坏。[399d]"

埃拉西司特拉托斯认为,拥有许多钱财,那就是富有②;

但是苏格拉底通过举例指出,何谓财富,因地因人赋予其价值而不同,像皮革、铁和石头等物,一则,对有些人来说,现实上是财富并且拥有那些东西的人是富人;一则,对有些人来说,既不是财富,也没有由于那种财产更富有,甚至像美、善和丑恶,的确对所有人来说,甚至没有同一看法,这些人这样看,那些人却那样看。[400c]

对此,苏格拉底说:"一则,获得对我们来说像有助益一样的那些东西是钱财;而一则,但不中用的那些东西不是钱财。"[400e]但有时好像是有助益的事物又一度不是钱财。既然的确不是所有有助益的东西是钱财,那有助益的东西实实在在是什么样的呢?看来,似乎是这样的,有关那些有助益的情况中的那种事物是钱财。[401e]而如果我们不需要某

---

① 即柏拉图哲学的"原型,理念(ιδέα)"。

② 比较亚里士多德的《政治学》(关于财产的论述,例如第一卷第四章、第二卷第五章等)和《尼各马可伦理学》(例如第四卷[1120a]、第九卷[1164a-1165b]等)中相应的观点。

物，那它甚至对我们来说就没有益处。同一个推论也涉及其他的情形。并且那些没有益处的东西也显得就不是钱财；但使我们能够设法获得对我们有益的那些东西就会是钱财。［402c］

但埃律克夏斯对这些说法感到纳闷。

于是，苏格拉底再用交换价值的事例加以说明。有些人凭某种知识就获得生活必需品，凭那交易，就像我们凭黄金和白银［402e］。就有用而言，那些知识好像是钱财。由此，艰难地就得承认先前的那个推论，假如那些有智慧的人是最富有的人。但从现在同意起，那也就会达成有说服力的结论，有时较有学识之人是比较富有的人［403a］。那么，对美且善的人们来说，那些东西也唯独对他们会有益，的确如果真的他们精通应该怎样使用它们。但如果唯独对他们会有益，那些东西好像是就唯独对他们也是钱财［403b］。

随着讨论的推进，苏格拉底将话题逐渐转换到美德是否能够教会上来。他说，关于学习的事，似乎听讲对美德就会是有益的，如果真的人们通过听和利用听，美德的确是能够教会的［404d］。但随即而来的推论就似乎不是令人信服的，没有像那一样早就开始存在的情形就不能产生之后的结果，那些情形对那结果也是有益的。既然在我们看来就会显然是，无知对知识有益的，疾病对健康也有益的，甚至邪恶对美德是有益的［405b］。于是，苏格拉底最后得出似非而是的结论，似乎有说服力的是，至少根据那一推论，像对碰巧拥有许多财富的人们来说，他们也需要许多对身体照料的必需品；因为钱财显然是对那有益处的。如同在我们看来，最富有的人显然是就会必然地被置于最恶劣的情况，如果真的他们的确也需要最多的这样的东西的话［406a］。

此外，《埃律克夏斯篇》的用词基本上是柏拉图使用的古典希腊语，但是也存在一些校对方面的问题。举例如下：

"［401a2］埃里：难道是就因我们彼此利用交谈和欺骗以及其他许多的事物吗？"

该句中"欺骗"一词，［C注11］（第1727页），将该词"βλάπτω"

校对为"βλέπω"（looking）。"J本"按照原文译为"violence（？）［暴力（损害或蒙蔽）］"，但标示以问号。虽然"L.B.L本"译为"nuire（伤害，损害）"，但是［L.法注2］在该页（第104页）注明该词有问题。"S本"则译为"Redeschwalls"（"滔滔不绝"）。"βλάπτω"有"使分心，使走入邪路，蒙蔽，欺骗，伤害，损害，破坏，阻止，妨碍"等含义。而"βλέπω"有"看，瞧；显得，好像；留心，当心"等含义。本著按照原文译出。

"［401a3-7］苏：甚至没有这样又一次在我们看来，好像是有助益的事物一度不是钱财。所以，既然真的钱财必然是有助益的事物，即使有助益的事物将很可能是钱财，那几乎有点儿被所有人认可；但，既然的确不是所有有助益的东西是钱财，那有助益的东西实实在在是什么样的呢？"

根据上下文语气和意思，可能在"甚至"处是由苏格拉底接过话来说。"J本"持此看法，而［C注17］（第1727页）认为是从最后问号处［401a7］开始接过话来说的。"L.B.L本"仍然按照是埃氏继续说的话翻译的（第104页）。

"［402d1］埃里：的确无用的东西甚至不是钱财，就因像在这样的东西之外还有最有用的东西。"

该句希腊原文"καί ὅτι των χρησιμωτάτων εστί πρoς τoῦτo χρήματα τὰ χρήσιμα"似乎有误，［C注13］（第1729页）校正：用"τoύτoις（用那样的）"替换"τoῦτo（那）"，以及用"τά χρήματα（使用之物）"替换"χρήματα τά χρήσιμα（有用的东西）"。本著依据［C注］校正。否则，话不通。"L.B.L本"第107页也做了同样校正，译为"Oui, je crois tout à fait que ce qui est inutile n'est pas richesse et que les richesses comptent parmi les biens les plus utiles pour cela［c'est-à-dire pour satisfaire aux nécessités du corps］"[1]；"J本"按照原文径直译为"that things which are useless to us are not wealth, and that the money which is useful for this purpose is of the

---

[1] ［L.法注1］（第107页），参看［402 b7-8，402d3］。

greatest use"（II.p.571）；"S 本"译为 "daß aber das Vermögen dazu für uns unter allem Brauchbaren das Brauchbarste"（III.p.846）。

"［404c］克：但现在有关一些恶事的劳作，再者，有益的。"

此句［404c1-2］原文如此，可能排版印刷时有缺漏。本著根据上下文意思所加内容为："有些劳作虽然是恶劣的，但对作恶者是有益处的；有些劳作虽然是良好的，但对为善者是没有益处的。""C 本"译为，"Some words seem to have been lost in the transmission of the text. Possibly Critics claims that for doing certain things, certain items are always useful: then Socrates asks if some items can be useful for doing wicked things, others for doing good things［参见［C 注 17］（第 1731 页）]"。"J 本"译为 "I say that in order to accomplish some results bad things are needed, and good for others"（II.p.573）；"L. B.L 本"译为："Je dirais plutôt que tantôt elles aident à accomplir des œuvres mauvaises, tantôt, des œuvres bonnes"，并且参见［L.法注 1］（第 110—111 页）。"S 本"译为 "Folgt aber nicht jetzt, daß es das zur Förderung manches schlechten sowie manches guten Begingnens sei"（III.p.849）。

另外，本篇双关语的使用也值得一提。例如：

本篇对话地点设在解放者宙斯[①]的柱廊间［392a］。

这预示着什么？因为"柱廊（στοά）"一词的本义虽然是"走廊，回廊；（雅典）的谷仓，粮库"，也指"画廊派"或"斯多亚派"。而对话的观点也有针对斯多亚派的意思。

"［398b］（智者）普罗狄科怀疑他们的讨论注定要前行，极灵巧的。"

"灵巧的（πανοῦργος）"一词也有"专干坏事的，为非作歹的，全干坏事的，狡诈的"含义。可以视为双关语。

"［399d］苏：难道不也完成讨论的其余部分吗？但我认为你们有剩下思索的某个问题。"

---

① 宙斯的称号有许多种，"解放者（Ἐλευθέριος）"是宙斯的称号之一。

"思索（σχέψις）"一词在哲学上也指"（怀疑论者的）怀疑"。可以视为双关语。

"［403d］克：因为我全然非常听从并惊服你碰巧现在也实实在在详细叙述的那些推论。"

"惊服（ἄγαμαι）"一词有"惊奇，惊服，赞美，忌妒，气愤"等含义。或许有讽刺的意味，也可视作双关语。

三、《埃律克夏斯篇》和柏拉图作品的关系

《埃律克夏斯篇》的许多观点是苏格拉底和柏拉图哲学的老生常谈或与他们的观点一致；它在写作的方法上对柏拉图对话体也有明显的模仿性。不过，就其中的观点而言，在某些方面也有些微的差别。

在该篇对话［402e］，苏格拉底说："再者，显然拥有那些知识者也是较富有的人；假如那些有智慧的人是最富有的人。"

这与柏拉图笔下的苏格拉底的看法相同。参见《斐德罗篇》［279c］。关于有知识的人或智者通过自己的技艺很能赚钱的叙述，参见《大希琵亚斯篇》［282b-284c］。

关于财产的观点，柏拉图在他的《共和邦篇》和《法律篇》中有较大的不同。他在"第一等最好"的理想的哲人王制中，为了保证该制度的和谐一致，主张在统治阶级内部实行彻底的财产共有而家庭被废止，贯彻平等原则；而主张在"第二等最好"的法治城邦中实行财产私有，不过对土地分配和可以拥有动产的种类和数量进行了严格的限制。再如，认为立法者一定要制定贫富标准；要做到既没有赤贫的人群，也没有极富的人群，因为二者都会带来不良后果。因此，每个公民必须在法律任命的执政官那里公开登记他的全部财产；虽然禁止公民持有黄金、白银和"硬"通

货，但有一种供城邦内使用的本地通货①。尤其在《法律篇》中，雅典客人（柏拉图）在谈到克里特人的法律时指出，克里特人的法在所有希腊人中虽然拥有非常崇高的名声，但他并不赞成克里特体制的单一目是军事的主张。他评论说，克里特人的法虽然可以让守法者的幸福如愿以偿，"因为法律提供一切好的东西。但好事物是双重的：一则是属于人的；一则是属于神的；但二者中的另一个被从属于神的事情上挂下来②。甚至一方面，假如任何一个城邦在选择较大的一些好事物，它也在获取较小的一些好事物；另一方面，如果不，它则失去两者③。但领先较小的一些好事物的，真的，一是健康，二是人体的美，三是对身体来说涉及奔跑和其他所有运动的刚健有力，四是财富，它不是'盲目的'，而在看时是敏锐的，假如它同时追随审慎；此外，首先，位属于神的好事物第一的就是审慎，第二是靠理智的帮助心灵的有节制的状态，从这些随着勇气一起而来的，第三的就会是正义，第四是勇气。"④ 而对于财富，"立法者必然监护公民就会发生不论哪一方式的获取和开销，对所有这些事而言，也对彼此的交往和终止，有关什么样的事，由于自愿的和不情愿的，就会对每一个人，对彼此这样的行为做检查，谁在这些行为中是正义的还是不正义的并且谁在这些行为中失职，一则，将给服从法律的人分配荣誉；一则，对不听从者加以规定了的惩罚，直到将近完成全部政体的终点，对生命完结者，立法者应当知道用什么方式为每一个人产生埋葬仪式也应当给他们分配无论哪些荣誉；此外，立法者观看法律后，为所有这些法律设立监护人，一则，一些监护人是通过审慎（监护法律）⑤；一则，一些监护人是通过真实的见解（监护法律），结果是跟在后头的理智证明凭克制和正义而非用财富也不

---

① 参见《法律篇》第五卷，也是唯一一卷雅典客人的独白内容，除了该卷最后一句话外。

② 原文 "ἤρτηται δ᾽ ἐκ τῶν θείων θάτερα" 直译如此；意译即 "属于人的事情依赖属于神的事情"。

③ 参见中国古语："取乎其上，得乎其中；取乎其中，得乎其下；取乎其下，则无所得矣。"

④ 《法律篇》[631b-631e]。

⑤ 括号中的语词是译者据语境添加，下同。

以爱荣誉使所有这些连在一起。"①

而钱财只是作为手段为灵魂和身体存在的，因为"若无喜欢体育锻炼的和其他的教育，钱财就不会一度是值得一提的。因此，如同我们不止一次说过的，经管钱财实实在在应当是末尾的地位；因为所有人关心的总共三种东西，被正确地关心钱财的热心是最后的和第三位的，此外，关心身体是中间的；再者，第一位的是对灵魂的关心。而且，一则，我们现在详细叙述的政体，如果这些地位如此安排，已被正确地用法律规定了下来；一则，如果被规定的法律中的任何一部在城邦里将显示健康在前面比明智有很高的价值的样子，或者财富在前面比健康和明智有很高的价值的样子，将被立即称为不正确地被制定。因而，立法者就时常应当显示出这——我真的意欲什么？假如这临到我头上或尤其我未中鸿的吗？——这样，他也很可能从立法中走出来并解脱其他人②，但凭其他方式就会一度甚至从一部法律中也走不出来"③。

就像人们通常认为的财产可以增强人们的幸福感一样，柏拉图并没有忽视财产对于人们生活的重要意义，或者说他并不否定财产的价值，只要是取之有"道"，能够正确使用财产的话。因此，他认为："不是任何人靠耍阴谋和靠调集一同搞阴谋的人们就会曾使他自己和伙伴以及城邦成为富足的，因为他是穷人并没有统治他自己，也由于懦怯和因为被欢乐制服了④，随即，他在杀死财产所有者们后，他因为称这些人为敌人，他抢走属于这些人的财产也鼓动合谋者和同伙们这样干，免得有人将非难他，因为他伪称是穷人；再者，也是相同的，（不是）⑤任何人为城邦因为如此行善事就会被该城邦尊敬，凭着投票通过的议案将少数人的财产分配给多

① 《法律篇》[632b-d]。
② 原文（"καὶ οὕτω τάχ᾽ ἂν ἴσως ἐκ τῆς νομοθεσίας αὐτός τε ἐκβαίνοι καὶ τοὺς ἄλλους ἀπαλλάττοι"）直译如此。意译即：他以此方式或许也能够独自完成立法工作，他人也就不必为此劳作了。
③ 《法律篇》[743d-744b]。
④ 参见《共和邦篇》和《法律篇》等对话作品中的相似说法。
⑤ 括号中的语词系笔者根据语境添加。

数人后，或者通过做了大城邦的领袖和靠统治许多较小城邦，不合乎公正地将较小城邦的财产分配给他自己的城邦①。"②

而且，柏拉图还认为："谈到有关财富的情形，的确，遍及所有城邦，它都是一切事物中最美的和最好的，说真的，财富存在是由于身体的缘故，而身体存在是由于灵魂的缘故；于是，由于这些缘故，财富天生属于存在的善，继身体的和灵魂的优良之后就会是第三位。于是，这一道理就会成为不应当企图变富有，除了正当地和有节制地变富有，将是幸福的教师。"③

在对政体类型的划分中，柏拉图也指出，由财产资格决定统治权力的，被人们叫作寡头政制也即少数人的统治，它在荣誉上位居第二位，有很多害处的。寡头政治所认为的善以及它所赖以建立的基础是财富。它失败的原因在于过分贪求财富，为了赚钱发财，其他一切不管。而有多少种不同类型的政制（政体）就有多少种不同类型的人们性格，也就能有多少种类型的灵魂。因为柏拉图认为，政治制度是从城邦公民的习惯里产生出来的；习惯的倾向决定其他一切的方向。有什么样的政治制度，就应有什么样的个人心灵。寡头分子则相应于寡头政制；寡头政体是采取财产私有制以后出现的第二种社会成果。私人财产和贪欲之心破坏了斯巴达类型的荣誉政体，人人崇拜财富，推崇富人，政治权力在富人手里，不在穷人手里。这样，斯巴达政体就会退化为寡头政体。寡头政体缺少好的教育，好的培养和好的政治制度④。

值得一提的是，在柏拉图的对话作品中，苏格拉底进行的一次祈祷恰恰是关于财富的内容："请允许我认为智慧之人是富裕的；至于财宝⑤数

---

① 以上这几句话或许暗讽柏拉图所处时代的政治现实：衰落的民主制、蛊惑民众的政治家兴风作浪和所谓的城邦之间结成的各类以大凌小的"同盟"，如"提洛同盟"。参见"I本"（p.91）的注释1。

② 《第七封书信》[351a-c]。

③ 《法律篇》[870b-d]。另外参见亚里士多德《政治学》[Ⅶ.1.25]。

④ 参见《共和邦篇》[544d-545b]。

⑤ 该词（"χρυσός"）本义"黄金"，这里在比喻的意义上使用。

量，除了像有节制的人一样多外，请让我既不能负载也不能带走吧。"①

而作为美德之一的节制，在财产方面的表现即是适中的财产数量。否则，过犹不及。在《法律篇》[918c-e，919b-d]中，雅典客人（柏拉图）即认为："人类的小部分子孙尤其天生地少数人甚至凭最高明的教养长成，每当他落进对某些东西的需要和渴望中，坚持按照适中应该是能办到的，也不论什么时候他能够得到许多钱财，自我克制②甚至比起选择许多钱财早就宁取拥有适度的钱财；但人类的大部分全都与这些含有反面的意思，他要求得到所需的东西是无穷尽的并且当他有可能适度获利时，宁取贪心不足地获利。"现实中也常常显得，"财富由于奢侈败坏了人类的心灵，而贫穷由于困境怂恿他到无耻里面去"。

柏拉图在写给狄奥尼西奥斯二世的被认为是伪作的《第三封书信》[317c-d]也说："大体上，普通人和统治者有过多的尤其非常大的财产，就会一样多地喂养这样更多的甚至过多的诽谤者并且愉快地从事于可耻的伤害，财富和其他资源的力量产生的决没有比之更大的恶。"

另外，伪柏拉图的《第十三封书信》和《遗嘱》中谈及的主要是财产内容等③。

总之，柏拉图将目无法纪和同时代雅典的自我放纵同经济原因联结起来。在《共和邦篇》第二卷中，他描写了一个城邦在产生过程中邦民受物欲纵容使得简朴城邦就变成"发高烧的"城邦。因此，其社会各方面的变化主要是被经济因素煽起的。柏拉图的确认为欲望是灵魂中的"爱钱"成分。因此，在对金钱的热爱和柏拉图看重的理想之间存在一种鲜明的对照："难道这在城邦中就不已经显而易见，尊重财富和克制在公民中是不可能做到同时充分地被获得的，除了必然或者轻视两者中的这一个或者另一个？"④

---

① 《斐德罗篇》[279c]。

② 该词（"νήφω"）本义"不喝酒"，暗喻"生活有节制"。

③ 参见本著关于它们的专题论文。

④ 《共和邦篇》[555c-d]。

《法律篇》也同样将同时代的不适多归因于对获得财富的渴望①。但柏拉图通过他建议的治疗方法非常明确地提出了对社会病态的经济基础的意见：他把严格的法律约束置于拥有财富和聚积了金钱的公民自律之上。为防止公民中出现过富和过穷从而导致贫富两极分化，他也对财产的数量也做了限制。他因此认为这样："免得任何人无论如何由于孩子们缘故贪爱钱财，他就可以尽可能有大量的财富留传下来；因为对那些人既不而且对城邦也不是更好的。"②

就写作方面来看，《埃律克夏斯篇》的作者可能在对话的文学创作上受到柏拉图的影响也是强有力的。略举几例。

《埃律克夏斯篇》开头的两句对话中，埃拉西司特拉托斯从西西里岛及其附近地方来，往访在解放者宙斯的柱廊间漫步的苏格拉底等人，寒暄后即说："你们愿意先让我们坐下吗？因为我昨天从迈加拉③ 疲于行走。[392b]"

比较《卡尔米德篇》开头的类似描写，苏格拉底也是长途跋涉地从在波提狄亚④ 的军营返回雅典后，径直去了常去的地方之一，位于王宫神殿对面的陶瑞亚斯摔跤学校……

苏格拉底以为埃拉西司特拉托斯所说的最邪恶的也是最富有的人涉及有关最重要的事，即关于美德和财富的事［393b］；而在《共和邦篇》［344d-e］中，苏格拉底对色拉叙马霍斯⑤ 的高谈阔论也借题发挥，顺势提出正义不是件小事，它牵涉每个人一生究竟做哪种人最为有利的道路问题。

在［394e］，苏格拉底说："如果一个人的确是有才智的掌舵人。"

---

① 《法律篇》［705a-c，714a，727e-729a］。

② 《法律篇》［729a］。

③ Μέγαρα，在古代是一个位于阿提卡西部（或雅典以西 34 公里）的城市。

④ Ποτείδαια，属于科林斯城邦的一殖民地，位于希腊北部哈尔基季基半岛。

⑤ Θρασύμαχος（约公元前 459—前 400 年）雅典的一位修辞学教师和一位著名的智者，他的性格和观点在柏拉图的《共和邦篇》（336b 以下各页）得到刻画和表达。他的正义观与苏格拉底的相对立。另外，他也出现在《斐德罗篇》［266c］中。

"有才智的掌舵人（Κυβεϱνήτης）"一词在比喻的意义上指政治上的（城邦的）掌舵手、统治者、领袖。在柏拉图的对话作品中以及在伪作中多用这类比喻。也可视该词为双关语。这暗示本篇也是政治性质的对话。参见柏拉图在《共和邦篇》中关于"哲人王"的论述。

在［395b］中，苏格拉底说："却就像在下跳棋之中的棋子，如果任何人挪动，就能够相互戏弄，这样使对方屈服，好似他们因此不能对抗。"

柏拉图在其作品中也时常用下跳棋做比喻。参见他在《法律篇》［739a］；《政治家篇》［292e］，［299d-e］；《高尔吉亚篇》［450d］；《共和邦篇》［487b-c］；《希帕尔科斯篇》［229e］等对话中的用法。"下跳棋"一词（πεττεία）是阿提卡方言，即"πεσσεία"。一种两人掷骰子决定跳几格的跳棋。下跳棋的棋子用石子做成，椭圆形；下跳棋的棋盘两边各有横线和纵线 5 条，中间一条横线是共有的；全盘共有 32 个方格。有希腊谚语说："命运拿人间事来赌博，有升有降（τύχη ἄνω καὶ κάτω τὰ ἀνθρώπεια πεττεύει）。"

在《埃律克夏斯篇》［397a］，克里提亚斯说："如果一个不正义的人碰巧真的有大量财富，那么，当他策划邪恶的事时就会因为有资力更有利于犯错误；但如果对那人来说，的确不是富足的，就没有能力犯错。为此，甚至对这人来说，没有大量财富就会更为有好处，如果真的急于要策划达到非正义的目的。"

有大量财富并不总是一件好事的观点比较《小希琵亚斯篇》［375e］，苏格拉底认为，能力强、智慧高的人既能够做好事也易于更干坏事；能力和智慧等只是条件和手段。同样地，财富本身也是中性的，无所谓好坏，就看人们怎样使用它，既可以用它为善，也可以用它作恶。

同样的思想也表达在论辩的《欧绪德谟篇》［280b-282b］中，苏格拉底也认为，懂得如何正确使用属于好东西的财富比拥有它们更好；如果无知者使用它就会造成恶果；反之，有知识和智慧者运用它就会产生更加伟大的善；但就财富本身而言，无所谓善恶。而智慧是善，无知是恶。

在［397c-d］中，苏格拉底说，有一天，他在吕克昂听了一位智者凯奥斯的普罗狄科的演说，在莅临的人们看来只是如此空谈而已，好像到场的人中没有一个能够被他说的真话说服……

吕克昂是雅典三大体育场之一，在雅典东郊城墙外，是一个公共场所，附近有阿波罗的神庙，吕克昂也是阿波罗的称号之一，固以得名。亚里士多德曾在这里租屋讲学，形成逍遥学派。在柏拉图的作品中，例如《欧绪德谟篇》[2a]，吕克昂也是苏格拉底经常逗留的所在。

在［398b-399c］中，苏格拉底说："但在我看来，普罗狄科怀疑他们的讨论注定要前行，极灵巧的……"

"灵巧的（πανοῦργος）"一词也有"专干坏事的，为非作歹的，全干坏事的，狡诈的"含义。可视其为一个双关语。不过，比起其他的智者，柏拉图给予普罗狄科更多的尊重，并在他的数篇对话中显示为普罗狄科是苏格拉底的朋友。参见《申辩篇》[19 c]；《普罗泰戈拉篇》[315d，316a，337a，339e-342a]等；《大希琵亚斯篇》[282c]等。但就本篇对话中的叙述来看，好像作者很是让普罗狄科显得狼狈难堪，不仅体育训练的司理命令他从体育学校离开，甚至将被从体育学校扔出去，如果他再发表他的那些"高见"的话［399a-b］。此外，人们还将他视为是一个智者和一个浪游的骗子［399c］。《埃律克夏斯篇》的作者对普罗狄科的这种讽刺和描述所表现出的相当不礼貌是完全不同于柏拉图的风格的。

四、《埃律克夏斯篇》的影响

不论是从历史上来看还是从未来而言，财富问题、财富和美德关系问题可谓是人类面临的永恒话题之一。

《埃律克夏斯篇》的作者在这篇对话中主要关注的是财富和美德问题，他提出正当地获得和正确地使用财产等合理主张。与该篇作者大概同时代的亚里士多德也非常重视财富问题，他主张中庸之道的财富观，并且在论述政体时，鉴于政体是受利益和财富的分配机制制约的事实，他因此还提出了著名的中产阶级理论①。

与柏拉图学派同时代和之后不同的其他哲学学派，如注重节制禁欲的犬儒派、提倡享乐的居勒尼派、主张清心寡欲的斯多亚派等都对财富和美德问题有不同的认识和观点，正因为如此，则导致其行为方面的不同。在罗马帝国奉基督教为国教之后和中世纪长达一千多年的时间内，基督教基本上否定了财富可以和美德并存的主张，它提倡安贫出世的禁欲苦行，认为富人要进入天堂难于缆绳穿过针眼，诸如此类教义抑制了人们的财富欲望。直到宗教改革宣传入世的禁欲主义德行财富观——一切现世的工作和成就（包括获得大的财富）都是荣耀上帝的天职观，这使得获利具有了合法性和合理性②。乃至现代，"1996 年，世界经合组织发表的题为《以知识为基础的经济》的报告将知识经济定义为建立在知识的生产、分配和使用（消费）之上的经济。其中所述的知识，包括人类迄今为止所创造的一切知识，最重要的部分是科学技术、管理及行为科学知识。从某种角度来讲，这份报告是人类面向 21 世纪的发展宣言——人类的发展将更加倚重自己的知识和智能、知识经济将取代工业经济成为时代的主流"。③无独有偶的是，《埃律克夏斯篇》的作者的一种看法是，那些最有知识和技能或者最智慧和最善于使用财富的人则可能是最富有的人。

历史一再证明，哪些东西被认为属于财富，如何获得（诸如掠夺、盗窃、劳动和创造等）和使用（包括交换、分配和消费等）财富，不论是对个人生活和行为还是对国家经济和政治活动等方面具有重大影响。

现代政治经济学的一些问题，例如价值、使用价值和交换价值，需求与供给、需要和价值的关系等这些抽象概念，甚至，笔者穿凿附会地说，

---

① 参见亚里士多德《政治学》第四卷［1295b］；亚里士多德关于财富与政治、财富与人生观、财富与伦理等关系的论述，主要在其《政治学》（例如第一卷第四章、第二卷第五章等）、《雅典政制》、《家政学》和《尼各马可伦理学》（例如第四卷［1120a］、第九卷［1164a-1165b］等）等伦理学著作中。

② 参见韦伯对此作了深入地经典分析的《新教伦理与资本主义精神》。

③ 引自网络 MBA 智库百科，人人可编辑的自由百科全书中的"知识经济"词条。

知识经济的思想，《埃律克夏斯篇》也都有所涉及。

该篇对话中提到的土地、耕地、马匹、黄金和白银、铁、石头、金币和银币等通货以及有关生活的食物、饮品、衣服、皮革和房子等必需品（受历史的局限，甚至还将奴隶视为财产，这种认识直至近代蓄奴制和奴隶贸易），诸如此类，不一而足。该篇对话的作者认为它们是否是财富或钱财，依赖于人们是否需求和是否有助益以之获得人们的所需。它们若是财富，那些东西的每一种谁拥有得多，他就更富有。而任何赢得最有价值东西的人则最富有。所以，要更重视最大和最有价值的财富；而最明智的、做事最优秀的、最繁荣昌盛的和最富有的是同一些人，如果智慧真的显然就是最有价值的财富。出售这种策划的技艺最明智的人也是最富有的人［402e］。那些人凭那种知识就像人们凭黄金和白银就获得生活必需品或者凭那些知识交易而获得酬金。正是因为知识有用，所以那些知识好像是钱财。再者，显然拥有那些知识者也是较富有的人。

如果说，较有学识之人是比较富有的人；那些最有智慧的人则是最富有的人①。

再如，一匹马对所有人有用，但对精通应当如何使用马者就会更是有益的，而对不懂应当如何使用马者就不会是有益的或不中用的；若后者懂得关于马的知识，那么，他也就立刻使不中用的东西成为有用的；懂得关于马的知识的人既然教给这人关于马的知识，也就立刻会使他更富有。

同样地，黄金和白银以及其他似乎是钱财的东西唯独对那恰好知道这样使用它们的任何人会是有益的。

最后，我们再引用《埃律克夏斯篇》中的几段对话，并将其含义做引申理解。

"［403e］苏：那么，无论如何，有关建造房子的事，你会认为对精通建筑的人们来说，某些东西是有用的吧？

---

① 这与柏拉图笔下的苏格拉底的看法相同。参见《斐德罗篇》［279c］。关于有知识的人或智者很能赚钱的叙述，参见《大希琵亚斯篇》［282b-284c］等。

克：至少对我来说，看来是。

苏：所以，涉及建筑物，我们说，他们利用的那些东西——石、砖和木料以及假如诸如此类的另外一些东西——就会是有用的呢，还是他们建造房子本身的工具，他们利用这些工具提供的那些东西，木料和石材，尤其反过来，提供那些材料的工具也就会是有用的呢？

克：至少对我来说，有关那建筑的事，看来那些全都是有用的。

苏：那么，就其他的劳作而言，有关属于其产品的每一件东西都是有用的，我们利用的不只是它们，另一方面我们也用工具提供那些材料，没有它们，我们的产品也就产生不了，是吗？

克：当然，的确是这样。

苏：因此，反过来，用产品也完成那些事情，尤其假如那些产品中的任何东西在较高处，［404a］再次用那些产品做工具完成那些事并且又向上送材料，有如像直到无限的某事，那些完成的大部分事必然地全部对于他们的产品显然是有用的，是吗？

克：也的确是这样，没什么能阻止那些事。"

以上对话体现出的财富和使用之间的互动关系递进至无穷高远的建筑比喻是一种微妙而精致的思想，它就像经济领域的资本链或利滚利一样的高利贷。

想必《埃律克夏斯篇》与柏拉图作品中关于财富以及它与美德关系的一些说法也对历史上不同时代的人们有一定的影响，迄至今日也还受到并值得人们重视。

《克莱托丰篇》

——论"正义诸美德和规劝"

一、引 言

在古代，传统上，《克莱托丰篇》被认为是柏拉图的一篇对话作品。但在近代，自19世纪起，最早由施莱尔马赫等人提出不是柏拉图的作品①，引起争论。有学者认为，似乎该篇对话的作者明显地依赖《共和邦篇》、《普罗泰戈拉篇》和《欧绪弗隆篇》以及《高尔吉亚篇》。文献学的理由是，该篇运用的词汇不是柏拉图的；但是承认柏拉图是原作者也不会有任何语言上的问题；因为该篇使用的也是标准的古典希腊语，而且还用了较多的阿提卡方言，以及多处使用了柏拉图本人习惯用的希求式②。

而格罗特和肖雷③持有的立场是，它是充作《共和邦篇》序言的一个

---

① 参见 Friedrich Schleiermacher: Platons Werke（《柏拉图的著作》）和 Über die Philosophie Platons（《论柏拉图哲学》）中关于《克莱托丰篇》的评论。

② 例如，"正义有其自己特定的、而其他技术没有一个具有的利益，即在城邦中生成'友爱'"［409d4］一句中的系词"εἴη"（含"是，存在、具有、属于"等词义）属于希求式，本篇多处使用。

③ George Grote（1794—1871年）是英国一位政治学家和古典历史学家。参见其 Life, teachings, and death of Socrates. From Grote's history of Greece. 1859。Paul Shorey（1857—1934年）是美国古典学者。参见其 The Unity of Plato's Thought, The University of Chicago Press, 1903。以上文献参见 Wikipedia, the free encyclopedia. Clitophon。

片段。因此，苏格拉底的沉默是一种思维暂停，它一直持续到他在《共和邦篇》的论证。

也有人认为本篇对话是精心设计的小册子，而不是一篇未完稿或一份草稿。①

但相对于真假问题，人们更感兴趣的是，面对克莱托丰②的质疑，苏格拉底为何沉默？

在以克莱托丰的名字命名的这篇对话作品中，克莱托丰看起来像对苏格拉底心怀不满的学生，他攻击了苏格拉底的不切实际，觉得苏格拉底式教学法缺乏实证知识。而实际上，克莱托丰误解了苏格拉底的思想，混淆了或等同了言和行；因为苏格拉底勉励人们向往正义诸美德的言论，显然不能代替受教者——或者从善如流，或者置若罔闻——的实践。

由此，或许这篇对话作品的作者通过撰写该篇，意图在于，他表达了听众是如何误解苏格拉底的一种反响。而克莱托丰像苏格拉底的同时代许多人对他的误解和偏见一样，他面临的最大的障碍和最重要的无知的是他对他自己的无知的无知。他不知道他本人的无知却误认为他知道很多苏格

① 对于该篇真假问题，迄今仍然有不同的看法。参见 G. S. Bowe："In Defense of Clitophon"，Classical Philology，Vol.102，No.3（July 2007），pp.245-264；Published by: The University of Chicago Press；Article Stable URL: http://www.jstor.org/stable/10.1086/529471；以及 Jenny Bryan："Pseudo-Dialogue In Plato's Clitophon"，The Cambridge Classical Journal（New Series）58（2012）:2.；DOI: http://dx.doi.org/10.1017/S1750270512000024；G. M. A. Grube："The Cleitophon of Plato"，Classical Philology，Vol.26；No.3（July.1931），pp.302-308，http://www.jstor.org/stable/264500（www.journals.uchicago.edu；DOI:10.1086/361371）。

② Κλειτόφων（约公元前5世纪中叶至前5世纪末或前4世纪早期）大概与苏格拉底是同时代人。他的早期生活鲜为人知。亚里士多德《雅典政制》[29，34]提到的克莱托丰也许是作为公元前411年建立四百人寡头政体的支持者之一的克氏。如果是这样，那么，他就是古雅典的一个寡头政治家和知识分子。作为一个次要角色和苏格拉底的对手色拉叙马霍斯的支持者，他也出现在柏拉图的《共和邦篇》[328b，340a-c]中。另外，参见喜剧作家阿里斯托芬的《蛙》一剧，在其中[965-970]，他借酒神迪奥尼索斯之口嘲弄了充作教人雄辩的悲剧剧作家欧里庇得斯的学生、政治上的变色龙克莱托丰。

拉底的谈话内容和方法，也不知道他自己是一个政治上的变色龙的不良的品性，而这种无知不但阻碍了他获得正义的知识，也制约了他行正义之道的实践。

我们从柏拉图等同时代人在其作品中对苏格拉底言行的描述来看，克莱托丰之流对苏格拉底的指责完全是无中生有，误解所致。

例如，喜剧作家阿里斯托芬在其《云》中通过描写阿提卡的农民斯特瑞普西阿德斯让他的儿子费狄庇德斯拜苏格拉底为师以及剧中"正理"和"歪理"关于正义的诡辩的事例，在批评了诡辩派在教育上对年轻人产生的恶劣影响的同时，也把苏格拉底当作了诡辩派或智者学派的代表人物；它从某个侧面反映了苏格拉底的同时代人对他的误解和偏见，这也是导致在后来审判他的法庭上影响了人们的判断的重要因素之一。无疑，柏拉图笔下的苏格拉底即使再擅长劝说，最终也还是产生了不利于他的判决。再如，柏拉图对叙拉古僭主狄奥尼西奥斯二世苦口婆心的劝告，也是对牛弹琴而已。诸多事例说明，即使是真理，它也不能自行。

此外，根据色诺芬在其《苏格拉底回忆录》[I.iv.1] 中为苏格拉底的辩护，以他的亲眼所见证明，苏格拉底不仅劝勉人们尊崇德行，而且还引导他们实践德行。

二、《克莱托丰篇》概述①

（一）《克莱托丰篇》的作者和写作的时代以及版本、研究简况

《克莱托丰篇》在古代一直被传播着，至于作为一单篇作品如何传播的情况，我们得知，它的原稿没有保存下来。现存最古老的手稿是在公元

---

① 以下一些内容参考了"C 本"，"提要"、第 965—966 页。

9 世纪的拜占庭帝国制作的。

人们对《克莱托丰篇》的作者和写作的时代也是猜测性的；它的作者很可能是柏拉图学园的某人或其他学派的人。

我们根据色诺芬在其《苏格拉底回忆录》[I.iv.1] 中为苏格拉底的辩护，好像他读过《克莱托丰篇》；假如这样的话，我们就可以断定该篇大概作于柏拉图的有生之年的公元前 4 世纪的第二个二十五年期间；若非如此，则很可能作于公元前4世纪下半叶，但是最迟作于公元前3世纪早期。

据第欧根尼·拉尔修《名哲言行录》第三卷“柏拉图”中记载，最早编订《柏拉图全集》的是公元前 3 世纪的拜占庭的文法学家阿里斯托芬，他编订的全集和在公元 1 世纪上半叶，门德斯的忒拉叙洛斯编订的《柏拉图全集》编辑体例中都将《克莱托丰篇》当作柏拉图的作品包括在内。忒拉叙洛斯还给其加上了副标题“论鼓励”，伦理性的，列于九组四联对话的第八组第一篇。

在中世纪早期，《克莱托丰篇》不为西欧学界所知。在文艺复兴时期的人文主义的时代，由于人文主义者重新重视古希腊文化研究，人们重新发现了《克莱托丰篇》。

人文主义者马尔塞琉·菲齐努首先在他于 1484 年出版的最早的拉丁文版的《柏拉图全集》中辑录了《克莱托丰篇》，所添加的副标题依然是“论勉励”，虽然他怀疑其真实性，并且认为它只是半部对话，几近独白体①。阿尔多·马努齐奥则根据拉丁文版在1513年最早重印的柏拉图的希腊文版本中也辑录了《克莱托丰篇》。尤其是在 1578 年，亨利·艾蒂安在他所编订和出版的《柏拉图全集》(三卷) 完整版中不仅辑录了《克莱托丰篇》，列于第三卷倒数第二篇，而且他在该版中首次使用了新的分页方法，即对全部原文用数字和大写的拉丁字母作为边码以标注页码和分栏，例如《克莱托丰篇》[406A-410E]，这也成为现代对其他古希腊作者作品的标准分页的基础。现今，由伯内特校订的被学术界公认为较好而广

① 参见“J. H 本”，第 306—307 页注释 102。

泛使用的《柏拉图全集》的希腊文版根据的即是这一版本，不过将边码改为小写字母并且加以细化到行号，例如《克莱托丰篇》[406a1-410e8]。

至于其他语种版本的情况，主要在近现代西方重新重视柏拉图研究以后由德国、英国和法国以及美国等几个主要国家为代表。西方比较通行或流传较广受到学术界公认的柏拉图著作的各种版本（包括全译本）大都收录了《克莱托丰篇》，例如库塞的法文译本以及迄今为止最全的《柏拉图全集》当数库珀（John M. Cooper）主编的英译全译本 1997 年版《柏拉图全集》（*Plato Complete Works*）和施莱尔马赫等的德文译本等。而西方学界对该篇对话的研究，或以专论形式，或在哲学史中论及柏拉图哲学时述及。

在我国，似乎尚无对《克莱托丰篇》的翻译和研究论著的发表。

（二）《克莱托丰篇》的梗概和若干细节

《克莱托丰篇》是一篇虚构的好像是在作为老师的苏格拉底和他的学生克莱托丰之间展开的对话，但前者在交谈了两句之后就一直保持沉默，接着便是克莱托丰一直责问苏格拉底的独白。该篇作者也没有提供确切的对话场景和年代背景的暗示。在伪作中，该篇约 4000 字，属于最短的一篇对话之一。

《克莱托丰篇》梗概如下：

对话伊始，苏格拉底径直问克莱托丰，是否他和吕西亚斯①在采用问答式论辩术讨论问题时，对他的论述进行了非难而过分称赞了色拉叙马霍斯②的交谈③。

---

① Λυσίας（公元前 445—前 380 年）是雅典一位著名的演说家和希腊历史学家。参见《斐德罗篇》[227a, 266c]。

② Θρασύμαχος（约公元前 459—前 400 年）雅典的一位修辞学教师和一位著名的智者，他的性格和观点在柏拉图的《共和邦篇》（[336b] 以下各页）得到刻画和表达。他的正义观与苏格拉底的相对立。另外，他也出现在《斐德罗篇》[266c] 中。

③ 该词（"συνουσία"）也有"（门弟子对老师的）过从，就教，听课"的含义。

克氏承认如此，但他补充说，也赞扬苏氏了，为消解除苏氏的疑虑，他表示愿意重叙他们对话的内容。

苏氏回答说，乐意奉听，并表示对他们有关非难他的评论，有则改之，无则加勉。

克氏便不容分说，而显得痛快淋漓，劈头盖脸对苏格拉底一顿质疑加责难。

他说，他虽然惊服听自苏氏所说的一切，尤其当苏氏对人们指责时，比别人讲得都最美好，恰似置于悲剧中的一位神，诸如苏氏谴责人们只关心钱财和身体，而忽略正义和灵魂等，他对像苏氏还主张的"不懂得怎样使用他自己的灵魂的人，就让他的灵魂保持安静，甚至最好是别活着而不要凭借灵魂做事活着［408a］"等说法几乎既从不反驳，也不进行答辩；他也承认它们确实是最适宜于鼓励人的和最有益的，尤其完完全全仿佛能把人们从睡觉中唤醒似的［408c］。但是，他质问苏氏或他的最难以对付的门生或精明的同伴："就美德而言，我们何时怎样接受你的劝告呢？我们指望怎样开始学习有关正义的事情，怎样表示自己的意见呢？尤其属于正义本身的利益是什么呢？［409d］"

他接着质问苏氏："一则，你说正义无疑是损害敌人，但对朋友行义举①。［410a］一则，又说正义者至少从不损害任何一个人；既然他做的所有事对所有人有好处的缘故。我相信你在劝人转向关怀美德方面无疑比起任何人做得最好，对于两件事情中的另一件，或者仅仅你很能做，但仅此而已。有关另一种不论什么技术也可能就会发生这样的情况，如同，一个不是舵手②的人为撰写会仔细研究对作为人们有很高价值的舵手的技术的赞辞，［410c］至于其他各种技术的情况也同样；现在，有关正义的情形，甚至很可能有人归咎于你，比如说，你为何对正义赞美得好却不更为

---

① 该词（"εὖ"）基本意思是"好"，还具有"幸运，幸福，正义；完美"等含义。

② 该词（"χυβερνήτης"）在比喻的意义上具有"城邦的掌舵人，领袖，统治者"的含义。在柏拉图的对话作品中以及在伪作中多用这类比喻。也可视该词为双关语。这暗示本篇也是政治性质的对话。参见柏拉图在《共和邦篇》中关于"哲人王"的论述。

精通正义。真的至少我不具有这样的看法：二者只能有其一，或者你不熟知正义，或者无心与我平分它的知识。由于那些缘故，于是，我甚至有意走向色拉叙马霍斯和能够向别的地方去，我却不知所措；假如你的确愿意真的立即对我停止用那些言谈劝说，［410d］但仅仅，假如在有关体育术方面，你劝说我无须疏忽身体之后，就随即告诉我这种劝说的话，例如，我的体质需要照料的话，尤其现在马上说出它。你认为克莱托丰同意真的把其他事情视为关怀的对象，由于另外事情的缘故而下苦功锻炼，却忽视了对灵魂自身的苦心经营是滑稽可笑的；［410e］对这些事情而言，现在你认为我也这样依次询问了所有其他的事情，和我此刻细说了的事情。我恳求你绝不做像我讲的其他的事，免得，正像现在，一则，在吕西亚斯和别人面前因某些事赞美你；一则，就某些事而责怪你。因为一方面，对于没有受到你劝说的人来说，苏格拉底啊，我将说，你对所有的人是有价值的；另一方面，对已受到你恣惠的人，你大概甚至成为他们由于美德之实现而达至幸福的障碍。"

该篇在用词方面的特点，尤其是使用的数个阿提卡方言举例如下：

"［406a12］克：但如果你准许我直言无隐，我就最感满意地期待并乐于叙述。"

"准许（δίδωμι）"一词也有"（神）赐予，法律上的准许和答应祈求"的意思。而后一词"直言无隐（παρρησία）"也有言论自由的含义。或许作者在用词上暗含讥讽的意味，这也符合该篇的格调。

"［407b3］克：但你们……"

中译者接受"C本"在"你们"之后根据语境增加的"既不思考"这两词，见［C注5］（第966页）。"V.C本"和"S本"分别译为："sans vous inquiéter"和"unbekümmert bleibt"。

"［407c7］克：没有节奏。"

"节奏（ἀμετρία）"一词也指人们行为的无节制。因此具有双关语的意思。

"［407e4］克：的确，苏格拉底啊，我每当听取你经常宣告的事情，也非常惊服。"

"惊服（ἄγαμαι）"一词既有"赞美，爱慕"的意思，也有"忌妒，气愤"的含义。具有双关语的意思。

"克：于是，他们中那似乎是最难以对付的人答复我说，[409a4]"

"难以对付的人（ἐρρωμένος）"一词本义是"强壮的（人）"；也有"有影响力的，可怕的"等含义。参见柏拉图《高尔吉亚篇》[483c]；另见"*Greek Word Study Tool*"中的释义。而文中的"最难以对付的人（ἐρρωμενέστατος）"指的是谁？我们不得而知。或许是暗指柏拉图？

以下句中一些用词属于阿提卡方言。

"[409c5]克：正确地行事，"

句中"行事（πράττειν）"一词。

"[410a1]克：路过者们无疑有能力抨击他，"

句中"抨击（ἐπιπλήττειν）"一词。

"[410b3]克：有好处的缘故。"

句中"好处（ὠφελία）"一词。

"[410b6]克：或者仅仅你很能做，"

句中"很（τοσοῦτον）"一词。

"[410c7]克：我甚至有意走向色拉叙马霍斯。"

句中"有意（οἶμαι）"一词。

三、《克莱托丰篇》和柏拉图作品的关系

柏拉图在其作品中描绘克莱托丰与修辞学家兼智者的色拉叙马霍斯和演说家吕西亚斯是亲密的伙伴。例如在《共和邦篇》第一卷[328b，340a-c]中，克莱托丰作为一个次要角色是苏格拉底对手的色拉叙马霍斯的支持者，他的简短的发言是："因为色拉叙马霍斯赞成，凭着统治者们

的命令而做事是正义。"而且"他① 说，对更强大的人有好处的事是正义，更强大者认为对他自己有利的是正义；对较弱的而言是必须做的，他也赞成这是正义的。"②

在《申辩篇》和《高尔吉亚篇》等对话作品中，苏格拉底对针对他的指控和责难进行了反击，尤其在后一篇中，卡利克勒对苏格拉底针对他的反驳也保持了沉默。

在本篇对话中，克氏对苏格拉底的说教不知所措，而在伪柏拉图《傣峁道科斯篇》中，苏格拉底对傣峁道科斯向他的请教也不知所措。

《克莱托丰篇》的作者也可能模仿了《巴门尼德篇》中年轻的苏格拉底对巴门尼德的高谈阔论仅仅在对话中是个听众一样而让克莱托丰对苏格拉底进行了不容他辩解的责难，除了苏格拉底开头的两句话，克莱托丰还像《共和邦篇》[344d]中的色拉叙马霍斯一样，对苏格拉底劈头盖脸地一通高谈阔论。

看到苏格拉底是攻击的对象并且未能像绝大多数柏拉图式的对话一样最后由他说了算的写作风格，特别是考虑到他留下没有得到答复的批评确实有些令读者不习惯。而在柏拉图的《共和邦篇》中，克莱托丰支持的那位激进思想家色拉叙马霍斯的观点是遭到苏格拉底驳斥的。即使考虑到柏拉图作品的丰富多样，《克莱托丰篇》还是有点古怪，事实上是个谜。

总之，克莱托丰在该篇对话中提及的所有指责苏格拉底而所引后者的观点和与之相近主题的问题，几乎全都是柏拉图的对话作品中苏格拉底的话，这说明该篇对话的作者熟悉柏拉图的对话作品，尤其是《共和邦篇》、《申辩篇》和《欧绪德谟篇》。

例如：在[407b5]，"如果正义真的可以学到的话（参见柏拉图《美诺篇》[70a]，《欧绪德谟篇》[282b]）"。

---

① 指色拉叙马霍斯，后面句中的"他"所指相同。
② 《共和邦篇》[340a-b]。

在［407d］，"产生了反目，尤其直到酿成并遭受战争"（用弹奏七弦琴比喻和谐的类似用法，参见柏拉图《高尔吉亚篇》[483b-c]等）。"此外，你们说，不正义者当然是自愿成为不正义的，但不由于缺乏教育也不由于无知，再者，反过来，你们重新敢于如此说，非正义是卑劣的，甚至是众神所憎恨的；于是，却说谁的确怎么可能就会心甘情愿选择这种性质的恶呢？'那人就会被快乐所制服。'"（参见《法律篇》[863c-864c]；《普罗泰戈拉篇》[352a-360e]）。

在［409c］，"你们说。难道那也是不自愿的吗，如果真的征服是自愿的？那么，无论如何，依理证明，不正义的确是非自愿的。一则，如我认为的"。（关于正义的定义）他回答："有益"；一则，其他人说是"适当"；也有人说是"有用"：但另有人说是"好处"（这些论点参见《共和邦篇》[336c-d，338c-d，339a]等中关于"正义"的定义之争论）。

在［409d］，"正义有其自己特定的、而其他技术没有一个具有的利益，即在城邦中生成'友爱'"（苏格拉底本人说的公正产生"友爱"和"协调一致"的观点，参见《共和邦篇》[351d]等）。而"友爱（φιλία）"也是学园中的作家的永久不变的主题，例如斯彪西波、克塞诺克拉特斯、亚里士多德都论及它。

但问题是，对话中的人物克莱托丰是否真正理解柏拉图作品中所蕴含的相关思想。本著认为，该篇对话的作者虽然运用了这种责难和质疑的方式，但很可能只是提出问题，寓意在于引起读者的思考。它展示了对苏格拉底思想和方法的无知或苏格拉底哲学和"克莱托丰之流"的非理性观的冲突。因为显然，一个好的教练用同样的方法既能够培养出最优秀的运动员，也可能产生无能之辈；同理，苏格拉底的学生中既有柏拉图这样的伟大思想家，也有一些平庸之辈甚至臭名昭著者。

至于该篇中关于正义和劝告的思想，参见本著关于《论正义》和《傣峁道科斯篇》的论述。

四、《克莱托丰篇》的影响

公元前第 3 世纪，克律西波① 在他的著作《论规劝》中批评了克莱托丰提到的置于苏格拉底口中的命题，即，他对"不论谁，不懂得怎样使用他自己的灵魂，就让他的灵魂保持安静，甚至最好是别活着而不要凭借灵魂做事活着［408a］"的观点持反对意见。这是引用《克莱托丰篇》的最早的证据。普卢塔克的著作《道德论文集》包括广泛，其中就有一篇《美德可被教育》，并且引用了当作柏拉图作品的《克莱托丰篇》［407c］中的话。

表面上看，苏格拉底之所以受到克莱托丰的责难和质疑，是因为他不仅无法满足克莱托丰对美德本身——尤其是正义——的哲学理解的渴求，而且他更不能使克莱托丰顺利地成就美德实践。而激励了克莱托丰内在的这一欲望的正是以对美德鼓舞人心的规劝的苏格拉底本人。克氏的责难和质疑以及对苏格拉底的不满由此产生。因为他的探求总是终归绝境。所以他断定，在与色拉叙马霍斯和其他任何可以帮助他的人展开的辩论中，苏格拉底的哲学事业必须在更深和更高的层次上进行；否则，他将另择他师。

该篇对话最有趣的一个特征是苏格拉底有关美德的规劝［407b-408c］，苏格拉底再三地对他的同伴雅典人慷慨陈词的谈话一种形式。以这种规劝的理念在柏拉图的《申辩篇》和《欧绪德谟篇》以及伪柏拉图《阿尔基比亚德斯篇（Ⅰ）》中，埃思基涅斯② 的《阿尔基比亚德斯篇》（断简残篇），色诺芬的《苏格拉底回忆录》［Ⅳ.ii］及其他作品，无疑，

---

① Χρύσιππος（公元前 279—前 206 年）是古希腊一个斯多亚派哲学家，斯多亚学校第三任主持。

② 参见第 136 页脚注 ④。

包括昔兰尼的阿里思提珀斯① 和雅典的安提司特涅斯② 遗失的劝勉对话有相似之处。《克莱托丰篇》中的苏格拉底劝勉的辩论法在色诺芬的《苏格拉底回忆录》[I.v] 中是相似的。尽管克莱托丰对这种劝勉文体的热诚颇为明确地表示了讽刺，但他将他的批评集中在接下来所发生的事情上面，更确切地说，集中在没有接下来所发生的事情上面：一种关于正义的恰当地哲学理解和它所达到的目的。值得注意的是，克莱托丰在用柏拉图的苏格拉底式对话中苏格拉底辩论的同样的辩证方法辩论，正所谓以其人之道还治其人之身；苏格拉底是在搬起石头砸自己的脚，而克莱托丰似乎是属于苏格拉底作品的英雄。

但为什么苏格拉底是反派人物？该篇作者是在与修辞学的传统结盟而摒弃了当作一条死路的整个苏格拉底哲学的遗教吗？或者他是一位倾向于柏拉图的发言人和他的辩证法的企图是在更有深度和更好的基础上创立比那些建立在借助于苏格拉底的有竞争性的追随者基础之上的苏格拉底哲学的思索方式吗？甚至作者可能是柏拉图本人吗？所有这些问题仍悬而未决③。或许马克思的名言："哲学家们只是用不同的方式解释世界，而问题在于改变世界"能够为此问题提供解答。

总之，开放的末尾，苏格拉底为何沉默的悬念引起读者思考可能会发生什么，思考刚才所说的是什么。起码一点，美德不像可教的技艺，它不能凡教必会；"修行"全靠自己。

---

① Ἀρίστιππος（约公元前 435—约前 356 年），昔兰尼人，是昔兰尼哲学学院创始人。他曾经是苏格拉底的学生。
② 参见第 136 页脚注 ③。
③ 以上段落编译自"C 本"，"提要"、第 965 页。

《弥诺斯篇》

——论"法律的本质"

一、引 言

在古代,《弥诺斯篇》是一篇归于柏拉图名下、叙述了在苏格拉底和一位无名氏同伴之间以法律为主题的虚构的对话。作为典型的例子,苏格拉底介绍了克里特岛的弥诺斯王的立法,并将它作为模范立法的代表。因此,对话以弥诺斯的名字命名。但在近现代研究中,它被一些学者,例如,1806 年 8 月,奥古斯特·博克[1] 最早认为该篇对话并非柏拉图所写,弗里德里希·施莱尔马赫和兰博等人赞同他的观点[2],认为它是一篇模仿了柏拉图作品对话风格的貌似真实的假作[3];不过,也有学者坚持它是柏拉图的作品,例如,伊迪丝·汉密尔顿将该篇对话排除在她编辑的虚假的

---

[1] August Boeckh(1785—1867 年)是德国一位古典语言学家和古文物研究者。他最早的论文之一是关于柏拉图的宇宙体系的研究:Untersuchungen über das kosmische System des Platon,Berlin 1852。他还研究了另外五篇伪柏拉图对话作品的版本。参见 John Edwin Sandys,A History of Classical Scholarship,Vol. III,Cambridge at The University Press,1908,p.95。

[2] 参见 Friedrich Schleiermacher:Platons Werke(《柏拉图的作品》)和 Über die Philosophie Platons(《论柏拉图哲学》)中关于《弥诺斯篇》的评论。

[3] 参见 W. R. M. Lamb(Walter Rangeley Maitland Lamb,1882—1961 年,英国古典学家):Introduction to the Minos. p.386.Loeb Classical Library. Cambridge,MA: Harvard University Press,1927。以上文献参见 Wikipedia,the free encyclopedia. Minos。

柏拉图对话作品集之外①。另外，列奥·施特劳斯也认为该篇对话是柏拉图的，并足以当作柏拉图《法律篇》的一份导言②；而《法律篇》中也多次提到法律的导言问题③。

从《弥诺斯篇》本身的内容来看，它与柏拉图的作品，尤其是《法律篇》、《政治家篇》和《共和邦篇》关系密切；此外，人们普遍承认，《弥诺斯篇》这篇对话录的语言和措辞是公元前4世纪极好的古希腊语的风格，委实难以同真正的柏拉图著作区分开来。

再从对话人物和发问的方式以及作品结构等方面看，《弥诺斯篇》中使用的问答式论辩法和与实例的相结合非常类似于伪柏拉图作品《希帕尔科斯篇》中的组合，这两篇作品像是隐含着对在雅典流行的文化和历史价值观的一种怀疑；一些学者也由此断定它们是同一位作者的作品。那么，若此说成立，鉴于《希帕尔科斯篇》属于伪柏拉图作品，则《弥诺斯篇》也就属于伪柏拉图作品。

---

① Edith Hamilton（1867—1963年，美国教育家和作家，一位公认的国际知名的女性古典学家），著名的 The Collected Dialogues of Plato（Princeton: Princeton University Press，1961）主编之一。

② Leo Strauss（1899—1973年），是一位德裔美国政治哲学家和专门从事古典政治哲学研究的古典主义者。参见他的 On the Minos. In Liberalism Ancient and Modern，pp.65-75. Ithaca, NY: Cornell University Press.1968，以上文献参见 Wikipedia, the free encyclopedia. Minos。该文另外载于：Thomas L. Pangle（Hrsg.）: The Roots of Political Philosophy, Ithaca/London 1987，pp.67-79。

③ 例如《法律篇》的前三卷可视为一份关于立法的导言，提出了将要遵循的基本原则。参见《法律篇》[723c-724a，874e，875d] 等。

二、《弥诺斯篇》概述①

（一）《弥诺斯篇》的作者和写作的时代以及版本、研究简况

人们对《弥诺斯篇》的作者和写作的时代是猜测性的；它的未知的作者很可能是柏拉图学园的某人，它大概作于公元前 4 世纪中叶后不久，但不迟于公元前 3 世纪早期。《弥诺斯篇》在古代一直被传播着，并为许多作者所知和引用。至于作为一单篇作品如何传播的情况，我们得知，它的原稿没有保存下来。古代流传下来的文本仅限于公元 3 世纪早期的一些纸莎草纸的碎片。现存最古老的手稿是在中世纪公元 9 世纪的拜占庭帝国制作的。就第一本单篇译本而言，迟至 11 世纪，才出现了亚美尼亚语的译本②。

据第欧根尼·拉尔修《名哲言行录》第三卷"柏拉图"中记载，最早编订《柏拉图全集》的是公元前 3 世纪的拜占庭的文法学家阿里斯托芬，他编订的《柏拉图全集》和在公元 1 世纪上半叶，门德斯的忒拉叙洛斯编订的《柏拉图全集》编辑体例中都将《弥诺斯篇》当作柏拉图的作品包括在内。忒拉叙洛斯还给其加上了副标题"论法律"，政治性的，列于九组四联对话的第九组第一篇。《弥诺斯篇》在中世纪早期尚不为西方拉丁语学者所知。在文艺复兴时期的人文主义的时代，由于人文主义者重新重视古希腊文化研究，人们重新发现了《弥诺斯篇》。

人文主义者马尔塞琉·菲齐努以为《弥诺斯篇》是柏拉图的作品，并首先将其译为拉丁语。他在 1484 年出版于佛罗伦萨的最早的拉丁文版的

---

① 以下一些内容参考了"C 本"，"提要"、第 1307—1308 页。

② Zur armenischen Übersetzung siehe Frederick C. Conybeare: On the Ancient Armenian Version of Plato. In: American Journal of Philology 12，1891，S.193–210. 以上文献参见 Wikipedia Die freie Enzyklopädie，Minos（Dialog）。

《柏拉图全集》中辑录了《弥诺斯篇》（列于第七篇）。阿尔多·马努齐奥则于 1513 年在威尼斯最早重印的《柏拉图全集》的希腊文完整版本中也辑录了《弥诺斯篇》。尤其是在 1578 年，亨利·艾蒂安在他所编订和出版的《柏拉图全集》（三卷）完整版中不仅辑录了《弥诺斯篇》（列于第二卷第十一篇），而且他在该版中首次使用了新的分页方法，即对全部原文用数字和大写的拉丁字母作为边码以标注页码和分栏，例如《弥诺斯篇》[313A-321D]，这也成为现代对其他古希腊作者作品的标准分页的基础。现今，由伯内特校订的被学术界公认为较好而广泛使用的《柏拉图全集》的希腊文版根据的即是这一版本，不过将边码改为小写字母并且加以细化到行号，例如《弥诺斯篇》[313a1-321d10]。

至于其他语种版本的情况，主要在近现代西方重新重视柏拉图研究的 19 世纪以后由德国、英国和法国以及美国等几个主要国家为代表。西方比较通行或流传较广受到学术界公认的柏拉图著作的各种版本（包括全译本）大都收录了《弥诺斯篇》，例如库塞和 Les Belles Lettres 出版社的法文译本以及迄今为止最全的《柏拉图全集》当数库珀（John M. Cooper）主编的英译全译本 1997 年版《柏拉图全集》（*Plato Complete Works*）和施莱尔马赫等人的德文译本等。

而西方学界对该篇对话的研究，或以专论形式，或在哲学史中论及柏拉图哲学时述及。

中文译本有华夏出版社 2010 年出版的林志猛译的《米诺斯》。

（二）《弥诺斯篇》的概要和若干细节

这篇对话被虚拟为是在苏格拉底和他的某位同伴之间发生的；但它发生在何时和在什么样的背景下并由什么事引起，作者没有交代。不过有一个线索提供了对话人的年纪都已经不小，这如同《法律篇》的对话人是三位老者一样，说明他们在进行这次谈话时已是老年，这从苏格拉底在该篇结束时的话中可以看出 [321d]。

这篇对话作品约 8000 字，在伪作中，它属于一篇中等篇幅的作品。

《弥诺斯篇》如同《法律篇》一样，开头也都是由主要对话人提出法律问题。只不过前者是苏格拉底，后者是雅典客人，也即柏拉图。再如，《希帕尔科斯篇》开头也是由苏格拉底提出贪婪问题。

《弥诺斯篇》的梗概如下：

苏格拉底在对话开始，开门见山即向他的同伴提出这一问题："对我们而言，法律是什么呢？"

他的同伴反问："你尤其询问法律的性质是什么吗？"

苏格拉底认为他的反问不正确。因为法律就其本身而言是与自身同一的所是，也即法律的本质，并没有其他的什么性质，诸如较多一些或更少一些，坏的或是好的性质，甚至这就意味着法就其自身而言是中性的。

因此，同伴回答说，法律是奉行某种风俗。[313b]

经苏格拉底反问，同伴又说，法律不是采用某种习惯，而是城邦的信条① 和投票通过的议案，也即法律是政治学②。[314c]

但是，经苏格拉底的推论，考虑到信条也有对错和有益无益以及正义非正义等之别，同伴又承认，法律是城邦的信条的回答是不恰当的，而将糟糕的信条接受为法可能会不合适。[314e]

此后，便由苏格拉底引导对法律本质的探讨。苏格拉底假设：法律是某种判断③，是有助益的、真实的见解，是关于真实存在之事的发现。

同伴对此有些不解，他问："如果法律意欲是真实存在之事④ 的发现，难道时常我们对同一事不用同一种法律吗，假设在我们看来法律发现了真

---

① 该词（"δόγμα"）具有"学说，教条，信条，信念，见解，判决，法令"等含义。

② 该词（"πολιτική"）暗含"技艺"。该词的形容词有"属于公民的，为公民的，适合于公民的；像公民的，有礼貌的；属于或适合于政治家的，有政治家风度的；属于城邦的，属于行政的，关于政治的，公共的，属于公共生活方面的"等含义。

③ 该词（"δόξα"）是多义词："猜想，光荣，想法，判断，看法，（哲学）见解，意见，期望，一般的见识，幻想，声望，荣誉，名声，荣华"。本文著者根据上下文取意。

④ 该词（"ὄντος"）是"εἰμί"的分词（单数，现在时，中性，属格），是个非常重要的连系动词，与德语的"sein"，英语的"be"，法语的"être"词义相当，有"存在，现实，真实，现有的东西"等含义。可译为"实有"。

实存在之事？"然后，他举出一些不同地方或不同民族的习俗方面的例子说明这点。[315d]

苏格拉底仍然认为法律是关于真实存在之事的发现，并指出同伴是答非所问或张冠李戴，也即没有保持概念的同一律。

在同伴表示乐于按照苏格拉底的要求回答就他愿意要问的任何问题之后，讨论继续进行。

于是，他们通过正义和不义以及有关的技艺等事例，说明法律具有稳定、正确和一致的属性，不因人、因时和因地而不同。

苏格拉底多次对同伴在这一段时间里的回答得好表示满意，并且他们再次得出结论：法是对实有的发现。[317d]

接着，他们谈及希腊历史上著名的立法家吕库尔戈斯①，使用最古老法律的克里特人的国王弥诺斯和拉达曼提斯②，尤其是对前者，苏格拉底表示不赞同悲剧诗人通常认为那是一个野蛮的和残暴的以及不义之人的说法，并且举出荷马与赫西俄德③二人赞美了他的例子[319a]；而一度散布着弥诺斯是某个没有教养甚至残暴的人的那种谣传是因为他曾经是雅典城邦的敌人而向雅典开战并打败过它，因此，雅典人在悲剧里攻击弥诺斯，为报复他让雅典偿付那项可恶的贡税。[321a]

结论是：弥诺斯的确是个好人和遵守法律的人，那最强有力的迹象④就因：他的法律是固定不变的，因为，弥诺斯幸运地发现了关于城邦生活

---

① Λυκοῦργος（约公元前700—前630年）斯巴达政治家和立法者，据说他曾周游列邦，研究各种政体和法律。在《法律篇》[630c-632d]中，柏拉图以赞赏的口吻提及吕库尔戈斯和弥诺斯以整体的美德为框架的立法。

② 在希腊神话中，Μίνως和Ῥαδάμανθυς是宙斯和欧罗巴的儿子，都是国王。弥诺斯是克里特之王。古希腊的弥诺斯文明就是以前者的名字命名的。弥诺斯以严明的法治而著称于世，和他的兄弟拉达曼提斯、艾亚格斯一样，死后做了冥界的判官。

③ Ἡσίοδος，即赫西俄德。通常被学者们认为是希腊诗人，他生活于公元前750—前650年之间，大约和荷马同时代。他是欧洲第一个诗人，写有著名的长诗《工作与时日》，很可能《神谱》也是由他所写。

④ 该词（"σημεῖον"）有"从神那里来的预兆"等含义外，也有"（作出推论的）或然的证据"的含义，和"科学的确定无疑的证据（τεκμήριον）"相对。

的真相。因此，他也是古人中最优秀的立法者，是民众的好的分配者和牧者。[321b]

但该篇对话最后对什么是法律却离题未做解答而与柏拉图的许多对话一样具有开放性的特点，苏格拉底转而提出："好的立法者和好的分配者二者，向灵魂分配什么可使它变得更好？"这一也未能够回答的问题。并且表示不知甚至存在于灵魂中间的善和恶，"这的确对于我们每个人的灵魂一定是可耻的。"[321d]

该篇对话在用词方面的特点：

首先值得一提的是，该篇对话中的核心词"法律"的希腊词是"νόμος"，它有"习惯，习俗，惯例；法律，法令，法规"等含义；而该词的动词"νομίζω"有"保持习惯，按照习惯承认，采用某种习惯；奉行某种风俗；当作；信奉；受古老的法律和习惯制约；习惯于（做某事）；相信，认为，尊重"等含义。显然，本篇对话的作者是在双重含义——习惯法和成文法——上使用该词的。

其次，就语言和措辞本身而言，该篇对话使用的是公元前4世纪的古典希腊语，其风格与柏拉图的基本相同。至于校对等其他方面的问题也不是很多，仅仅举例如下：

"[318a]苏：放牧人群身体的那人是最卓越的人吗？"

句中"身体的"一词似乎是赘词。参见[C注2]第1314页。"S本"译为："Dieser also ist am geschicktesten die menschlichen Herden leiblich zu weiden?" "V. C本"译为："Pour ce qui regarde le corps, c'est donc lui qui sait le mieux gouverner le grand troupeau humain?"都未指出存在问题。

"[320c]苏：弥诺斯利用塔劳斯①为克里特的其他地方的法律维护员。因为塔劳斯一年绕到各个乡区巡视三次，维护雕刻在铜写字板中的乡区的法律，由于此缘故，他被称为'青铜人'。"

---

① Τάλως，在希腊神话中，他是一个巨型青铜器的人，在克里特岛保护欧罗巴免遭海盗劫掠和外敌入侵。他每天在岛的海岸巡视三次。

句中"乡区（κώμη）"一词属于多里斯方言。但是，主要使用阿提卡方言写作的柏拉图在《法律篇》也多次同样使用了该词，如在［626c-d］："κώμη δὲ πρὸς κώμην ἕτερον"；在［746d］："ὅθεν φρατρίας καὶ δήμους καὶ κώμας"。由此说明，若认为《法律篇》是柏拉图的作品，则仅以用词方面不能断定《弥诺斯篇》就不是柏拉图的作品。

"［321c］苏：于是，他们两人成为古人中最优秀的立法者，是人们的分配者和牧者，也正如荷马所说的：'好的带兵官是民众的牧者。'"①

在这句中，请读者留意从词源上所做的分析和寓意。在古希腊语中，"法律（νόμος）"和"牧场（νομός）"同词形，虽然词重音不同。而"分配者（νομεύς）"与"牧者（νομεύς）"是同一词，通常比喻为"人民的领袖，首领"。中国古代也有民牧的观点。而"羊群（πρόβατα）"一词通常比喻为"首领统率下的军队或队伍（λαός）"。在《圣经》中也有类似的比喻。

三、《弥诺斯篇》和柏拉图作品的关系

《弥诺斯篇》的主要思想和写作方法与柏拉图的基本一致。

《弥诺斯篇》的作者写作的目的是：从根本上反对在智者界广泛传播的、并由苏格拉底、柏拉图及其学派反对的对法律和正义等的相对论的理解：立法只是奉行某种风俗，编纂当地习惯或惯例和在城邦国家投票通过的议案和任意决定政治问题的见解。他认为"法"的概念是反映客观真实存在的规定，具有严格的规范性、普遍性、持久性和稳定性特点。因此，这样的规定相当于是发现现实中的永恒的自然规律——"法"，该篇作者相信它们的存在。他也反对智者使用诡辩的表达方式；针对随意变换的立

---

① 　或译为"好的带兵官是民众的领袖（ποιμένα λαῶν）"。参见荷马《伊利亚特》［1.263］；《奥德赛》［4.532］等其他各处。

法，他还批评了雅典的民主，提出了不民主的城邦（克里特岛，斯巴达）为立法稳定状态的榜样等。

在《申辩篇》中，柏拉图描写道，苏格拉底拒绝服从三十僭主统治时期僭主的命令，而在《克里托篇》中，苏格拉底拒绝克里托劝他越狱而服从法庭对他的判决；他为什么要如此做呢？这实际上涉及柏拉图关于自然法和实在法，法律（法令）和命令，善法和恶法关系的看法问题。众所周知，法律是柏拉图毕生关注的主要问题之一，他的法律观主要体现在《政治家篇》和《共和邦篇》尤其是《法律篇》中。

《弥诺斯篇》所讨论的问题是法律的本质，而要证明的论点之一是，命令不属于法律的本质。难怪苏格拉底可以不服从三十僭主之命令而服从民主的法庭对他的判决。

伪柏拉图《定义篇》中对"法律"和"法令"是这样释义的：法律是"大多数人关于不限定在某些时期之内的公共生活方面的信条"。而对"法令"的释义为："限定在某些时间之内的政治信条。[415b]"这些扼要的释义可以有助于进一步解释为何苏格拉底服从法律而不服从命令。简而言之，苏格拉底生活于雅典民主制由鼎盛转衰落的时代，民主被认为是大多数人的统治。在雅典，决定问题通常采取集体会议制，法律也以"会议与民众决定"的字眼开头，所以法律就是民主的体现，服从法律就是尊重民主。命令（ἐντολή）则是当权者发出的指挥性和强制要求受命者执行的指示或指令。因为智者认为的遵守统治者的命令就是正义并非正确，而错误的命令就不是法律；如同《弥诺斯篇》中苏格拉底说的："将糟糕的信条接受为法可能会不合适。[314e]"所以，苏格拉底可以尊重雅典民主的法庭依法定程序对他的审判结果（他明知不公正）而坦然受刑，却冒死拒绝执行三十僭主的命令而不愿干不义的行为①。此外，《定义篇》中关于"美德"、"正义"、"审慎"、"明智"、"勇气"、"法治"、"立法者"、"非正义"等的释义都与法律的观念密切相关。

---

① 参见《申辩篇》[32a-e]。

柏拉图从某种角度也对法律作了界定：法律和制度是正义的体现。另外，他认为："而且对以后的事情的见解此外还有这两者，一则，对这两者共有的名称是预料，一则，特殊的名称，在困境前面的是恐惧，而在反面前的是勇气；但除所有这些之外还有从它们方面不论哪一种更好或更差的推理，城邦当局对已发生事的信条被取名称法律。"①

像在《法律篇》中一样，在《弥诺斯篇》中，该作者也强调了法律的价值，例如：

"［314d］苏：因此，正义和法二者是最美好的吧？"

法律是"最美好、高尚的"观点，参见《法律篇》［645a-c］。有关法律问题的著作是"最美好的"的说法，参见《法律篇》［858c-859a］。

"［317a］苏：因此，那些人们称作法律的文书是政治家——领袖② 和好人二者的文书。"

柏拉图在《法律篇》［858c-859a］中提到了制定法即"立法者的文献（γράμματα τοῦ νομοθέτου）"。雅典客人指出，在各种作者当中，只有立法者的文书就"有关美和善以及正义提出建议"；"所有在城邦中有关已写下的法律文献应当显然揭示最美和最好的"。

"［318a］苏：放牧人群身体的那人是最卓越的人吗？"

"放牧（νέμω）"一词具有"分配，分发，分给，给以（惩罚）；分配给自己人，瓜分，占有，据有；控制，统治；认作，视为；放牧（牛羊）"等含义。牧人者即指神，或指人民的领袖，即民牧。此类运用双关语的比喻常常出现在柏拉图的对话中，例如他在《克里提亚斯篇》［109a-e］提到：在远古的时候，神在各自分配到的领地里，分而治之，像牧人所做的一样养育人类。

实际上，《弥诺斯篇》将《政治家篇》中关于君王作为人群的照料者的文字与《法律篇》［731c-714a］的文字合并起来了。在《法律篇》那里，

---

① 《法律篇》［644c-e］。

② 该词（"βασιλεύς"）有"［荷马史诗］军事首领，王，国王，首领，领袖；［雅典］国王执政官（是第二执政官，执掌宗教仪式和司法）；波斯国王"等含义。

"法律"是从在划分、分发、分配的意义上的"区分"开玩笑地引申出来的，因此法律被说成是由"理性"作出的"分配"；《弥诺斯篇》里则把"牧人"用作同时含有牧人和分配者的双重思想。

在写作方法方面，《弥诺斯篇》一开始提出的问题是，法律是什么？《法律篇》一开始提出的问题是，法律是由谁制定的？对于"整个法律是什么？"（《弥诺斯篇》[313b]）的提问实际上是在询问法律的定义，而非其类型或差别等。这与柏拉图在其对话作品中常常寻求对所讨论的对象进行"定义"的观点相同。

从形式上看，《弥诺斯篇》是以问答方式进行的论证和文献史的附注一同合起来组成的。这样一种附注文献史的典型例子是柏拉图的《蒂迈欧篇》和《克里提亚斯篇》中虚构的亚特兰蒂斯的故事，还有在伪柏拉图的《阿尔基比亚德斯篇（Ⅰ）》、《阿尔基比亚德斯篇（Ⅱ）》和《希帕尔科斯篇》等中的附注。

《弥诺斯篇》中的假设和论证手法也完全是柏拉图式的；它可以被看作是柏拉图《法律篇》前言的一种。虽然《弥诺斯篇》可能写于《法律篇》之后，但它采用了作为放牧人类技能——柏拉图在《政治家篇》中讨论了——的这一早期政治观。《法律篇》解释了以弥诺斯是受神启的克里特岛的立法者开始的原因，其关于立法讨论的起点是三个老年男子从克诺索斯（弥诺斯的都城）到依黛洞穴①之间的路上展开的。在《弥诺斯篇》中，法律正文被设想为可真可假的书面文本，一个由柏拉图共享的概念，他也认为法律文本得益于书面语的推敲（参见《法律篇》[718c-723d]）。严格意义上的法律表达社会生活的现实，一种像三个老人在《法律篇》中拟订的法治城邦——人们可以生活在永久和平与稳定城邦中的可能是第二

---

① 依黛（Ἴδη）山是克里特岛的最高峰，在希腊神话中，它是宙斯及其他神祇的母亲瑞亚（Ῥέα）的圣地；根据希腊神话，该地有传说中的女神瑞亚隐藏并让养母阿玛尔泰娅（Ἀμάλθεια）抚养婴孩宙斯使他远离他的父亲克洛诺斯（Κρόνος）的洞穴。此后，宙斯的出生地成为希腊男神和女神之王和父亲的宙斯的圣地。据说弥诺斯在此向宙斯学会了立法。

等最好的社会、政治和法律制度下———一样永久的现实。在《弥诺斯篇》的最后〔321d〕提出却没有解答的问题是："到底是，好的立法者和好的分配者二者，向灵魂分配什么可使它变得更好呢？"《法律篇》对此的回答是向灵魂分配美德。

柏拉图在其《法律篇》中集中系统地论述了他的法律思想。他认为法律是人类智慧的结晶，有效完善的法律培养和塑造行为品格，或者它在实行的同时教导正确、公正的行为品格。当他（雅典客人）扮演为向新克里特城邦建议立法时，他假定法律和道德反映了神圣的理性并因此将它们提升至永恒真理的地位。

《法律篇》的核心学说之一即是每一个人应有美德，换句话说，美德是立法目标的想法是雅典客人贯穿于《法律篇》整部对话的正式见解，并且，至少在理论上，形成他绝大部分实际的建议。雅典客人宣称美德是神圣的善，拥有它是幸福的唯一保证。美德既是单一的又是众多的，立法者能够用它指导公民。正确的立法可以保障人类和神圣的善。人类注重的凡俗的善是健康、美貌、好的体质和财富，但这些凡俗的善视神圣的善而定：首先是智慧，其次是心灵的节制，第三是其他神圣美德相结合的一种产物的正义，以及第四是勇气。立法者必定会注意到这种秩序。然后，他会告诉他的公民，他的其他所有法令实际上都是为了实现这些目标。为了传授这些美德，雅典客人接着相当详细地解释了立法者应该如何从怀孕到死亡监管公民全部的生活。他特别强调立法者有理解快乐、欲望等各种情感的必要。他还提出，立法完成后，要设立法律的卫护者；最后由理性把整个体制结合在一起，使每一成分服从节制和正义而非财富和野心[①]。

在《共和邦篇》中，柏拉图是用三个主要的理由支持这个命题的：第一，既然，美德是灵魂的一种和谐和健全的状态，那么它甚至将比身体的健康还要重要；第二，有品德的生活比任何其他的生活是更真实的快乐生活；第三，有品德的人在死后将得到酬报而邪恶的人将受到惩罚。三个论

---

① 《法律篇》〔631c-632d〕。

证也全都，至少通过暗示，在《法律篇》中提出。它们一起共同作为在理性指引下灵魂的一种和谐有序状态的美德观。根据雅典客人的法律概念，法律有其本身内在的对和错的标准。因此，他能够讨论具体的法律是对还是错。一项法令离这些标准越接近，其能够被称为真正"法律"的程度就越大。这种观点也与自然法超越实在法或是实在法的标准类同。

相比而言，《法律篇》中关于立法的主要目的是神圣的善相当于《共和邦篇》[427e]及其后几段中列举的四种美德。《法律篇》关于立法者应该力求作为一个整体美德的见解也与苏格拉底认为美德是一种在于认识善的学说类似。而《弥诺斯篇》关于治理城邦的文书和治理者是由懂得如何统治城邦的那些人——政治家们和廷臣们——制定和实施[317a]以及最精通法律的人也就是最好的分配者[317e]和人群的牧者[318a]等观点与《法律篇》中法律将需要有的拥有知识而有的拥有真实信念的监护人（如执政官和夜间议事会成员）的建议和可以使读者记起只有《共和邦篇》[503b，519b，543a]中的哲人王具有真正的知识和能力，是最强者和品行最好者以及《政治家篇》[267d，268c，276e]关于真正的政治家或"国王"是人的照料者等相关内容。

在《大希琵亚斯篇》[284d-e]中，苏格拉底（柏拉图）也表达了同样的观点："但是怎么？立法家们如此为城邦制定法律不是最大的善吗？没有这，凭法治管理也是不可能做到的，是吗？因此，企图制定法律的人们不论什么时候对着善未射中的①，则失去了遵守法律的人和法律二者。"

总之，在柏拉图看来，德法之治的结合点是正义。正义与法律的统一性在于秩序。遵守秩序，不过分，有节制，由有智慧的政治家或立法者领导是城邦邦民或各组成部分的一种美德。政治家和立法者的职能是使城邦和谐统一、满足邦民的福利、和平和自由并促进他们的美德的实现。城邦

---

① 该词（"ἁμαρτάνω"）也有"失误；忽略；失去（某物）；犯错误，犯罪"等含义。这句的语意是说：立法若与善无关，则无价值。因此，亚里士多德也说，法治也必须是良法之治。

有了法律和秩序，便有了众善之基础，正义也就能够显现其中。

此外，在《政治家篇》和《法律篇》中，柏拉图也表达了法律是重要的和必要的观点。他说，有一门控制各种技艺——演讲术、法官审判和军事统帅等——的技艺。"但统治所有这些的和法律的以及在城邦之中全部关心的并且将一切最正确地织在一起的，从称呼的角度包括它的共有的技能，我们就会最正当地，看来，称为政治学。"①

他认为，政治家或包括立法技艺的"国王"的技艺是一门艺术，就像绘画一样。一个依靠法律来创造和维持的好城邦无非就是按照一套既定公式用各种颜料画出来的一幅好画。当真正的政治家实行统治时，他知道自己应当如何公正地对待所有人，而法律则可以沦为巨大的不正义的原因。但是城邦和蜂箱不一样，蜂箱里的首领是看不见的。如果真正的政治家没有出现，那么法律的统治又是次等好的。在运用法律时，经验起着指示性的作用。尽管法律有不适用之处，但比没有法律的统治要好。而只有真正的政治家才是优秀的立法者能够正确地把一个城邦像织毯一样组织好，把有着各种心灵、性格和成分的人组合成一个坚定持久幸福的共同体。②

柏拉图还认为，自然，一个拥有这种知识的统治者将能够具有确立秩序和正义及为了所有人的利益而控制社会的知识并明智通达地决定政治问题和治理城邦。如果我们不能指望这样的哲学家——统治者，城邦就应通过法律加以治理。我们所能指望的最好的情形就是出现一个政治家——立法者，他为城邦提供一个明智构建的法律制度。柏拉图在重新主张了这种明显的哲人王学说之后，注意转到法律的角色。两个相似的段落论证了法律在理论上虽然是荒谬的但在实践上是必要的。论证首先集中在人类个体之间大的区别上。因为那些区别没有理由认为一部为所有人拟定的一般法律将为每个人实现其所希冀的最好结果。但是，政治家同样也不能始终坐在每个人身旁告诉他去做什么。因此，没有选择余地只有运用法律。在这

① 《政治家篇》[305e-306a]。

② 参见《政治家篇》[308c-311c]，以上概括文字引自"王本"（第三卷），第84页，《政治家篇》提要。

种情况下，政治家颇有几分像是一位体操教练，他不能给他班里的每个学生详细说明意见，能告诉大多数人什么是好的就算满足了。①

《法律篇》中的雅典客人也认为，人们如果要生活，就要有法律可依，没有法律，人们就不能良好地生活。"那么对人类而言，制定法律是非做不可的并依法生活或在各方面绝不和变成最残忍的野兽不同。但其中的原因在这，就因涉及公民的生活人类没有一个本性好像天生会有能力认识对人类有益的事并且决定，时常能够并且愿意办最好的事。""因为这些缘故，假如人类中的某一位一度以出于神意的应得的份额被造成有可能容许接受的知识天生是充分的，他就会决不需要法律将统治他自己②；因为既非法律也非地位，没有一个比科学知识更高的，但理智不应当是受统治的，没有一个人的理智是应当受统治的，也不是受奴役的，然而是一切的统治者，假如它真正是自然地真实的和自由的。但如今既然不存在，没有哪一处，没有任何人，除了一点一点地存在；因此，我们就必须选择其次的，传统的风俗习惯和法律二者。"③

在《斐莱布篇》[26b]中，柏拉图借神之口也表达了相似的观点："因为也许看出狂妄行为和所有恶劣的全部事情的这位女神，在人们中决没有既无快乐的也无饱足的极限，同意法律和传统的风俗习惯含有极限的意思。"

虽然一个具有真正知识的统治者不需要法律，但根据实际，不存在这样的统治者。现实中的人既不是诸神的子孙或古时的非凡的英雄，也不都具各种美德于一身。我们只是凡人，而凡人就有凡人的种种过失和恶行。所以，从现实出发，柏拉图强调"我们如今为人和人类的子孙二者制定法律"。④ 我们必须用法律模仿真正的政体，而法律是重要的和必要的并要确保它得以实施。既然法律是经验的产物，并且只是在忠告被接受和人们

① 《政治家篇》[294a-295b]。
② 另外参见《政治家篇》[297a-b]。
③ 《法律篇》[874e-875a, 875c -e]。
④ 《法律篇》[853c]。

被说服采纳它们之后才产生的，那么最好是千万留意它们受到尊奉。

从柏拉图对一系列法律规定做了令人惊讶的详细解说和他认为对每项法律都要兼带一个对法律的理论进行说明性的前言来看，证明他在《法律篇》中是如何严肃从事他的制度构建和法律拟定工作的。他赞许地说：新法律能够使一个新城邦的全体邦民如俗话所说的那样，虽然"铸造在一起①，是长时间和极困难的。但朝向美德培育成人，立法和城邦的殖民确实是所有办法中最完美的"。②

总之，从理想出发，柏拉图主张依据知识统治的"哲人王"政制，或者说，理想的"第一等最好"的正义之邦根本不需要法律，那么，从必定有不正义现象存在的实际出发，"第二等最好"的"法治之邦"则需要用体现正义之精神的法来统治以尽可能"分有"、"模仿"或体现正义。因此，正义程度虽然不及"第一等最好"的正义之邦的"第二等最好"的法治国也是保障正义的重要制度。因为在柏拉图看来，法律关系着城邦或公民们的幸福和共同利益，在有善法的前提下，统治者和执法者能否做到善治——严格依法办事，权力受到法律约束——则是城邦能否实行法治的关键，而构建一种合理权力架构的政制就成为必要。

此外，《弥诺斯篇》和柏拉图作品的一致性也体现在对话中提到的神名和人名也都出现在柏拉图的作品中。

至于《弥诺斯篇》和柏拉图作品的差异方面举例如下：

"［314d］苏：再者，守法者是正义的吗？"

关于守法者是正义的观点，参见《共和邦篇》［338e-3340a］，但其出自正义观与苏格拉底的相对立的智者色拉叙马霍斯之口。而在色诺芬的《回忆苏格拉底》［Ⅵ，4.12-20］中，苏格拉底则向智者希琵亚斯提出并辩护了这一观点。

《弥诺斯篇》赞扬了古代克里特岛人的立法，认为它们最为卓越；但

---

① 该词（"συμφυσάω"）也有"风同时吹；长在一起；联合在一起"等含义。意译即：在同一处生活、工作。

② 《法律篇》［708d］。

是在《法律篇》的第一卷中，柏拉图却批评了克里特岛人着眼于战争的立法原则和单一目是军事的主张。他认为，立法要遵循为了社会至善的原则。立法者"将制定法律除永远尤其朝着最重要的美德看外没有其他留心的"。或者说，立法要以作为整体的美德为框架、为指向。① 因此，柏拉图视为立法的基本原则之一即是："无论如何，真正的立法者应当意欲城邦是尽可能好的和尽可能幸福的。"或者，"但在我们看来，这里法律的原则显得，以邦民将是尽可能最幸福和彼此最为友好为目的"。②

被柏拉图认为是真、善、美乃至古希腊四种美德——智慧、正义、节制和勇敢象征和化身的苏格拉底由于民众的无知和司法的不公而置其死地，这给柏拉图留下了刻骨铭心、终生难以忘怀的印象，或许也因此改变了他一生的志向。柏拉图通过为苏格拉底鸣冤喊屈、唱赞歌，批判现实，创立正义学说并以正义学说统摄诸理论的目的是希求实现合乎正义的社会政治秩序和个人灵魂的和谐秩序，或者说，他追求的是像天体和谐运转一样的社会和个人的和谐有序，他将此视为"正义之邦"的最高价值。他期待着具有美德把握了真相的人"就会尤其乐意共同分担正义"③。

因此，在他构想的共和邦中关于法律的地位问题就显得非常重要，成为人们争论的焦点之一。在《政治家篇》中，柏拉图认为，首先，正因为各种非正义的政体存在的缺陷致使其立法谈不上正义，遵守其制定的法律的正当性自然就不存在；而法律并不能在任何可能出现的情况下都造成正义和善；其次，由于法律的滞后性和考虑到人的行为中所有可能的差别和变异，人们不可能制定出十分全面具体而系统的法律，法律也就不可避免地具有纲要特色。用他的话说，"就因法律一度就不能够精确地对所有人加给包括最好和最正义的一项责任的同时又是最佳的；既然人人和情况的不相像以及从来不曾，绝无，如同谚语说过的，人们中由于没有一个人保

---

① 《法律篇》[630c-631a]；另外参见 [707d]。
② 《法律篇》[742d-e, 743c]。
③ 《政治家篇》[309e]。

持安静，决不允许涉及所有人的法律是简单的并且甚至无论哪一种方法都没有显示它会延伸到全部的时间"。①

因此，柏拉图认为："真正的立法家就会既不应当在被恶劣地治理的城邦之中也不应当在被良好地治理的城邦之中努力经营有关法律和政体这样的形式，在前者中就因它们是无益的甚至决不更多②；而在后者中，一则，就因即使无论谁都可以设想出它们中的一些形式；一则，就因从以前生活方式中一些自发的形式可以随后来到。"③类似的观点也出现在《法律篇》[823a-b]中。

柏拉图还认为，政治家的技艺属于科学知识。哲人王的统治即是必须取得学识的统治。如同一个用其知识为船员谋利益的有技能的船长，统治者也应当如此而已，比法律所产生的技艺的力量更强有力更好的一个真正的政体就会产生。就像他所说的："对有理性的统治者行事而言，在各方面也没有错误，直到他们持守重要的一点，在对城邦中的邦民按照理智和技艺管理④时永远既是最公正的又能够保全他们并且尽可能使他们从更差中成为更好更能干的。"⑤

正是基于上述理由，柏拉图主张最优秀的统治是由依靠其出色的智慧和美德来管理城邦的哲人王或有制定法律的"专门技艺"的真正政治家、立法者承担，以克服法律对变化多样的社会生活的呆板约束或死板、不灵活的统治。

但是，柏拉图对理性力量的信仰引导他朝向完全相反的方向。当他强调人类事务变动性时，他受制于一位不受法律妨碍的明智统治者的理想；在他强调对于发现永恒真理的理性功能时，他要求法律体制同样是永久和不可变的。

---

① 《政治家篇》[294a-c]；另外参见[295b]。
② 该短句（"καὶ πλέον οὐδέν"）直译如此，意思强调前指的"无益"。
③ 《共和邦篇》[427a-b]。
④ 该词（"διανέμω"）也有"分配"等含义。
⑤ 《政治家篇》[297a-c]；另外参见[292c，303c]。

联想到苏格拉底被误判受怨致死的事例，柏拉图会对实行直接民主制的雅典没有对公民大会和大众法庭的权力进行限制的状况大为不满，也就难怪他对无法和无纪或无约束的雅典政制的抱怨。他认为希腊民主制度是天生不合理的①；在《法律篇》中，这种确信在讨论司法程序中表现得更明显。雅典客人明确或绝对地抱怨说，民主制度下的法庭上充斥着喧嚣，陪审团对于询问诉讼当事人和证人缺乏才能，供可用审判的时间不足，以及陪审团在做出裁决时的秘密投票问题。柏拉图认可的理想的法庭是一种相对少的法官人数以一种平静和从容不迫的方式审理案件；他们能够充分地询问证人并在做出判决时每位法官对他的表决负个人责任。②

柏拉图虽然指出法律的局限性而似乎轻视法律的作用，但也决非完全否弃法律在"正义之邦"中的应有地位。在《共和邦篇》和《政治家篇》中，他都谈到了哲人王制定各种法律以及理想的法官依据正义公正审判的问题，更何况他也认为："能办到守护城邦的法律和生活习惯二者的人，就把这些人置于保卫者的地位。"③而正义与非正义的性质，既体现在城邦公共事务中，也表现在个人身上。因此，正义原则本身就是正义之邦的自然法或不成文的基本法。他说：如果任何人能够在文化生活诸如艺术等这样的事情中"不管怎样尤其理解了它们的正确性，他有把握可以将它们引入法律和规则中"。④

正如有学者指出的⑤，不妨这样说，柏拉图的"正义"原则就是"哲人王"政制的"法精神"；另外，"哲人王"和理想的法官们就各种争议要"参考""法精神"而进行自由裁量，从而实现"对具有自由意志的两足动物"的政治管理。因此，作为实在法渊源和确立制度的自然法——"正义"

---

① 《共和邦篇》〔488a-497a，557a-558d〕；《政治家篇》〔296b-297d〕。
② 《法律篇》〔766d-767b，855c-856b，876a-877a〕。
③ 《共和邦篇》〔484b-c〕。
④ 《法律篇》〔657b〕。
⑤ 笔者记不清楚是哪位学者在何处的观点，请这位学者见谅。

原则——而非实在法高于"哲人王"的权力当是可以肯定的。柏拉图在《政治家篇》从统治艺术是否依法的角度划分良莠政体的做法也可佐证。因此，在柏拉图心目中，（自然地体现正义的）制定法只是哲人王的工具性统治艺术或手段之一。如此看来，学术界广泛认同的《共和邦篇》无法律存在的必要的看法显然是不够恰当的。

而且，柏拉图的法律思想有一个发展过程，或者更确切地说，法律的地位和作用在他的"'第一等最好'之正义共和邦——理想的哲人王制"和"'第二等最好'的法治共同体——混合政体玛格奈昔亚城邦"里是不同的，这也被一些学者认为是柏拉图从人治思想到法治思想的转变。长期以来，学术界对《法律篇》重视程度不够，因此，通过研究柏拉图的法律学说，包括《弥诺斯篇》中的法律观点，人们也有助于改正长期以来对柏拉图是"人治论"的片面认识。

四、《弥诺斯篇》的影响

在为历史人物翻案方面，《弥诺斯篇》可以说是以赞颂克里特岛的立法者弥诺斯结尾，《希帕尔科斯篇》则可以说是以赞颂雅典僭主希帕尔科斯①告终。前者认为受教于宙斯的弥诺斯的确是个好人和遵守法律的人，既是一个好的分配者，也是古人中最优秀的立法者，还是雅典人在智慧方面的伟大导师，他的统治类似于宙斯之父克洛诺斯统治的黄金时代。后者也反对雅典的"多数人"关于希帕尔科斯所说的一切：雅典人

① Ἵππαρχος（？—公元前 514 年），是雅典的僭主，是雅典第一位，也是最著名的僭主庇西特拉图（Πεισίστρατος，公元前 600—前 527 年）的儿子之一，在庇西特拉图死后，希帕尔科斯成为公元前 6 世纪末雅典的一位僭主（公元前 527—前 514 年），他和其兄弟希琵亚斯实行共同统治并于公元前 514 被诛戮暴君者暗杀。希帕尔科斯是艺术的庇护者，他渴望向诗人学习并把他的智慧施予雅典人民。参看伪柏拉图《希帕尔科斯篇》[228b-229b]；亚里士多德《雅典的政制》[18.1]。

夸许为解放者的哈尔摩狄俄斯和阿里斯托各同①谋杀了希帕尔科斯，原因无非是这两人嫉妒希帕尔科斯的智慧及其对青年人的影响。而对希帕尔科斯不合法的谋杀，或许暗示了对苏格拉底的审判是对他形式上合法的谋杀。

在《弥诺斯篇》中，有一段话："但愿你不要认为，奉为神圣的是些什么石头、木头、鸟和蛇，却不是人；然而，所有那些物中，最神圣的是好人，卑鄙的人尤其最邪恶［319a］"表明，它否定了最原始的宗教形式——自然崇拜或最初宗教形态——自然宗教。

古希腊人认为法律是神圣的、是由神指点的，是公正的，并且是理性的体现和表达。与正义神授②的观点一样，柏拉图认为法也属于神授是因为神创造了世界、生物和人。而从《申辩篇》到《法律篇》，似乎有一条线也将法与宗教的关系连接在了一起。苏格拉底所受指控的罪名之一是不相信雅典城邦认可的诸神和相信他自己发明的神灵，将其死刑推迟的原因是雅典城邦派往提洛岛（Δῆλος）朝圣阿波罗神的船只延误了行程；苏格拉底拒绝越狱的劝告是因为神给他指明了道路；而且他自己也自信他会到达有沃土的福地冥府菲提亚③。

在《弥诺斯篇》中，苏格拉底还打算把同伴从对雅典法律的盲目崇拜和丑化弥诺斯的错误认识或谣传中解放出来，认为弥诺斯的法律是最好的法律。诽谤宙斯之子弥诺斯这位最神圣的好人是不虔敬的。与神相似的好

---

① Ἁρμόδιος（约公元前530—前514年）和 Ἁριστογείτων（约公元前550—前514年）都死于公元前514年，是古代雅典的两名男子。前者是后者年轻的恋人。在他们杀了希帕尔科斯后，分别当场和后来被后者的卫兵杀害。他们因此成为英雄，被认为是古代雅典民主卓越的象征，是"救星"和"诛戮暴君者（τυραννοκτόνοι）"，一位雅典诗人为他们创作了赞美诗，该故事继续被援引作为英雄主义和献身一个令人敬佩的例子许多年。详见修昔底德《伯罗奔尼撒战争史》第六卷第五章；亚里士多德《雅典政制》［18］。还可参照罗马时代的刺杀恺撒的布鲁图的事迹。
② 参见《法律篇》［713e］;《普罗泰戈拉篇》［322a-323c］等。
③ Φθία，原本是古希腊色萨利的一城镇。特洛伊战争中的著名的大英雄阿喀琉斯即出生在这里。参见《克里托篇》［43d—44b］以及荷马的《伊利亚特》［ix.363］。荷马和柏拉图在这里用于双关语，有"枯萎或死亡"的含义。转义为"冥土"。

人弥诺斯的法律之所以受到赞美，是由于它们是神圣的，是授受于宙斯的。无独有偶的是，《法律篇》首句，雅典客人即问法律出自神还是人。"Θεος"（神）一词引人注目地被置于这篇重要对话的开端是有深意的。《法律篇》对话的时间背景是，一年中最长的一天——夏至（《法律篇》也是柏拉图最长的一篇对话），雅典客人和他的同伴正在前往被认为是宙斯的诞生地和其神庙所在地、也是弥诺斯领受克里特法律的洞穴的朝圣之旅中。该寓意是相当明显的：立法是一项宗教的工作并且必定是建立在一种妥当的神学基础之上的。这一宗教上的强调贯穿了整部对话：不论是在为设立神殿、献祭和祭仪以及举行宗教节庆、设立男女祭司和其他宗教官员管理圣地等宗教制度，[①] 还是为审判程序[②] 所做的规定中以及在第十卷中对无神论的驳斥以及灵魂不朽的论证方面[③]。而柏拉图最显明的宗教观也是在《法律篇》中表达的。[④] 他的宗教观的规则是神而非人支配一切并且是万事万物的判断标准。善人依靠美德才能使他自己像神一样而能够与神相通。邪恶的人则自绝于神。他说："神，也就像古已有之的传说，持有全部现实的起始和结束二者以及正中间，神在行进时，以不转弯抹角的方式自然地完成；再者，对丢下出于神意的法律不管的人进行惩罚的正义[⑤] 永远紧跟神。"[⑥]

此外，柏拉图的神学思想还反映在对反宗教罪行的惩罚的规定方面也最为严厉；[⑦] 他的哲人王、真正的政治家和科学的立法者是国王的比喻也是采用了专司"宗教仪式和司法"的"βασιλεις"一词，而没有用普通的

---

① 《法律篇》[759a-760a，771a-e，778c-d，738b-e，828a-d，848c-e]。

② 《法律篇》[871c-e]。

③ 参见 R.F.Stalley 在其 An Introduction to Plato's Laws（Basil Blackwell Publisher Limited，1983）第十五章中的分析；以上所引尤见第 166 页。

④ 《法律篇》[715c-718e]。

⑤ 该词（"δίχη"）也有"法律；审判；惩罚"等含义。

⑥ 《法律篇》[715e-716a]。

⑦ 《法律篇》[853e-856b，907e-910d]。

名词"王"("ἀϱχω")①。柏拉图认为与法律可以互换的正义来自神或唯有神才是正义的根源。在他看来,"在意小的和较大的一切事情的神存在,至于神,正义②的状况也几乎是不愿改正的"③。而"唯独人按照习惯承认正义和众神"④。正义神授是因为神创造了世界、生物和人,特别是给人类赐予了正义⑤。他说:"由于这些事物保持无秩序的状态,神在每一事物和自身之中对它自己和对彼此创造了和谐,像它是有可能的并且如何是成比例的和可以用同一标准衡量的一样。"⑥

柏拉图基于人具有自由意志的主张也表达了他关于追求正义、实践神一般的美德、像神一样人会与神合一的思想。他深信:"涉及一个正义的人,假如他是在贫穷中,如果是在病痛或想象的任何其他灾难里,说真的,对此人而言,在他活着时甚至或在他死后,将因此进入任何好事里结束。因为无论如何,想要热衷于成为正义的和对一个人来说涉及力所能及靠苦心经营美德变成像神的此人决不会就一度被众神忽略。"⑦或者说,神会赐给正义者最终胜利的奖品和馈赠的。

柏拉图认为,在现实生活中,虽然不义或邪恶也许会横行一时,但正义和美德必将最终战胜不义和邪恶。因为"神熟知所有这些事情,也许给每一件设法获得应得一份的存放处,尤其也就会在一切事情之中让美德极容易和最好地占上风,而邪恶被制服。关于所有这些事情,神永远就为是

---

① "βασιλεῖς":(雅典的)"国王执政官"(是雅典九位执政官中的第二执政官,执掌宗教仪式和司法)。"ἀϱχω":含义为"王,统治者,首领,领袖",多指王政时代的国王,通常汉译音译为"阿康"。雅典城邦的九位执政官都由民选产生:第一位称年号执政官(那一年以他的名字为年号),第二位称国王执政官,第三位称作战执政官(原先是掌管军事,后来主管审理外侨的案件),其余六位均称司法执政官。参见"希汉词典",第141页。
② 该词("δίκαιος")也有"合法的"等含义;加定冠词时,有"法律"等含义。
③ 《厄庇诺米斯篇》[980d]。
④ 《美涅克塞努篇》[237d-e]。
⑤ 《普罗泰戈拉篇》[320d-322e]。
⑥ 《蒂迈欧篇》[69b]。
⑦ 《共和邦篇》[613a-c]。

某种性质的任何人设法获得了某种性质的住处,他凭有份应当在那里定居甚至一度迁居任何一些地方;但对任何人的某种性质的起源,神容许由于我们中的每一个人的意图的原因。既然是什么性质的某人也就会从何处渴求什么样的灵魂,就这一点而论,也许任何时候我们中的每一个多半也是这样的"。① 或许,在柏拉图看来,不义和邪恶之所以存在是为了更加彰显正义和美德。

在柏拉图看来,正义是与合理性和合法性密不可分的。政治的正义即是建立在合理性和合法性之上的。《共和邦篇》经常遭到非难是因为它假定所有权力应该被托付给从事政治活动的专家。《法律篇》赞成政治活动的前途是一种合理性的职业,但它通过提议良好的政府能够在受到良好教育的公民选择有经验的官员并且听任他们集中其智慧做出决定的地方被实现更加写实地阐明了这一观点。

诚然,《弥诺斯篇》的主要观点类似柏拉图的作品,但是其作者起码表达了对法律问题的关注。这同样表现在亚里士多德主张的法治优于人治的观点中。而关于正义与法的关系,可参见亚里士多德《尼各马可伦理学》第五卷的论述。《弥诺斯篇》也影响了哲学家安提司特涅斯②。他即认为,在一个特定的国家的现行法律是绝对的、永恒的标准,因此,它本身是正确的。而《弥诺斯篇》的以问答方式所进行的讨论是关于辩证方法在公元前 4 世纪中叶柏拉图学园进行论证的一个范例,亚里士多德在其《论题篇》和《辩谬篇》中也研究了关于辩证推论的方法问题。

像柏拉图的一些对话一样,《弥诺斯篇》提出的有些问题并未回答,这自然会引起读者的好奇和探究的兴趣。而从西方学术界近些年的研究来看,人们对《弥诺斯篇》的正面评价也越来越多。

① 《法律篇》[904b-d]。

② Ἀντισθένης (约公元前 445—前 365 年) 是希腊哲学家和苏格拉底的学生。他在成为一个狂热的苏格拉底信徒之前最初在高尔吉亚指导下学习修辞。安提司特涅斯接受并发展了苏格拉底对于伦理教诲的方面,主张按照美德生活,强调实践禁欲苦行的生活。后世因而认为他是犬儒学派的创始人。

  总之，相比而言，正如有学者对《法律篇》的评论，"虽然《共和邦篇》一直受到广泛得多的阅读，可对实际政治具有巨大影响的还要属《法律篇》。某些提议似乎在柏拉图去世后被希腊城邦所采用，但其法律至上学说和政府机构之间相互制衡的政治理论有着持久的影响。它被诸如亚里士多德、波利比阿和孟德斯鸠作为传递知识的媒介，对现代民主制的发展具有一种极为深刻的影响。"① 在《法律篇》中，柏拉图只是对人类统治者的能力采用了一种乐观的看法——他相信政治体制可被安排地以使更加优秀的人担任公职。而论法律问题的《弥诺斯篇》或许和柏拉图的作品一同对西方政治和法律思想产生过重大的影响，比如，它起码也是历史上早期自然法思想的一个重要来源。当然，柏拉图非直接地而是间接地通过亚里士多德影响了自然法传统。

---

① R.F.Stalley：An Introduction to Plato's Laws（Basil Blackwell Publisher Limited，1983，pp.184-185.

《塞亚革斯篇》

——论"爱智慧"

一、引 言

在古代,《塞亚革斯篇》是一篇虚构的归于柏拉图名下的简短对话作品,它以有关如何使一个人变得有智慧为主题,讲述了在苏格拉底和傣岢道科斯及其儿子塞亚革斯之间第一次相遇的故事。该对话分为两个不同的部分。在第一部分中讨论了哪种知识能够使一个年轻人承担政治责任,并且在谁那里能获得并掌握这样的知识;第二部分是有关苏格拉底作为他的内在声音的"灵异"而与柏拉图的作品所讲的有些不同。由于对话主要在苏格拉底和塞亚革斯之间进行,因此,本篇对话的名称就叫《塞亚革斯篇》。又由于作为典型的例子,它提供了关于苏格拉底是多么不寻常的生动和有特色的一件记事:苏格拉底介绍了他的"灵异",他神圣的内心的声音和对他的学生们有魔力的影响,并将它作为智慧的表现形式。因此,该篇对话就以"爱智慧"或""论哲学"(περὶ φιλοσοφίας)"为副标题。但自 19 世纪起,它被一些学者,例如,哈恩道夫(1802 年)[1] 和保艾克[2]

---

① Ludwig Friedrich Heindorf(1774—1816 年)是德国一位古典语言学家。他重点研究柏拉图。

② August Boeckh(1785—1867 年)是德国一位古典语言学家和古文物研究家。他最早的论文之一是关于柏拉图哲学的世界学说(1810 年)。

（1806 年）首先用简洁的言语质疑了《塞亚革斯篇》的真实性；而著名神学家和哲学家施莱尔马赫是第一个用详细资料对《塞亚革斯篇》的真实性进行论证的人（1809 年）；他认为该对话作品缺乏哲学深度，显然是柏拉图对话的仿制品①。然而，自 20 世纪以来，也有一些学者认为《塞亚革斯篇》是柏拉图的作品，②或是苏格拉底圈子里的人，至少其他研究者不会排除其真实性。③

在笔者看来，虽然柏拉图在其一些作品中也提到苏格拉底的"灵异"现象，但《塞亚革斯篇》的作者除了过分强调了非理性的、类似特异功能的预言术的"灵异"而与柏拉图不同外，还在于《塞亚革斯篇》与柏拉图的作品在内容和观点方面有很多一致的地方，也即有明显的模仿特点；例如，《塞亚革斯篇》[129e-130b] 中的话显然模仿了《泰阿泰德篇》[150d-151b]，而非相反。在《塞亚革斯篇》[122d] 还提到，苏格拉底尚不认识塞亚革斯，但在提及塞亚革斯的《申辩篇》和《共和邦篇》中，苏格拉底则熟识他。如果按照大多数学者比较一致的说法，柏拉图是于中年之前和中年时期创作《申辩篇》和《共和邦篇》的，那么，《塞亚革斯篇》则应该是至迟作于《申辩篇》和《共和邦篇》，也即公元前 385 年之前，

---

① 参见施莱尔马赫：《论柏拉图对话》（关于《塞亚革斯篇》的评论）。另外参见 Klaus Döring: [Platon]: Theages. Übersetzung und Kommentar, Göttingen 2004, S.75–78. 以上文献参见 Wikipedia Die freie Enzyklopädie, Theages。

② 参见 Ottomar Wichmann: Platon, Darmstadt 1966, S.50–53; Thomas L. Pangle: On the Theages. In: Thomas L. Pangle（Hrsg.）: The Roots of Political Philosophy, Ithaca 1987, S.147–174, hier: S.147 Anm.1; William S. Cobb: Plato's Theages. In: Ancient Philosophy 12, 1992, S.267–284; Franco Trabattoni: Sull' autenticità del Teage e del Clitofonte（pseudo）platonici. In: Acme 61/1, 1998, S.193–210. Wikipedia Die freie Enzyklopädie, Theages。

③ 参见 William K. C. Guthrie（W.K. C. 格思里）:A History of Greek Philosophy, Bd.3, Cambridge 1969, S.399, 以及附录 1; Gerard R. Ledger: Re-counting Plato, Oxford 1989, S.169; Stefano Jedrkiewicz: Sobre el diálogo Teages, atribuido a Platón. In: Javier Martínez（Hrsg.）: Fakes and Forgers of Classical Literature, Madrid 2011, S.145–157; Jacques Bailly（Hrsg.）: The Socratic Theages, Hildesheim 2004, S.4, 49–71. 以上文献参见 Wikipedia Die freie Enzyklopädie, Theages。

这就说明，《塞亚革斯篇》的作者若是柏拉图，则柏拉图显然是写作上有失误；而这是不可能的。此外，《塞亚革斯篇》也与《阿尔基比亚德斯篇（I）》很类似。综上简述，它很可能是一篇柏拉图对话作品的仿制品。

二、《塞亚革斯篇》概述①

（一）《塞亚革斯篇》的作者和写作的时代以及版本、研究简况

人们对《塞亚革斯篇》的作者和写作的时代是猜测性的；它的未知的作者很可能是柏拉图学园的某人，它大概作于公元前 4 世纪中叶后不久，但不迟于公元前 3 世纪早期。因为在公元前 350 年之后的几十年里，柏拉图学园的一些哲学家追求一种神奇和非凡的趣味；《塞亚革斯篇》的作者可能就是其中一位。特别是，学园的第三任主持克塞诺克拉特斯②就对"灵异"之类的"守护神"问题很感兴趣，并似乎他是此后柏拉图主义者关于这个主题的最早权威之一③。《塞亚革斯篇》可能就是此类作品中的一篇。

《塞亚革斯篇》在古代一直被无可争议地传播着；至于作为一单篇作品如何传播的情况，我们得知，它的完整的原稿没有保存下来。古代流传下来的手稿文本仅限于公元前 2 世纪的一些纸莎草纸片段。在中世纪，欧

---

① 以下一些内容参考了"C 本"，"提要"、第 627—628 页。

② Ξενοκράτης（约公元前 396—前 314 年），古希腊哲学家、柏拉图的著名学生之一，为人正直，曾经伴随柏拉图访问西西里，是柏拉图学园的第三任领导人，并于公元前 339—前 314 年在任；他被认为是希腊哲学转入后期希腊化时期的桥梁。他写有大量论文、诗歌和演讲，但是大部分已遗失。

③ ［英］泰勒：《柏拉图——生平及其著作》，谢随知等译，山东人民出版社 1991 年版，第 757 页。Alfred Edward Taylor（1869—1945 年），英国著名哲学家，研究柏拉图的专家，该书是他的代表作。

洲西部和中部的学者都没有看到过该对话的文本，而在同时期的拜占庭帝国有抄本存在。《塞亚革斯篇》现存最古老的手稿是在公元9世纪末期由凯撒利亚的阿莱塔斯大主教①编纂的抄本。

据第欧根尼·拉尔修在其《名哲言行录》第三卷"柏拉图"中记载，最早编订《柏拉图全集》的是公元前3世纪的拜占庭的阿里斯托芬，他编订的《柏拉图全集》和在公元1世纪上半叶，门德斯的忒拉叙洛斯编订的《柏拉图全集》编辑体例中都将《塞亚革斯篇》包括在内，忒拉叙洛斯还给其加上了副标题"论哲学（或爱智慧）"，助产性的，列于九组四联对话的第五组第一篇。他们的版本虽然没有保存下来，但是所有现存的中世纪的希腊手稿则是基于忒拉叙洛斯的版本之上。从中世纪开始，特别是在文艺复兴时期的人文主义的时代，由于人文主义者重新重视古希腊文化研究，人们重新发现了《塞亚革斯篇》。

人文主义者马尔塞琉·菲齐努首先在他于1484年出版的最早的拉丁文版的《柏拉图全集》中辑录了《塞亚革斯篇》（列于第三篇），副标题也是"论智慧（*sapientia*）"。阿尔多·马努齐奥则在1513年最早重印的《柏拉图全集》的希腊文版本中也辑录了《塞亚革斯篇》。尤其是在1578年，亨利·艾蒂安在他所编订和出版的《柏拉图全集》（三卷）完整版中不仅辑录了《塞亚革斯篇》，列于第一卷第五篇，而且他在该版中首次使用了新的分页方法，即对全部原文用数字和大写的拉丁字母作为边码以标注页码和分栏，例如《塞亚革斯篇》[121A-131A]，这也成为现代对其他古希腊作者作品的标准分页的基础。现今，由伯内特校订的被学术界公认为较好而广泛使用的《柏拉图全集》的希腊文版根据的即是这一版本，不过将边码改为小写字母并且加以细化到行号，例如《塞亚革斯篇》[121a

---

① Arethas von Caesarea（约公元860—944年）生于希腊，是东罗马拜占庭帝国kaisareia（拉丁语Caesarea，位于现在的土耳其）的一位大主教，被认为是最有学问的东正教神学家之一；他也是柏拉图的著名的注释者；他编辑的"Codex Clarkianus"包含了柏拉图的大部分作品并且是最重要的文本之一。在当今，阿莱塔斯主要是以他编辑的古籍手稿而著称。

1-131a10〕。

至于其他语种版本的情况，主要在近现代西方重新重视柏拉图研究以后由德国、英国和法国以及美国等几个主要国家为代表，西方比较通行或流传较广受到学术界公认的柏拉图著作的各种版本（包括全译本）大都收录了《塞亚革斯篇》，例如库塞的法文译本以及迄今为止最全的《柏拉图全集》当数库珀（John M. Cooper）主编的英译全译本 1997 年版《柏拉图全集》（*Plato Complete Works*）和施莱尔马赫等人的德文译本等。

西方学界对该篇对话的研究，或以专论形式，或在哲学史中论及柏拉图哲学时述及。而在我国，似乎尚无《塞亚革斯篇》的中译文和对之研究的文章发表。

（二）《塞亚革斯篇》的若干细节

《塞亚革斯篇》中的谈话是在苏格拉底与傣邬道科斯和塞亚革斯父子之间展开的；傣邬道科斯是住在雅典城外阿纳吉卢斯①区的一位名士，根据对话的内容推测，他也很可能是雅典的一位政治家，年纪稍长于苏格拉底〔125a，127b，127e〕；塞亚革斯是傣邬道科斯的儿子，并且可能是苏格拉底的学生，他在柏拉图著作中被提到过两次，也被苏格拉底称作是"我们的朋友"②；在柏拉图的《申辩篇》〔33e〕中，我们了解到他可能先苏格拉底之前去世了。根据《共和邦篇》〔496b-d〕所说，我们得知他由于体弱多病，无法从事政治而挫败了他的政治抱负，因此，他没有离弃哲学。而在《塞亚革斯篇》中，在如何满足他热衷权力的渴望和拜谁为师以及接受什么样的教育方面，他是一个让其父亲担惊受怕的青少年。

由于塞亚革斯稍早于苏格拉底去世，再根据〔129d〕的对话内容（所提战史）可知，谈话的时间大约在伯罗奔尼撒战争后期的公元前 410 年前后；其时苏格拉底至少已近耳顺之年。塞亚革斯大概是一个刚刚接近成年

---

① Αναγυρούντα，雅典城邦的一部族所在的行政区，傣邬道科斯即属于该区。

② 参见《申辩篇》〔33e〕；《共和邦篇》〔496 b–d〕。

的小伙子。

谈话的地点是位于雅典西北郊广场的解放者宙斯的柱廊，这与伪作《埃律克夏斯篇》提到的地点相同。

这篇对话作品约 10000 字，在伪作中，它属于一篇较长篇幅的作品。

《塞亚革斯篇》梗概如下：

居住在雅典城外的傣峁道科斯领着他的儿子塞亚革斯找到苏格拉底，请求他抽空为他们遇到的问题提出解决的建议，并邀他到解放者宙斯① 的柱廊② 中去谈话；苏格拉底表示乐意满足他们的所愿。

傣峁道科斯便诉说了在他的儿子教育方面遇到的麻烦，并表示信任苏格拉底能够帮助他们，并满足他们的要求。

苏格拉底认为，建议的确也是件被奉为神圣的事情，没有什么有关更神圣的事情会比一个人给他自己和自己家庭的教育提意见的事了。但他声明，在讨论那件事时，提意见者和接受意见者双方必须保持概念的一致[122b]。

在傣峁道科斯表示同意后，苏格拉底提出，应该先盘问他的儿子渴求的尤其是什么再说。在询问了他的儿子的姓名后，苏格拉底首先称赞他给其儿子起了个适合于圣地圣者以及神圣事情的好名字；然后，问塞亚革斯是否他像他父亲说的渴求变得有才智，并要求他的父亲在雅典城中发现将和任何使他有才智的这样的某人交往[122e]。

在塞亚革斯承认后，对话正式展开。

苏格拉底问塞亚革斯，怎样才算是有才智者。回答是，有学问的那些人。苏格拉底进一步问这种有才智本身是什么，例如驾驭的技能本领本身是什么，结论是，它也是一种学问、一种智慧。但塞亚革斯渴求的是懂得统治人的学问。它既不是统治一些患病者的学问，也不是管辖在一些合唱队中唱歌的那些人等，而是用它懂得管理所有那些事情和统治全体耕种

---

① 宙斯有许多称号，解放者是其中之一。《埃里克夏斯篇》有同样的对话地点。

② 这种柱廊通常有屋顶，而该词（στοά）也称画廊派即斯多亚派。

者、木匠和工匠、无专业知识的人以及女人和男人本身的那种智慧或技艺［124b］。

通过列举一些实例，苏格拉底指出，当不论谁渴求统治该城邦的所有的人，他也就渴求那些同一种统治，适合暴虐的政府，尤其成为一个暴君或僭主。而那就是塞亚革斯实际上渴求的统治。塞亚革斯不得不闪烁其词地回答："像是［124e］。"但他又辩解："我认为我就会真的祈求，至少在我这方面，成为一个僭主，尤其真的统治所有的人，但如果没有可能，尽可能统治最大多数的人；你甚至和其他所有的人，我料想，也会祈求——况且或许甚至更祈望成为一位神①——但我没有说过我渴求成为一个僭主。"因为在他看来，僭主凭暴力统治而非统治心甘情愿受统治的人们。他渴望的就像塞米司托克勒、伯里克利和基蒙②一样高明的③政治家的统治［126a］。当苏格拉底建议，正如若要成为某行有技艺或有本领者，就要向擅长该行的专家学习，他既然打算在关于政治的事务方面像伯里克利等人一样变得高明，正如"近朱者赤"，就要向他们学习或与他们的交往中请教政治术时，他又怀疑能否通过与他们一样的政治家的交往获得政治

---

① 这种讥刺或许与当时的人们对苏格拉底的认识有关。例如关于他的"灵异"，阿里斯托芬在其喜剧《云》中对苏格拉底形象的描画。

② 他们是雅典最著名的三个民主领导人。Θεμιστοκλης（公元前 525—前 460 年）古希腊杰出的政治家、军事家。伯里克利（Περικλῆς，公元前 495—前 429 年），公元前 5 世纪雅典著名政治家，民主派领导人（公元前 460—前 429 年），其统治时期成为雅典经济、文化和军事上的全盛时期，迄今都是雅典政治中最负盛名的人。基蒙 Κίμων（公元前 510—前 450 年），古希腊雅典城邦的一位政治领袖，为马拉松战役英雄小塞米司托克勒之子。他曾经担任雅典十将军，在公元前 5 世纪中期，他在希腊世界是很重要的城邦政治代表人物。他领导希腊世界，在萨拉米战役中击败大流士一世的海军，拯救了希腊。此后，他建立了雅典的海上霸权，为提洛同盟的创立者。公元前 466 年，在欧里梅敦之役中，他击败了波斯帝国的舰队，成为军事英雄。公元前 461 年，他遭到陶片放逐。

③ 但该词（"δεῖνος"）也有"非常强大的，令人惊异的，相当可怕、危险的"意思。因为他们，如塞米司托克勒虽然为雅典的强大作出的巨大的贡献，但是他在政坛上的名声并不好，为实现自己的目的往往不择手段。后被放逐，流亡并死于波斯。这说明权力具有两面性。

家的本领，因为他知道那些人的儿子也不一定是优秀的政治家或从其受益者，从而他并不期望他们能将其智慧给予他。

对此回答，苏格拉底故意显得为难地说，他对如何向他提建议不知所措，拿他没办法。

塞亚革斯认定苏格拉底是雅典的关于政治事务方面的优秀且能干的人，而且还可以不浪费银钱免费地结交，于是，他便顺势提议，但愿苏格拉底乐意与他结交，这就足够了，他也不追寻他人了［127a］。

苏格拉底装作不解地问他，为何那样说。

傣峁道科斯马上打圆场，也乘机表示："苏格拉底啊！他一定不是在说坏话，你真的立刻要对我开恩；说真的，我就会认为没有比那更大的赏赐了，如果他对与你的过从满意，你也愿意与他结交。当然，我甚至也羞于说我多么非常愿意①。那么，我恳求你俩双方，你愿意与他结交。尤其你们也将终止我许多可怕的焦虑。［127c］比如现在，我十分害怕，为了不至于他会碰上那类糟蹋他的其他任何人。"并要求他的儿子："你除了苏格拉底不要追寻向他人请教。"

塞亚革斯答应他的父亲，如今的确不再为了他害怕，他如果真的能够说服苏格拉底将接纳他的就教。

傣峁道科斯于是向苏格拉底表示，愿意尽他可能，提供所有家当供塞亚革斯当他的学生。

但苏格拉底认为傣峁道科斯在政治经验和社会地位方面具有优势，其他政治家，尤其是那些著名的收费的智者是有才智的人，他们懂得那类幸运的和美好的学问，而他除了懂得某种有关爱情的小学问外②，对那些方面是无知的，虽然意欲会懂得［128b］。

然而，塞亚革斯举例证明，苏格拉底有能力使无价值的人变得有价

---

① 或许暗示他的年龄（可能大于苏格拉底）和身份（可能是政治家）不便当苏格拉底的学生。

② 参见《吕西斯篇》［21a］以下关于"友谊"（"爱"和"被爱"）问题的讨论以及《会饮篇》［177d］。

值，或者他们与他结交以后，在很短的时间之内，以前所有那些更差的人显然是较好些了［128c］。

于是，苏格拉底给他们解释原因何在：这即是他的内在的"灵异"——某份出于神意的东西，从神那里来的预兆向他显现，劝阻和不容许做某事的一种声音，而且他也举出一些人来给他们做证人，他们由于不相信他的话，不论于公事还是于私事，发生了许多悲剧。他还举出一些事例，说明他的灵异有一种神圣的力量，它在与他一同消磨时光的人们或学生的交往里面也能做一切事或具有一种神奇的效果。对许多人来说，就会像是与他在一起一段时间一样，取得令人惊异的进步，但一旦离开他，而去追求其他的兴趣时，他们重新决不优于无论哪一个人。

最后，苏格拉底警告塞亚革斯，追随他学习者是否得益，要靠"神意"；他说："塞亚革斯啊，我们的交往即是这样的：如果，一方面，你被神所爱，你就可以全然时常并迅速取得进步；另一方面，如果你不被神所爱，你就不能全然时常并迅速取得进步。所以，你要看好，对你来说，在对人们有帮助并能控制[1]益处的那些人中的任何人身边受到教育，比起你从我这里会碰巧获得那种好运[2]是不是更为可靠[3]呢？"［130e］

塞亚革斯则表示："那么，在我看来，真的似乎是，苏格拉底啊，我们如此行事，通过彼此结交试验一下那灵异的东西。假如它，一则，准许我们结交，还是这些事是最好的；一则，如果不准许，那时候我们立即当场自己考虑将做的事，或者我们与其他人结交，或者在你看来，所发生的事是我们就将会试图通过祈祷和献祭以及预言者用其他不论哪一种解释安抚神明本身。"［131a］

傣峁道科斯认为塞亚革斯说得很好，并且请求苏格拉底不再反驳他。

---

① 该词（"ἐγκρατής"）也有"强有力的"等含义。"S本"和"V.C本"即译为"Gewalt"和"maîtres"。

② 该词（"Τύχη"）有"人从神那里获得的东西：好运，幸运；［泛义］命运，幸运，成功，厄运，不幸；时运，运气，机会，偶然的事情"等含义。

③ 该词（"ἀσφαλής"）也有"稳定的，安全的，确实的"等含义。

苏格拉底也只好同意，说："那么，如果看来是必须如此做，我们就这样做。"

至此，对话结束。

此外，在语言运用方面，需要关注的是一些双关语，该篇对话多处选用这些词。

"［121c］他如今来临的渴望。"

该句中"渴望（ἐπιθυμία）"一词也有"性欲，渴望的事物"等含义。

"［121d］羡慕他们。"

该句中"羡慕（ζηλόω）"一词也有"嫉妒，争高下"的含义。

"［122a］傣：我认为我最好是听从他，或许他就不至于远离我和某人交往而受到败坏。"

该句中"听从（πείθω）"一词具有双重含义：劝服和听从。显然，这位父亲劝服不了儿子就只好听从儿子。而"交往（συγγίγνομαι）"一词也有"和……交媾"的含义，考虑到其时盛行男风，这位父亲也许有这方面的顾虑。

"［122b］你能够并满足我的要求。"

该句中"要求（χράω）"一词的基本意义是"满足要求或要求"，但也有"（神或神示）发出必要的答复，宣谕，宣告，预言"等含义。本篇对话中请求者对苏格拉底的敬畏也有这些意思。

"［122d］苏：的确美好，傣崇道科斯啊，你给予你儿子的名字，也是适合于圣地圣者以及神圣事情的。"

该句中"给予（τίθημι）"一词也有"奉献，献给神"的含义。这是双关语。"神圣事情（ἱεροπρεπής）"一词意思是"神圣的"。因为塞亚革斯的名字（Θεαξης）和 Θεαγός（端神像的祭司）有些相似。另外参见［C注1］第629页，该名字似乎意味着"由神引导"或"通过神受到尊敬"或"敬畏神"。［V. C法注1］：塞亚革斯的名字意味着十分热爱神圣的事物。

"［122e］苏：但你称作有才智者是有学问的那些人，"

该句中"有才智者（σοφός）"一词有"精通某行技艺的，聪明能干的；有才智的，精明的；有知识的，有学问的；［贬义］有鬼聪明的，机灵的；深奥的；巧妙地设想出来的（事物）；巧妙的（话，意见等）"多重含义。所以，可根据语境译为不同的言辞。

"［123c］它难道不是驾驭的技能吗？"

该句中"驾驭（ἡνιοχικός）"一词也比喻为"掌管人，领导人"。

"［125d］他就会说什么样的话呢？怎样重新回答那些问话呢？"

关于本句中的"重新"一词，据"C本"的校正（第633页注释4）；在原文125d6，将"ποῖα ἂν"替换为"ποῖα αὖ"。原句是"那些回答就会是什么呢？""S本"译为："was wird er uns nun wohl auf die Frage antworten, was für welche es wären?""V. C本" 译 为："Que dirait-il? en quoi ferait-il consister leur science?"

"［126a］泰：况且或许甚至更祈望成为一位神。"

这种讥刺或许与当时的人们对苏格拉底的认识有关，例如对他的"灵异"。参见阿里斯托芬在其喜剧《云》中对苏格拉底形象的描画。此外，尼采在其作品中也引用了本段话。

"［127b］傣：当然，我甚至也羞于说我多么非常愿意。"

傣峁道科斯或许在暗示他的年龄（可能大于苏格拉底）和身份（可能是政治家）不便当苏格拉底的学生。

"［127c］泰：如今的确不再，我的父亲啊，为了我害怕，你如果真的能够说服他将接纳我的就教。"

该句中"接纳（προσδέχομαι）"和"就教（συνουσία）"二词和都有"交欢，交尾，交配"等含义。

"［127c］傣：苏格拉底啊，假如你在此处欢迎塞亚革斯［127d］并就会能够施恩惠。"

该句中"欢迎（ἀσπάζομαι）"一词也有"拥抱，接吻"的意思。

［128a］预付非常多的银钱作酬金，加之那些人也怀有感谢之意。

该句中，尤其是"酬金"一词原文是"προσκατατιθέντας"，［C注

8］（p.635）校对为"προκατατιθέντας"，其意思正好相反；前一词的意思是"智者向求教的人付钱作押"，后一词义是"向智者求教的人付钱"。根据智者是收费的事实，显然校对是符合原意的。"V.C本"和"S本"虽然无说明，但是译文符合原义。参见"V.C本"："bien qu'il faille leur payer de grosses sommes et leur avoir encore beaucoup d'obligation"；"S本"："die doch erst vieles Geld als einen hohen Preis ansetzen, zu halten, und ihnen noch Dank dazu zu wissen"。

"［129a3］其时他将走上死亡，"

关于该句，"B本"在原文中注明，"死亡"之后的几个词"εὐθύ τοῦ δαιμονίου（立即灵异的)"有问题，疑属多余的词［129a3］；"C本"则加以删除，见［C注9］第636页。"V.C本"译为："lorsqu' il allait mourir pour avoir méprisé l' avertissement fatal（他由于轻视不祥的警告而走上死亡)。"S本"译为："als er nach dem Urteil seinem Tode entgegen ging（他在判决之后走上死亡)。"

"［130d］他说，苏格拉底啊，一方面，你一定不相信这，我凭众神起誓；另一方面，这是真实的。"

该句中"真实的（ἀληθής)"一词的基本含义是"真实的"，既有"真诚的，真心的，坦率的，确实的；必定应验的（神示)"等意思，也有带嘲讽的"真有其事？果然？"意思。

三、《塞亚革斯篇》和柏拉图作品的关系

《塞亚革斯篇》在许多方面模仿了柏拉图的作品，兹列举如下：

该篇对话发生的地点是在解放者宙斯的柱廊中。这既与伪作《埃律克夏斯篇》完全相同，也与柏拉图的多篇作品中对话发生的地点——在某一体育场进行——类似。这里值得关注的是为什么对话发生的地点是在解放者宙斯的柱廊中。在古希腊语中，"解放"意即使获自由；"解放者"（该

词 "Ελευθέριος" 也有 "像自由人那样发言的，像自由人那样行动的；慷慨的；高尚的" 等含义）；正如柏拉图认为的，知识即智慧，哲学是对神的智慧的渴望，像神一样有智慧也就能够获得自由；而宙斯自然与神学有关；至于 "柱廊" 则与哲学和政治有关。因为该词（στοά）本义是 "走廊，回廊"；在雅典，指 "谷仓，粮库"，这种柱廊通常有屋顶，但因为斯多亚学派也常常在 "στοά" 聚众讲学，因此，该词也指 "画廊派" 或 "斯多亚派"。众所周知，斯多亚学派是希腊化时代一个有极大影响的思想派别，它不仅具有宿命论和禁欲主义以及宗教和神秘主义的倾向，认为宇宙间有建立在亘古长存的人类理性与宇宙理性之上、不会随时空而改变的所谓 "神明的律法"，而且在政治观点方面主张国家应由智慧的君主来统治等；此外，斯多亚学派也很关心政治，其中不乏著名的政治家，诸如西塞罗、罗马皇帝尼禄的哲学家老师塞内卡和罗马皇帝也是哲学家的奥勒留等。而塞亚革斯的渴望恰恰是成为政治上的领袖人物。以上所包含的意思就与该篇的主题，甚至在一定程度上与柏拉图的看法也是暗合的。

至于作为父亲的傣峁道科斯给他的儿子塞亚革斯介绍老师苏格拉底的描写以及关于阿里斯提得斯和修昔底德这两个少年的轶事也是模仿了《拉凯斯篇》[179a]，因为在后一篇中，这两位少年是由他们的各自的父亲为儿子的教育介绍给并请求苏格拉底当老师的。

另外，在用词方面，也有一些模仿了柏拉图的作品。例如：

"[123b] 如果你渴求那种人们靠它驾船的本领。"

"船（πλοῖον）" 一词常指 "货船，商船"，与 "战船（ναῦς）" 相对。而掌舵人或驾船常常比喻为掌管城邦的舵；城邦的统治者，领导。柏拉图在其作品中也常常如此使用。

"[125b] 和有才智之人交往的僭主是聪明能干的人。"

这句话的意思类似于成语："人以群分，物以类聚。"据 [V.C 法注 5]：柏拉图在《共和邦篇》第八卷 [568b] 将此句话归于欧里庇得斯。但似乎它实际上属于索福克莱斯的残篇中的话。

"[126a] 但的确不能凭暴力，就像僭主，除非统治心甘情愿的人们。"

该句相同的说法参见《政治家篇》[276e]。

"[126d] 泰：因为我听说过，苏格拉底啊，即他们告诉过你的一些话，属于政治家的那些人的儿子决不比皮匠的儿子更好。"

参见《美诺篇》[93a-94e]；《普罗泰戈拉篇》[319-320b]；《阿尔基比亚德斯篇（Ⅰ）》[118d-119a]；而"更好（βελτίων）"一词指的是品质和美德方面的"较好"。

在[127e-128a]段落中的内容则明显地模仿了《申辩篇》[19e-20a]。其中提及的几个著名智者，如凯奥斯的普罗狄科和莱昂提瑙的高尔吉亚以及其他许多的人，他们授徒收费，而苏格拉底不收费。其事迹主要反映在柏拉图的对话中。参见《申辩篇》、《斐德罗篇》，尤其是参见《高尔吉亚篇》。另外见亚里士多德的《形而上学》第一卷。

"[128d] 苏：不，好朋友，但你不知道那是什么样的，但我将会给你解释。因为有某份出于神意的东西，自从童年开始起，灵异就一直陪护着我。"

"某份出于神意的东西（μοῖρα）"的一词特指"应得的份额或定命"。作为专有名词即"命运女神"。

而该篇对话的核心词"灵异"的名词"Δαιμόνιον"有"神灵，神力；低于'Θεοί'（一般的神）的小神；（苏格拉底所说的）灵异；[《新约》]魔鬼"等含义；另外一名词"δαίμων"有"神，女神，神灵；命运，幸运，恶运（例如："συν δαίμονι"有"得神佑，[喻]死亡"的含义）；（人的）命星，守护神；（黄金时代的人的介于神和人之间的）灵魂；[晚期希腊语]鬼魂；恶魔，魔鬼"等含义；动词"δαιμονάω"有"遭神谴，遭神罚；恶魔附体，发疯"等含义；形容词"δαιμόνιος"有"荷马史诗常作[呼格][褒]神佑的人，贵人；[贬]神谴的人；[阿提卡方言]我的好人！[贬]倒霉蛋！可怜人！天上降下来的，神奇的（事物）；神圣的，像神一样的（人）"等含义；以及副词"δαιμονίως"有"神意使然，出于神意；神奇地"等含义。柏拉图在其一些作品中也多次提到苏格拉底的"灵异"现象。我们或许可以将"灵异"或"神示"理解为直觉或理性的认识，甚至可理解为让康德永存敬畏的"心中的道德律和头顶的星空"。

我们在柏拉图的作品里，例如《申辩篇》[31d]，可以读到，在无法预知的时间，苏格拉底会感受到内在的、他解释为来自神的声音的征兆，这种预诫总是抑制住他将要去做的某事；《塞亚革斯篇》中也认为"神示"通常不会向他提供建设性的劝告或从不鼓励他做某事（128d），这也是以相似的语言叙述的。

另外，即使苏格拉底的学生追随他，但不是所有的学生取得了持久的进步这一陈述也是取自《泰阿泰德篇》[151a]的，其中，苏格拉底在讲他的助产术时说那声音有时禁止、有时又不禁止他纳回他的一些已迷失方向的学生。当阿尔基比亚德斯避开苏格拉底时，他便恢复了他以前令人羞愧的样子（《会饮篇》[216b]），而且其他一些人，包括年轻的阿里斯提得斯，重新归于在苏格拉底开始去改善他们的头脑以前无能的笨蛋状态（《泰阿泰德篇》[150d-151a]）。但在《塞亚革斯篇》中，向苏格拉底讲话的神圣的力量有时不仅禁止他接纳新的学生，它还对他的某些学生而非其他的学生发挥威力。《塞亚革斯篇》也讲了一个值得注意的、阿里斯提得斯偏离正道的说法[130a-e]：阿里斯提得斯离苏格拉底而去的此刻，他以前拥有的令人印象深刻的辩论中的本领抛弃了他；较好是当着苏格拉底的面；但最好是在他身边，接触他，感觉从他流出的神秘力量。柏拉图似乎并不赞成这样一种苏格拉底式的教育天资和分享智慧的概念（《会饮篇》[175d-e]），然而就《塞亚革斯篇》的作者而言，苏格拉底对他的学生们影响的不可思议的魔力是寓于他的非凡力量中的另一个方面。

而且，塞亚革斯觉得这种神圣的威力会被祈祷和献祭抚慰[131a]，一种几乎在任何其他幸存下来的苏格拉底哲学的对话中没有同样的迷信观念。

此外，在色诺芬的作品里，我们也读知过类似的记叙（参见其《会饮篇》[viii.5]，《苏格拉底在法官前的申辩》（4）等于《苏格拉底回忆录》

［Ⅳ.ⅷ.5］①），以及该声音警告他反对他的伙伴们所打算要做之事的情况（《苏格拉底回忆录》［Ⅰ.ⅰ.4］）。另外，参见第欧根尼·拉尔修在其《名哲言行录》［2.65］中的记载。

再如，"［130a］苏：另一方面，对许多人来说，就会像是与我在一起一段时间一样，取得令人惊异的进步，但一旦离开我，他们重新决不优于无论哪一个人"。

这种类似的说法，如讲述的关于阿里斯提得斯的事例，读者也可在《泰阿泰德篇》［150d-151b］看到。

"［130e］苏：于是，塞亚革斯啊，我们的交往即是这样的：如果，一方面，你被神所爱，你就可以全然时常并迅速取得进步；另一方面，如果你不被神所爱，你就不能全然时常并迅速取得进步。"

这句话再结合"灵异"之说既暗示像苏格拉底说的，他如马蝇一样，时刻叮咬（言传身教）才能使人警觉受益（参见《申辩篇》［30e］），有如成语"近朱者赤"："σοφοῖς ὁμιλῶν καὐτός ἐκβήσῃ σοφός（与智者结伴你自己也变成智者）"；也表明作者不仅追求一种神奇和非凡的趣味，而且也有宿命论和宗教以及神秘主义的倾向。

再者，该篇对话提及的僭主显然是从贬义角度理解的这也与柏拉图的看法一致。僭主的古希腊词是"τύραννος"。据《古希腊语汉语词典》解释，僭主含有如下意思：（1）主子，主宰；（2）不受宪法和法律限制的独裁专制者或君主，借民众的力量夺取政权者；（3）（城邦的）君主，国王，众神之王，王子。柏拉图主要是在第二种意义上使用该词的。之后，在西语中通常专指暴君；专制君主；（古希腊历史上的）僭主，霸主；暴虐专横的人。

古希腊历史上的僭主最初出现在商业比较发达的城邦。据史载，最早出现的僭主是阿尔戈斯城邦的菲敦②。雅典最早出现的僭主是与梭伦同时

---

① ［古希腊］色诺芬：《回忆苏格拉底》，吴永泉译，商务印书馆1986年版，第186、189页。

② Φείδων，是公元前7世纪希腊阿尔戈斯城邦的一位国王，但是传统上他被认为是一个僭主。

代的庇西特拉图①，他也是古希腊历史上最有名的僭主。他于公元前560—前527年二度成为雅典僭主。僭主起初并无贬义，只是不同于王政时代的王或首领——"巴塞琉斯"（"Βασιλῆς"）而已。史学界一般的看法是，早期的僭主相当开明，如庇西特拉图斯就继承了梭伦的改革政策并与后者友善；后期的僭主则专横残暴。而在柏拉图与亚里士多德对僭主提出严厉的批评之后，僭主开始成为带有贬义的用语。

相对于王政（"Βασιλεία"）的僭主政制（"τυραννίς"）是相应于僭主的绝对权力而言的一种独裁统治形式。它通常被认为是一种"非正义"的政体，其旨在谋求统治者的私利，而不是为了增进公共利益。在柏拉图政体理论中，僭主政制属于第四种，是城邦的最后的祸害。在柏拉图看来，按照物极必反的规律，民主社会不顾一切过分追求自由的结果，破坏了其基础，导致了它的崩溃和极权政治的需要。因此，它或许只能从民主政治发展而来。也即极端的可怕的奴役，从极端的自由产生②。

总之，最初的僭主是古希腊在推翻贵族统治运动过程中的产物，而僭政是希腊城邦出现的一种特有的由僭主建立的独裁政体。

柏拉图在其许多篇对话——特别是《共和邦篇》——中有对僭主的描述，而这些描述大都用的是讥讽和鄙视的口吻。在《共和邦篇》（第八、九卷）中，柏拉图详细系统地分析了僭主是如何产生的，僭主的特点和实质，僭主对己、对他人和对城邦的危害性，以及他为何要反对僭主及其政制等等。

柏拉图认为最坏的政体是和最好的政体最为相反的类型——退化政体类型中最后一种的僭主政治；他最憎恨的即是与僭主政治相适应的统治者——具有最恶劣的人格和道德品质，属于最不正义的一种人的僭主③。

而在《塞亚革斯篇》[124d]提到马其顿的统治者阿尔凯劳斯时也重

---

① Πεισίστρατος（公元前600—前527年）是雅典的第一位，也是最著名的僭主。

② 《共和邦篇》[562a-d，564a]。

③ 《共和邦篇》[576d]。在《斐德罗篇》[248d-e]中，柏拉图将灵魂（人）分为九等，爱好智慧的哲学家属于第一等，僭主则在智者之后属于最低的一等。

述了《高尔吉亚篇》[470d] 的内容。《塞亚革斯篇》[125e] 如《阿尔基比亚德斯篇（I）》中年轻的阿尔基比亚德斯一样，希望成为"僭主"的段落也基本上是从《高尔吉亚篇》[469c] 借用的。

除了与预言相比外 [124d]，苏格拉底在叙述他的总是灵验的"灵异"时提到尚未应验的一则事例 [129d]，他说："真的，我预料那人或者死去或者甚至任何事物合到一起将那人赶入绝地，我的确为军队的所有其他事而担心。"按照波普尔的证伪原则，这意味着若有一次失效，则暗示苏格拉底的"灵异"并非完全可靠或不足为凭。而据 [V. C 法注]：En effet, les Athéniens furent battus et repoussés à Éphèse. XÉNOPH. Ἑλληνικά. liv.I（事实上，雅典人在埃菲索斯战败并被击退①）。

而在柏拉图的许多篇对话中，苏格拉底本人也不否认被说成是受神激励宣布神谕的预言家②。

此外，值得一提的是，据《拉凯斯篇》[179a] 和普鲁塔克《希腊罗马名人传》（《伯里克利》[11.1-2，14]），本篇对话 [130a] 中提及的修昔底德（Θουκυδίδης）很可能是指与伯里克利同时代的雅典一位杰出的政治家，军人，即与伯里克利一直相抗衡是其政敌的修昔底德，他是雅典政治家和将军基蒙（Κίμων，公元前 510—前 450 年）的亲戚，后被伯里克利放逐，死于外地；他的祖父和父亲是雅典的贵族，是阿洛佩克人麦莱西亚斯（Μελησίας）的儿子，虽然生年不详，但他的年纪可能大于苏格拉底。而生活于公元前 5 世纪下半叶，与苏格拉底年龄相仿的雅典历史学家、政治哲学家、将军和著名的《伯罗奔尼撒战争史》作者的修昔底德（Θουκυδίδης，公元前 460—前 395 年），和苏格拉底一样，其生活的时代正值雅典的极盛时期，也是古希腊文化的全盛时期。他的伯罗奔尼撒战争史叙述了在公元前 5 世纪斯巴达和雅典之间直到公元前 411 年的战争。修昔底德也被称为"科学的历史之父"。据修昔底德《伯罗奔尼撒战争史》

---

① 参见色诺芬《希腊史》（卷 I、卷 II[12-16]）等处；以及普鲁塔克《希腊罗马名人传》（《阿尔基比亚德斯》[29]）。
② 参见《克拉底鲁篇》[396d] 等。

第四卷第八章记载，他的父亲是奥劳鲁斯，其家族在色雷斯沿海地区拥有金矿开采权。

至于柏拉图论智慧或爱哲学的观点，参见笔者在本著中的《爱慕者篇》的专题论文。

四、《塞亚革斯篇》的影响

在柏拉图的《会饮篇》[177d]中，苏格拉底说，他只是一位有关爱情的学问的专家，而且在《塞亚革斯篇》[128b]中，苏格拉底讲了类似的事。埃思基涅斯[①]的对话《阿尔基比亚德斯篇》（现在大部分遗失）中，埃思基涅斯也让苏格拉底说："虽然我知道，没有我可以通过将它教给他帮助一个人的论题，我仍然以为，就我的阿尔基比亚德斯来说，如果我爱他，会让他更好。"（断简残篇[11c]）[②]虽然苏格拉底没有什么教他的学生们，但他的爱心和交谈让他们变好。与其他苏格拉底式的对话不同，在《塞亚革斯篇》里唯一提到的改进是苏格拉底打动别人理智的和辩证的技能，而非道德上优点的增长，而从哲学角度，或许这也符合苏格拉底的意思。

人们值得关注的是《塞亚革斯篇》第二部分有关苏格拉底的"灵异"与柏拉图的说法有点不同。在柏拉图那里，它是苏格拉底内心的声音，向他发出免予错误的警告。在这方面《塞亚革斯篇》也同样提到，但其内在忠告者的功能大大扩展了。在该篇对话中，这"灵异"不只限于发出警告

---

① 司费托斯（Σφηττός，古雅典费莱部族所在的一个区名）的埃思基涅斯（Αἰσχίνης，约公元前425—前350年）是苏格拉底的追随者，他像柏拉图一样撰写以苏格拉底为主要发言人的哲学对话，有残篇保留下来。历史学家称他为"苏格拉底的埃思基涅斯"以区别当时许多同名的人。柏拉图在《申辩篇》[33e]和《斐多篇》[59b]中提及此人出席了审判苏格拉底的大会和苏格拉底被处决时在场。

② 转引自"C本"《塞亚革斯篇》，"提要"、第627页。

的影响，既涉及苏格拉底个人的决定，而且也可能是有关哲学家的决断，甚至做出对他人的命运和城邦军事行动结局的重要的预测，对此赋予了苏格拉底所说的话的一个额外的权威，而处于"灵异"后面的，超越他的哲学能力之上的神性到底是什么？而这又暗示着什么？

或许《塞亚革斯篇》作者的主要目的似乎是叙述若干关于苏格拉底"神示"的轶事。"它对我们来说的主要趣味在于，其中一些轶事可能是由确实见到过苏格拉底的人流传下来的，并因而可能反映了他的怪癖给同时代的人留下的印象。"①

据说历史学家和哲学家普鲁塔克曾经撰写过关于《塞亚革斯篇》的评注文章，他在其《希腊罗马名人传》也提及过苏格拉底的"灵异"预测与雅典远征军在西西里的灾难性结局的关系②。值得注意的是，对苏格拉底和柏拉图颇有微词的尼采也曾经引用了《塞亚革斯篇》[125e8-126a4]的话："在柏拉图的《塞亚革斯篇》中写道：'我们中的每一个人都想尽可能成为所有人的主宰，最情愿是神。'这种意向必定一再存在。"③ 而在另外一处，尼采还写道："……权力意志（为了取得所有欲望中最强大欲望的表达，后者至今一直统领着一切有机体的发展）。"④

---

① ［英］泰勒：《柏拉图——生平及其著作》，谢随知等译，山东人民出版社1991年版，第757页。
② 参见普卢塔克的《希腊罗马名人传》（《尼基亚斯》[13.6；23]和《阿尔基比亚德斯》[17]）。
③ "Im Theages Plato's steht es geschrieben: jeder von uns möchte Herr womöglich aller Menschen sein, am liebsten Gott." Diese Gesinnung muß wieder da sein." Friedrich Nietzsche: Nachgelassene Fragmente. Frühjahr bis Herbst 1884（= Friedrich Nietzsche, Digital critical edition of the complete works and letters, based on the critical text by G. Colli and M. Montinari, Berlin/New York, de Gruyter 1967, edited by Paolo D'Iorio, 25［137］.
④ ［德］尼采：《权力意志》（上卷），孙周兴译，商务印书馆2007年版，第13页。

《西西福斯篇》

——论"审议"

一、引　言

　　《西西福斯篇》是用古典希腊语撰写的一篇古代政治哲学性质的对话作品。虽然它一度被归于柏拉图名下，但在古代已经被认为不是柏拉图的作品。这篇简短的谈话是在苏格拉底和西西福斯之间进行的。其中讨论的一个有意义的问题是："审议是什么？"因此，又名"论审议"。我们在《西西福斯篇》中可以发现所涉及的时代错误，对话应该发生在公元前4世纪上半叶，而不是苏格拉底实际生活着的公元前5世纪，因为作为《西西福斯篇》中苏格拉底的对话人的法尔萨劳斯的西西福斯是柏拉图的而非苏格拉底的一个同时代人。该篇作者在对话的开头还无缘由地提到"为了司特纳陶尼考斯的证明"而去听某一有关言行方面情况的讲演。实际上，雅典人司特纳陶尼考斯（Στρατόνικος）是公元前4世纪上半叶的一位著名演奏音乐家和老师，苏格拉底几乎不可能知道他。而苏格拉底提及的卡里司特拉托斯［388c］似乎是在公元前361年之前逃避死刑数年的著名的雅典政治家阿菲德奈斯的卡里司特拉托斯①。那么，若是如此，从时代来看，鉴于苏格拉底在公元前399年已经去世，由此可以证明，这篇对话不是柏拉图的作品，而该篇作者撰写它的目的可能在于引起人们对审议可能是一种技艺和深思熟虑观念的注意和兴趣，以及暗示他对已经衰落的雅典的民主制度表达了不满。

二、《西西福斯篇》概述②

（一）《西西福斯篇》的作者和写作的时代以及版本、研究简况

《西西福斯篇》的作者大概是柏拉图的一个学生或追随者③。考虑到属于显赫的贵族家世的西西福斯在历史上确有其人，例如其中一人、西西福斯的儿子道考斯 II④ 曾是马其顿国王菲利普二世（公元前359—前336年在位）的追随者而与雅典为敌，所以，该篇对话最早可能写于公元前4世纪下半叶但不迟于公元前3世纪。

据第欧根尼·拉尔修在其《名哲言行录》第三卷"柏拉图"中记载，最早编订《柏拉图全集》的是公元前3世纪的拜占庭的阿里斯托芬，他编

---

① Καλλίστρατος Αφίδνες（？—前361年），公元前4世纪的雅典政治家、演说家和将军。他被雅典法庭缺席判处死刑，而在外躲避数年返回雅典后被处死。在古代，阿菲德奈斯（Αφίδνες）是雅典所在的阿提卡十二古镇之一，如今是雅典附近的一个郊区小镇。另外，参见色诺芬《希腊史》[III.3, VI.2]。
② 以下一些内容参考了"C本"，"提要"、第1707—1708页。
③ 施莱尔马赫曾认为《西西福斯篇》也许是由麦加拉学派的人所作。参见 Friedrich Schleiermacher, Kritische Gesamtausgabe, Berlin: Walter de Gruyter, 1988。第一部分附录（Schriften und Entwürfe），vol.3（Schriften aus der Berliner Zeit, 1800-1802），p.366。以上文献参见 Wikipedia, the free encyclopedia. Sisyphus（dialogue）。
④ Δάοχος II（公元前4世纪），是古希腊帖萨利南部菲提亚城邦的主要城市之一法尔萨劳斯（Φάρσαλος）的政治家和军事领导。

订的《柏拉图全集》和在公元 1 世纪上半叶，门德斯的忒拉叙洛斯编订的《柏拉图全集》编辑体例中没有将《西西福斯篇》包括在内，而将其视为掺杂进柏拉图对话中的伪作。在中世纪，它也不为西方拉丁语学者所知，而为中世纪的拜占庭帝国的一些学者所了解。《西西福斯篇》现存最古老的手稿是在中世纪公元 9 世纪的拜占庭帝国制作的。在文艺复兴时期的人文主义的时代，在西欧，虽然人们重新发现了《西西福斯篇》，但是很少有学者重视它。

　　人文主义者马尔塞琉·菲齐努首先在他于 1484 年出版的最早的拉丁文版的《柏拉图全集》中辑录了《西西福斯篇》，并且添加了一个副标题"论商议（*De Deliberando*）"①。阿尔多·马努齐奥则在 1513 年最早重印的《柏拉图全集》的希腊文版本中最早辑录了基于拉丁文的《西西福斯篇》。尤其是在 1578 年，亨利·艾蒂安在他所编订和在日内瓦出版的《柏拉图全集》（三卷）完整版中不仅辑录了《西西福斯篇》，列于第三卷倒数第四篇，而且在该版中首次使用了新的分页方法，即对全部原文用数字和大写的拉丁字母作为边码以标注页码和分栏，例如《西西福斯篇》〔387B–391D〕，这也成为现代对其他古希腊作者作品的标准分页的基础。现今，由伯内特校订的被学术界公认为较好而广泛使用的《柏拉图全集》的希腊文版根据的即是这一版本，不过将边码改为小写字母并且加以细化到行号，例如《西西福斯篇》〔387b1–391d5〕。

　　至于其他语种版本的情况，主要在近现代西方重新重视柏拉图研究以后由德国、英国和法国以及美国等几个主要国家为代表。西方比较通行或流传较广受到学术界公认的柏拉图著作的有些版本（包括全译本）收录了《西西福斯篇》，例如 Les Belles Lettres 的法文译本以及迄今为止最全的《柏拉图全集》当数库珀（John M. Cooper）主编的英译全译本 1997 年版《柏拉图全集》（*Plato Complete Works*）和施莱尔马赫（Schleiermacher）等人译的三卷本的德译文本（*Platon: Sämtliche Dialoge*，1982 年版）等。

---

① 但菲齐努本人并没有翻译该篇作品。参见"J. H 本"，第 307 页。

西方学界对该篇对话的研究，主要在哲学史中论及柏拉图哲学时简要述及。

在我国，似乎尚无对《西西福斯篇》的翻译和研究论著的发表。

(二)《西西福斯篇》的若干细节

这篇对话作品约4000字，在伪作中，它属于篇幅较短的一篇作品。

在对话结构和内容方面，或许是抄写所致等原因，似乎存在一些逻辑问题，而且显得较为粗糙。

对话的参与者只有苏格拉底和西西福斯二人，后者是他的家乡、古希腊帖萨利南部菲提亚城邦的主要城市法尔萨劳斯的政治家，并在当地事务中发挥了显著作用。历史上虽然确有其人，他也属于显赫的贵族家族，但我们宁可将他看作是该篇作者虚构的一个人物。

而对话的时间不明确。

至于对话地点，根据对话内容暗示［387b］，苏格拉底似乎是在菲提亚的法尔萨劳斯，这是非常引人注目的，因为在所有的柏拉图式的对话中，他出现的场地是在雅典或该城附近，也就是说，苏格拉底除了在伯罗奔尼撒战争期间因为参战，习惯上不离开家乡雅典①。因而，再次证明，《西西福斯篇》可能是该篇作者想象的作品，因为菲提亚和雅典直线距离187公里，在当时的交通条件下不可能在一天的时间内到达。

《西西福斯篇》梗概如下：

苏格拉底（以下简称苏）开门见山对西西福斯（以下简称西氏）说，由于料想他可能不能按约定的时间到达，他和朋友们就去听一位有学问之人的精彩演讲去了。

西氏解释说，之所以未能到达，是因为他在法尔萨劳斯依法不得不参加执政当局的一次重要的审议而比预期的多停留了一天时间。

苏称赞了他的行为，认为服从法律是一种美德，它也被同胞们认可为

---

① 参见《克里托篇》［52b］；《斐德罗篇》［230d］。

是深思熟虑的。由此引发了有关审议本身——像柏拉图式的早期对话中的苏格拉底习惯做的对讨论对象的定义——问题的讨论［387d］。他表示想知道，审议是什么样的事情。

西氏有些不相信地反问苏："难道你不知道审议究竟是什么吗？"

苏承认，他不知道，但他猜测地问西氏，是否审议就像是凭运气求神示，或者是猜单双之类的事情。

西氏认为，审议虽然对某事似懂非懂但是在思考某事中的行为。

于是，苏在余下的讨论中引导对话进行，他通过以几何和天体学等为例说明知道某事就用不着再去知道，不知道某事才有必要去知道；审议也无非是这样，有人为了完成审议的缘故，就必须企图发现一些最好的东西或试图找出有关应当做的事的东西［389b］。而成为人们试图发现有关他们可能想要做事的障碍是无知。

在西氏表示赞同苏的推论后，苏接着通过一个人是否懂得音乐、将略或驾船技术等例子再度证明，不懂得有关事的任何人，尚对他们审议的事不懂得，不知道，也就没有可能审议，而试图发现有关某人可能不知道的事是有可能的［389d］。因此，苏对西氏说："你们昨天试图为城邦找出要做的最好的事情，但不懂得它，因为如果你们懂得它，你们就一定不会再力求获得它了，正如我们就但不也决不会力求获得其他任何我们已经知道的什么。"西氏又表示同意。

由此推理的必然结论是：所有好的和坏的审议者们无非是在审议有关注定将要存在和尚未存在的，或既不存在也未产生，既不具有，也没有一种性质的事情［390d-e］。

为了说明这点，苏再次以射箭为例，指出，若有确定的鹄的，则可以判定一个射手是否优秀，反之，对任何人来说，不仅不能够击中不存在的鹄的或将至的目标，也不能判定一个射手是否优秀。同样地，因为即将审议的事情是属于不存在的事情，所以，没有一个人想达到目的就可能还会审议关于不存在的事情，也就不能分辨好的和坏的审议者［391c］。

在对话的最后，苏呼吁西氏继续思考这个问题："当人们称某些人是深思熟虑的和愚蠢的时，他们由于什么缘故和什么时候将目光转而专注应当做的事呢？为了它的缘故，难道它的确是有价值的甚至什么时候值得再次思考吗？西西福斯啊！"［391d］

在用词方面，该篇对话基本上使用的是古典希腊语，值得关注的是以下一些多义词和双关语、原文校对以及个别词属于晚期阿提卡方言等问题：

"［387b］西：我们的统治当局进行审议。"

句中"审议（βουλεύω）"一词也有"策划，决议；自己考虑，自己决定；任议事员，提意见"等含义。

"［387c］苏：对法律的服从却是一种美德，它也被同胞们认可为深思熟虑的。"

句中"深思熟虑的（εὔβουλος）"一词由"好（εὖ）"和"建议（βουλή）"合成，所以，按照字面意思，也就是好的审议。而"好的审议"也可以理解为就是"深思熟虑的审议"或"擅长建议的（人）"。

"［387e］苏：他们一定决不会懂得在他们自己手中持有的关于偶数或奇数的事情。"

句中"奇数（περιττός）"一词属于晚期阿提卡方言而不属于柏拉图使用的古典希腊语。

"［388c］苏：无论他不是卡里司特拉托斯。"

本句似是衍文。原文如此，［C 本］删除未译。"L. B.L 本"和"S 本"也未译。并且参见［L. 法注 1］（第 69—70 页）。

此外，"［388c］西：懂和不懂两方面的。"

从这句开始到结束的对话内容，原文在编排上大多数没有另外分段。

"［388d］苏：却仅仅由于该事情本身的缘故在采用问答式论辩术。"

句中"采用问答式论辩术（διαλέγω）"一词也有"交谈，劝说；采用方言；谈论，辩论"等含义。在哲学上指"采用问答式论辩术"。

［390c］"苏：假设准许审议是某个事物，尤其免得就像刚才决没有发现不同的或者就是那个东西：知识，揣测，随口说，仅仅是给那用了一个

更庄严的名称。"

句中"知识（ἐπιστήμη）"一词也有"智慧，熟练，经验；学问，科学知识"等含义。但是根据上下文逻辑关系，[C 注 2]（第 1711 页）做"ἐπιστήμη"的反义词理解，推测为"无知"（ἀνεπιστημοσύνη），是可取的。"L. B.L 本"和"S 本"同样译为"无知"（"ignorance"、"Unwissenheit"）。参见［L.法注 1］（第 73—74 页）。

而上句中"庄严的（σεμνός）"一词既有"威严的，尊严的，神圣的，高尚的，崇高的"等含义，也有贬义："傲慢的，浮夸的"等意思。可视为一双关语。

"［391c］苏：所以，既然甚至没有人能够击中将至的目标，难道不就没有一个人能还会是人们中的——既不是深思熟虑的，也不是愚蠢的——审议者吗？"

句中"愚蠢的（κακόβουλος）"一词也有"打坏主意的，给别人出坏主意的"等含义；也是"坏的"和"建议（βουλή）"的复合形容词。所以，按照字面意思，也可以理解为"坏的审议（者）"。

"［391c］苏：甚至这个人但不比那个人更是深思熟虑的，也不更是愚蠢的，如果也不能更为击中和更加未中不存在的目标的话。"

句中"击中（ἐπιτυχής）"一词有"击中目标的，成功的"含义；可看作一个双关语。而"未中（ἀπιτυχής）"一词是"ἐπιτυχής"的反义词，也即"未击中目标的，不成功"。

"［391d］苏：却说，当人们称某些人是深思熟虑的和愚蠢的时，他们由于什么缘故和什么时候将目光转而专注应当做的事呢？为了它的缘故，难道它的确是有价值的甚至什么时候值得再次思考吗？西西福斯啊！"

句中"称为（ἀποκαλέω）"一词也有"以骂人的浑名称呼（某人）"的意思。可看作一个双关语。

三、《西西福斯篇》和柏拉图作品的关系

　　《西西福斯篇》是一篇很可能受柏拉图《美诺篇》等作品启发而产生的作品，因为前者在作品的结构和论证方式等方面都似乎模仿了后者。例如，我们将《西西福斯篇》中的主题——对不存在事情的审议——换成《美诺篇》中的主题：美德，则在《西西福斯篇》[388d-e] 中关于人们可能想要找出不深知的事情与《美诺篇》[80d-e] 中所说的一个连什么是美德都不知道的人就不能找出它等说法一致。而《西西福斯篇》[388e-389a] 以几何为例的讨论，与《美诺篇》[82b-85b] 也有类似之处。以及再如，《西西福斯篇》[388d-390b] 与《欧绪德谟篇》在举例证明知道或不懂得方面 [275e-277c] 也雷同。

　　而在所有伪柏拉图作品之中，《西西福斯篇》最与《傣峁道科斯篇》相近，它的主题也是按照苏格拉底风格讨论的；无论内容（与《傣峁道科斯篇》的内容部分一致）还是论证的风格（主要通过二难推理进行）都足够是柏拉图学派的。这两篇对话的作者的目的之一也可能都意在批评雅典民主甚或诋毁协商民主的决策原则。

　　但是，《西西福斯篇》与柏拉图作品最具不同的特点在于：前者着重强调了未来这一概念。苏格拉底在讨论中提请西西福斯注意的是，审议是有关未来的存在；审议的目的是在现在把握未来，尽管未来还不存在。这似乎是自相矛盾的。因为在现在没有未来的性质。提出的问题是：如何认识尚不存在的对象是可能的。如果不可能认识，那么，对审议的质量就没有一个评价标准，所谓好的或坏的顾问也是毫无意义的。因而，解决如此主题的问题与在柏拉图的一些对话中也经常持保留态度而呈现开放性的末尾也有所不同的是：在《西西福斯篇》的最后一段话中 [391d]，苏格拉

底说："却说，当人们称①某些人是深思熟虑的和某些人是愚蠢的时，他们何时由于什么缘故将目光转而专注应当做的事呢？那么，难道②它就是有价值的甚至什么时候值得再度思考有关它的情形吗？西西福斯啊！"

与之最相近似的段落是柏拉图的《共和邦篇》第九卷最后的几段对话，当完成对"理想国"的构建时，苏格拉底和对话人谈及一个真正的哲学家参政的条件："我凭狗起誓③，至少在他自己的城邦里的确会，当然，无论如何大概不会在祖先的城邦中，除非出于神意的某一幸运发生。"

对此说，对话人格老孔会意地然而心存疑虑地应答："我知道，你是指我们刚才叙述过，在我们建立新的拓居地后，在那一城邦里，在讨论中被确定下来的城邦中，因为至少，依我看，它在大地上决不存在。"

苏格拉底不无遗憾但又自信且满怀憧憬地鼓励同伴："但为愿意观看者和为能看见他自己迁居的人，大概一个模型被建立在苍穹④之上。然而，这决没有什么不同，或者它在某处存在或者它将存在于什么地方；因为他可以办理那独一无二的城邦的政事，而另一种城邦的政事一个都不办理。"

格老孔赞同地说："无论如何是当然的。"

如果鉴于将来是否存在还不确实，那么，《西西福斯篇》的作者试图暗示对未来的一切包括理想制度的审议（包括讨论）也就是无意义的吗？如此，则柏拉图的《共和邦篇》和《法律篇》主张的"第一等最好"之正义共和邦——理想的哲人王制和"第二等最好"的法治共同体——混合政体玛格奈昔亚城邦等也无非是清谈，其作品也就成了文字游戏。但显然这不符合柏拉图的真意。所以，在《西西福斯篇》的最后一段话中的结论恐

---

① 该词（"ἀποκαλέω"）也有"以骂人的浑名称呼（某人）"的意思。可看作一个双关语。

② 该词（"ἆρά"）是疑问小品词，一般表示希望得到否定的答复。因此，本句的意思是：审议问题是无价值的，不值得再度思考它。

③ "νὴ τὸν κύνα"或"μὰ τὸν κύνα"是柏拉图笔下苏格拉底特别喜欢的誓言。参见《申辩篇》[22a]；《高尔吉亚篇》[482b]等。它也是雅典人熟悉的起誓用语。

④ 该词（"οὐρανός"）也有"众神所居住的天上，天庭"等含义。可看作一个双关语。

怕是过犹不及，注重现在而对未来否定，等于说："存在即是被感觉。""未知生，焉知死。"这种看法至少也就将人类事务的三分（过去、现在和未来）之一的"未来"一笔勾销。不过，就伪作而言，苏格拉底在《翠鸟篇》中对所谓不存在的观点恰恰持有相反意见，认为它们是可能存在的。

四、《西西福斯篇》的影响

《西西福斯篇》虽然自古以来一直被传播着，但由于它在很早就已经被认为是伪造的，所以，不包括在忒拉叙洛斯编排的四联剧之内。至于作为一单篇作品如何传播的情况，我们得知，在古代，人们对《西西福斯篇》的兴趣好像也不大。最早引用过该对话[①]的唯一证据来源于罗马帝国时代的一位绰号为"金嘴"的著名作家迪翁[②]，他在其《第26篇演说》中随意意译了该篇对话的内容。

柏拉图的《美诺篇》通过某些细节［80d-e］暗示是针对伊索克拉底[③]在雅典提出的竞争的教育理念。伊索克拉底许诺让他的学生擅长商议，无须采用他所认为的柏拉图（学派）哲学无用的弯路，并认为"对于无用事

---

① 参见 Michael Trapp: Plato in Dio. In: Simon Swain（Hrsg.）: Dio Chrysostom. Politics, Letters, and Philosophy, Oxford 2000, S.234 Anm.60；Josef Pavlu: Der pseudoplatonische Sisyphos. In: Mitteilungen des Vereines klassischer Philologen in Wien, Jg.3, 1926, S.19–36, hier:19–22. C.W. Müller, "Appendix Platonica und Neue Akademie: Die pseudoplatonisch-en Dialoge Über die Tugend und Alkyon," in Döring, Erler, and Schorn（eds.）, Pseudo-platonica（Stuttgart, 2005）, p.155. 以上文献参见 Wikipedia, the free encyclopedia.

② Δίων Χρυσόστομος（约公元 40—115 年），一位希腊演说家、作家，以及公元 1 世纪罗马帝国的哲学家和历史学家。"Χρυσόστομος"意思是"金嘴的，口出金言的（演说家）"。

③ Ἰσοκράτης（公元前 436—前 338 年），是希腊古典时代后期著名的教育家和位列他的时代最有影响力的修辞学家以及阿提卡著名的十个演说家之一，也是他那个时代最具影响力的雄辩家。伊索克拉底通过他的教学和写作对修辞和教育作出了许多贡献；他主张希腊人和马其顿人联合起来对抗波斯人。他虽是智者普罗泰哥拉和高尔吉亚的学生，他亦与苏格拉底有师生关系。

物的像是可信的看法远好于关于无用事物的精确知识"[*Helen*, 5]。伊索克拉底还宣布:"我认为他的意见在大多数情况下能使他找到最佳行动方式的人是聪明人"(*Antidosis*, 271)。《西西福斯篇》[391d]也很可能有这样的用意。在其中,一个像智者商议的概念受到了怀疑。①

大致在同一时间,亚里士多德在其《*Προτρεπτικός*》(或《对哲学的劝勉》,一篇仅残存片段的作品)中,同样曾一度主张政治判断需要建立在思辨哲学的基础之上[B46-51]。亚里士多德在他有关伦理学的论著中也研究了商议的概念,其中几个段落表明这一主题已在柏拉图学园讨论过,显然如同在《西西福斯篇》一样使用了大致同样的术语。②

在现代文学和哲学研究中,学者们对《西西福斯篇》的评价似乎也不高。

本著作者感兴趣的问题之一是,《西西福斯篇》的作者为什么要选择西西福斯的名字作为对话人?按照柏拉图(包括色诺芬)的作品叙述,苏格拉底被神说成是世上最聪明的人③,他也为此验证了一生,不停地探询,也孜孜不倦地教诲他人;对他来说,对有关人类的一切,好奇是必要的和正当的。而在柏拉图的许多篇对话中,苏格拉底本人也不否认被说成是受神激励宣布神谕的预言家④。而预言都是针对未来的,在人们看来,没有什么比能知道未来更有智慧和神秘的了。因为能够把握未来也就掌握了命运,而这只有神才能做到。众所周知,西西福斯也是希腊神话中的人物。根据《荷马史诗》,西西福斯是最终要死的人中最谨慎和最狡猾聪明或最

---

① "Helen 5",即 Ἑλένη《论海伦5》。"Antidosis 271"即"ἀντίδοσις"《论交换271》,是古希腊雄辩家伊索克拉底所作的演说论文的标题。在古希腊语中,按照字面上的意思是"交换"或法律用词"交换财产"意即:雅典公民在被指定担任某种出钱的公务时,可以提出比他富有的公民,同他交换财产,然后担任此项公务,不愿交换的人可以替那人担负此公务。"ἀντίδοσις"可以被视为一篇辩护、自传或修辞的论文。然而,因为是伊索克拉底82岁时写的,它通常被一些人视作自传。以上内容引自"C本","提要"、第1708页。
② 参见[苗本](第十卷"残篇"),三、著作,11《劝勉篇》,第76页、第146—174页。
③ 参见《申辩篇》[21a-23b]等。
④ 参见《克拉底鲁篇》[396d]等。

足智多谋的人，他是古希腊著名的城邦科林斯的建城者和国王。再据加缪《西西福斯的神话》的经典阐释，被神惩罚去做既无效又无望之劳作而反复推巨石上山的西西福斯则是个荒谬的英雄。因此，结合对话的主旨，或许《西西福斯篇》的作者选用西西福斯作为苏格拉底的对话人则暗示，如此聪明的西西福斯在苏格拉底眼中也无非是个无知之辈，竟然要审议根本不存在的东西，因为它就不是理性思考的对象，也无法去认识它，所以，他无非在瞎忙着做没有意义的徒劳之事。

但是，若人们认可《西西福斯篇》的最后一段话中的结论，则相当于说："未雨绸缪不可能，亡羊补牢亦徒然。"雅典娜的猫头鹰非要等到黄昏才起飞吗？对未来之事的认识也好，讨论或思索也可，"商议"也罢，它们也都是假设，人们通过实践，它们也都是可证伪的。否则，任何对未来的信念有何存在之必要，更不要说是宗教神学的基本主张之一——相信来世了。

总之，《西西福斯篇》的结论虽然是否定的，起码它提醒人们知道商议不是什么或不懂得什么是商议。商议应该瞄准什么目标呢？以什么样的知识为前提呢？该对话并没有告诉我们，但我们透过《西西福斯篇》表面就事论事的对话，可以体会到在柏拉图对话中所含的一种价值取向，一切行为的正确或适当与否都与认识能力的强弱、知识的多寡和智慧的高低有关，具体而言，不论是劝告还是审议，抑或提出或听取建议或投票表决，本篇对话都暗示有一种"审议或劝告的技艺"。舍此，则不可能做到正确地言和行。可以肯定《西西福斯篇》的作者也意在鼓励他的读者朝向柏拉图学派的哲学和其核心目标之一——"知识即善"看齐。

《希帕尔科斯篇》

——论"贪婪"

一、引　言

在古代,《希帕尔科斯篇》①是归于柏拉图名下的一篇虚构的对话体作品。它的篇名是根据公元前 514 年被杀害的僭主希帕尔科斯②的名字命名的。在文体上,它是苏格拉底和一个匿名的伴侣之间的对话并且也是以苏格拉底提出"是什么"问题为开始的对话之一。

除了苏格拉底和一位匿名的同伴试图定义贪婪的主题,《希帕尔科斯篇》还有两个方面的离题话,一是关于理智上诚实和在辩论中公平的内容,二是苏格拉底还讲述了一个公元前 6 世纪的僭主或暴君希帕尔科斯的故事。

---

① 在古代,该篇的副标题是"ή φιλοκερδής(或贪婪者)";该词("φιλοκερδής")也有"爱财的,好利的"含义。

② Ἵππαρχος(？—前 514 年),雅典的僭主,他是雅典统治阶级的成员,是雅典第一位、也是最著名的僭主庇西特拉图(Πεισίστρατος,公元前 600—前 527 年)的儿子之一,在庇西特拉图死后,希帕尔科斯成为公元前 6 世纪末雅典的一位僭主(公元前 527—前 514 年),他和其兄弟希琵亚斯实行共同统治并于公元前 514 被诛戮暴君者暗杀。在《希帕尔科斯篇》中,希帕尔科斯被描写为艺术的庇护者,他渴望向诗人学习并把他的智慧施与雅典人民。参看该篇[228b-229b];另外参看亚里士多德《雅典的政制》[18.1]。

与柏拉图对话——例如《美诺篇》等——的相似表明，这篇对话的作者可能已经熟悉柏拉图的著作；而从重塑了希帕尔科斯的生平来看，他也可能知晓修昔底德的历史著作。

在 19 世纪以后的研究中，人们对《希帕尔科斯篇》的真实性存在一些争论而被一些学者认为是伪作。1806 年，奥古斯特·博克①首先提出它是伪作；弗里德里希·施莱尔马赫和其他古典学者赞同他的评价②。约阿希姆·达勒芬还认为，该对话甚至其他伪作是柏拉图委托他的第一批学生创作的③。以此假说，约阿希姆·达勒芬解释了这些接近柏拉图的早期著作的作品和缺乏的元素，这些对后期真正的对话来说是典型的④。但在当代研究中，《希帕尔科斯篇》又被某些学者归于柏拉图的作品⑤。

不过，现代大多数学者仍然假设它不可能是柏拉图写的，而是由一个未知的作家模仿柏拉图的对话风格所作。对其非真实性的评论，主要是根据对话的一些特点，如对话开始的突然性、语言的细节和文学方面存在一些缺陷；此外，还在于苏格拉底的对话者的匿名性或没有任何真正的柏拉

---

① August Boeckh（1785—1867 年）是德国一位古典语言学家和古文物研究家。他最早的论文之一是关于柏拉图哲学的世界学说（1810 年）。

② 参见 Friedrich Schleiermacher: Platons Werke（《柏拉图的著作》）和 Über die Philosophie Platons（《论柏拉图哲学》）中关于《希帕尔科斯篇》的评论。

③ Joachim Dalfen: Beobachtungen und Gedanken zum（pseudo）platonischen Minos und zu anderen spuria. In: Klaus Döring, Michael Erler, Stefan Schorn（Hrsg.）: Pseudoplatonica, Stuttgart 2005, S.51–67；Joachim Dalfen: Platon: Minos, Göttingen 2009, S.29–67. 以上文献参见 Wikipedia Die freie Enzyclopädie. Hipparchos（Dialog）。

　　Joachim Dalfen（1936—　）是德裔奥地利古代语言学家。他曾经以"柏拉图和他的同时代人的创作的分析"作为他在萨尔茨堡大学讲师授课的资格。

④ 但是由此产生的问题是，这些委托作品的署名权归谁？若归于柏拉图，那等于说就没有伪作之说了。

⑤ 关于《希帕尔科斯篇》的一份从 19、20 世纪的意见汇编，参看 Stefan Schorn: Der historische Mittelteil des pseudoplatonischen Hipparchos. In: Klaus Döring, Michael Erler, Stefan Schorn（Hrsg.）: Pseudoplatonica, Stuttgart 2005, S.225。更详细的探究史叙述参见 Laura Tusa Massaro（Hrsg.）Domenico Massaro: Platone: Ipparco, Milano 1997, S.17–24。以上文献参见 Wikipedia Die freie Enzyclopädie. Hipparchos（Dialog）。

图对话存在有指定的人不能参与的谈话。但本著认为，由这些说法而证明其是伪作的理由也是不充分的。因为真正的柏拉图对话也在一定程度上存在上述同样的问题。

从形式上看，《希帕尔科斯篇》是由柏拉图学派典型的二难推理的辩证法连同论述希帕尔科斯的文学史的离题话所一起构成的。这样一份带附注的典型例子是柏拉图的《蒂迈欧篇》和《克里提亚斯篇》中虚构的亚特兰蒂斯的故事，还有在《阿尔基比亚德斯篇（Ⅰ）》、《阿尔基比亚德斯篇（Ⅱ）》中，以及很可能在安提司特涅斯[1]和埃思基涅斯[2]的苏格拉底的对话中（现今大多已经遗失）的其他例子。尤其是，在伪作中，《希帕尔科斯篇》与《弥诺斯篇》有许多相似之处，前者中的辩证法和附注的相结合相似于后者中的组合，它们似乎是对在雅典流行的文化和历史隐含的价值观的怀疑；许多学者由此断定它们是同一位作者的作品[3]。

而从实质上看，《希帕尔科斯篇》中两人的对话实际上是从哲学的角度探讨了与贪婪相关的一些经济和伦理概念的本质问题。

---

[1] Ἀντισθένης（约公元前445—前365年）是希腊哲学家和苏格拉底的学生。他在成为一个狂热的苏格拉底信徒之前最初在高尔吉亚指导下学习修辞。安提司特涅斯接受并发展了苏格拉底对于伦理教诲的方面，主张按照美德生活，强调实践禁欲苦行的生活。后世因而认为他是犬儒学派的创始人。

[2] 司费托斯（Σφηττός，古雅典费莱部族所在的一个区名）的埃思基涅斯（Aἰσχίνης，约公元前425—前350年）是苏格拉底的追随者，他像柏拉图一样撰写以苏格拉底为主要发言人的哲学对话，有残篇保留下来。历史学家称他为"苏格拉底的埃思基涅斯"以区别当时许多同名的人。例如，另外有同名的希腊的政治家和阿提卡十大演说家之一的 Aἰσχίνης（公元前389—前314年）。柏拉图在《申辩篇》[33e]和《斐多篇》[59b]中提及此人审判苏格拉底的大会和苏格拉底被处决时均在场。这里应当指的是前者。

[3] 参见"C本"，"提要"、第609—610页。

二、《希帕尔科斯篇》概述

（一）《希帕尔科斯篇》的作者和写作的时代以及版本、研究简况

对于《希帕尔科斯篇》的作者，泰勒认为："应该把这篇对话录归属于具有杰出文风和对经济学的理智兴趣的最早期的一位学园学者。"该"'作者从柏拉图不只学到了他的文风'，而且愿意相信，他的作品可能实际上被柏拉图看过。"①虽然最近的研究表明，该作品在柏拉图有生之年已经出现的可能性很大；未知作者也显然属于柏拉图的学园。但是，从文体和内容因素分析，谨慎地说，作为一个可能的创作日期是公元前4世纪中叶前后，也即柏拉图去世前后。

《希帕尔科斯篇》在古代一直被无可争议地当作柏拉图的作品传播着；至于作为一单篇作品如何传播的情况，我们得知，它的完整的原稿没有保存下来。古代流传下来的手稿文本仅限于公元前2世纪的一些纸莎草纸片段。在中世纪早期，欧洲西部和中部的学者都没有看到过该对话的完整文本，而在中世纪的拜占庭帝国有抄本存在。《希帕尔科斯篇》现存最古老的手稿可能是在中世纪公元9世纪末期由凯撒利亚的阿莱塔斯大主教②编纂的抄本。在1544年，人文主义者艾蒂安·道莱在法国里昂将之译为法

---

① ［英］泰勒：《柏拉图——生平及其著作》，谢随知等译，山东人民出版社1991年版，第760—761页，以及第761页注释1。Alfred Edward Taylor（1869—1945年），英国著名哲学家，研究柏拉图的专家，该书是他的代表作。

② Arethas von Caesarea（约公元860—944年）生于希腊，是东罗马拜占庭帝国kaisareia（拉丁语Caesarea，位于现在的土耳其）的一位大主教，被认为是最有学问的东正教神学家之一；他也是柏拉图的著名的注释者；公元895年，他编辑的"Codex Clarkianus"包含了柏拉图的大部分作品并且是最重要的文本之一。在当今，阿莱塔斯主要是以他编辑的古籍手稿而著称。

语文本①。

据第欧根尼·拉尔修在其《名哲言行录》第三卷"柏拉图"中记载，最早编订《柏拉图全集》的是公元前3世纪的拜占庭的阿里斯托芬，他编订的《柏拉图全集》和在公元1世纪上半叶，门德斯的忒拉叙洛斯编订的《柏拉图全集》编辑体例中都将《希帕尔科斯篇》包括在内。忒拉叙洛斯还给其加上了副标题"贪婪者"，伦理性的，而列于九组四联对话的第四组第三篇。

在文艺复兴时期的人文主义的时代，由于人文主义者重新重视古希腊文化研究，人们重新发现了《希帕尔科斯篇》。人文主义者马尔塞琉·菲齐努也认为它是柏拉图的作品，并将其翻译成拉丁文。在1484年，他在佛罗伦萨出版了最早的拉丁文版的《柏拉图全集》，其中辑录了《希帕尔科斯篇》。阿尔多·马努齐奥则于1513年在威尼斯出版的最早重印的《柏拉图全集》的希腊文版本中也辑录了《希帕尔科斯篇》。尤其是在1578年，亨利·艾蒂安在他所编订和出版的《柏拉图全集》（三卷）完整版中不仅辑录了《希帕尔科斯篇》，列于第二卷第八篇，而且在该版中首次使用了新的分页方法，即对全部原文用数字和大写的拉丁字母作为边码以标注页码和分栏，例如《希帕尔科斯篇》[225A-232C]，这也成为现代对其他古希腊作者作品的标准分页的基础。现今，由伯内特校订的被学术界公认为较好而广泛使用的柏拉图全集的希腊文版根据的即是这一版本，不过将边码改为小写字母并且加以细化到行号，例如《希帕尔科斯篇》[225a1-232c5]。

至于其他语种版本的情况，在近现代，主要以西方重新重视柏拉图研究以后，由德国、英国、意大利和法国以及美国等几个主要国家为代表。西方比较通行或流传较广受到学术界公认的柏拉图著作的各种版本（包括全译本）大都收录了《希帕尔科斯篇》，例如乔伊特（B.Jowett）的

---

① Étienne Dolet（1509—1546年）是一个法国人文主义者、语言学家、翻译家和印刷商。不过他的法译本有可能是从拉丁译本转译的。John Edwin Sandys，A History of Classical Scholarship，Vol. II，Cambridge at the University Press，1903，pp.180, 195.

英译本、库塞的和 Les Belles Lettres 出版社的法文译本以及迄今为止最全的《柏拉图全集》当数库珀（John M. Cooper）主编的英译全译本 1997 年版《柏拉图全集》（*Plato Complete Works*）和施莱尔马赫（Schleiermacher）等人译的三卷本的德译文本（*Platon: Sämtliche Dialoge*，1982 年版）等。

西方学界对该篇对话的研究较为充分，或以专论形式，或在哲学史中论及柏拉图哲学时述及。在我国，似乎尚无对《希帕尔科斯篇》的翻译和研究论著的发表。

（二）《希帕尔科斯篇》的若干细节

《希帕尔科斯篇》这篇对话作品约 6000 字数，在伪作中，它属于一篇较短篇幅的作品。

对话的参与者只是苏格拉底和一位匿名的年轻同伴，后者或是他的一位门生。

根据在［225d］中苏格拉底说的一句话："我已经是比较年长者了而你是如此年轻。"我们可以推测对话的时间可能是在公元前 5 世纪末叶，因为公元前 399 年苏格拉底在他约 70 岁时去世；并且从"最亲爱的朋友"［226e］和"最可爱的伙伴"［227d］以及"全体人中最英勇的人啊"［232a］等的称呼上，或许作者暗示他们是情侣（字里行间透露着：苏格拉底似乎是个好言好语劝说的爱慕者；而同伴却像一个任性的情人）关系。

值得一提的是，据说柏拉图常常赞许马[①]。而对话的篇名也是人名的 "Ἵππαρχος" 一词也有"管辖马匹的（是海神波塞冬的称号之一）和骑兵将领"的含义；它是由 "ἵππος（马）" 和 "ἄρχω（管辖）" 二词复合而成。对于它的含义，我们穿凿附会地可对比，它相当于中国明代所设置的御马司一职的"弼马温"。

对话的场合不明确。

对话的内容梗概如下：

---

① 参见"名哲本"［6.7］。

对话一开头，苏格拉底便突兀地问他的年轻同伴：“到底贪婪是什么？怎么会是贪婪，尤其哪些人是贪婪的呢？”

同伴仅仅回答了最后一问：“贪婪的人就是那些可能会从毫无价值的东西那里获取有价值之利者。”

于是，苏格拉底反问说：“他们是知道还是不知道毫无价值的东西是有价值的呢？如果既然他们不知道，那么，你是说贪婪的人是愚蠢的。”

同伴否认说他们是愚蠢的，并且补充说，他们是些专干坏事的和邪恶的以及被利欲心所制服的人，他们虽然知道从下决心获利的那里没有一个是有价值的，但他们由于不知羞耻仍旧敢于贪婪〔225b〕。

接着，苏格拉底试着通过举例理解同伴的意思是说，贪婪的人是明知从没有价值的东西里获取有价值之利的什么的人。

同伴表示同意苏格拉底的说法。

于是，苏格拉底顺势询问，再通过举例说明，贪婪者的确不期望从没有价值的食物中获利；得出的结论是：甚至没有一个人是贪婪的人〔226d〕。

同伴只好纠正自己的看法，说：“贪婪的人是任何时候他们处于贪心不能满足的欲望下，他们好利并且过分地拼命想从极小且少甚至没有价值的东西中得到什么。”

所以，苏格拉底说，由此推论证明：贪婪的人“也不可能知道毫无价值的东西是有价值的〔226e〕”。

同伴再次表示同意苏格拉底的说法。

经过一番对话，苏格拉底又得出，同伴原来把那些喜爱财富的人叫贪婪的人〔227b〕。而如果所有人喜爱好的却憎恨坏的事物的话，则推论的结果又是：所有人看来似乎是贪婪的〔227c〕。

于是，同伴再次修正自己的主张：“贪婪的人可能就是在那些条件下和为了价值的目的热切于从正直的人不敢从中获利的一些事物中获利者。”

可是，苏格拉底又推出相反的结论，还故意说：“你企图哄骗我，故意说刚才我们所同意的相反推论。”

终于，被搅得晕头转向的同伴生了气，说："宙斯在上，苏格拉底啊！相反你却欺骗了我，我甚至不知道你在这些推论中怎样颠来倒去。"

苏格拉底既生气也有点着急地发誓："住嘴！如果我不信赖一个善良的和有才智的人就一定没行好事。[228b]"

对话至此，在同伴好奇地、也有些吃醋地问苏格拉底信任的是谁之后，苏格拉底岔开话题而引出另外一个主题：关于希帕尔科斯的故事。苏格拉底盛赞他是雅典第一位僭主庇西特拉图最聪明的一个儿子，无论如何他也展示了有才智的许多尤其是优秀的行为等事迹。他有许多和优秀的铭文作品，其中之一是刻在他矗立的赫尔墨斯① 全头雕像的柱子上的一条："这是希帕尔科斯的纪念物：你不要欺骗朋友。[229b]"在引用了这句话之后，苏格拉底宣称，他要遵守这条诫命而安慰同伴："由于我是你的朋友，我就一定不敢欺骗你和不听从那么一个大人物。"接着，苏格拉底纠正了关于希帕尔科斯死亡原因虚假的传说。

但同伴仍然对苏格拉底在前面的推论中让他自相矛盾的窘态耿耿于怀，而气鼓鼓地说："于是，你有可能，苏格拉底啊，要么不把我认作你的朋友，或者如果你把我认作你的朋友，你就不听从希帕尔科斯。你不要像这样欺骗我——不过我不知道你用任何什么方式——用那些推论，既然我不能听从你。"[229e]

于是，他们回到原来的主题上并且从哲学上论证贪婪概念本身。

他们达成的初步一致看法是：在获利的东西中，某一种是好的而某一种是坏的。但仅仅就获利本身来说，它们中无论是好的或是坏的甚至没有一种是更为获利的 [230a]。对此，苏格拉底再以举出食物、人等例子加以解释，说明：尽管食物有好有坏，人也有善者有恶者，但就食物或是人本身而言，任何一种食物（人）都不比另一种食物（人）更是食物（人）；

---

① Ἑρμῆς，在希腊宗教和神话中，他是宙斯的儿子，是奥林匹斯诸神中第二个最年轻的神，也是商业，盗贼，消息，雄辩，体育，运动员和边境口岸的神，作为众神的使者，他还是旅行者之神；西方"释义学"或"解释学"一词的词根即源自其名。在古希腊，赫尔墨斯的全头雕像，常置于道路沿线长方形柱子上。

同样地，利益、获利和价值本身都将永远是同一性质的。

接着他们又同意这几个推论：整个利益，不论小的和大的，是好的；所有善良的人宁愿一切好的事物；邪恶的人都爱好小的和大的利益。所以，不可避免的结论是：所有的人，不论善人还是恶人，都可能是贪婪者，因为他们的目的是获取好的利益［232b-c］。

在对话的最后，苏格拉底说："那不是一种正确的责骂，如果有人责骂他人是贪婪的；因为恰巧责骂那些人的他本人也是这样的人。"

同伴表示沉默，不再与苏格拉底争论。对话至此结束。

《希帕尔科斯篇》的用词规范而且是微妙的，例如双关语。在论证方面，它的主题明确，思路清晰，层次清楚，逻辑严密，环环相扣；人们普遍承认，这篇对话的语言和措辞是公元前 4 世纪极好的古希腊语的风格，虽然也夹杂着极个别的伊奥尼亚方言，因此，委实难以同真正的柏拉图著作区分开来。难怪有学者如约阿希姆·达勒芬认为，该对话和其他伪作是柏拉图委托他的第一批学生制作的或泰勒认为柏拉图看过它[①]。

《希帕尔科斯篇》的用词特点举例如下：

"［225d］同伴：我实实在在认为。"

句中"认为（οἴμαι）"一词属于阿提卡方言。

在［229a-b］，苏格拉底谈及希帕尔科斯的两条铭文的内容："这是希帕尔科斯的纪念物：你出行要把正义放心上。"

句中"铭文（ἐπίγραμμα）"一词指刻在艺术品上的制作者或奉献者的名字；或碑铭体诗（一种短诗，双行体）或墓志铭[②]。就后者含义来看，或许暗寓讽刺。

句中"纪念物（μνῆμα）"一词有"纪念，纪念物，（尤指）死者的骨灰坛，坟墓或（死者的）纪念碑"等含义。就后者含义来看，或许暗寓讽刺。

---

① 参见本文前述和注释。
② 参见本著《警句（三十三首）》的内容。

句中"放心上（φϱονέω）"一词是个典型的多义词，通常汉译为"明智，审慎，谨慎"；有"狂妄自大，傲慢"等贬义。可视为双关语。

"〔229e〕苏格拉底：真的也就像是下跳棋。"

句中"跳棋（Πεσσεύ）"一词是阿提卡方言。这种跳棋是一种两人掷骰子决定跳几格的跳棋。下跳棋的棋子用石子做成，椭圆形；下跳棋的棋盘是两边各有横线和纵线 5 条，中间一条横线是共有的；全盘共有 32 个方格。有希腊谚语说："命运拿人间事来赌博，有升有降（τύχη ἄνω καὶ κάτω τὰ ἀνθρώπεια πεττεύει）。"

"〔226b〕苏格拉底：但是怎么？你认为掌舵人给船预备没有价值的帆和舵。"

句中"船（νηί）"一词是伊奥尼亚方言。阿提卡方言为"νηΐ"。

"〔226e〕伴：他们好利并且过分地拼命想从极小且少甚至没有价值的东西中得到什么。"

句中"极小（σμικϱός）"一词是伊奥尼亚和古阿提卡方言，等于"μικϱός"。

〔230d〕苏格拉底：那么，两方既然真的一样都是获益的和贪婪的。

句中"贪婪的（κεϱδαλέος）"一词也有"贪得的，有利益的，有利可图的"等含义。可视为双关语。

"〔231a〕苏格拉底：对其他情况来说也同样。你说好的利益和邪恶的利益双方都是利益时，你在它们之中看到了什么，即那实实在在也是利益吧？"

句中"利益（κέϱδος）"一词也有"图利心，利欲心，贪心，狡猾，狡诈"等含义。可视为双关语。

至于校对方面，问题也不是太多，明显的只有一处〔226d3〕："苏格拉底：〈其他〉任何人他期待从那些他知道没有价值的东西中应该获利。"

该句中"其他（ἀλλ᾽）"似乎是衍词；〔B 注〕（第 945 页）指出，阿佩尔特（O.Apelt）的德文版本添加了该词。"C 本"、"V.C 本"、"L.B.L 本"和"S 本"未译。"L.B.L 本"的希腊文本原文（第 61 页）则直接将其删除。

三、《希帕尔科斯篇》和柏拉图作品的关系

《希帕尔科斯篇》一开头，苏格拉底便突兀地向他的年轻同伴发问，这种以问话开头的写作方式最与《美诺篇》和《法律篇》等开头相似；而就对话的场合和时间不明确来看，它与《美诺篇》等最为相似。

就《希帕尔科斯篇》关于贪婪的主题而言，其内容有两个：一是关于经济伦理学方面的，讨论了利益和贪婪以及道德行为的关系；还有引人注目的关于黄金和白银的价值换算［231c-232a］的论述，这与《共和邦篇》［587a-e］中关于僭主或暴君的欲望离法律和秩序最远，他的快乐与真正快乐相距也最远的换算论述非常相似。而柏拉图的经济伦理思想也最集中体现在其《共和邦篇》和《法律篇》中。无疑，利益问题也是他关注的主要方面，他对其有大量的论述，例如，柏拉图将民主政体下的目无法纪和同时代雅典的自我放纵同经济原因联结起来。在《共和邦篇》第二卷中，他描写了一个城邦在产生过程中邦民受物欲纵容使简朴的城邦就变成"发高烧的"城邦。因此，社会各方面的变化主要是被经济因素煽起的。柏拉图认为，欲望是灵魂中非理性部分的"爱钱"或"爱利"成分，它的快乐和爱欲集中在了"利益"上①。因此，在对金钱的热爱和柏拉图看重的节制等美德理想之间存在一种鲜明的对照：对财富的崇拜和过一种朴素节制的生活是不能并存的②。《法律篇》也同样将同时代的不适多归因于对获得财富的渴望③。但柏拉图通过他建议的治疗方法非常明确地提出了对社会病态的经济基础的意见：他把严格的法律约束置于拥有财富和聚积了金钱的公民自律之上。

柏拉图认为，真正的法律的目的是为了整个共同体的共同利益而不

① 参见《共和邦篇》［580e-581a，586d］。
② 参见《共和邦篇》［372e-373e，580e，555c-d］。
③ 参见《法律篇》［705a-c，714a，727e-729a］。

是满足占统治一方的私利①。在个人利益和城邦或共同体利益的关系方面，柏拉图强调了后者。在他构想的"第二等最好"的法治城邦里，禁止邦民持有黄金、白银和"硬"通货，但有一种供城邦内使用的本地通货②。

　　然而，就像人们通常认为的财产可以增强人们的幸福感一样，柏拉图并没有忽视财产对于人们生活的重要意义，或者说他并不否定财产的价值，只要是取之有"道"，能够正确使用财产的话。他认为："谈到有关财富的情形，的确，遍及所有城邦，它都是一切事物中最美的和最好的，说真的，财富存在是由于身体的缘故，而身体存在是由于灵魂的缘故；于是，由于这些缘故，财富天生属于存在的善，继身体的和灵魂的优良之后就会是第三位。于是，这一道理就会成为不应当企图变富有，除了正当地和有节制地变富有，将是幸福的教师。"③

　　二是关于历史人物评价方面的，例如对僭主希帕尔科斯的正面评价[228b-229d]，这与柏拉图的看法很不一致。

　　僭主的古希腊词是"τύραννος"。据《古希腊语汉语词典》解释，僭主含有如下意思：（1）主子，主宰；（2）不受宪法和法律限制的独裁专制者或君主；借民众的力量夺取政权者；（3）（城邦的）君主，国王，众神之王，王子。柏拉图主要是在第二种意义上使用该词的。英语、法语和德语也通常（分别）译为"tyrant"、"Tyran"和"tyrann"，专指暴君、专制（绝对）君主；（古希腊历史上的）僭主，霸主；暴虐专横的人。

　　古希腊历史上的僭主最初出现在商业比较发达的城邦。据史载，最早出现的僭主是阿尔戈斯城邦的菲敦④。雅典最早出现的僭主是与梭伦同时

---

① 参见《法律篇》[715b]。
② 参见《法律篇》[742a]。
③ 《法律篇》[870b-d]。另外参见亚里士多德《政治学》[Ⅶ.1.25]。
④ Φείδων，是公元前7世纪上半叶希腊阿尔戈斯城邦的一位国王，但是传统上他被认为是一个僭主。

代的庇西特拉图①，他也是古希腊历史上最有名的僭主。他于公元前560—
前527年两度成为雅典僭主。僭主起初并无贬义，只是不同于王政时代
的王或首领——"巴塞琉斯"（"Βασιλῆς"）而已。史学界一般的看法
是，早期的僭主相当开明，如庇西特拉图就继承了梭伦的改革政策，被
梭伦称为是所有僭主中最好的一个②；后期的僭主则专横残暴。而在柏拉
图与亚里士多德对僭主提出严厉的批评之后③，僭主开始成为带有贬义的
用语。

相对于王政（"Βασιλεία"）的僭主政制（"τυραννίς"）是相应于僭主
的绝对权力而言的一种独裁统治形式。它通常被认为是一种"非正义"的
政体，其旨在谋求统治者的私利，而不是为了增进公共利益。在柏拉图政
体理论中，僭主政制属于第四种，是城邦的最后的祸害。在柏拉图看来，
按照物极必反的规律，民主社会由于过分追求自由，从自由而来的"这样
的不能满足的欲望和一些其他方面的漫不经心甚至需要改变这种政体并且
预备好要求得到僭主的统制二者"。"因此，僭主的统制当然地除了从民
主政体里获取外不会从其他的政体里获取，照我看来，最大的和最残忍的
奴役出自最顶级的自由里"。④

总之，最初的僭主是古希腊在推翻贵族统治运动过程中的产物，而僭
政是希腊城邦出现的一种特有的由僭主建立的独裁政体。

柏拉图在其许多篇对话——特别是《共和邦篇》——中有对僭主的描
述，而这些描述大都用的是讥讽和鄙视的口吻。在《共和邦篇》（第八、
九卷）中，柏拉图详细、系统地分析了僭主是如何产生的，僭主的特点和
实质，僭主对己、对他人和对城邦的危害性，以及他为何要反对僭主及其

---

① Πεισίστρατος（公元前600—前527年）是雅典的第一位、也是最著名的僭主。
② 参见"名哲本"［1.67］。另外可与普鲁塔克《希腊罗马名人传》（《梭伦》［29.3］）里
　的记载相比较。
③ 参见亚里士多德《政治学》［1293b30-31，1310b42-46］；［英］A.安德鲁斯：《希腊僭主》，
　钟嵩译，商务印书馆1997年版，第28页。
④ 《共和邦篇》［562c，564a］。

政制等等。

柏拉图认为最坏的政体是和最好的政体最为相反的类型——退化政体类型中最后一种的僭主政治；他最憎恨的即是与僭主政治相适应的统治者——具有最恶劣的人格和道德品质，属于最不正义的一种人的僭主。①

不过，从《希帕尔科斯篇》中的一些用词方面来看，苏格拉底给予僭主希帕尔科斯的智慧和行为有些夸张的赞美或许具有讽刺的意味。

《希帕尔科斯篇》和柏拉图的作品在用词方面的异同如下：

在［226b］中使用的"掌舵人（κυβερνήτη）"一词在比喻的意义上常常具有"城邦的掌舵人，领袖，统治者"的含义。柏拉图在其对话作品中以及在伪作中多用这类比喻。也可视为是双关语。这暗示本篇也是政治性质的对话。参见《共和邦篇》中关于"船长"［488a-489d］和"哲人王"的论述。

在［229e］中使用的"下跳棋（Πεσσεύ）"一词，柏拉图也常常用它做比喻。参见《法律篇》［739a］；《政治家篇》［292e，299d-e］；《高尔吉亚篇》［450d］；《共和邦篇》［487b-c］。

在［227d］中，苏格拉底说："最可爱的伙伴啊。""最可爱的（γλυκύς）"一词本义为"甜的，香的"；喻义为"喜欢的，可爱的（人）"；贬义为"愚蠢的"。具有双关语的特点。在柏拉图对话作品中似乎很少使用该词。类似的用法见柏拉图《大希琵亚斯篇》［288b］，"ὦ θαυμάσιε"有"令人惊异的；［褒义］可钦佩的，卓越的；［贬义］奇怪的，离奇的"等含义。

在［228b］中，苏格拉底对同伴喝道："住嘴！"在柏拉图对话作品中，苏格拉底似乎很少用类似的口气对待对话人。

在［228e-229a］中，苏格拉底在列举希帕尔科斯是庇西特拉图的孩子中最年长和最聪明的一个，无论如何他也展示了有才智的许多尤其是优秀的行为时候，以赞赏的口吻谈及尤其他首先把荷马的作品运

---

① 参见《共和邦篇》［576d］。

入雅典城邦。但柏拉图在《共和邦篇》中要将荷马等诗人逐出理想的城邦。

此外，在［230b-c］，苏格拉底说道："于是，却说它们中的某一种比两者中的另一种更是食物吗，或者它们的确是同样的东西，食物；的确双方也决不优于两者中的另一种，就它是食物而言；同样地，就他是人而言，善良的人既不更甚于邪恶者，邪恶的人也非较善良者差。"

在该对话中，从上下文的意思来看，就它是食物等本身而言，即指概念，它通过定义的内涵和外延加以揭示。毋庸置疑，从道德的角度，好人和恶人（在获利等方面的处境或行为）应该不同；但仅仅就人是人本身而言，没有什么区别。这种对认识或在对话中涉及所论对象寻求"定义"的做法以及在论证中使用的二难推理的方法也是柏拉图对话作品中苏格拉底的典型风格。

四、《希帕尔科斯篇》的影响

在《希帕尔科斯篇》中，苏格拉底明确论及关于希帕尔科斯一种令当时的雅典人难以置信的修正历史观。他认为希帕尔科斯是有智慧和有教养的，然而后者的政权被后世的雅典人普遍认为是暴政，而杀死他的刺客哈尔摩狄俄斯和阿里斯托各同① 却被誉为民族英雄。但根据现代的研究，对

---

① Ἁρμόδιος（约公元前530—前514年）和 Ἀριστογείτων（约公元前550—前514年）都死于公元前514年，是古代雅典的两名男子。前者是后者年轻的恋人。在他们杀了希帕尔科斯后，一人当场一人稍候被希帕尔科斯的卫兵杀害。他们因此成为英雄，被认为是古代雅典民主卓越的象征，是"救星"和"诛戮暴君者（τυραννοκτόνοι）"。一位雅典诗人为他们创作了赞美诗。该故事继续被援引作为英雄主义和献身一个令人敬佩的例子许多年。详见修昔底德《伯罗奔尼撒战争史》第六卷第五章、亚里士多德《雅典政制》［18］。还可参照罗马时代的刺杀恺撒的布鲁图的事迹。顺便一提的是，约公元前359年，色雷斯王考提斯（Κότυς）被柏拉图的两个学生琵陶（Πύθων）和海拉克莱依儌斯（Ἡρακλείδης）兄弟刺杀。他们在返回雅典后，被授予雅典荣誉公民称号并获得金花环。参见亚里士多德《政治学》［1311b20-2］。

话中的苏格拉底对僭主的叙述可能是真实的①。

而《希帕尔科斯篇》中以问答方式进行的论证是在公元前 4 世纪中叶柏拉图学园对于方法问题进行讨论的一个范例。亚里士多德在其《论题篇》和《辩谬篇》②中即研究了这种辩证法。

忒俄弗拉斯托斯③的《表现道德性质的典型》(第30章，即最后一章：περί αίσχροκερδείας，"论贪得无厌者")中对贪婪者的素描栩栩如生并且是风趣的；忒俄弗拉斯托斯也深知他所谈论的。那么，当《希帕尔科斯篇》中的发言人似乎无法避免每一个人，甚至是个好人，都是贪婪的观念，许多读者会赞同苏格拉底的朋友，他不知怎么地受骗了。这是该对话另外的主题：在辩证探讨进展中智力的诚实和公平比赛。苏格拉底声明他永远不会违抗希帕尔科斯的明智的禁令和欺骗一个朋友。这也无济于事，直到该对话的结束，同伴对苏格拉底的论证仍然不为所动，虽然他不能断定问题所在，就像信奉苏格拉底对话的现代许多读者觉得不知怎的受到了蒙蔽④。

在中世纪的阿拉伯语世界可能是完全未知《希帕尔科斯篇》的，著

---

① 修昔底德也不认为希帕尔科斯是僭主；参见其《伯罗奔尼撒战争史》[6.5]。

② 参见《亚里士多德全集》第一卷。

③ Θεόφραστος(公元前约372—前287年)，古希腊哲学家，生于莱斯沃斯岛（Λέσβος）的埃雷索斯（Ερεσός），是柏拉图的学生和亚里士多德的著名学生和朋友，他在年轻时就来到雅典并在柏拉图的学园进行最初的研究。在柏拉图去世后，他从师亚里士多德。亚里士多德把他的作品遗赠给忒俄弗拉斯托斯，并指定后者为他的吕克昂学园的继任者。因此，他是亚里士多德遗著的受托人和亚里士多德所创的吕克昂学园的第一代继承人。忒俄弗拉斯托斯在亚里士多德隐退到卡尔西斯后，自公元前323年起任吕克昂学主持持一职。他主持吕克昂学园三十六年，在此期间学园大为繁荣。他也留下了卷帙浩繁的著作，其 Ήθικοι Χαρακτῆρες（《人物志》，直译为《表现道德性质的典型》）尤其有名，开西方"性格描写"的先河。据说，他教授过雅典著名的喜剧诗人米南德（公元前342—前291年）。参见"名哲本"Θεόφραστος《忒俄弗拉斯托斯》。但有学者怀疑"论贪得无厌者"是由忒俄弗拉斯托斯所写。参见 THEOPHRASTI CHARACTERES: WITH NOTES , BY THE REV. JOHN G. SHEPPARD, M.A., F.R.L.S. LONDON:1852, p.241。

④ 参见"C 本"、《希帕尔科斯篇》，"提要"、第 609 页。

名哲学家阿尔法拉比①虽然通过东正教神学家读过柏拉图的作品，也写有关于柏拉图哲学的著作，但是他对《希帕尔科斯篇》的论述也不够。

---

① Al-Fārābī（公元 872—950 年或 951 年），在西方为 Alpharabius，是中亚伊斯兰黄金时代的一位著名的穆斯林科学家和哲学家，他也是一位宇宙学家、逻辑学家、音乐家等多种学科和方法的代表，在中世纪的穆斯林知识分子中被尊为伊斯兰哲学的"第二导师"（即"第一导师"亚里士多德的继承人）。通过他的关于柏拉图和亚里士多德的评论和论著，法拉比在西方像在东方一样成为众所周知者。

《翠鸟篇》

——"论变形"

一、引 言

在古代，《翠鸟篇》的副标题是"论变形"①，在伪柏拉图作品中，它是唯一在篇名上以动物命名的对话。大体上说，它对应于柏拉图的《蒂迈欧篇》，是属于一篇有关认识自然问题的对话。

在希腊神话中，帖萨利的国王凯宇克斯（Κήϋξ）是启明星（黎明时出现的金星）之神海奥斯福崂斯（Ἐωσφόρος）之子。他娶了风神的女儿哈乐考莱（Ἀλκυόνη）。他们在一起很开心，据说他们往往相互戏称作"宙斯"和"赫拉"。这触怒了宙斯，所以，当凯宇克斯在海上航行时，神向他的船投掷了一个迅雷。之后，凯宇克斯作为一个幽灵现身哈乐考莱，向她告诉了自己的命运，于是，她悲痛地投海自尽。出于怜悯，众神将他们两个变形为翠鸟或太平鸟。此外，"Κήϋξ"除了有"海鸥"的词义，也有"三趾翠鸟属"的含义②。因此，该对话作品被取名为《翠鸟篇》或"论变形"。

因为在该篇对话中具有明显的认识论上的怀疑论特征，它的作者可

---

① 该篇的原文标题是"Ἀλκυὼν ἢ Περὶ Μεταμορφώσεων"。

② 关于该神话故事，参见奥维德《变形记》[11.410-11.748]。

能是属于柏拉图学园怀疑时期（公元前 268/ 前 264—前 88 ／前 86 年）的某人，进一步的迹象显示，针对一个人转变为一个动物是不可能的断言，《翠鸟篇》中的苏格拉底较为详细地进行了论辩。该对话的作者以此转向反对斯多亚学派代表的在天赋理性的人类和无理性的动物之间的截然分离或者说理性只与人的形式有关，理性人与动物之间存在鸿沟的观点。因此，有理由认为，在希腊化时代的柏拉图学园和斯多亚学派之间存在着关于动物理性的争论①。

此外，《翠鸟篇》的结尾提及苏格拉底有两个妻子，苏格拉底希望她们——克珊西帕（Ξανθίππη）和密尔托（Μυρτώ）——将像翠鸟深爱她的丈夫那样钟情于他。按照柏拉图和色诺芬等人在其作品中的记述，显然，至少苏格拉底和克珊西帕之间感情深厚②。苏格拉底是否重婚或前后有两个妻子之说最早的记叙至少可以追溯到公元前 4 世纪。但无论如何，这起码能够证明《翠鸟篇》不是柏拉图所写。这一问题也涉及对苏格拉底的评价问题。

二、《翠鸟篇》概述③

（一）《翠鸟篇》的作者和写作的时代以及版本、研究简况

在古代，关于《翠鸟篇》的作者有三种说法，先是被归于柏拉图，之

---

① 参见《蒂迈欧篇》[30a-37d] 等；《法律篇》[903b-907b] 等。
② 参见《斐多篇》[59d-60b]；色诺芬《回忆苏格拉底》[2.2]。
③ 以下一些内容参考了 "C 本"，"提要"、第 1714 页。

后被归于据说是一个叫莱昂的人①，最后，在近代早期，它又被认为是罗马帝国时期的琉鄙②所写③。笔者认为，它不可能是柏拉图的作品。至于写作的时代，它可能创作于公元前 150—50 年之间，但不早于公元前 3 世纪。

尽管许多抄本认为《翠鸟篇》属于柏拉图，并且一份古代书目将它登记为柏拉图所写的著作之中，但它几乎从柏拉图学派的文集中消失了。这是因为它后来被认为是由琉鄙在公元 2 世纪所写，也许是由注意到与琉鄙的方法和主题有相似之处的拜占庭的学者创作的。但《翠鸟篇》通常被包括在琉鄙的虚假的作品之中。因此，它现今往往只被刊行在不同的《琉鄙

① 但是，历史上有几个名叫莱昂（λέων）的人，例如拜占庭城邦的莱昂（死于公元前 339 年或至迟死于前 336 年）是公元前 4 世纪希腊的一个政治家和哲学家。他是柏拉图的一个学生并且支持雅典反对马其顿的腓力二世；一个是柏拉图学园的数学家，一个是似乎生活在公元 2 世纪希腊化时期的学者。

阿忒纳乌斯（Ἀθήναιος）即认为《翠鸟篇》是公元前 4 世纪柏拉图学园中的莱昂或公元 2 世纪的拜占庭某学者所写。Ἀθήναιος（公元约 170—230 年），生平不详，鼎盛年大约在公元 2 世纪末 3 世纪初，即有"哲人王"美誉的罗马皇帝奥勒留特别是及其子康茂德统治的时代。希腊人，曾经居住于罗马，生活在埃及的瑙克剌提斯（Ναύκρατις），是罗马帝国时代的一个希腊修辞学家和语法学家，用希腊文写作，曾写史学著作一部，但失传。他的一些作品也大都遗失了，流传至今的是《饮宴的智者们》（Δειπνοσοφισταί）一书，该书以对话体写成，共 15 卷，第一、二、十一、十五卷及第三卷的部分章节也失传，仅留下纲要，其余部分保存完好；为后世保留了大量珍贵的风俗和文学资料。

② Λουκιανὸς ὁ Σαμοσατεύς（公元 125—180 年），也译卢奇安，是一个用希腊语写作的雄辩家和讽刺（对话）作家；出生于位于现在土耳其的一个古罗马城市萨莫萨泰斯。他因其诙谐和嘲弄性而著称。虽然他只以希腊语写作，主要是阿提卡方言的希腊语，但他属于亚述人种族并且自称是叙利亚人。

③ 参见 die Diskussion in Halkyon sowie Ernst Bux: Leon 23. In: Paulys Realencyclopädie der classischen Altertumswissenschaft（RE）. Band XII, 2, Stuttgart 1925, Sp.2008–2012. Zur Identifizierung mit dem Geschichtsschreiber siehe Kai Trampedach: Platon, die Akademie und die zeitgenössische Politik. Stuttgart 1994, S.99 f.; Fritz Wehrli u. a.: Der Peripatos bis zum Beginn der römischen Kaiserzeit. In: Hellmut Flashar（Hrsg.）: Grundriss der Geschichte der Philosophie. Die Philosophie der Antike. Band 3: Ältere Akademie – Aristoteles –Peripatos.2. Auflage. Basel 2004, S.493–666, hier:566. 以上文献参见 Wikipedia Die freie Enzyclopädie. Halkyon。

全集》版本中。而被收录在琉鄯的希腊首版文本则在 1496 年出现于佛罗伦萨。但是，也有学者认为不是琉鄯所写。

《翠鸟篇》在古代一直被传播着，至于作为一单篇作品如何传播的情况，我们得知，作为唯一的古代文本见证是公元 2 世纪后期保存下来的一页莎草纸片段。在中世纪，它不被西方的拉丁语学者界所了解。反之，在拜占庭帝国则有零星的读者。现存最古老的中世纪的手稿出自 9 世纪的拜占庭帝国。人们为它所起的篇名是《翠鸟篇》或"论蜕变"。在琉鄯名下流传下来的又名"论变形"。

据第欧根尼·拉尔修在其《名哲言行录》第三卷"柏拉图"中记载，最早编订柏拉图全集的是公元前 3 世纪的拜占庭的阿里斯托芬，他编订的全集和在公元 1 世纪上半叶，门德斯的忒拉叙洛斯编订的《柏拉图全集》编辑体例中都没有将《翠鸟篇》包括在内，而被认为是伪作。第欧根尼·拉尔修也说有人①认为它是一个叫莱昂的人所写［3.62］。但是最迟在公元 2 世纪，它在柏拉图的名下被传播着，归于琉鄯比起柏拉图要更迟，可能在古代后期或中世纪才归于琉鄯。

从中世纪开始，特别是在文艺复兴时期的人文主义的时代，人们重新发现了《翠鸟篇》，或者说，《翠鸟篇》再次引起人文主义者的关注。意大利一个人文主义者阿戈斯蒂诺·达蒂（Agostino Dati，1420—1478 年）在 1448—1467 年期间完成了拉丁语翻译。达蒂认为《翠鸟篇》是柏拉图的对话作品。他的译文于 1503 年在意大利锡耶纳首版印行，虽然 1520 年之后，它一般被错误归属琉鄯的作品。②

---

① 指的是高卢阿尔勒（Arles，一城市名，位于现今法国南部）的法伯里诺斯（Φαβωϙῖνος，约公元 80—160 年），他是一个罗马著名智者和哲学家，属于怀疑主义学派，生于高卢，鼎盛年在罗马皇帝哈德良在位时期（公元 117—138 年）。他早年即接受良好教育，游历广泛，具有渊博知识，后凭借出色的口才在辩论中获胜而闻名于雅典和罗马，他晚年在罗马城开馆授徒，著有《历史杂记》和《回忆录》等；其著作现仅存残篇。他也是传记作家普鲁塔克最亲密的朋友。

② 以上文献参见 Wikipedia Die freie Enzyklopädie. Halkyon。详见"J. H 本"，pp.96，408–411。

　　人文主义者马尔塞琉·菲齐努在他于 1484 年出版的最早的拉丁文版的《柏拉图全集》和阿尔多·马努齐奥在 1513 年最早重印的《柏拉图全集》的希腊文版本中,《翠鸟篇》没有被刊行①;以及当亨利·艾蒂安在 16 世纪为现代确定了柏拉图的正式全集版时, 也即在他所编订和出版于 1578 年的《柏拉图全集》(三卷)完整版中也没有辑录《翠鸟篇》, 而且它通常也没有被刊行在《柏拉图全集》的其他现代版本中。尤其是在亨利·艾蒂安的版本中,《翠鸟篇》也没有被按照他的分页标准标上边码。伯内特校订的被学术界公认为较好而广泛使用的《柏拉图全集》的希腊文版——根据的即是亨利·艾蒂安版本——也没有辑录《翠鸟篇》。因此, 西方比较通行或流传较广受到学术界公认的现代版本的柏拉图著作的各种全集版本(包括全译本)大都没有收录《翠鸟篇》, 例如 "B 本"、"J 本"、"S 本"、"V. C 本" 和 "L. B. L 本" 等。但是, 在迄今为止最全的《柏拉图全集》"C 本" 中则收录了《翠鸟篇》。

　　至于其他语种版本的情况, 主要在近现代西方重新重视柏拉图研究以后由德国、英国、法国和美国以及意大利等几个主要国家为代表。克里斯托夫·马丁·维兰德② 最早将《翠鸟篇》翻译为德语, 并且认为它是琉鄯的作品。英国作家沃尔特·佩特在 1885 年发表了他的长篇历史小说《伊壁鸠鲁学派的马吕斯: 他的感觉和思想》③, 在研讨会上, 他引证了《翠鸟篇》, 并且提出琉鄯是否是该篇对话作者的可能性问题。

　　较早的研究认为《翠鸟篇》作者是斯多亚学派的意见在今天已经不再出现。

　　现代研究中,《翠鸟篇》受到相对较少的关注。英国哲学家阿尔弗雷德·泰勒对《翠鸟篇》的评价很低, 认为它既不是柏拉图的, 也非琉鄯

---

① 菲齐努本人也没有翻译该篇作品。参见 "J. H 本", 第 307 页。

② Christoph Martin Wieland (1733—1813 年), 是一位德国诗人、译者和出版者, 是德语区启蒙运动最重要的作家之一。

③ Walter Horatio Pater(1839—1894 年)是一位英国散文家、文学和艺术评论家、小说家, 著有 "Marius the Epicurean: his sensations and ideas"。

的，并且称它是"小而无价值的东西和无聊浮华"的文章①。而法国哲学家吕克②称赞《翠鸟篇》是一部具有非常细致风格的、朴实的和吸引人的作品。但马修·D. 麦克劳德（Matthew D. MacLeod）在其为《翠鸟篇》写的译序中排除了琉善事实上是其作者的可能，并且将之列为"伪琉善作品"，因为他认为《翠鸟篇》的作者用一种与琉善不相称的技能巧妙地模仿了柏拉图的风格③。笔者赞同此说。

西方学界对该篇对话的研究，或以专论形式，或在哲学史中论及柏拉图哲学时简要述及。在我国，周作人译的《路吉阿诺斯对话集》④（全两册，中国对外翻译出版公司 2003 年版）中也未收录《翠鸟篇》。而且，迄今，似乎也尚无对《翠鸟篇》的翻译和研究论著的发表。

（二）《翠鸟篇》的若干细节

对话者凯勒丰⑤是苏格拉底的同龄人和发小，也是他最好的朋友和忠实的、甚至狂热的追随者之一，正是他去了阿波罗神庙请示神谕，女祭司告诉他，苏格拉底是世上最聪明的人⑥。他稍早于苏格拉底去世。⑦

对话者是像疯子一样的凯勒丰⑧或许意味深长。

---

① ［英］泰勒：《柏拉图——生平及其著作》，谢随知等译，山东人民出版社 1991 年版，参见该书"附录——柏拉图手稿中的伪作"，第 784 页。

② 参见 Luc Brisson: Platon. Dialogues douteux et apocryphes. In: Richard Goulet（Hrsg.）: Dictionnaire des philosophes antiques，Band 5，Teil 1，Paris 2012，S.833–841，hier:838。以上文献参见 Wikipedia Die freie Enzyclopädie. Halkyon。

③ 参见 JEFFREY HENDERSON：Lucian（1-8），Harvard University Press，1913-1967，Loeb Edition；（vols.8）p.304.

④ 路吉阿诺斯，即琉善。

⑤ Χαιρεφῶν（约公元前 470/ 前 460—前 403/ 前 399 年），雅典民主派政治家。

⑥ 参见《申辩篇》［21a］；"名哲本"［2.37］。

⑦ 参见《申辩篇》［21a］；《卡尔米德篇》［153a-154d］；《高尔吉亚篇》［447b-448d］等对话。

⑧ 参见《卡尔米德篇》［153b］。

对话的场景是在雅典港口法勒伦①附近，也即谈话是在法勒伦港口附近进行的。

对话的时间可能发生在公元前 404 年雅典三十寡头执政时期凯勒丰被迫流亡的前后某一年——冬至前后十四日之间的风和日丽、翠鸟筑巢和繁殖时间内"平静时期"的——某一天。因此，鉴于他们在公元前 399 年去世，他们二人应该都已是过"耳顺"之年的老年人。

《翠鸟篇》是伪柏拉图作品中最短的一篇对话作品，计 2000 余字。在古希腊语中，鸟② 本身有显示预兆的词义，它也被看作能预言的生物。

对话梗概如下：

在风和日丽"平静时期"的某一天，苏格拉底和他的忠实朋友凯勒丰在雅典港口法勒伦附近散布聊天，凯勒丰听到远处海滩和礁顶传来一种悦耳动听的声音，他便问苏格拉底，发出这些音调的是什么生物。于是，苏格拉底给他讲述了关于不幸的翠鸟③的传说：它从前是一个女人，是赫楞④的儿子埃奥劳斯⑤的女儿哈乐考莱，她因对被爱的人的思念，哀悼她自己

---

① Φαλήϱον，地名，雅典一港口，在古代，该港口位于爱琴海岸希腊阿提卡地区的雅典主要港口比雷埃夫斯（Πειραιεύς，距雅典城中心约 8 公里）的西边，距雅典城中心西南约 6 公里。

② ὄϱνις，[泛义] 预兆；[贬义] 凶兆；常可和鸟名连用，人们通过鸟的飞翔或鸣叫解释所显示的预兆，也称观鸟象得来的兆头（ξύμβολος ὄϱνις），或鸟兆，指观察鸟的飞翔和鸣叫以卜吉凶的鸟占术；在诗歌中，"缪萨的鸟们"，指"文艺女神们的鸣禽：诗人们"；参见 [古希腊谚语] ὀϱνιθώνγάλα（鸟奶）：意思是"不存在的好吃的东西或好运"，或比喻"稀少而珍贵的东西"。

③ 翠鸟（ἀλκυών），也叫太平鸟，希腊神话中的一种鸟，传说当它飞过海洋时，暴风雨就会平息。因此它能带来宁静。参见亚里士多德《动物志》（第五卷）[542b4-17]；另外参见泰奥克里托斯（Θεόκϱιτος，鼎盛期约在公元前 270 年，是一位古希腊田园诗作家）的诗歌《田园诗》[7.57]："翠鸟和所有生活在海洋的鸟……"

④ Ἕλλην，是戴卡利翁（Δευκαλίων，是普罗米修斯的儿子）和（或有时宙斯和）琵拉（Πύϱϱα）的儿子，是希腊神话中希腊人的祖先，现在的"希腊人"一词即"Ἕλλην"，他的名字是希腊的另一个名字，以及形容词"希腊的"、希腊血统的人或有关希腊文化的源头等方方面面都与之有关。

⑤ Αἴολος，海莱神（Ἕλλην）的儿子，是希腊神话中的风神，意为多变化的神。

已死的丈夫，启明星海奥司福崂斯①、一个英俊父亲的俊美的儿子特拉契斯城②的凯宇克斯而投海自尽；后来，为回报她的非凡的爱，神出于怜悯，凭着某种神奇的意图，用某一方式，将她变成一只翠鸟，并且保证在其繁殖季节有好天气。于是，以鸟的形状，她在沧海四周飞行继续寻找她心爱的人。

以前从来没有听说过翠鸟的凯勒丰因此确认，它的声音听起来像一首哀歌。可他怀疑叙事的真实性，因为一个女人变成一只鸟在他看来是不可能的。他现在想知道他的老朋友是如何认为的。

苏格拉底拿这询问为由头，指出：由于人类认识能力的局限性和缺少经验以及理智的幼稚，对有些事是可能做到还是不可能做到，所有的人全然是些视力微弱的仲裁者。为此，他举例证明，在日常自然事件中，人们已经看到许多神秘的现象，如从一场骇人的暴风雨到令人惊奇的某种风平浪静；由卵中产生很多有翼的和陆行的以及生活在水中的多种多样的生物等；此外，鉴于人的自然力量，从成年人和无助又无能的新生儿的认知能力和判断力或在有能力者和无能力者之间的巨大差异，类推到受其狭隘性限制的人类理智与众神的能力相比，就像几天大的孩子相对于成年人。因此，苏格拉底认为凯勒丰的看法是错误的，因为人们不能预设认识是有界限的或相信能够判断什么（如某种存在）是可能的，什么是不可能的。对有些人（如无知者）是不可思议的行为，对其他人（如某行专家）来说则易如反掌。尤其是，凡人对神所具有的能力是不可设想的。像宇宙之大能够超出苏格拉底或凯勒丰的外貌之上一样，神的力量和睿智以及思考力的强大也能够和有关我们的状况不同是成比

---

① Ἑωσφόρος，字面意思是"发光者"；在希腊神话中是启明星（黎明时出现的金星）之神。在古典艺术中，通常被表现为一个手持火炬的俊美青年。

② 在古希腊，Τραχίς 是位于德尔斐（Δελφοί，该城有阿波罗神庙）北部的一个地区，它的主要城镇也被称为特拉契斯直到公元前 426 年。根据希腊神话，特拉契斯是柯宇克斯 Κήϋξ 的家。

例的①。最后，苏格拉底打算告诉他的孩子们，尤其是妻子们关于他听自祖先流传下来的翠鸟的神话和歌颂模范夫妻的爱情等其他的事，并且问凯勒丰是否也愿意这样做。凯勒丰对此表示同意。

至此，对话结束，他们从法勒伦港返回雅典城里。

无疑，《翠鸟篇》是一篇以古典希腊语撰写的古代文学对话作品。可以说，该对话无论是词汇和结构，都是经过精心推敲和布局的，而且是由晚期评论家所谓"亚洲文化风格"②的一个范例③。

在用词方面，我们值得关注的有以下几处：

在［3.］中，所用的"神灵"和"造化"两词："神灵（Δαιμόνιον）"一词也指苏格拉底时常所说的他的灵异；在《圣经·新约》中指魔鬼。

而"造化（φύσις）"一词在希腊语中是典型的多义词，有"自然，自然形成的性质，本性，性质，本质，产生，家世，（人的）体质，相貌，（人的）本性，天性，性格，（宇宙，万物的）本质、元素，自然力，造化，本性，原动力"等诸多含义。人们可根据语境理解或选用不同的词义译出。

在［8.］中，所用的"赞美"和"虔诚的"两词："赞美（ὑμνέω）"一词也有"在诗歌中谴责，指责"的贬义；或许是一个双关语。而"虔诚的（εὐσεβής）"一词也有"孝敬父母的，神圣的，行为正当的，敬神的"的含义。

---

① 值得一提的是，现代科学证明，人类仅凭自身的感官可感知的世界或存在只有百分之一，借助技术也只有百分之十七，而剩余的未能感知的世界则是未知的隐形世界或暗物质，如此，则身处"三维空间"的我们对可能存在于更多维空间的后者只能心存敬畏，小心求证而已。

② 亚洲文化风格，指希腊化时期与古代文体批评和小亚细亚地区的希腊作家关联的一个术语。

③ 参见"C本"，提要、第1714页。

三、《翠鸟篇》和柏拉图作品的关系

《翠鸟篇》显然有模仿柏拉图的对话作品的特征。

在《翠鸟篇》中，谈话发生在雅典城外的一次散步中，是两位老人在一年中最短的日子——冬至——"平静时期"的某一天进行的①，而且《翠鸟篇》又是伪柏拉图作品中最短的一篇对话作品；而在《法律篇》中，三位老人的谈话则发生在克里特岛的一次散步中，是在一年中日子最长的一天——夏至——进行的，而且在柏拉图作品中，《法律篇》也是最长的一篇对话②。

《翠鸟篇》谈话发生的场景和柏拉图的《会饮篇》[172a]叙事的场景也是相同的，都是法勒伦（Φαλήϱον），它位于《共和邦篇》[327a]对话开始提及的场景——爱琴海岸希腊阿提卡地区的古代雅典最主要和最著名的港口——比雷埃夫斯（Πειϱαιεύς，距雅典城中心约8公里）的西边，距雅典城中心西南约6公里。

《翠鸟篇》的主题和背景似乎也源自柏拉图的《斐德罗篇》中的几段[258e-259e]，其中，苏格拉底谈及关于人类转变为蝉的传说。而宇宙，天空，自然和神圣力量之间的关联是后期柏拉图哲学的特征，就像对人类知识的限制心存疑惑的强调，以及人类和其他动物之间的密切关系一样。

古希腊哲学家毕达哥拉斯早就有关于"灵魂轮回"理论，柏拉图也有类似的思想。

在柏拉图看来，宇宙是有理智的，因此，"同类相知"，宇宙的生成可以通过理智的探寻来发现。在《斐莱布篇》[28d-29a]中，他让苏格拉底说："理智和某种令人惊异的审慎通过组织安排统治全宇宙。"并且同意

---

① 而按照古希腊历法，特别是雅典使用的历法，按今天公历所说的冬至也即是古希腊雅典所谓的夏至。如此，本篇对话发生的时间则是两位老人在一年中最长的日子的某一天进行的。

② 参见前一注释。

对话人普罗塔库的看法:"理智安排一切,值得一说它们,像宇宙①的景象尤其是太阳、月亮和群星以及所有旋转的事物。"

此外,柏拉图还用"神灵附体"的观点论述拥有无所不包的智慧和知识、享有充分神性的神也要通过他们的创造物——和谐有序的宇宙和万事万物尤其是人类——展现或体现他们的神圣和伟大。他在《厄庇诺米斯篇》[985b-c]中也让雅典人说:"神使生物充满已产生的宇宙,使它们对彼此和对所有最高处的诸神以及对一切事物解释。"

再如,他借苏格拉底之口在《美诺篇》中论证了美德不能教、学习即灵魂将前世拥有的知识回忆起来的主张后说:"因此,如果不用科学知识,剩下的东西就成了用好的见解;运用科学知识的政治家们将城邦引向正路,因为关于有智慧的事,他们决不比预言者和受到神的感召的人二者更有何不同;因为为神所凭附的这些人真的,一则,宣告必定应验的神示和重要的事;一则,对宣告的内容来说决不知道它们。所以,称这些人的名字为是神一样的②人们是合宜的,他们不论哪一个即使都没有理智,从其负责做的和宣告的事角度,他们却使重要的和大的事成功,是吧?那么,我们就会正确地称我们此刻说的这些人的名字是神一样的预言者和说神示的人,所有的诗人们也是③;对这些人中的政治家我们就不会最少说是神指定的和为神所凭附,由于他们是自神助一臂之力的并被神所控制的,不论什么时候在他们宣告一些重要的和大的政事后都会成功管理好④,即使对他们宣告的他们决不知道……美德就既非天生又非能学会的,而是将由神在场促使那些人在心灵中就会生成(美德)。"⑤

至于变形特别是由人变为鸟的观点,在《蒂迈欧篇》中,柏拉图通过

---

① 该词("κόσμος")也有"秩序;有完善安排的世界"等含义。

② 该词("θεῖος")是个多义词,也有"敬神的,属于神的,神圣;神的,来自神的,神指定的,出于神意的;超过常人的(英雄),高出常人的;杰出的,极好的"等含义。

③ 参见《申辩篇》、《伊安篇》和《斐德罗篇》中类似的说法。

④ 该词("κατορθόω")本身有这二者含义。

⑤ 《美诺篇》[99b-100b]。

蒂迈欧之口，在详细叙述了关于从宇宙起源直到人的诞生的历史过程后，认为："出生后的男人，像没出息一样的甚至不正义地度过一生的那些人，按同样的道理，在第二次诞生时出生为女人们……鸟类改变样式，以羽毛代替头发，从那些善良的男人出生……而且陆行的和野性的动物由决不使用哲学也不思量关于宇宙本质的大约无价值的人变来……第四类水生动物从最愚蠢、最无知的人变成。"①

　　这里值得指出的是，柏拉图的正义学说以及其他学说往往是同他的神学观密不可分的，换句话说，柏拉图在论述他的许多观点时，有一个显著的特点是大都运用了神学理论作为他的主张的支撑。这也是柏拉图的诸多学说遭到诟病的一个主要原因。柏拉图同苏格拉底一样显然有宗教信仰，对他们而言则视为当然的，对一个无神论者来说，肯定对此不以为然。按照柏拉图的哲学理论，人们所谓不可思议、未知或不可见的事物并非就不存在，它们自有其独特的存在方式。而人性中有兽性也自有神性的成分，正如柏拉图认同普罗泰戈拉的观点："因为人分得了属于神的一份，首先，真的凭着神的独一无二的生物的亲属关系，人承认城邦一向所公认的神祇，他也着手建立祭坛和神像……"②而"结交、友情、规矩和克制以及正义将天空和大地、诸神与人们连在一起。"③因此人可以通神。他虽然也重视宗教的教育作用，但非以"神道设教"使人信服。

　　除了《斐多篇》④、《蒂迈欧篇》等对话外，柏拉图谈论神学最多地要属《共和邦篇》和《法律篇》了。在《共和邦篇》首卷第一句，苏格拉底就提到他是去参拜神的，神学思想贯穿了整部对话。而在该篇最后，柏拉图论述了灵魂不灭的神学思想以支持他的向善、行正义者有好报的正义观。而无独有偶的是，《法律篇》首句，雅典客人即问法律出自神还是人。"Θεος（神）"一词引人注目地被置于这两篇重要对话的开端是有深意的。

---

① 《蒂迈欧篇》[90e-92b]。柏拉图关于变形的观点，另外参见《共和邦篇》[620a-e] 等。

② 《普罗泰戈拉篇》[322a-b]。

③ 《高尔吉亚篇》[507e-508b]。

④ 例如在该篇 [82a-c]。

而柏拉图最显明的宗教观是在《法律篇》表达的。①《法律篇》对话的时间背景是，一年中最长的一天—夏至（《法律篇》也是柏拉图最长的一篇对话），雅典客人和他的同伴正在前往被认为是宙斯的诞生地和其神庙所在地、也是弥诺斯领受克里特法律的洞穴的朝圣之旅中。该寓意是相当明显的：立法是一项宗教的工作并且必定是建立在一种妥当的神学基础之上的。这一宗教上的强调贯穿了整部对话：不论是在为设立神殿、献祭和祭仪以及举行宗教节庆、设立男女祭司和其他宗教官员管理圣地等宗教制度，②还是为审判程序③所做的规定中以及在第十卷中对无神论的驳斥以及灵魂不朽的论证方面。柏拉图的宗教观的规则是神而非人支配一切并且是万事万物的判断标准。善人依靠美德才能使他自己像神一样而能够与神相通。邪恶的人则自绝于神。他说："神，也就像古已有之的传说，持有全部现实的起始和结束二者以及正中间，神在行进时，以不拐弯抹角的方式自然地完成；再者，对丢下出于神意的法律不管的人进行惩罚的正义④ 永远紧跟神。"⑤

此外，柏拉图的神学思想反映在对反宗教罪行的惩罚的规定方面也最为严厉⑥；他的"哲人王"、真正的政治家和科学的立法家是国王的比喻也是采用了专司"宗教仪式和司法"的"βασιλεῖς"一词，而没有用普通的名词"王"（"ἄρχω"）⑦。

---

① 《法律篇》[715c-718e]。

② 《法律篇》[759a-760a, 771a-e, 778c-d, 738b-e, 828a-d, 848c-e]。

③ 《法律篇》[871c-e]。

④ 该词（"δίκη"）也有"法律；审判；惩罚"等含义。

⑤ 《法律篇》[715e-716a]。

⑥ 《法律篇》[853e-856b, 907e-910d]。

⑦ "βασιλεῖς"：[雅典的] "国王执政官"（是雅典九位执政官中的第二执政官，执掌宗教仪式和司法）。"ἄρχω"：含义为"王，统治者，首领，领袖"，多指王政时代的国王，通常汉译音译为"阿康"。雅典城邦的九位执政官都由民选产生：第一位称年号执政官（那一年以他的名字为年号），第二位称国王执政官，第三位称作战执政官（原先是掌管军事，后来主管审理外侨的案件），其余六位均称司法执政官。参见"希汉词典"，第141页。

另一方面，值得一提的是，"'借神道，识人道'是古希腊神话的机趣所在，是古希腊人认识世界、认识自我的一种方式"。[①] 因为在古希腊人看来，即使神创造了世界和人类，也由人选择保护神，甚至决定女神的选美。例如，据希腊神话，前者说的是，海神波塞冬和智慧女神雅典娜为了要做雅典城的守护主神而产生争执，他们最后达成协议：看谁能为人类提供最有用的东西。两位神于是比赛神力，波塞冬用三尖叉击打岩石，岩石里变出了一匹战马；雅典娜则使岩石上长出一棵橄榄树——和平与富裕的象征。雅典人认为橄榄树有用，便将雅典娜选定为城邦的保护神，"雅典"即是以她的名字命名而来。而后者是说，天后赫拉、智慧神雅典娜与美神阿佛洛狄忒要宙斯说出她们三个当中谁最漂亮而争执不休；宙斯聪明地回避此事，将它交给特洛伊王子帕里斯去裁定。帕里斯判定阿佛洛狄忒最美，以致据说成为引发后来特洛伊战争的起因。

总之，《翠鸟篇》和柏拉图的对话作品最相似的是开放性思想，像在柏拉图的对话作品中体现的开放性结尾一样，《翠鸟篇》的苏格拉底也主张认识无止境，永葆认识论上的谦虚谨慎之心态，开放思想，永远探索。就像在《泰阿泰德篇》[155e-156a] 中的苏格拉底对泰阿泰德所说的那样："请你马上向周围观察并无未入教的任何人在倾听！此外，这是一些除了能够用两手牢牢地抓紧外就决不会相信存在的人，再者，他们是一些不认可行事和起源以及全部难以看到的事物凭应得的一份在现实之列的人。"因为在有神论者的眼中，凡是凡人做不到的事情，对神而言则是易事。在柏拉图笔下的苏格拉底也是同样认为的。[②]

与柏拉图作品的不同之处或许是在《翠鸟篇》[6.] 中的最后一句："像宇宙之大能够超出苏格拉底或凯勒丰的外貌之上一样，它的力

---

① 刘潼福、郑乐平：《古希腊的智慧：理性悲欢的人生求索》，浙江人民出版社 1994 年版，第 147—148 页。

② 《共和邦篇》[492e]。

量和聪明以及思考力① 多大也能够和有关我们的状况不同是成比例的。"这里显然是做拟人化表达；或许有类比或类推不当之嫌。"成比例的（ἀνάλογος）"一词本身也有"类比的，相似的"的含义。我们猜测地说，《翠鸟篇》或许有自然宗教的思想。而柏拉图却无此思想。

四、《翠鸟篇》的影响

由《翠鸟篇》引起读者感兴趣的问题有以下几个方面。

一是变形的观念，这在古希腊神话和哲学中有着丰富的资源。

据说翠鸟在筑它们的巢时，海水是平静的，因为它们都死在了海上。人们声明，这些原本每年七天，在此期间，作为一个翠鸟的哈乐考莱产了她的卵，在海滩上筑巢，她的父亲——风之神——埃奥劳斯，管制了风和使波浪平静，以便让她可以在安全的情况下做此事。无论如何，这种说法自此以来一直一般都指一段和平的时间，也即在冬至前后的几天永远不会发生风暴②。他们俩也使"变形"成为"太平日子"词源学的起源。

古希腊一个名叫安东尼瑙斯③ 的文法学家唯一幸存的作品是《变形记》，其中就有国王库克瑙斯（Κύκνος）死后变为天鹅的故事。

罗马帝国时期的作家也对在古典世界普遍流行的男人和女人、植物和动物等的变形保持浓厚的兴趣，作为一种文学体裁，写有数部著名的《变

---

① 该词（"διάνοια"）也有"一种使人说出某种话的能力"的含义。

② 而按照古希腊历法，特别是雅典使用的历法，冬至也即是夏至。

③ Ἀντωνῖνος Λιβεράλις，莱伯拉里斯的安东尼瑙斯，鼎盛年大概在公元 100—300 年之间，是古希腊的一位文法学家。

形记》。如奥维德①和许吉努斯②俩人也讲述了同样的变形，虽然他们都省略了凯宇克斯和哈乐考莱互相称为"宙斯"和"赫拉"——为此作为宙斯产生愤怒的一个理由——这个神话也被维吉尔简略地提到③，他也同样没有提及宙斯的愤怒。

变形的原因也是多种多样。除了《翠鸟篇》中所说的众神将凯宇克斯和哈乐考莱两个变形为太平鸟，例如在奥维德的神话史诗《变形记》中还有著名的达芙妮的故事，为了保护达芙妮的贞洁，让她逃离阿波罗的追求变形为月桂树；对自己的水中倒影产生无望爱情的纳西瑟斯变形为水仙等。

古罗马著名作家阿普列乌斯④除写有《申辩篇》外，还著有讽刺罗马帝国社会生活的《变形记》（一译《金驴记》），这也是希腊化时期留存下来的唯一完整的拉丁语小说。

此外，值得指出的是，其他国度、宗教和民族也有丰富的变形神话和观念。虽然与《翠鸟篇》无关，但是就鸟的变形而言，就有埃及神话中的长生鸟或希腊神话中的不死鸟，俄罗斯的火鸟，阿拉伯传说中的安卡以及中国的凤凰等。

---

① Publius Ovidius Naso（公元前 43—17 年），古罗马诗人，与贺拉斯和维吉尔齐名。代表作有《变形记》、《爱的艺术》和《爱情三论》。《变形记》是使用六步格诗体记录了关于变形的神话作品。根据古希腊哲学家毕达哥拉斯的"灵魂轮回"理论，描述了罗马和希腊神话中的世界历史。关于凯宇克斯和哈乐考莱两个变形为太平鸟的故事，参见［古罗马］奥维德:《变形记》，杨周翰译，人民文学出版社 1984 年版，第 148—158 页。

② Gaius Julius Hyginus（公元前 64—公元 17 年），是一个拉丁作家，是亚历山大著名的博学的人考奈利厄斯（Cornelius）的学生。参见其《传说集》。

③ Publius Vergilius Maro（公元前 70—前 19 年），是奥古斯都时代的古罗马诗人。被当代及后世广泛认为是古罗马最伟大的诗人，乃至世界文学史上最伟大的文学家之一。其作品有《牧歌集》、《农事诗》和史诗《埃涅亚斯纪》三部杰作。参见其《农事诗（Georgics）》［i.399］。

④ Lucius.Apuleius（约公元 125—180 年），古罗马作家，自称柏拉图学派，流传下来的著作有哲学类的《论柏拉图及其学说》、《论苏格拉底的神》、《论宇宙》等。他将柏拉图的《斐多篇》翻译为拉丁语。

例如在中国的《山海经》中也有相传太阳神炎帝的小女儿女娲驾船游东海而溺，其不平的精灵化作花脑袋、白嘴壳、红色爪子的一种鸟，栖息在发鸠山，发出"精卫、精卫"的悲鸣，人们便将此鸟叫作精卫鸟。而据印度史诗《罗摩衍那》载：保护神毗湿奴点燃熊熊烈焰，垂死的凤凰投入火中，燃为灰烬，再从灰烬重生，成为美丽辉煌永生的火凤凰。人们把这称作——凤凰涅槃。

犹太教、基督教和佛教等更是把轮回——像凤凰涅槃重获新生一样——作为主要的教义之一。

总之，像在柏拉图的对话作品中体现的开放性结尾一样，《翠鸟篇》通过变形甚或变异的叙述，表达了万事万物存在各种可能性的观念。而真正思想家的著作都是开放性的，它们启发人们去思索，天上地下，人生意义，生前死后，社会未来，无所不谈，没有禁区，而具有无限的可能性。

二是关于怀疑主义的方面。人应该保持在一种可能性的状态，像《翠鸟篇》显示的，但是这容易导向怀疑性的或好怀疑的方面。由于过分的不确定性，甚至相对主义的一面，最后就会处于皮浪般的悬疑与不动心，退回自身的沉思中。例如，中期学园阶段的怀疑主义者，公元前 264 年继任第六代学园主持或园长（σχολάρχης）的阿尔凯西劳斯①是学园中第一个采取哲学怀疑论立场的哲学家，即他怀疑发现世界真相的感官能力，虽然他会继续相信真理本身的存在。这带来了学园的怀疑阶段。但这不属于绝贤弃智之类的末流，而是一种实用的适度的怀疑论者的学术特点。他的主要对手是斯多亚学派和他们的现实可以被一定方式理解和信仰的观点。这种"怀疑的"柏拉图主义在学园中保持了两个世纪的权威地位，直到学园

---

① Ἀρκεσίλαος（约公元前 316—前 241 年）是古希腊哲学家。他沿用苏格拉底式推论与论辩方法，不求得出结论。由于他不从事写作，所以他的观点只能由第二手资料保存。西塞罗曾经总结了阿尔凯西劳斯的观点："什么都不能被知道，甚至不能知道苏格拉底留给他自己的知识残渣——正是这一格言的真理。"（Cicero, Academica, I. xii.45，或拉丁和英文双语版《西塞罗全集》XIX，p.452）。

新领袖安提俄科斯①在公元前 1 世纪初拒绝任何再接受对柏拉图的对话持怀疑态度的解释。他努力想把斯多亚学派的学说和逍遥派哲学加入柏拉图主义，并表示，他反对斐洛②，要使头脑能辨别真假。在这样做时，他声称要重振老学园学说。以他开始，学园进入中期柏拉图主义。

三是关于苏格拉底有两个妻子之说。这是苏格拉底死后的一个传说，在柏拉图和其同时代人，如苏格拉底的学生、著名作家色诺芬的文献中没有根据。其他喜剧诗人即使提到苏格拉底，也从不谈及后者的重婚之事。

在历史上，认为苏格拉底有两个妻子的作家包括卡利斯泰莱斯③和萨蒂饶斯④和亚里士多德等，后者在其所著的《论门第的高贵》一书里就曾叙述过此事。但普卢塔克表示怀疑该作品是否是亚里士多德所写。普卢塔克引述他们的话说："阿里斯提得斯⑤的孙女密尔托曾与圣者苏格拉底结婚同居，苏格拉底另有妻子，只是因为密尔托贫穷寡居，无以为生才把她收留的。"⑥后来的作家，如据第欧根尼·拉尔修也引用了亚里士多德等人的话说，苏格拉底"前后娶了两个妻子：前一位叫克珊西帕；他和她生了一个儿子叫拉姆普洛克莱斯；第二个叫密尔托，是法官阿里斯提得斯的女

① Ἀντίοχος（公元前 125—前 68 年）是一位学园哲学家。他是学园中的斐洛的学生，但他偏离了斐洛与他的前辈的怀疑主义。他还是西塞罗的一个老师（公元前 78 年前后，安提俄科斯成为雅典学园领袖，西塞罗亦于此时加入学园）。

② Φίλων（约公元前 25—公元 50 年）是一个希腊化时代居住在埃及的罗马省的亚历山大犹太哲学家。他特别推崇柏拉图的学说，他的哲学促成了早期基督教的希腊化并且为新柏拉图主义的思想模式和理论提供了基础蓝图。

③ Καλλισθένης（公元前 360—前 328 年）是一位希腊的历史学家。亚里士多德是他的舅姥爷。

④ Σάτυρος，生活于约公元前 3 世纪晚期；是一位杰出的逍遥派哲学家和历史学家。他的关于一些著名人物的传记（如"苏格拉底生平"）经常被第欧根尼·拉尔修和阿忒纳乌斯（Ἀθήναιος）提到和引用。

⑤ Ἀριστείδης（公元前 530—前 468 年）是古雅典一位绰号"正义"的著名的政治家。

⑥ 普卢塔克《希腊罗马名人传》（上册，九：阿里斯提得斯），黄宏煦主编，商务印书馆 1990 年版，第 342—343 页。Ἀθήναιος 在其《欢宴的智者》（Δειπνοσοφισταί）一书的第八卷中也提及苏格拉底重婚之事，内容与普卢塔克的叙述雷同。中译本参见［古希腊］阿忒纳乌斯：《天生尤物》，［英］理查·伯顿英译，寒川子汉译，第一节（第 5 页）。

儿，他娶她时没有送彩礼。他们俩生了索佛隆尼司科斯和墨涅克塞诺斯。有些人说，密尔托是他的第一个妻子。还有一些人，其中就有萨提洛斯和罗得斯人赫弱鲁谟，断定他同时拥有两位妻子。因为他们说，由于雅典缺少男丁，为了增加人口，他们颁布了一条法令，允许公民与一个女人结婚，又与另一个女人生孩子。苏格拉底正是依次而这样做的。"①

不过，在这个问题上没有多少更可靠的证据。在古代，不是每个人都相信这个故事。

值得一提的是，现代著名的传记作家托曼夫妇则栩栩如生地演绎或描写了苏格拉底和妻子克珊西帕以及情人密尔托的爱情和婚姻生活②。

柏拉图和色诺芬等人在其作品中记述了苏格拉底的家庭状况以及他的妻子克珊西帕和三个儿子，但都没有提及他的所谓的第二个妻子密尔托③。就重婚主题而言，《翠鸟篇》提及密尔托有讽刺的目的吗？鉴于柏拉图和色诺芬未曾提及，若是美德，应该赞美；要不，另有隐衷而为贤（尊）者讳？但是柏拉图在对话中也有暗示，即苏格拉底受刑时，他的儿子还很小。据柏拉图《申辩篇》[34d]和《斐多篇》[60a]中的描述，鉴于苏格拉底在70岁去世前，他的第一个孩子已经接近成年，第二个孩子还小，其中一个还很小，甚至还抱在怀中；由此推测，至少他的妻子——无论是哪一个——比他小三十岁左右才有可能生育第三个孩子，也即不论苏格拉底有无可能有第二位妻子，起码有一位年轻的妻子。因为，她必须足够年轻，才能生下他的第三个孩子。

克珊西帕（Ξανθίππη，约公元前5—前4世纪），雅典人，按照柏拉图的记述，是苏格拉底的妻子和他的三个儿子的母亲。"Ξανθίππη"一词字面意思是"栗色（或深浅不一的黄色）马，骑士，御者，卫队"。从词

---

① 第欧根尼·拉尔修：《名哲言行录》[2.26]；中译文引自"名哲本"，第157—159页。

② 参见［捷］托曼夫妇：《探索幸福的人——苏格拉底传》（该书原名《苏格拉底传》），许宏治等译，生活·读书·新知三联书店1987年版。

③ 参见《申辩篇》[34d]；《斐多篇》[59d-60b, 116a-b]，本著《警句（三十三首）》第8首；色诺芬《会饮篇》[2.10]，《回忆苏格拉底》[2.2]。

源学方面来看，该词可能是由"ξανθός"（黄色）和"ἱππεύς"（马）构成的；而作为专名，"ξανθός"即指特洛伊的河名，也是《伊利亚特》中被称为"希腊第一勇士"的阿喀琉斯（是海洋女神忒提斯的儿子）的战马之一——克珊托斯[1]（这匹神马是西风神宰菲饶斯［Ζέφυρος］的后代）的名字，可见用词是精心选择的[2]。在《斐多篇》［60a-b］中，我们看到，克珊西帕对苏格拉底的感情还是非常深厚的。此外，在历史上，该名字受到关注是源自原本是苏格拉底妻子的名字，以后成为"泼妇般的人物"的代称，例如，莎士比亚在其最著名的喜剧《驯悍记》中的描写。

而密尔托（Μυρτώ）[3]，也是雅典人，约生活于公元前5世纪，根据一些叙述[4]，她被认为是苏格拉底的第二位妻子。

再者，她们两个人的名字也都出现在希腊神话中。

总的看来，苏格拉底的一个妻子是克珊西帕和他有三个儿子是确切的，其中的一个儿子名叫美涅克塞努。柏拉图有一篇同名对话，但显然不是同一个人。而关于苏格拉底的第二个妻子密尔托以及他的三个儿子的母亲是他的哪一个妻子所生则说法不一。

无论如何，确定无疑的是，苏格拉底有一位年轻的妻子；如果他同时有两位妻子，则意味着重婚，但在当时法律可能允许的情况下，并不就是非法；或者他是参与照料她们其中一个的财务或生活，当她成了寡妇或有其他原因时；但是这并不意味着婚姻，而更显得苏格拉底具有博爱情怀。

总之，《翠鸟篇》表达了许多尚未被认识的自然的力量和婚姻道德观，正如康德所言，有两件事让他永存敬畏：头上的天空和心中的道德律。该对话本身对所谈及的论题更谨慎、更保留和犹豫不决。对话者共同努力致

---

[1] 据说它拉着阿喀琉斯的战车参加了特洛伊战争。参见荷马《伊利亚特》［16.149，16.467，19.400］。

[2] 据说柏拉图时常赞许马。参见《名哲言行录》［6.7］。

[3] 与一种叫桃金娘果（Μύρτον）的植物同名，只不过Μυρτώ是Μύρτον的双数形式。这或许暗指着什么。

[4] 参见"名哲本"［2.26，2.36-37］。普卢塔克《希腊罗马名人传》（《阿里斯提得斯》）［27.2-4］。

力于探索和寻求，没有老师和学生，完全平等，唯真理是从。这种开放的末尾，不像一些诗体、晦涩的独白文体、哑谜般的故弄玄虚甚至神秘的天启等作品，而是不为自己设定认识的界限，以其固有的不懈探索的精神，鼓励我们以一种开放式的探究精神探讨未知，去寻求扩大和加深自己关于万事万物的知识和对之的理解。在一定意义上，可以说，浮士德精神的某些方面即是如此。

《书信（十六封）》

一、引 言

  传统上，现存的所谓柏拉图的《书信集》(Ἐπιστολαί) 共有十三封书信①。从书信的结构方面看：每封书信的开始语都是一句古代流行的作者祝收信人"走运"、"顺利"等祝愿词，结尾通常（除几封信外）也是祝收信人"健康"、"好运"、"成功"等用语。

  每封书信的内容（除几封信是驳斥性的和自我辩护性的外）大多是建议性质的；篇幅长短也不一。最长的一封书信是《第七封书信》，占全部书信的一半，内容也最重要，包含了驳斥、辩护和建议以及哲学观的内容。

  每封书信的编号仅仅是由于它们在传统手稿中的位置，看起来也没有遵循任何特别的准则。有英国学者在其《柏拉图的十三封书信》一书中，从逻辑角度提出了他认为它们被写作的次序：《第十三封书信》、《第二封书信》、《第十一封书信》、《第十封书信》、《第四封书信》、《第三封书信》、《第七封书信》、《第八封书信》、《第六封书信》（放在这九封信之后是被公认为假的四封信：《第一封书信》、《第五封书信》、《第九封书信》和《第

---

① 《书信集》是著者对柏拉图的十三封书信以及被认为是伪作、但也归于柏拉图名下的另外五封书信的总括的称谓。下同。

十二封信》)①。

　　书信的收件人分别是：有四封书信致叙拉古的僭主狄奥尼西奥斯二世（《第一封书信》、《第二封书信》、《第三封书信》和《第十三封书信》）；一封书信致勒拉奥达玛斯（《第十一封书信》）；一封书信致阿里斯陶道劳斯（《第十封书信》）；一封书信致迪翁（《第四封书信》）；两封书信致迪翁的密友和同伴（《第七封书信》、《第八封书信》）；一封书信致阿塔尔纽斯的赫尔米亚斯、厄拉斯托斯和科里斯科斯（《第六封书信》）；一封书信致马其顿王国的佩尔狄卡斯（《第五封书信》）；两封书信致塔纳斯的阿尔库塔斯（《第九封书信》、《第十二封书信》）。从收信人来看，一些信属于多个人的公开信，有些是私人性的，仅仅是属于个人的。

　　与柏拉图主要是转述对话人进行的理论探讨的对话作品不同，书信以第一人称叙述，主要反映的是作者的实践——哲学、政治和交际等其他方面的——活动。

　　此外，被认为全部是伪作，但也归于柏拉图名下的另外五封书信作为"附录"附后，它们都很简短，内容直奔主题，也没有什么实质性东西，有模仿柏拉图书信的明显迹象；开头和结尾都没有使用一般的问候语和祝愿词。

　　这里值得提及的是，与柏拉图同狄奥尼西奥斯一世和狄奥尼西奥斯二世，尤其是与后者的关系类似的有②，在柏拉图之前的苏格拉底和阿尔西比亚德斯③的关系；与柏拉图同时代的色诺芬与小居鲁士的关系④；在他之后，他的学生亚里士多德与亚历山大的关系⑤。从伪作的角度看，《书信集》

---

① L. A.Post, Thirteen Epistles of Plato:Introduction, Translation and Notes, Oxford: Clarendon Press, 1925.该书是研究柏拉图信件的一部重要著作，引用率很高。另外参见 Reginald Hackforth, The Authorship of the Platonic Epistles, Manchester: The University Press, 1913; Ernst Howald, Die Briefe Platons. Zurich: Fussli.1923。

② 参见《第二封书信》[311a-b]。

③ 参见伪柏拉图《阿尔西比亚德斯I、II》。

④ 参见色诺芬的《阿格西劳斯传》和《居鲁士的教育》。

⑤ 参见伪亚里士多德的《亚历山大修辞学》(《亚里士多德致亚历山大的一封信》)。

的大多数作者或者是根据事实或者根据政治家与哲人的关系史实或者只是虚构了柏拉图与政治家或统治者的关系。就此而言，从现有资料来看，令人不解的是同时代的人尤其是他的众多弟子没有记载这些事情。柏拉图的后两次西西里之行之际，亚里士多德应该已经在柏拉图学园中了。据说迪翁也在学园中学习并与之交往，难道亚里士多德不知此事，不认识迪翁，不知道狄奥尼西奥斯二世吗？尤其是若认识或知道前者，那他为何从不提他们之间的关系？何况他也关注现实政治，著有《政治学》等名著。[①]当然，人们也会说，虽然这是事实，他也没有明确提到过他与亚历山大和赫尔米亚斯等人的关系。从下述"《书信集》的若干细节"部分可以看出，《书信集》中被认为是伪作的十一封书信主要反映的是柏拉图的一些人事关系，为人们提供了柏拉图生平的一个侧面，主要具有传记资料方面的价值；特别是表现出他深深地卷入西西里岛的叙拉古的政治之中。

因此，笔者纯属臆测地认为，考虑到亚里士多德曾经给亚历山大做过家庭老师，因而有帝王之师的盛名，《书信集》中有关柏拉图写给统治者或政治家的书信可能是某些有心人特别是学园里的人与逍遥派较劲，杜撰了柏拉图是统治者（僭主、国王）之师或顾问的书信。

二、《书信集》概述[②]

（一）《书信集》的写作的时代和作者以及版本简况

著名传记作家第欧根尼·拉尔修在其《名哲言行录》第三卷"柏拉图"中告诉我们，最早编订《柏拉图全集》的是公元前 3 世纪的拜占庭的

---

① 不过，例如，亚里士多德在其《政治学》[1307a37-40，1312a5-7，1312a 31-39，1312b17-19] 等中从历史的角度谈及狄奥尼西奥斯二世和迪翁。而他较多提及的是狄奥尼西奥斯一世。

② 以下一些内容参考了"C 本"和"I 本"关于每封书信的"提要"。

阿里斯托芬，他编订的《柏拉图全集》和在公元 1 世纪上半叶，亚历山大时期的忒拉叙洛斯编订的《柏拉图全集》编辑体例中都将声称是柏拉图写的共有十三封信的《书信集》包括在内①，而且拉尔修也使用了忒拉叙洛斯的编号。除了两封致塔拉斯的阿尔库塔斯的书信（《第九封书信》、《第十二封书信》）日期不明确和两个微不足道的指示没有假定的时间日期外，它们都被宣称是来自柏拉图生活的最后二十年。虽然在希腊化时期之前，古希腊人的书信一般没有注明日期，但是，《书信集》的大部分书信的写作时间显然在柏拉图去世之后，可能在长达一个世纪的时间内写成。因此，所有的写作时间或日期也无确切的根据，只是大体上而言。而且，即使是被认为是真实的《第七封书信》和《第八封书信》也不能证明是出自柏拉图，它们也只是更像是柏拉图所写而已。所以，柏拉图全部书信的作者并无确切的证据即是某人。笔者认为，《书信集》的大部分内容很可能是亚历山大时代早期柏拉图学园的作品。

在阿里斯托芬的版本中，《书信集》列于其编订的全集第五组最后，而在忒拉叙洛斯的版本中，《书信集》列于其编订的全集第九组最后，并且说明这十三封信是属于伦理性的。忒拉叙洛斯给这些书信体的标题是"Εὖ πράττειν"②（除了《第三封书信》），有如给伊壁鸠鲁书信体的标题是"Εὖ διάγειν"③，给克莱翁书信体的标题是"χαίρειν"④。

显然，在公元 1 世纪前后，《书信集》属于柏拉图哲学一部分的传统已经完全确立并流行开来。罗马的雄辩家们就知道《书信集》——例如《第七封书信》和《第九封书信》——至少西塞罗知道它们，而且他

---

① 不过，在所有的书信中，《第十二封书信》（标题为："柏拉图祝愿塔纳斯的阿尔库塔斯顺利！"）是唯一在手稿中明确否认其真实性的书信。
② 该问候语有"走运，顺利，对待（某人）态度好"的含义。值得注意的是，在这些信中的问候语用词是不同的，有一般的和带有警告意思的等。通常在书信的开头用"χαίρειν"作问候语，意思是："谨向某某致意。"关于不同问候语的比较，参见彭磊：《哲人与僭主——柏拉图书简研究》，华东师范大学出版社 2016 年版，第 39—46 页。
③ 该问候语有"日子过得好或顺利"的含义。
④ 该问候语通常用在书信的开头，意思是："谨向某某致意。"

毫不怀疑地将《第九封书信》译为拉丁文并在其著作里引证了其中的几句话①。在一些传记作家的作品中——例如，科尔奈利乌斯·奈波斯②的《外族名将传》（《迪翁》），第欧根尼·拉尔修③的《名哲言行录》（《柏拉图》、《阿尔库塔斯》），特别是普鲁塔克④的《希腊罗马名人传》（《迪翁》）⑤，——也明确引用了《书信集》中的内容。

在意大利文艺复兴之前的中世纪，《书信集》主要在拜占庭帝国的希腊学者和一些阿拉伯学者，尤其是在柏拉图学园和新柏拉图主义者中进行阅读、诠释、评注和研究，而不为西罗马帝国的拉丁语学界所关注。从意大利文艺复兴时期早期开始，在人文主义的时代，由于人文主义者重新重视古希腊文化研究，因此，在15世纪当中，古典文化的著作被发现了而且得到了特别迅速的传播。我们现在所有的希腊哲学家的著作当时至少都译成了拉丁文而且到了热心的读者手中⑥。与此同时，人们也重新发现了

---

① 西塞罗（Cicero）在其《图斯库兰辩论集》（*Tusculanae Disputationes*）[Ⅴ，35，100]引用了《第七封书信》[326 b，c]的内容；另外参见 Cicero：De Finibus, Bonorum et Malorum（《论善恶之结局》）[Ⅱ，4，28，46，92]。

② Cornelius Nepos（约公元前110—前25年，或鼎盛时期大概在公元前1世纪中叶），是罗马共和国晚期时的一位传记作家。

③ Διογένης Λαέρτιος（鼎盛时期约在公元3世纪），是一个生活在罗马帝国时代的作家，用希腊文写作，以希腊哲学家的传记作家的身份而著名。他的生平不被我们所知，但他幸存下来的《知名哲学家的生平和观点》（Βίοι και γνώμαι των εν φιλοσοφία ευδοκιμησάντων，即《名哲言行录》）是关于希腊哲学史的一个最重要的来源。该书显然是前代大量资料的总汇，有时编排得不好，显得前后不一致，特色是逸闻、趣语占很大比例，可能反映了他所处时代的文风。跟古今中外很多作者一样，拉尔修喜欢在书中引用自己的诗句，除此之外，他也引用了不少古代著名诗人的诗文，例如柏拉图的11首警句，这也为后世保存了很多重要的文学资料。

④ 普鲁塔克（希腊文：Πλούταρχος；拉丁文：Plutarchus，约公元46—120年），是一位生活于罗马帝国时代的希腊人，作家、哲学家、历史学家，他的"名人传"不仅是一部研究古希腊和古罗马历史时必不可少的要籍，而且还完善了自色诺芬草创以来的传记体史书的体例，最终确立了西方史学中传记体史书的地位，对西方史学的发展作出了不可磨灭的贡献。

⑤ 例如，普鲁塔克《希腊罗马名人传》（《迪翁》[4，8，13，21，52]）等。

⑥ 参见 [瑞士] 雅各布·布克哈特：《意大利文艺复兴时期的文化》，何新译，商务印书馆1979年版，第239—240、544页。

柏拉图。一些人文主义者陆续将柏拉图的作品包括书信译为拉丁文和意大利文①。

值得一书的是，在意大利文艺复兴最初的发源地佛罗伦萨，这一被公认为意大利的文化之都、意大利的雅典、13—15 世纪欧洲的财政首都，在整整 14—15 世纪的一个世纪中成为世界上的文艺领袖。而人文主义的促进者在赞助学问和艺术方面，佛罗伦萨的梅第奇家族的确是人类史上无与伦比的一家②。正是美第奇家族，特别是有"国家之父科西莫"盛誉的老柯西莫·美第奇（死于 1464 年）认识到柏拉图哲学是古代思想界最美丽的花朵。他的精神继承者、意大利的柏拉图主义哲学家、确信没有柏拉图就很难做一个好的基督徒或一个好的公民的马尔塞琉·菲齐努③首先在他于 1484 年出版的最早的拉丁文版的《柏拉图全集》中辑录了《书信集》④。阿勒道·马努齐奥⑤则在 1513 年最早重印的《柏拉图全集》的希腊文版本中也辑录了《书信集》。1549 年，在巴黎还出版了《书信集》的拉

---

① 在 15 世纪上半叶，一些学者——例如布鲁尼（Leonardo Bruni）最早在 1427—1434 年之间（但不早于 1426 年 9 月，参见 "J. H 本"，第 387 页）——即将柏拉图书信翻译成拉丁语。参见 "J. H 本"，第 66、74、89、97、384、849、883 页。另外参见 John Edwin Sandys, A History of Classical Scholarship, Vol.II, Cambridge at the University Press, 1903, p.46。

② 参见［美］威尔·杜兰著《世界文明史》（第五册文艺复兴）第一部第三章"梅第奇的兴起（1378—1464 年）"，幼狮文化公司译，东方出版社 1999 年版。

③ Marsilius Ficinus（1433—1499 年），意大利文艺复兴时期早期最具影响力的人文主义哲学家，柏拉图主义的复兴者和将柏拉图的现存的希腊文作品翻译成拉丁语的第一人。他的试图复兴柏拉图学园的佛罗伦萨学院对意大利文艺复兴的方向和主旨以及欧洲哲学的发展具有重大影响。

④ 但是，像布鲁尼一样，菲齐努在其拉丁版中没有编入被认为是伪作的《第十三封书信》和几篇对话，并且将第一至第五封信的作者归于迪翁而非柏拉图。参见 "J. H 本"，pp.306-307，注释 101—106；以及 R.Hackfoth, The Authorship of the Platonic Epistles, Manchester:The University Press, 1913, p.167。

⑤ Aldo Manuzio（1449—1515 年），意大利人文主义者和威尼斯的出版商。出版了大量希腊作者的著作。他在 1513 年重印了由穆苏儒斯（Marcus Musurus, 约 1470—1517 年）编订的《柏拉图全集》的希腊文版本。为了促进希腊文化的研究和希腊经典的系统出版，在 1502 年，他还建立了一个被称为"新学园"的希腊文化研究者的研究院。

丁希腊文对照版①。尤其是在1578年，亨利·艾蒂安②在他所编订和出版的《柏拉图全集》（三卷）完整版中不仅辑录了《书信集》，列于第三卷，而且他在该版中首次使用了新的分页方法，即对全部原文用数字和大写的拉丁字母作为边码以标注页码和分栏，例如《书信集》[309A-363E]，这也成为现代对其他古希腊作者作品的标准分页的基础。如今，由伯内特③校订的被学术界公认为较好而广泛使用的《柏拉图全集》的希腊文版根据的即是这一版本，不过它将边码改为小写字母并且加以细化到行号，例如《书信集》[309a1-363e5]。

从而，自意大利文艺复兴以来，柏拉图的书信在整个欧洲才为学术界所知晓，并且被译为欧洲多种语言流传、散布。就包括了柏拉图书信的各种全译本版本而言，主要在近现代西方重新重视柏拉图研究以后，由德国、英国、意大利和法国以及美国等几个主要国家为代表。西方比较通行或流传较广受到学术界公认的柏拉图著作的各种版本（包括全译本）大都收录了《书信集》，例如伯里（R. G. Bury）和肖里（P.Shorey）等分别译出的12卷本洛布（Loeb）古典丛书（希腊文和英译文对照版），库珀（John M. Cooper）主编的英译全译本，施莱尔马赫（Schleiermacher）等人的德译文本④，阿佩尔特（O. Apelt）等人的德文译本，库塞（Victor

---

① 参见"J. H 本"（PART III. B.201; E.14），pp.796，806。

② Henri Estienne（1528 年或 1531—1598 年），也称为 Henricus Stephanus（亨利克·斯特方），是 16 世纪法国印刷商和古典学者。他改进了很多对希腊作者旧式的翻译。他于 1578 年在巴黎出版了由他所编订的有页码和分栏的柏拉图对话的希腊文完整版，现今仍被奉为标准编本而为各国学者广泛采用。伯内特的牛津版《柏拉图著作集》（古希腊文）即主要是根据他的版本 Platonis opera quae extant omnia。

③ John Burnet（1863—1928 年）是一位苏格兰古典文献学家。在 1892 年和 1926 年期间他作为苏格兰圣安德鲁斯大学教授教古希腊语文学。他以关于柏拉图的著作最为知名，他的论柏拉图早期对话的几本著作仍被广泛阅读，被学者誉为仍然无与伦比的版本；重要的是，直到今天，他主编的《柏拉图著作集》（古希腊文）的六卷本（包括伪作）（1899—1906）被认为是迄今 100 多年来的权威版本。本译著的翻译和研究即以他的这一版本为准。

④ 但是，作为柏拉图著名的阐释家和译者的弗里德里希·施莱尔马赫并没有接受和翻译柏拉图的书信。

Cousin）的法文译本，法国 Les Belles Lettres 出版社的希腊文和法译文对照版等。

在中国，至于柏拉图书信的中译文，迄今大概仅有王晓朝翻译的《柏拉图全集》一种。而且在其译文中也只包括传统的柏拉图的十三封书信而没有译出虽然是伪作但也归于柏拉图名下的第十四至第十八封书信。

（二）关于《书信集》研究的简介

西方学术界对柏拉图的研究源远流长，自古至今绵延不绝——除了由于政治、战乱和宗教等原因的影响，柏拉图的研究在中世纪的西欧虽然中断了数百年，但是在东欧的拜占庭帝国和阿拉伯帝国的一些学者依然重视对柏拉图的研究——人们在不断阅读和研究柏拉图的作品包括柏拉图的书信。自意大利文艺复兴以来，柏拉图的书信不仅在西欧为学术界所知晓，并且被译为欧洲多种语言流传散布而且得到全面、深入、持续的研究。西方学术史上对柏拉图的研究文献包括柏拉图书信的编纂、校对、评注，并且形成多种版本和许多种类文字的译本，产生了大量论著等，可谓汗牛充栋。大致而言，在柏拉图去世若干年后至文艺复兴时期是《书信集》研究的萌芽阶段，研究主体主要是柏拉图学园的学员、新柏拉图主义者、一些犹太教和基督教教父学者以及阿拉伯帝国的一些学者；文艺复兴时期至启蒙运动时期是书信研究的逐步发展阶段，研究主体主要是一些人文主义者和基督教教会学者；启蒙运动时期至第一次世界大战前是曲折发展时期，研究主体主要是一些大学里的学者。由于受到疑古思潮的影响，《书信集》中的绝大部分被认为是伪作；一战之后至今是《书信集》研究较快发展时期①。

但是，所有的研究基本上属于猜测性的。或许如同柏拉图所言："当

---

① 例如，著名的有：Howald, E., Die Briefe Platons . Zurich: Fussli, 1923；L. A.Post, Thirteen Epistles of Plato. Oxford, 1925；Harward, J., The Platonic E'pistles. Cambridge: The University Press, 1932, "I 本"；以及一些柏拉图全集版本中的对书信的研究。至于对柏拉图单封书信的研究文章则更多。

你阅读它们时，你愿意如何解释，你就对它怎样选择。"① 而从历史上保留下来的文献来看，即使亚里士多德和老学园的学生没有提到过任何一封柏拉图的书信，但这说明不了什么，因为他们也没有提到过柏拉图的一些对话作品，因此不能认为它们就不是柏拉图所写。

最早提出柏拉图作品真伪问题的是约小于柏拉图五十岁的逍遥学派的哲学家阿里斯托克色诺斯②，他提到柏拉图的最后一次西西里岛的访问如同奥德赛一样是"πλάνη"③。从阿里斯托克色诺斯的年纪来看，他可能在雅典见过晚年时期的柏拉图，或者在从师亚里士多德期间可能自他的老师或其他人那里听说过柏拉图的有关情况，他的著作之一即是《柏拉图的生平》（Πλάτωνος βίος）④

除了《第十二封书信》在公元 1 世纪的一份手稿中被注明存在疑问，虽然在新柏拉图主义者内部也有人对其他几封书信存在质疑，但是《书信集》中的大部分书信在古代一直还是被当作柏拉图的作品而传播着。例如，先是西塞罗，之后奈波斯、普鲁塔克、琉善⑤、普罗提诺⑥等著名作家提及并引述了这些书信中的一些内容。公元 4 世纪，罗马皇帝尤里安拥

① 《第三封书信》[315c]。
② Ἀριστόξενος（鼎盛时期约在公元前 335 年），希腊在南意大利建立的殖民地塔纳斯（Τάρας）人，是一位希腊逍遥学派的哲学家和亚里士多德的学生。例如，阿里斯托克色诺斯认为柏拉图的《共和邦篇》曾经几乎完整地包含在普罗泰戈拉的《Ἀντιλογικοῖς（辩论集）》中。参见 "名哲本" [3.37]；另见 [3.57]。
③ 该词也有 "欺骗，漫游，飘荡；迷途，错乱" 等含义，柏拉图在《第七封书信》[350d]中也用了这一词。
④ 阿里斯托克色诺斯还写有《苏格拉底的生平》（Σωκράτους βίος）、《毕达哥拉斯的生平》（Πυθαγόρου βίος）、《阿尔库塔斯的生平》（Ἀρχύτα βίος）等几位著名希腊哲学家的传记作品和许多著作，但也只保留下来了残片。
⑤ Λουκιανὸς ὁ Σαμοσατεύς（公元 125—180 年），另译卢奇安，是一个用希腊语写作的雄辩家和讽刺（对话）作家；出生于位于现在土耳其的一个古罗马城市萨莫萨塔。他的作品因其诙谐和嘲弄性而著称。虽然他只以希腊语写作，并且主要是用阿提卡方言的希腊语，但他属于亚述人种族并且自称是叙利亚人。
⑥ Πλωτῖνος（约公元 204/205—270 年）是古代一个重要的哲学家，新柏拉图主义最著名的代表之一，流传有其学生波菲利（约公元 233—305 年）编辑的他的著名的《九章集》。

有柏拉图的一些著作（包括《书信集》）①。由忒拉绪洛斯编订的《书信集》直至公元 5 世纪，仍然被认为是柏拉图的作品的组成部分。

公元 5 世纪之后，情况发生了变化。虽然著名的新柏拉图主义代表人物之一的普罗克洛②对柏拉图的一些作品提出了质疑，他"不仅认为《厄庇诺米斯篇》和《书信》是伪作，甚至认为最重要的《国家篇》也是伪作"③。但他在其作品《〈蒂迈欧篇〉评注》中还是认可了部分书信，例如对《第二封书信》和《第七封书信》的认可。尽管如此，还是造成了人们对柏拉图一些作品（书信）的猜疑和不信任。这种状况一直延续到了文艺复兴时期④。马尔塞琉·菲齐努也认为《书信集》中的一些书信是伪作，甚至将《第十三封书信》排除在他编订的《柏拉图全集》之外。

自近代以来，西方古典学者多从含义、内容、风格和价值等诸多方面对柏拉图的信件进行研究并取得了重大成果，诸如认为它们可作为重构古代西西里历史的重要文献，而且还能作为柏拉图不成文学说存在的主要根据之一。⑤

从研究群体分布来看，《书信集》由德国、英国、法国、美国和意大利等几个主要国家的学者为代表。虽然也有一些学者为《书信集》真实性辩护，但是它们的真实性一直受到争议。施莱尔马赫几乎武断的否定更

---

① Flavins Claudius Julianus（公元 332—363 年），在君士坦丁堡出生的罗马皇帝，也是著名的哲学家和用希腊语写作的作家。

② Πρόκλος（公元 412—485 年），是一位新柏拉图主义者和柏拉图学园的主持，也是后期希腊哲学重要的古典哲学家之一。他提出了新柏拉图主义最详细和全面发展的体系。写了许多关于柏拉图对话的评注，可惜大部分未流传下来［不过被他当作是柏拉图的对话作品《阿尔基比亚德斯篇（I）》的评注流传了下来］。他几乎站在古典哲学发展的终结之际，对西方中世纪哲学（用希腊语和拉丁语思考和写作的）以及伊斯兰教的思想很有影响。

③ "汪陈本"第二卷，第 625 页。另外参见该书第 71 页关于古罗马哲学家、新柏拉图主义者波菲利类似的说法。

④ "J. H 本"，第 79 页。

⑤ 参见图宾根—米兰学派的著作。

是助长了质疑。甚至有些学者完全否认柏拉图是这些书信的作者①。不过，学者的共识也随着时间的推移前后不一。事实上，迄今我们没有办法确定关于现有的所谓柏拉图的信件，或它们中的任何一封是真的。因为我们没有任何有关它们在公元前 4 世纪末之前确切的记录，或有关它们象征性的创作日期。如今，除了几乎没有争议的《第一封书信》是虚假的，对其余每一封信的真实或虚假都有其辩护人。相对而言，《第二封书信》、《第十二封书信》也被广泛认为是伪造的，而对《第五封书信》、《第九封书信》真实性的支持者也比较少。但大多数学者认为其中最重要也是最长的《第七封书信》和《第八封书信》是真的。主要原因之一是假设这两封信是公开信，因此不太可能是捏造的或伪造的结果。但《第六封书信》也是公开信。而且，即使公开信是真的说法能站住脚，也并不能因此推定一封私人书信就是伪造的。不过，由于公开信是多人持有，因此，它们的真实性程度可能高一些。

在中国，在对柏拉图《书信集》的研究方面，除了在一些西方或希腊哲学史书籍中有简要介绍和一些论文外，大概也仅有彭磊的论著《哲人与僭主：柏拉图书简研究》（华东师范大学出版社 2016 年版）。而且在书中也只包括传统的柏拉图的十三封书信而没有涉及虽然是伪作但也归于柏拉图名下的第十四至第十八封书信。

粗略梳理一下中外学者对柏拉图书信的研究，大概有四种取向：历史的、哲学的、文学传记的和政治的。

历史的取向：人们将柏拉图的书信视作是西西里政治史的一面镜子。这主要是《书信集》叙述的柏拉图三次西西里之行，雅典和西西里在公元前 399 年苏格拉底被处决前后的情况，雅典和西西里之间的关系，以及柏拉图与叙拉古僭主和一些政治家的交往等。众所周知，伯罗奔尼撒战争中期，民主制的雅典发动对民主制的西西里叙拉古的远征，因全军覆没，导

---

① 参见 George Boas,（1949）:"Fact and Legend in the Biography of Plato", The Philosophical Review 57（5）:439-457. George Boas（1891—1980 年）是美国霍普金斯大学的哲学教授。

致雅典元气大伤。十年后，雅典最终败于斯巴达，输掉了伯罗奔尼撒战争。接着，经历了"三十僭主"制，随即恢复了民主制的雅典又先后与多个邻邦发生战争，直到马其顿崛起并且开始干预雅典乃至整个希腊事务。最终，在柏拉图去世十年后，公元前337年的科林斯会议结束了古典时代的希腊历史。而雅典乃至希腊的四分五裂的颓势最终被亚历山大大帝遏制，开始了希腊化时代。

从西西里的僭主史来看，公元前6世纪末以前，西西里西部就有僭主了①。而希厄隆一世和革隆兄弟曾经也在叙拉古建立过僭主政体。在老狄奥尼西奥斯（约公元前432—前367年）崛起之前，叙拉古是民主政体。它在公元前413年打败雅典人之后，尤其是在始于公元前410年的迦太基战争危机时刻，老狄奥尼西奥斯最后囊括了叙拉古的全部行政大权②。他本人掌权达38年之久，他的妒贤嫉能的儿子狄奥尼西奥斯二世也掌权达十二年。

据说柏拉图大约在公元前387年第一次西西里之行时，曾因为在叙拉古城邦的老狄奥尼西奥斯面前大谈善政贬斥僭政而被后者拘为奴隶出卖。柏拉图从西西里返回雅典后撰写的《理想国》（《共和邦篇》）中对僭主的描述，很可能是以老狄奥尼西奥斯为原型的③。

狄奥尼西奥斯二世是狄奥尼西奥斯一世和其妻之一的道瑞丝（Δωρίς）之子，前者也是他的三个儿子中的长子，曾两次成为叙拉古的统治者（公元前367—前357年；公元前346—前344年）。柏拉图在第一次去叙拉古时，不仅认识了迪翁，而且很可能在狄奥尼西奥斯一世的宫廷里还认识了当时十岁左右的小狄奥尼西奥斯。柏拉图在第二次和第三次去叙拉古时，他希望狄奥尼西奥斯二世和迪翁能够完成改造僭政的大业。但

---

① 参见［英］A.安德鲁斯:《希腊僭主》，钟嵩译，商务印书馆1997年版，第138、147—150页。
② 色诺芬《希腊史》［vii 1.44-46.3］。
③ 参见西西里的狄奥多罗斯（Διόδωρος Σικελιώτης，公元前1世纪古希腊历史学家）《历史藏书（Βιβλιοθήκη ιστορική）》［XIII, 91–92］。

是狄奥尼西奥斯二世先是流放了迪翁，后又与柏拉图不欢而散。迪翁在将狄奥尼西奥斯二世驱除出叙拉古后，无论他的初衷如何，他实际上也成了一个僭主。他这是犯了当时的忌讳，是招致他被刺杀的主要原因之一。主要刺客之一的雅典人卡利普斯①为此还写信向他的同胞公开炫耀他的"义举"。

迪翁被谋杀后，小僭主们轮番上台，叙拉古渐衰，而迦太基人则发展壮大，直至科林斯政治家和将军蒂莫莱翁（Τιμολέων，约公元前411—前337年）到来为止。他花了八年时间（公元前344—前336年）最终解决了西西里的乱局，驱除了西西里大部分地区的迦太基人，剪除了僭政，还叙拉古人以自由，并且从希腊移民西西里等②。他所取得的这些功绩也是柏拉图曾经在书信中给狄奥尼西奥斯二世和迪翁及其亲友们所建议应该采取的措施。

在历史上，虽然信中提及的僭主狄奥尼西奥斯二世、迪翁等确有其人，但所谓柏拉图与他们的关系未必真有《书信集》中提及的那些事③。

尤其是迪翁在叙拉古的被害也曾经引发希腊的关注，同时代的议论虽然大多不可考，而与柏拉图在《书信集》和一首"警句诗"中对迪翁的被害表达的愤慨和惋惜以及颂扬不同，亚里士多德在其《修辞术》[1373a19-28]中就评论过迪翁被卡利普斯所害似乎不是不公正。并引

---

① Κάλιππος，是一个短暂地统治了叙拉古十三个月的僭主（从公元前354—前352年）。他也是柏拉图一个学生。他是一个与迪翁一同前往西西里岛夺取叙拉古的雅典人。迪翁成为叙拉古的僭主之后，卡利庖斯通过暗杀迪翁获得权力，但他本人在被赶下台之前只进行了短暂的统治。后来他统率了一帮雇佣军，后者以后——公元前352年——用被认为是杀死迪翁的同一把剑杀死了他。

② 与迦太基签订的和平条约为迦太基仅仅保留了哈利库斯（Halycus）以西的地区，使它不得不在那里允许希腊人出于自愿地自由离开，并许下诺言不再扶持任何僭主。然而，一位叙拉古新移民的后代阿伽托克里斯，来自于雷吉翁的难民的儿子，在重新点燃派系斗争之后，重新建立起僭主政治，统治了28年之久，时间是从公元前317—前289年。引自［英］A.安德鲁斯：《希腊僭主》，钟嵩译，商务印书馆1997年版，第365页。

③ 参见 L.A.Post，A Supposed Historical Discrepancy in the Platonic Epistles，载 The American Journal of Philology，Nol.45，No.4，1924；Thirteen Epistles of Plato. Oxford，1925。

用他人所言："一个人应当做一些不公正之事，以便能够做许多公正的事情。"[1] 按照他们的年纪及其在学园的时间，亚里士多德不仅应该认识迪翁，也应该知道狄奥尼西奥斯二世。斯彪西波[2] 等还是迪翁的好朋友并且是其坚定支持者，而且与克塞诺克拉特斯[3] 和阿里斯提波等同学陪同柏拉图第二次前往叙拉古[4]。柏拉图第三次前往西西里岛访问时，同行者也有其学生欧多克索等。这说明柏拉图去叙拉古是有人陪同的，相关的人对其事应该有所记叙。但是从现有史料而言，亚里士多德等老学园的人从未提过柏拉图西西里或叙拉古之行，更没有提过柏拉图与迪翁和狄奥尼西奥斯二世的交往和书信之事。

哲学的取向：柏拉图与僭主狄奥尼西奥斯二世、狄奥尼西奥斯二世的监护人迪翁和塔纳斯的政治家阿尔库塔斯等人的交往除了政治，也有十分重要的哲学方面的交往。引起学者关注的是，在古代，有一种广为流传的观点：柏拉图除了写下来公开发表的作品之外，还有一部分学说是在学园内只对少数学生讲授而没有写成文字的所谓秘传学说[5]。在最近的研究中，有人把柏拉图创建的一种形而上学的学说描述为不成文学说，认为柏拉图哲学的核心有两个原则或理论。它们是对话作品基础的形而上学。它们被命名为"原理学说"，因为它们讨论两个最高原则：确定的"一"和不定

---

① "苗本"第九卷，第 393 页。

② Σπεύσιππος（约公元前 407—前 339 年）是柏拉图的外甥，柏拉图学园第二代主持。他写有大量著作，但大多没有流传下来。

③ Ξενοκράτης（约公元前 396/ 前 395—前 314/ 前 313 年）是一位古希腊哲学家、数学家，柏拉图的著名学生之一，为人正直，曾经伴随柏拉图访问西西里，是柏拉图学园的第三任"园主"（σχολάρχης，公元前 339/ 前 338—前 314/ 前 313 年在任，长达 25 年）；他的教义基本上遵循柏拉图的学说，他被认为是希腊哲学转入后期希腊化时期的桥梁。他写有大量论文、诗歌和演讲，但其著作除若干片段外，大部分已遗失。参见"名哲本"[4.8]。

④ 参见普鲁塔克《希腊罗马名人传》（《迪翁》[22]）；"名哲本"[IV.6, 11]。

⑤ 持此主张的主要是图宾根和米兰学派。参见 Hans Joachim Krämer: Arete bei Platon und Aristoteles. Heidelberg 1959；Konrad Gaiser: Platons Ungeschriebene Lehre, Ernst Klett Verlag, Stuttgart, 1963。先刚：《柏拉图的本原学说：基于未成文学说和对话录的研究》，生活·读书·新知三联书店 2014 年版。

的"二"；一切都将归之于它们。柏拉图虽然口头提出了它的概念，但从来没有以书面形式固定。不过，除了柏拉图的学生亚里士多德和克塞诺克拉特斯等有一些不充足的介绍外，人们对柏拉图在学园中教学的内容和所谓"不成文学说"所了解并不多①。

然而，"不成文学说"的内容显然超越了对话作品中表达的哲学思想。

如同一个教师所做的一样，作为教师的柏拉图肯定有一些口头教学，但其内容是否就是"未成文学说"，则不一定。在老学园里，聆听过柏拉图讲课的学生对柏拉图的口授教学内容肯定知晓，他们也一度热衷于数论研究，也记过或写过相关的笔记或论著，但是无疑，其中的大部分不再存留至今。

不过，"未成文学说"受到亚里士多德强有力的批评。在希腊化时期，当怀疑主义占据了学园中期的主导地位时，柏拉图的所谓不成文学说逐渐被人们淡忘。虽然中期的柏拉图主义和新柏拉图主义减弱了学园中的怀疑主义倾向，但这一时期的哲学家们似乎并不比现代的学者更好或更多地对不成文的学说有所了解。

柏拉图在其对话作品和书信中也多次提到他的"不成文学说"与书写作品的关系，并表示书写作品和真实思想之间并不等值，甚至否认能够在书写作品中表达他的有关学说②，但是，这不等于他的其他学说不能用书面作品表达。

长期以来，学术界关于柏拉图的思想中书写著作和秘传学说孰更具有优先性的争论依然持续。迄今，似乎没有充分可靠的论据支持和反对被信以为真的不成文学说。依据不同的认识和角度，学者们也分为不同的阵营：有坚定支持者；有部分同意和有所保留者；有断然否认者；有持

---

① 据"名哲本"[3.37]记载，柏拉图在学园做过一次特别著名的演讲，演讲题目是"论灵魂"。

② 参见《斐德罗篇》[275c-2278a]；《第二封书信》[314c]；《第七封书信》[341c-342b]。后一封信的真实性基本上得到学者们的认可。但是信中所说的主题或学说（λόγος）指何？我们不得而知。

激进怀疑立场者；有温和的怀疑论者；等等。他们当中不乏一些知名学者。而关于柏拉图未成文学说的内容究竟是"型"、是"数"还是别的什么，他的本原学说是一元论还是二元论？笔者在此无意也没有可能像弗·施莱格尔和施莱尔马赫确立的诠释模式的浪漫派和依据词源考据学的图宾根学派一样解开这一"斯芬克斯"之谜。事实是，《第二封书信》和《第七封书信》中不立文字的主张也有模仿《斐德罗篇》中的说法的嫌疑。

文学传记的取向：文学传记的取向发轫于生活于公元 3 世纪的第欧根尼·拉尔修在其《名哲言行录》（第三卷）记载的所谓按三联剧形式或不按固定次序以单独作品编订柏拉图作品的情况，其中著名的有公元前 3 世纪至公元前 2 世纪的拜占庭的阿里斯托芬。尤其是在公元 1 世纪，门德斯的忒拉叙洛斯收集编制了古希腊文的柏拉图的所谓四联剧的全部对话作品。像阿里斯托芬一样，忒拉叙洛斯在他收集编制的古希腊文的柏拉图所谓四联剧的全部对话作品中也包括了作为其中一部分的《书信集》。作为历史文献的书信本身能为读者了解不同时期人们的社会生活提供一个独特的视角。特别是就私函而言，它反映的是人们日常生活和思想感情方面的内容。诸如亲友之间的信件，有问好的，有请求帮助的，有回答问题的，有发出邀请的，有诉诸情感的等，它们都是写信人直抒胸臆的产物。柏拉图的书信即属于私函。而在柏拉图生活的时代及其后的时代，雅典的有些学校以专门教授写作哲学和修辞学的信件为主。这类书信着重练习。写信人通常扮演某个人的角色，主题可以多种多样。它们无疑具有虚构的特征[1]。如果这类书信只是虚构、游戏之作，无非权且做练习或供消遣之乐罢了，因为谁都可以胡编乱造、信口雌黄。

不论怎样，从文学传记方面，一些学者给予《书信集》很高评价，有

---

[1] M. Luther.Stirewalt, Studies in Greek Eprstolography, Atlanta Georgia: Scholars' Press, 1993.

些则相反①。毋庸置疑的是，柏拉图的以苏格拉底为主要对话人的对话录也有文学传记的属性，而他的《第七封书信》则是欧洲历史上最早的尤其是哲学家的自传。这在一定程度上增加了《书信集》的虚拟性，无论是人物、事件、场景、时间等更使读者感到迷惑。据第欧根尼·拉尔修《名哲言行录》，甚至柏拉图的出生就富有神秘性，像其他著名神话般的人物一样，他也是非授精而孕生的。

政治的取向：柏拉图与僭主狄奥尼西奥斯二世、迪翁等人的关系除了哲学的，主要是政治的。对《书信集》本身而言，人们研究的重点多着眼于《第七封书信》；就《书信集》内容来说，十三封书信中有七封书信是涉及柏拉图西西里之行的目的、在西西里的活动和与西西里的僭主狄奥尼西奥斯二世以及与迪翁的政治关系等。这些也是人们主要关注的方面。因此，与其说《书信集》是属于伦理性质的不如说是属于政治性质的。

柏拉图给狄奥尼西奥斯二世共写了四封信件（编号第一、第二、第三、第十三封），有一封书信致叙拉古的迪翁；有二封书信致迪翁的亲友。这些书信占了《书信集》十分之九的篇幅。另有四封书信是写给外邦政治家的，其中包括写给他的两个学生的书信；只有一封书信是致迪翁的一位同伴的。这些书信主要涉及政治方面的建议、为自己和迪翁以及真正的哲学辩护、安慰朋友、谴责不义的行为等。

柏拉图在《理想国》中大加鞭挞僭主和僭政，二十年后又与僭主交往，是为了将其政治理论付诸实践。因此，他的西西里之行的目的是使僭主成为哲人王，将叙拉古的僭制改造为以君主制为主的重视法治的混合政体，等。人们在《理想国》和《法律篇》中也可以看到这些主张。在历史上，在现实生活中，哲人与政治家交往的事例很多，但成为哲人王的人寥寥可数。苏格拉底与雅典著名的政治人物伯里克利、阿尔基比亚德斯关系

---

① Michael Erler: Philosophische Autobiographie am Beispiel des 7. Briefes Platons. In: Michael Reichel(Hrsg.): Antike Autobiographien, Köln 2005，第75—92页，尤见第80页。George Boas: Fact and Legend in the Biography of Plato. In: The Philosophical Review 57，1948，第39—457页，尤见第457页。

密切，但是后二者没有成为"哲人王"；柏拉图也没能够使狄奥尼西奥斯二世或迪翁成为"哲人王"。大概阿尔库塔斯最能够体现柏拉图的哲人王主张。他本人既是哲学家又长期任其城邦的统帅，对城邦治理得井井有条。《书信集》中描述的柏拉图与僭主狄奥尼西奥斯二世以及与迪翁的政治关系多少让人觉得有模仿历史上哲人与政治家交往的嫌疑。

总之，如果《书信集》是伪作，那些匿名作者为什么要虚构这些信件？他们显然是为柏拉图辩护、宣扬柏拉图哲学和政治主张等。

如果《书信集》是真作，哪怕其中有几封较为重要的书信是真的，例如《第七封书信》，则人们对柏拉图的历史观、哲学思想和政治主张以及个人品质需重新评价。

无论如何，如果说纯粹的哲学家没有故事，那么，与柏拉图对话作品一道，真假一体、扑朔迷离的《书信集》以第一人称的独白体叙述了柏拉图的所思、所为、所爱、所憎。这些增添了多种面相的"白描"给人们勾画出一个较清晰的柏拉图肖像，使得哲学家柏拉图的形象丰富了起来。

（三）《书信集》的细节

总的来看，《书信集》的文风和用词是公元前4世纪的，也仍然属于柏拉图使用的以阿提卡方言为主的古典希腊语。虽然《书信集》中的每一封书信的作者都存在疑点，但为以下方便叙述起见，暂且将其作者都视为是柏拉图。

《书信集》中篇幅最长的是《第七封书信》，占《书信集》的一半；最短的信是《第十封书信》，只有几行。

《第一封书信》。柏拉图的《第一封书信》，也叫书信A，是一封传统上归于柏拉图的书信。它声称是致西西里岛的叙拉古城邦的僭主狄奥尼西奥斯二世（约公元前397—前343年）的；虽然具体的写作时间无法确定，不过很可能在公元前361年夏季，柏拉图第三次自叙拉古返回后的某时期，与《第三封书信》的写作时间相近或稍迟，或至少写在《第十封书信》之后。

　　《第一封书信》（包括给狄奥尼西奥斯二世写的其他三封信）涉及的时代背景是，在公元前367年，发生了一件事，叙拉古的狄奥尼西奥斯一世去世了，（小）狄奥尼西奥斯继位，迪翁摄政。恰巧迪翁对柏拉图关于政治权力与哲学相结合的观点是一个虔诚的信仰者，他就抓住机会，存心想请柏拉图本人到叙拉古来，试图教育他的小舅子狄奥尼西奥斯二世——一个表现出对哲学问题感兴趣的年轻人。于是，他便给狄奥尼西奥斯二世引荐了柏拉图，希望借助柏拉图在哲学方面的教诲，争取狄奥尼西奥斯二世放弃他的僭制而代之以一种建立在自由政体基础上的"最好的"法律之下的统治。因此，他邀柏拉图第二次访问叙拉古。这给当时已经60岁的柏拉图带来了他一生中重大的冒险活动。柏拉图虽然心怀疑虑，觉得成功的前景不容乐观，但是考虑到一点不作将哲学、政治和法律方面的理论用于实践的尝试，势将永远让他和哲学蒙羞；再加上其他方面的考虑，他仍毅然决定接受邀请去了叙拉古实施他和迪翁在那里建立"哲人王"的统治计划。但狄奥尼西奥斯二世被证明比迪翁预期的不那么真的"爱哲学"；公元前366年，狄奥尼西奥斯二世由于害怕迪翁作为他的竞争对手，便在继位一年后或在柏拉图第二次访问叙拉古的数月之后将迪翁驱逐到希腊本土。柏拉图也怅然离开叙拉古而回到雅典。理想的"改造"计划就此流产了。

　　数年后，公元前361年，按照与狄奥尼西奥斯二世的约定，柏拉图64岁时受后者的邀请第三次前往叙拉古，希望至少能够修好狄奥尼西奥斯二世和迪翁的关系，他也没能如愿，而先遭软禁，后被"赐金放还"。柏拉图在《第七封书信》中详述了此事前后经过。

　　公元前357年，狄奥尼西奥斯二世在叙拉古的第一次统治被迪翁推翻。公元前346年，狄奥尼西奥斯二世在叙拉古重建僭主政体。公元前344—前343年，狄奥尼西奥斯二世的统治最终被科林斯政治家和将军蒂莫莱翁推翻，而后被放逐在科林斯度过了其生命的最后日子。

　　《第一封书信》可看作是一封绝交信，表示柏拉图与狄奥尼西奥斯二世的决裂。在柏拉图给狄奥尼西奥斯二世的四封信中，显然它是柏拉图最后写的一封信，也是言辞最讥讽、情绪最激愤的一封信。

　　大体而言，在《第一封书信》中，柏拉图抱怨狄奥尼西奥斯二世的忘恩负义，叙述了他遭到后者的无理解雇，表明拒绝接受狄奥尼西奥斯二世因他对其政府进行管理的服务费用和偿还他所提供的旅行费用，并且通过引用某悲剧诗人的话——"失去朋友的人，可怜啊，彻底毁灭[1]啦！"——为他预测了恶果，暗示狄奥尼西奥斯二世将会没有朋友而孤独地死去[310a]。显然这也为其结局或在生命的最后处于日益悲惨的状态所证实。在柏拉图去世的几年后，狄奥尼西奥斯二世被放逐在科林斯孤寂地、受人厌恶地度过了其余生。

　　有必要一提的是，关于本封信开始的问候语"柏拉图祝愿狄奥尼西奥斯走运！"的"Εὖ πράττειν"用词，该词有"走运，顺利，对待（某人）态度好"的含义。值得注意的是，在《书信集》中的问候语用词是不同的，有一般的和带有警告意思的等。在古希腊，通常在书信的开头用"χαίρειν"作问候语，意思是："谨向某某致意。"如《第三封书信》。而用"Εὖ πράττειν"则暗含警告的意思："好好地行事。"例如《第一封书信》就是柏拉图对狄奥尼西奥斯二世待他态度不好而愿（或警告）他今后待人态度好一些。果真后来由于这一原因，狄奥尼西奥斯与他人，尤其是与迪翁关系紧张而被迪翁等人先后推翻，其生命的最后处于日益悲惨的状态。

　　关于本封信中提及的柏拉图不接受赠金一事[309c]，普鲁塔克引用他人之言称赞说："只有柏拉图真是一介不取的君子。"[2]

　　但在归于柏拉图的十三封书信中，此封信现今几乎被普遍认为是唯一一封在现代没有人为其真实性辩护的书信。它被学者普遍认为是伪作的最主要的根据之一是，柏拉图在信中说到，他在狄奥尼西奥斯二世的宫廷

---

[1] 该词（"ἀπόλλυμι"）也有"（咒骂语）没好结局，该死"等含义。

[2] 参见[古希腊]普鲁塔克：《希腊罗马名人传》（第三卷《迪翁》[19]），席代岳译，吉林出版集团 2009 年版，第 1724 页。

享有全权（αυτοκράτωρ①）这样大的权力甚至还时常和狄奥尼西奥斯二世的军队一起并肩战斗［309b］。这很可能与事实不符。与信中叙述的相反，柏拉图从来没有作为一个独裁者管理过叙拉古，也不可能在六十来岁的年纪还拼杀在西西里岛的战场。至多，他是狄奥尼西奥斯二世的老师甚或顾问。这也可以从被认为是真实的《第七封书信》中甚至《第三封书信》［316a-b］中叙述的情况所证实。换句话说，《第一封书信》与《第三封书信》、甚至与被认为是真实的《第七封书信》相矛盾。此外，柏拉图在信中提到的关于退还狄奥尼西奥斯二世赠送的旅费之事也与他在《第十三封书信》中乐意接受后者的钱财形成了鲜明的对比。

根据之二是，柏拉图还说道："今后，一方面，为了我自己的缘故，我自己考虑用不喜和人相处的方式（生活）。②"［309b］事实上，在学园中，柏拉图和学生相处直到去世。虽然第欧根尼·拉尔修在《名哲言行录》［3.40］中记载，据说柏拉图最大的愿望是独居③。拉尔修的记载也可能是源自上述引文。

根据之三是，柏拉图向狄奥尼西奥斯二世所吐"恶言"［310a］的行为不仅与柏拉图的为人不符，也与《第七封书信》中和《第三封书信》中对狄奥尼西奥斯二世的评价有违。

根据之四是，在［310a］，"世人的"一词"θνατῶν"属于多立斯方言；而柏拉图主要使用的是阿提卡方言。

因此，正如自马尔塞琉·菲齐努以来被认为的，《第一封书信》的作者更有可能是由迪翁所写。因为信中提及的内容更适合于迪翁。科尔奈利乌斯·奈波斯的《外族名将传》（《迪翁》）即是将迪翁作为一个能征善战的统帅描写的。要不然，或者本来是由某个人为练习修辞术所写的托名柏

---

① 该词有"全权的（使节）；专制的（统治者）"等含义；相当于罗马的"独裁官"。

② 该词（"ἀπάνθρωπος"）也有"远离人迹的，恨世的，孤僻的"含义；寓含"退隐"的意思。

③ 该词（"ἐκτοπίζω"）也有"去远方旅行"的含义。

拉图的一封信，而之后被人们误归因于柏拉图①。

总之，这封伪造的信若是有令人关注的价值，主要还是信中保存的援自欧里庇得斯等悲剧诗人的几句引文［309d-310a］。

在斯特方希腊文版本的页码标注中，第一封信的跨度在［Ⅲ.309A1-310B2］之间，在篇幅上属于一封较短的信。

《第二封书信》。柏拉图的《第二封书信》，也叫书信 B，是一封传统上归于柏拉图的信。据语境［311e］，可能是在公元前 366 年，柏拉图第三次从叙拉古返回后，或至少写在《第十三封书信》之后和在《第三封书信》、《第四封书信》、《第七封书信》、《第八封书信》之前。但在近代以来，一些学者认为它是伪造的。

《第二封书信》的作者明确说明是写给叙拉古僭主狄奥尼西奥斯二世的［313a］，回应后者提出的柏拉图及其朋友针对他正在进行诽谤的抱怨。该信先是拒绝承认那些所谓的诽谤，表示对之不负有任何责任，并进一步否认曾听说过它们［310d］。接着，该信从历史上"审慎和强权二者天生聚到同一处，犹有进者，它们永远彼此追求和寻觅以及相助"的互动是一个永恒讨论的论题这一主题［310e］，转向建议狄奥尼西奥斯二世应当关注他死后的声誉并且使他倾向于修复他与柏拉图之间的关系［311c-e］；然后又转向"通过谜语向你解释"的令人困惑的"第一本质"的哲学讨论，其中，柏拉图警告狄奥尼西奥斯二世"强有力的防备是别写而要记住"这些学说［314c］，并且表示："我从未写过。但写下来的东西现在决不是将来也不是柏拉图的作品，再者，如今所说的那些作品出自优秀的②、年轻的苏格拉底。祝你健康！③你要信任，首先，多次阅读本

---

① 参见"Ⅰ本"（p.17）《第一封书信》的"译序"；英国古典学者 Reginald Hackforth（1887—1957 年），The Authorship of the Platonic Epistles, Manchester : The University Press, 1913, p.13.

② 该词（"καλός"）也有"美的，美好的，美观的，优良的，好使用的；正直的，高贵的，高尚的精神"等含义。"C本"、"V.C本"、"Ⅰ本"、"S本"、"王本"分别译为"Idealized"、"remarkable"、"schön"和"Idealisierten"以及"修饰的"。

③ 该词（"ἔρρωσο"）用作书信的结尾语，也可译为"再见"。

封信，随即将它烧掉。[314c]"这些也是经常被引用的所谓柏拉图的未成文学说的来源话语之一。由于这封信的主要思想与柏拉图的《第七封书信》之间存在矛盾，因此，《第二封书信》（与《第六封书信》一起可能是同一作者所写）很可能是伪作。除非《第七封书信》是伪作，或者它们都是伪作，但不可能都是真作①。

然而，柏拉图不写有些方面内容的著作，并不意味着他不写其他方面内容的著作。

此外，在用词方面，"可折叠的写字板（πτυχή）"[312d8]是一个晚期希腊词而非柏拉图时代的用词"δέλτος"或"γραμματεῖον"，此二词泛指"写字板"，也指记在写字板上的法典、书信、文件或诗作等文字内容。古代用于写字的"书写板"的材料通常是木板。我们对柏拉图书写其信件的材料不得而知。在公元前5世纪，草纸已经成为一种常规的书写材料，但可能由于价格的原因，直到公元前4世纪才成为写信的普通材料。考虑到《书信集》中的书信较长，可能就是用草纸书写的。此外，因为所有保存下来的古希腊书信以草纸书信居多②，只有一次提及折叠板③。如果不是后来誊抄有误，可以作为证据之一，本封信是伪作。

本封信中让我们感兴趣的内容之一是："对一切事物来说，有关全体之王，一切也是由于它的缘故，那也是一切美好事物的原因；此外，第二级事物有关第二本质，而第三级事物有关第三本质。[312e]④"原文中"王"一词是"Βασιλεύς"，它的基本含义是"首领"。这里是在隐喻的意义上使用的，可能指万事万物是其所是的第一本质而言。而据[Ⅰ注1]（p.28），关于事物的三级本质，新柏拉图主义者认为分别是"善

---

① 可比较《第七封书信》[345b，341c]和《第二封书信》[312b，313b]。

② 参见［英］莱斯莉·阿德金斯、罗伊·阿德金斯著：《探寻古希腊文明》，张强译，商务印书馆2010年版，第432页。另见［希腊］斯塔伊克斯《书籍与理念——柏拉图的图书馆与学园》，王晓朝译，人民出版社2015年版，第48页。

③ 关于古希腊书信的书写材料，参见李继荣：《古希腊书信述略》（第二章第四节），东北师范大学硕士学位论文，2012年。

④ 普罗提诺在其《九章集》[Ⅰ.8.2]等段中作为权威根据即多次引用了该句。

（ἀγαθόν）"、"心灵（νοῦς）或世界创造者（δημιουργός）"和"（世界）精神（ψυχή τοῦ κόσμου）"。基督教教义认为是三位一体的"圣父"、"圣子"和"圣灵"①。

之二是：信中提到的为什么要"多次阅读本封信，随即将它烧掉。[314c]"有密不可示人之处吗？而"优秀的、年轻的苏格拉底[314c]"指的是谁？唯一的可能，如果是指柏拉图的显然大多以苏格拉底还未变年老时为主要对话人物的对话作品，那么，那些苏格拉底没有出现的几篇柏拉图的对话作品——如《政治家篇》，记述三位老人之间的对话作品《法律篇》等——和《欧绪弗洛篇》、《克里托篇》、《斐多篇》等以及苏格拉底自辩的《申辩篇》难道不是柏拉图自己所写的年老时的苏格拉底的对话？结论只能是，本封信是伪作。

在斯特方希腊文版本的页码标注中，《第二封书信》的跨度在[Ⅲ.310B3–315A5]之间，在篇幅上属于一封较长的信，并且在哲学方面是一封较为重要的信。

《第三封书信》。柏拉图的《第三封书信》，也叫书信 Γ，同样是写给叙拉古僭主狄奥尼西奥斯二世的。这封信有一封公开信的韵味。主旨在于通过讲述柏拉图在叙拉古的活动，对诽谤者针对柏拉图抱怨地说他阻碍狄奥尼西奥斯二世将其僭制转化为君主制和建立被野蛮人毁灭的新的希腊城邦拓居地以及柏拉图应为叙拉古的所有管理不善负责[315d-316a]做了辩护。柏拉图最后奉劝那些诽谤者和狄奥尼西奥斯二世停止捏造事实和诽谤他本人[319e-319d]。它的语调类似第一封信。

值得注意的是，《第三封书信》可能是柏拉图在公元前361年第三次访问叙拉古返回雅典之后的某一时期或二十天之后（参见[319a]），或起码至迟在迪翁于公元前357年返回西西里从事推翻狄奥尼西奥斯二世的活动之前写给狄奥尼西奥斯二世的。因为信中提及柏拉图的年纪问题

---

① 参见《蒂迈欧篇》[50c-53c]。

[317c]①。尤其是，该信不仅在辩护的风格方面，而且在叙述的关于柏拉图和狄奥尼西奥斯二世以及迪翁的恩怨关系方面既与《申辩篇》中苏格拉底的申辩又和尤其是《第七封书信》有类似和一致之处。如果以《第七封书信》为真实书信的坐标，则《第三封书信》在人物、地点和谈及的事情等方面②就明显有模仿《第七封书信》的特征。而且让人觉得《第三封书信》的字里行间有出自修辞学校作品的味道。

此外，作者在信中谈及他正在"关心法律的导言"[316a]，而这也是柏拉图构思和撰写《法律篇》的时期。柏拉图在《法律篇》中即充分讨论了"法律导言"。至于将僭制转化为君主制的主张也是柏拉图一贯坚持的③。这些方面表明《第三封书信》有一定的模仿性或者真实性。但是在[317a]，作者又说柏拉图是第一次去叙拉古。实际上，柏拉图是第二次去叙拉古。

还有一处疑点是：在[315e]提到的斐利司提傣斯（Φιλιστίδης）是谁？如果指的是叙拉古敌视柏拉图和迪翁的一位政治家斐利司特斯（Φίλιστος，约公元前432—前356年），那为何不明说呢？因为柏拉图在这里肯定是指他熟悉的斐利司特斯而非斐利司提傣斯④。显然是《第三封书信》的作者记错了名字。这也暗示该信是伪作。

在斯特方希腊文版本的页码标注中，《第三封书信》的跨度在[III.315A6-319E5]之间，在篇幅上属于一封中等长度的信。

《第四封书信》。柏拉图的《第四封书信》，也叫书信Δ，是写给迪翁的。大约写于公元前357年迪翁返回西西里从事推翻叙拉古的僭主狄奥尼西奥斯二世的统治活动之后[320e]。柏拉图的《第七封书信》[350b-351e]也谈及此事。

迪翁（公元前408—前354年），是柏拉图的朋友和学生之一。在约

---

① 其时，柏拉图70岁左右。

② 可对比《第三封书信》[318 a]和《第七封书信》[345c，347 d]。

③ 参见《法律篇》和被认为是真实的《第八封书信》[354a-b]。

④ 参见[I注3]（p.33）的注释和普鲁塔克《希腊罗马名人传》（《迪翁》[11-16]）。

公元前 387 年，柏拉图第一次访问南意大利和西西里时结识民主政体的塔纳斯城邦的领袖阿尔库塔斯、访问过叙拉古僭主狄奥尼西奥斯一世；根据柏拉图的书信，他在那里同年轻的迪翁——后来在狄奥尼西奥斯政府中是一个有影响力的人物——形成一种亲密的友谊。柏拉图称与他结下深厚友谊的迪翁是"在我身边经过检验已经认可的和很久以前已经成为的朋友"①。迪翁的才智和道德有资格使他具有很高的见识。而据《第七封书信》的叙述，迪翁分享了柏拉图的——大概是那些在《理想国》中所表达的——政体理想。公元前 367 年，柏拉图应迪翁的邀请第二次访问西西里。公元前 361 年，柏拉图应狄奥尼西奥斯二世的邀请第三次访问西西里，来调解迪翁和狄奥尼西奥斯二世之间的矛盾，但无功而返。柏拉图的《第七封书信》和《第八封书信》对此有详细的叙述。

迪翁家族和狄奥尼西奥斯家族关系密切，恩怨交织。迪翁的父亲老希帕里努与狄奥尼西奥斯一世曾经并肩战斗，是后者最倚重的顾问和大臣之一。狄奥尼西奥斯一世前后有三个妻子，其中一个是迪翁的姐姐，他们将其两个女儿分别嫁给了迪翁和狄奥尼西奥斯二世。因此，迪翁的父亲老希帕里努也是狄奥尼西奥斯一世的岳父，而迪翁既是狄奥尼西奥斯一世的内弟和女婿，又是狄奥尼西奥斯二世的姐夫和摄政，在辈分上还是后者的舅父。狄奥尼西奥斯二世也是迪翁长子的监护人。由此看来，他们之间可谓亲上加亲。但与狄奥尼西奥斯二世的矛盾过程中，迪翁本人及其家庭成员的结局是很不幸的。迪翁在公元前 366 年就遭到继为僭主才一年的狄奥尼西奥斯二世的流放。在公元前 357 年，迪翁对叙拉古进行了一次成功的远征，将狄奥尼西奥斯二世驱逐出叙拉古，事实上结束了其在叙拉古的第一次统治。但他改革的各种努力尝试不但没有取得成效，而且在公元前 354 年，他本人也在随之而来的派系冲突中被卡利普斯等人谋杀了。而迪翁在遭到谋杀之前，他的长子小希帕里努——在迪翁遭到流放期间被狄奥尼西奥斯二世故意使其长期沉溺酒色——未到成年即自杀身亡。迪翁在遭到谋

---

① 《第三封书信》〔316c4〕。

杀之后，他的姐姐和妻子——在迪翁遭到流放之后，她还曾经被狄奥尼西奥斯二世强迫改嫁他人，在迪翁返回叙拉古之后，他重新迎娶了她——以及他的遗腹子也被仇人一同杀死抛入大海。

据说柏拉图还为迪翁写了富有深情的悼亡诗①。亚里士多德也将迪翁的死事写进了其《对话录：论灵魂》中②。

《第四封书信》鼓励迪翁行正义之事，并且告诫他在政治努力的同时不要忽略美德的重要性，对此要多加留心，免得政治事业因为自负而被毁灭③。但在信中透露着对迪翁的过分称赞④。例如将之比作斯巴达传说中的立法者吕库尔戈斯和著名的波斯帝国创建者居鲁士大帝或居鲁士二世［320d］，而且柏拉图认可用暴力推翻狄奥尼西奥斯二世的统治与他的《第七封书信》［331d，350d］中的观点也相冲突，以及政治家讨“民众欢喜⑤才可能做事”的［321b］的说法也与柏拉图在其对话作品中的看法不同。因为柏拉图认为真正的政治家不会逢迎大众。像假哲学家一样，假政治家也是柏拉图重点批判的对象。因为他们讨好民众，就像专家曲意逢迎外行，则只能是谋私利的政客或假权威⑥。因此，这一说法以及在对迪翁未来的担心终将变成了事实的预言式告诫等诸如这些因素也妨碍了《第四封书信》的真实性。而且柏拉图和迪翁的关系以及后者的遭遇也容易让

---

① “……对你而言，迪翁，守护神们因你的懿行，为你的有关胜利的劳作倾泻出广阔的希望。此外，在同胞看来，受尊敬的您静卧在宽敞的故土里，哎呀，迪翁，我的心因爱您而迷狂！”
② 参见普鲁塔克在《希腊罗马名人传》（《迪翁》［22］）。
③ 与柏拉图含蓄委婉地暗示不同，关于迪翁性格方面的弱点（这也是导致他最终失败的重要因素之一），科尔奈利乌斯·奈波斯在其《外族名将传》（《迪翁》［6，7］）中直截了当地进行了描述。
④ 普鲁塔克在《希腊罗马名人传》（《迪翁》［52］）也引用了《第四封书信》中的相关语句。
⑤ 该词（“ἀρέσκω”）也有“赔偿，安慰，满意；使高兴，讨好谄媚，逢迎”等含义。或许是双关语。
⑥ 参见《政治家篇》［293c-294e，297a-d，303c］；《高尔吉亚篇》［518e-519d，525d］；《共和邦篇》［565e-569c］。

人们联想起苏格拉底和最终在小亚细亚遇刺身亡的著名学生阿尔基比亚德斯之间的关系。

普鲁塔克在其《希腊罗马名人传》(《迪翁》)中也多次引用了《第四封书信》的内容。

在斯特方希腊文版本的页码标注中,《第四封书信》的跨度在[III.320A1-321C1]之间,在篇幅上属于一封较短的信。

《第五封书信》。柏拉图的《第五封书信》,也叫书信 E,是一封传统上归于柏拉图的信。它是柏拉图写给马其顿王国的佩尔狄卡斯三世——亚历山大大帝的父亲菲利普二世的哥哥——的私人信件;大概写在佩尔狄卡斯统治(约公元前 368—前 359 年在位)的早期,约公元前 367 年,介于柏拉图第二次和第三次访问西西里期间。此时,柏拉图约六十岁。在柏拉图的那些书信中,显然,它属于与西西里岛的政治和在迪翁与叙拉古的僭主狄奥尼西奥斯二世之间的阴谋无关的一封涉及给一位君主所提的政治建议的书信。

该封信表达了三层意思。首先,它的作者向佩尔狄卡斯表示,他既已经按照后者的吩咐劝告他的学生欧福瑞依奥斯前去和他一起经管政治等事务,也会提出他的建议;并且说有能力的欧福瑞依奥斯会对他在各方面是有助益的。显然,《第五封书信》的意向倾向于一人之治[322a-b]。

其次,它的作者指出:"每一种政治制度——民主,寡头和一人统治——有某种音调。[321d]"它们"一则,对众神和向人们发出它自己的音调,也让一些行事听从那音调,它就会茂盛并永远保全;一则,它若模仿其他音调就会毁灭。[321e]"只有很少的人能够做到精通那些音调。文中的用词"φωνή(音调)"可能是在比喻的意义上使用的,也许它指"本质"或"规律"。

最后,它的作者对一个假设——"柏拉图,看来,一方面,假装精通有些事对民主政体有利;另一方面,他有能力在民众中讲说,向它提出最好的劝告,但他甚至从未站出来发出声音",——提出了反驳:"柏拉图很晚才出生在他的父邦中,他察觉民主政体已经比较年久了,也已习惯于受先前大众的影响，对它提劝告尤其是不相像的。若一个人不企图枉然冒险；一则，将决不过多地做［322a-b］。"据《第七封书信》，柏拉图在苏格拉底被民主政府处死后打消了在雅典参加实际政治活动的念头并对民主政体产生反感。而且在该封书信中［330d-331d］表达了他关于如何因事、因人、因情况不同是否进行劝告的思想。

《第五封书信》是几乎没有人支持其真实性的四封书信之一。大多数学者怀疑它的真实性①。原因主要在于其内容在文体上具有模仿柏拉图作品的特性，例如各种政治制度的"音调"的观点基本上是来自《理想国》［493a-c］的；而关于何时适于提出建议的解释，大致是从《第七封书信》［330c-331e］借用的。这表明该信的作者已经熟知柏拉图的这些作品。因此，《第五封书信》可能是修辞学校的学生模仿练习的一篇短文。而将柏拉图描绘为马其顿专制统治者的支持者，甚至有人说，他很受马其顿菲利普二世的尊重，这透露出该作者可能对柏拉图有一种敌意或曲解所致。众所周知，在当时，柏拉图的学园不仅从事学术研究，也经常向有关城邦和政治人物提供建议。因此，柏拉图与其时还年轻、也曾一度敌视雅典的佩尔狄卡斯交往并且给他提建议也是有可能的，但也因为后一原因是不可能给他提建议的。

例如，卡律提俄斯②在其《历史备忘录》里写道："［506e］斯彪西波③得知菲利普④在他写的某一封这样的信中毁谤柏拉图……似乎人们都不知道甚至菲利普通过柏拉图开始拥有了他的王权的基础。因为柏拉图

---

① 菲齐努即最早认为《第五封书信》是由迪翁所写。参见"J. H本"，第306页，注释101。

② Καρύστιος，古希腊一个语法学家，生活在公元前2世纪末，他所有的作品都遗失了。不过他的作品《历史备忘录》(Ἱστορικα ὑπομνήματα) 被阿泰纳依奥斯采用于其作品中，由此保存了该书的许多段落。参见以下注释。

③ Σπεύσιππος（约公元前407—前339年）是柏拉图的外甥，柏拉图学园第二代主持。他写有大量著作，但大多没有流传下来。

④ 是指亚历山大大帝的父亲马其顿国王菲利普二世（Φίλιππος Β′ ὁ Μακεδών，公元前382—前336年）。

向佩尔狄卡斯派去了奥瑞欧斯的欧福瑞依奥斯,[506f]他曾经劝佩尔狄卡斯分配菲利普一些领土。于是,他在那里供养着兵力和物力,当佩尔狄卡斯死去,他就从预备好的力量里有可能处理临到头上的国家的大事。"①德摩斯梯尼②在他的《反对菲利普 Γ 》(59)的演说中也提到欧福瑞依奥斯曾居住在雅典,并把他描述为在从事政治活动:"欧福瑞依奥斯是柏拉图的一个学生和菲利普的哥哥佩尔狄卡斯的一个顾问。正是他建议佩尔狄卡斯托付部分马其顿管辖权给他后来又如此强烈反对的菲利普。"

在斯特方希腊文版本的页码标注中,《第五封书信》的跨度在 [Ⅲ.321C2–322C1]之间,在篇幅上属于一封较短的信。

《第六封书信》。柏拉图的《第六封书信》,也叫书信 ς(或 Στ')是一封传统上归于柏拉图的信。它是一封公开信,是作者写给赫尔米亚斯、厄拉斯托斯和科里斯科斯的。赫尔米亚斯是阿塔纽斯和阿扫斯城邦的僭主,在青年时代,他在柏拉图学园研究过哲学,也是亚里士多德的保护人和岳父。公元前 341 年,赫尔米亚斯在参加希腊殖民地反抗波斯统治期间被波斯人诱杀。

厄拉斯托斯和科里斯科斯是兄弟俩,居住在阿塔纽斯附近的斯凯普斯奥斯城邦,他们也曾经是柏拉图的学生。科里斯科斯还是亚里士多德的朋友。

本封信的作者自称已是老年人,可以做他们的顾问,而厄拉斯托斯和科里斯科斯的品质高尚,是值得赫尔米亚斯信赖的,因此,建议他们成为

---

① 参见阿泰纳依奥斯的《饮宴的智者们》(Δειπνοσοφισταί)第十一卷(506e–f)。阿泰纳依奥斯(Άθήναιος),生平不详,是罗马帝国时代修辞学家和文法学家,生活在埃及的瑙克剌提斯(Ναύκρατις),用希腊文写作,鼎盛年约在公元 2 世纪末 3 世纪初,即有"哲人王"美誉的罗马皇帝奥勒留特别是及其子康茂德统治的时代。他的一些作品大都遗失了,但其十五卷的《饮宴的智者们》(Δειπνοσοφισταί)一书存留了下来,该书以对话体写成,为后世保留了大量珍贵的风俗和文学资料。

② Δημοσθένης(公元前 384—前 322 年),是古希腊一位著名的演说家,民主派政治家。他极力反对马其顿人侵略希腊,发表《斥菲利普》等演说,谴责马其顿王菲利普二世的扩张野心。

朋友。就像《第二封书信》中表达的，如果哲学和权力不能够集于一个人的一身，如《理想国》中哲人王和《法律篇》以及《厄庇诺米斯篇》中的午夜议事会的成员，则退求其次，使哲学家和统治者结合为紧密的联系，相辅相成。在本封信的最后，作者近似开玩笑地劝告他们尽全力尽可能屡次共同地阅读该信，"甚至用作条文和有效的法律［323d］，即它是正义的，以真诚的方式按照指定的誓言发誓，同时别以粗俗的和真诚的姐妹儿戏的方式发誓，神是现在的和将至的万物的带路人①，对着指挥官和有责任的②主人天父发誓，我们就会确实地爱哲学③，在有好运气的凡人力所能及的范围内，我们大家将清楚地知道它④"。这种发誓的要求如同毕达哥拉斯学派所为。

在以上引文中的一词"πατήρ"的基本含义是"父亲"；"天父"是对宙斯的称呼。"I 本"在对本封书信使用此概念的脚注中认为，它与《第二封书信》［312e-313a］中关于哲学思想的构成和新柏拉图主义的解释乃至基督徒利用之为证明基督教教义有关。而且在文艺复兴时期的意大利，它也是人文主义者与天主教教会保守主义者争论的主要问题之一⑤。若是这样，则本封信必定就是伪作了。因为在柏拉图的对话作品中常常使用的术语是神（"θεός"）、世界的创造者（"δημιουργός"）等词。

至于写作年代，由于该信的作者自称已是老年人，说明这封信是柏拉图晚年写的。从赫尔米亚斯在约公元前 351 年成为阿塔纽斯和阿扫斯城邦的僭主和上下文推测，则本封信约写于公元前 351 年之后，柏拉图其时年约七十七岁。如此，则该信可能属于柏拉图最后的作品。

---

① 该词（"ἡγεμών"）也有"（军队的）将领，指挥官"等含义。
② 该词（"αἴτιος"）也有"（对某事）有罪责的"含义。
③ 该词（"φιλοσοφέω"）也有"爱智慧，追求智慧；追求哲学，爱知识，追求知识；［贬义］诡辩，弄玄虚；讲授哲理，教诲人；［＋宾］探讨，探索，研究；［隐喻］阐明，表达，描述"等含义。
④ 指哲学。"名哲本"［3.63］记载：柏拉图"私下里甚至称智慧为哲学，它是对神的智慧之追求"。
⑤ 参见"J. H 本"；尤见其第 I 卷。

　　此外，由于本封书信基本上也是写给僭主的，而且信中还包含一些《第二封书信》中关于哲学智慧与政治权力结合的相似内容，因此，《第二封书信》若是假的，则《第六封书信》也是假的，而且可能是同一作者所写。

　　还值得指出的是，在［322d］，该信作者提到称为是高贵的知识的"理念的知识"。这与柏拉图在其晚年对话作品中尤其是在其所谓的不成文学说中几乎不提"理念"而讲的多的是"数"有所不同。

　　在斯特方希腊文版本的页码标注中，它跨度在［Ⅲ.322C2–323D6］之间，在篇幅上属于一封较短的信。

　　《第九封书信》。《第九封书信》也叫书信 Θ，是传统上归于柏拉图的篇幅较为短小的一封信，是写给塔纳斯（Τάρας）城邦的阿尔库塔斯的。塔纳斯是古希腊位于意大利南部临海的一个殖民城市，即拉丁语的 Tarentum（塔壬同）。柏拉图是在约公元前 388—前 387 年第一次去西西里岛的旅程期间或短暂地在塔纳斯逗留时认识阿尔库塔斯的。显然他们在公元前 367 年（《第七封书信》［338c-d］已经是好朋友。柏拉图给他写过二封信。即本封信和《第十二封书信》。据第欧根尼·拉尔修在他的《名哲言行录》［8.79，8.83］中记载，阿尔库塔斯是古希腊毕达哥拉斯学派的哲学家、数学家和天文学家，是他的城邦杰出的政治领导人，在各个领域都卓越非凡，并广受敬仰；因此他七次成为城邦最高统帅，而由于法律的禁止，其他人从未在这个职务上两次担任此职。他还曾经写信救过柏拉图的性命[①]。他还是运用数学原理把机械学体系化的第一人。他和柏拉图生卒也相仿[②]。柏拉图在其《理想国》［528b］中也提及阿尔库塔斯（虽然未明指）发现了立方体。而柏拉图对哲人王的赞美可能是受到阿尔库塔斯的启发。柏拉图在写作《理想国》时，也是与阿尔库塔斯是好朋友的时候。

　　本封信的写作年代和地点最为无法确定。而这封信说到，两个毕达哥

[①]　柏拉图在《第七封书信》［350a］表示，正是在后者的帮助下，他才安全从叙拉古返回雅典。另见"名哲本"［3.21］。

[②]　Ἀρχύτης（公元前 428—前 347 年）；柏拉图（公元前 427—前 347 年）。

拉斯派成员斐洛尼德斯和阿尔基珀斯带给柏拉图一封阿尔库塔斯的信，并且他们告诉柏拉图，因为阿尔库塔斯忙于其母邦的公共事务，对无闲暇不能离开有些不耐烦［357e］。于是，柏拉图先是表示了同感，说一个人给他自己做事是最美妙的。然后，阐明每个人对他的祖国、父母、亲朋好友都负有责任，尤其是，"当祖国本身由于公共事务缘故召唤时，不听从很可能是反常的；［358b］因为如同他站在旁边甚至将岗位让给邪恶的人们，后者不会出于最高尚的动机往访公共事务"。接着，该信宣布，这个话题说得够多的了，并提及因阿尔库塔斯之故，柏拉图正在忙于关怀一个名叫艾凯克拉泰斯的年轻人，也因这位青年本人和其父亲弗律尼翁之缘故。由此，从上下文可以推测，阿尔库塔斯作为其母邦的执政者应当不是在年纪太大的时期，此外，据《第七封书信》提及，因阿尔库塔斯之故使柏拉图离开了叙拉古，以及阿尔库塔斯与柏拉图生卒相近，则本封信至少写于公元前387年柏拉图离开塔纳斯或从西西里返回雅典创立学园之后至公元前357年之间，也即柏拉图和阿尔库塔斯四十到七十岁之间。

尽管西塞罗认为《第九封书信》由柏拉图所写，并且引用了信中的几句原文［358a］①。但现今大多数学者认为它是伪造的。它大概是修辞学校学生的一份练习作品。理由之一是，在［358b］段落有一句"因为如同他站在旁边甚至将岗位让给邪恶的人们"，其中的"让给"一词"καταλιμπάνω"等于"καταλείπω"，也有"放弃，承认"等含义，但它是一个晚于柏拉图时代或希腊化时代出现的词。因此，或许作为证据之一，本封信不是柏拉图所写。当然，人们也可以辩解说，该词可能是后人誊写所致，但这毕竟是一存疑之处。此外，《斐多篇》中的对话人之一也名叫艾凯克拉泰斯，但如果他是本信里提到的同一个人，就可证明此信是伪造的。因为从年龄推算，作者写此信时，《斐多篇》中的艾凯克拉泰斯不可能还是一个年轻人。

---

① Cicero：De Finibus，Bonorum et Malorum（论善恶之结局）［ii.14］；De Officiis（论职责）［i.7］。

值得指出的是，信中对参与政治的看法，与柏拉图对话作品中的观点有一致之处[1]。

在斯特方希腊文版本的页码标注中，它跨度在［III.357D3–358B6］之间，在篇幅上属于一封较短的信。

《第十封书信》。《第十封书信》也被称为书信I，是一封传统上归于柏拉图的信，但如今很少有人认为它是真实的。它是所谓柏拉图的书信中属于最短的一封，犹如便条似的，除了问候语外，只由八行句子组成。在斯特方希腊文版本的页码标注中，它跨度在［III.358C1-C8］之间。

《第十封书信》是写给一位名叫阿里斯陶道劳斯之人的一封书信。此人生平不详。他可能是迪翁的一个朋友。写信的时间大概是迪翁在与狄奥尼西奥斯二世争斗权力失败而流亡期间，约公元前352年。

在本封信中，作者先是据迪翁说，那人现在和过去以来一直是后者最为信赖的同伴之一并且他使自己的性情在爱哲学的人中间显得是最有才智的；在赞扬他支持迪翁和他的品性之后，作者表明，稳固持久和忠实可信以及头脑健全等这些道德品质是真诚的爱哲学，但其他的爱哲学和全力以赴另一种的智慧以及精明正当地管它叫作优雅而非爱哲学，并鼓励他在坚守的习性中继续不变。这与柏拉图爱哲学的"真正的哲学家"除了美德和性情外更主要地与知识素质相关的主张明显不同[2]。在柏拉图看来，不仅哲学家显然具有与众不同的品质或天性，而且他们还只真心地尊重美德[3]。

例如，在《斐德罗篇》、《泰阿泰德篇》等对话中，柏拉图还用富有想象如诗一般的语言描述了掌握真理的哲学家所过的生活[4]。

柏拉图还时常用比喻来说明一个真正的哲学家即使身处不利于他们生

---

① 参见《共和邦篇》第七卷"洞穴喻"，特别是［519b-520d，539e-540d］。

② 参见《共和邦篇》［428d，474b-e，484b-d］和《厄庇诺米斯篇》［991e-992e］等篇对话中关于"真正的哲学家"的叙述。

③ 参见《厄庇诺米斯篇》［989b-e］。

④ 参见《斐德罗篇》［247c-249d］；《泰阿泰德篇》［173e-174a］。

活的城邦，环境再恶劣，他们也自有"孔颜乐处"，仍然一如既往、松柏之性不改、我行我素地坚持真理。而且真正的哲学家还要能够经得住各种诱惑①。这也是判断一个人是否真的献身于哲学的办法之一。

"知识即善"（《理想国》[505b]）。柏拉图还反复强调并证明真正的哲学家是极少数的，因为他们必须掌握最大的知识——善的理念。他们既聪明、大度、温良、勇敢、强记，又亲近真理、正义和节制。

因此，《第十封书信》的真实性就有问题。它可能属于修辞学校中的练习作品，具有模仿柏拉图对话作品的性质。

《第十一封书信》。《第十一封书信》也被称为书信 IA，是一封传统上归于柏拉图的信，但如今很少有人认为它是真实的。它是写给柏拉图的学生拉奥达玛斯的信，后者显然作为某地的一位政治家请求柏拉图亲自前去为一个新的殖民地制定法律。但因为考虑到年纪和身体的缘故，柏拉图只能回信给以指导性建议。他指出："[359a]有些人期望无论哪一种政体一度甚至能够通过立法被很好地建立起来而不关心每天在城邦中存在着生活方式的某种权威性，以此就要使奴隶和自由人是有节制的和勇敢的，那他们就没有正确地思考。但另一方面，假如，一则，一些合适的人已经属于那长官职务中的一分子，那种权威性就会产生；[359b]一则，如果你为教管缺少某人，既无教育者，也无将受教育的人们，如此，依我看来，对你们来说，那么，剩下要做的只有向众神祈祷了。的确，以前，某个甚至一些城邦大体上只是如此被建起的，然后，它们也治理得好，通过一些强有力的政权达成协议尤其涉及战争和有关其他景况发生的一切事，每当在这样的适当情形下，某个优秀的和高尚的人有能力行使大的权力是可能的；你以前已经真的一心要并且将迫使你热衷于它们，[359c]一定思考——比如我说的——它们，尤其不要没头脑（以至）料想会麻利地做完任何事。"在信的最后，他祝拉奥达玛斯成功！

该信虽然提及一个叫苏格拉底的人，他由于正患有关于尿淋沥方面的

---

① 参见《斐多篇》[68c]。

病，也不能与柏拉图一同旅行到拉奥达玛斯那里去，但他不可能是柏拉图著名的对话中他的老师苏格拉底。因为信中暗示作者也已经年老，身体欠佳。所以，该信的写作年代很可能是柏拉图晚年约公元前 360 年以后撰写《法律篇》的时期。信中阐述的立法与城邦中存在着生活方式以及建立权威的关系也是与柏拉图的基本主张一致的。

拉奥达玛斯曾经是柏拉图学园的成员，也是一位数学家和其母邦的政治家，因此，就殖民地或城邦的建立和立法方面的问题向柏拉图请教也是很有可能的，这也是与柏拉图老年时关注法律问题并且乐意给向他咨询有关这方面问题的人提供建议相一致的。此外，信中说，濒临无望的境遇时，"剩下要做的只有向众神祈祷了"。这也是柏拉图惯用的表达方式，例如，柏拉图在《理想国》和《法律篇》以及《第七封书信》[331d] 中就是这样说的。总之，这封信很是有"柏拉图式"的风格，若不是提到患病的苏格拉底或用"柏拉图式"的小苏格拉底进行模仿，则就更像是一封真作了。

此外，值得指出的是，拉奥达玛斯的名字 Λαοδάμας 在"名哲本"[3.24，3.61] 中的拼音却是 Λεωδάμας，而他们显然是同一人。

在斯特方希腊文版本的页码标注中，它跨度在 [III.358D1-359C2] 之间，在篇幅上属于一封较短的信。

《第十二封书信》。柏拉图的《第十二封书信》，也被称为书信 IB，是一封传统上（限于公元前 1 世纪前）归于柏拉图的信，不过，在所有的书信中，它是唯一在手稿中明确否认其真实性的一封信。在不属于该信内容的最后一行，该信的编辑者——这可以追溯到忒拉绪洛斯——有这样的说明："有人反对，好像不属于柏拉图的书信。"参见 [C 注]（第1673 页）："This notation is found in our best manuscripts, and may go back to Thrasyllus。""I 本"也注明为 "Wird Platon abgesprochen"；"V. C 本"、"S 本"以及"王本"中则无此注明。

像《第九封书信》一样，《第十二封书信》声称是写给塔纳斯城邦的阿尔库塔斯的，不过，它是柏拉图收到后者的信后回复给他的一封信。柏拉图感谢阿尔库塔斯送给他由一位未指名的作者写的一些论著，他不仅热情洋溢地赞美了其作者，并且说，后者对其是一些好人的祖先也是值得赞美的。然后，柏拉图承诺将给阿尔库塔斯寄去他的一些他们已经达成保护协议的未完成的论文。但是这些文章的内容是人们所不知的。

本封信写的作时间与《第九封书信》相同，跨度很大，很难确定。

第欧根尼·拉尔修在他的《名哲言行录》中也引述了这封信和来自阿尔库塔斯的信[1]。不过后者的那封信指出，寄给柏拉图的那些论著是由毕达哥拉斯学派的一个哲学家、公元前 5 世纪出生在莱依卡尼亚[2] 的奥凯卢斯（Ὀκκέλυς）所写。但因为归于此人的那些作品被认为是公元前 1 世纪的伪作，因此，《第十二封书信》也就是伪造的。

此外，在第欧根尼·拉尔修的《名哲言行录》中，该信的最后还有问候语 "ἔρρωσο（祝你健康！）"，"V. C 本" 和 "S 本" 也分别译为 "Porte-toi bien"；"Lebe gesund!"（祝你健康！），而在 "B 本"、"I 本" 和 "C 本" 以及 "王本" 中则无此问候语。

R. G. 伯里甚至指出了这样的细节问题，《第十二封书信》，连同《第九封书信》，是用 "α" 拼写阿尔库塔斯（Αρχύτας）的，而柏拉图在其更权威的书信中是用 "η"（Αρχύτης）拼写的[3]。

《第十二封书信》也是所谓柏拉图的书信中最短的之一，如同一张便条，只比《第十封书信》略长两行，在斯特方希腊文版本的页码标注中，它跨度在 [III.359C5—359E3] 之间。

《第十三封书信》。《第十三封书信》也叫书信 IΓ，是一封传统上归于柏拉图的书信。它声称是致西西里岛的叙拉古城邦的僭主狄奥尼西奥斯的。该信虽然也没有标明是给狄奥尼西奥斯一世还是狄奥尼西奥斯二世，

---

① 参见 "名哲本" 第八卷第四章 [8.81，8.80]。

② Λευκανία，在古代是南意大利的一个地区，离其附近的塔纳斯城邦即位于其东部所在的塔纳斯海湾。

③ 参见 Bury, Epistle XII, 607；另外参见《第七封书信》[338c7, 339b1, 339d2, 350a6]；《第十三封书信》[360c1] 等。

但从内容［362b］分析，应该也是给后者的。在信中，柏拉图主要与狄奥尼西奥斯二世谈论财政事务、他和亲属以及学生的一些人际关系等情况；在提及迪翁一事时也是克制谨慎甚至有所暗示的。

至于《第十三封书信》的写作时间，柏拉图在信中提及，狄奥尼西奥斯二世不容许他说起关于迪翁的事［362e］。因此，我们可以猜测它大概写于公元前366年柏拉图第二次从叙拉古返回雅典之后，或在迪翁与狄奥尼西奥斯二世争斗权力的初期，并且是在柏拉图第三次去叙拉古的前几年写的。确切地说，可能是写于公元前365年。而迪翁在此之前被驱逐出了叙拉古。

与另外三封写给狄奥尼西奥斯二世的信不同的是，从本封信中叙述的内容和语气来看，似乎显得柏拉图与狄奥尼西奥斯二世关系还算友好。他们礼尚往来，而柏拉图也富有"人情味"，如同为狄奥尼西奥斯二世服务的一个称职的采购员。虽然在该信的最后两段中，柏拉图也忠告狄奥尼西奥斯二世"你也要爱好哲学并且要劝其他更年轻的人们这样做"。但柏拉图在这封信中的肖像过于世俗，如同狄奥尼西奥斯二世在雅典的一个勤快、忠实的商务代理，精打细算地为主顾做一些购物、送礼的事情等。此外，他还支支吾吾地诉说他自己捉襟见肘的开支，如同向狄奥尼西奥斯二世奉承、乞讨。当然，这也可以解释为是他们之间坦率的一种关系。而柏拉图过分谈论有关获取和使用钱财以及钱财本身的事与他的《第七封书信》中的公正无私的和有点超然的哲学家柏拉图形成鲜明的对比，也与普鲁塔克记叙的狄奥尼西奥斯二世"经常运用各种时机要送数额相当巨大的金钱给柏拉图，总是再三遭到婉拒"，甚至让也作客狄奥尼西奥斯二世宫廷的本来与柏拉图不睦的阿里斯提珀斯[1]也称赞"只有柏拉图真是一介不取的君子"[2]有违。因此，该信也被大多数人认为是伪作。而在写作时间

---

[1] Ἀρίστιππος（约公元前435—前356），苏格拉底的学生，古希腊哲学家，居勒尼学派的创始人和主要代表。参见"名哲本"第二卷第八章。

[2] 参见［古希腊］普鲁塔克：《希腊罗马名人传》（第三卷《迪翁》[19]），席代岳译，吉林出版集团2009年版，第1724页。

上则按逻辑顺序，它应该是《书信集》的首封书信。

不过，从现实性考虑，我们对学园的维持经费和柏拉图的经济来源并不十分清楚。或许他从其一些田产中获得一些租金①，要不然安贫乐道的他或学园很有可能是接受一些资助和捐赠②。因此，柏拉图关心这些经济上的"俗事"并不有违人情。尽管有上述那些"斤斤计较"，但是，白璧微瑕。我们还是通过《第十三封书信》看到一个为亲友操劳奔走的真诚的老哲学家的形象。何况，该封书信至少反映了柏拉图的亲属情况③。由于柏拉图的兄弟和姐姐以及侄子们可能已经去世，所以由他在赡养其母亲。根据比柏拉图年长 20 岁左右的大哥格劳孔的年纪推测，柏拉图的母亲在生育他时——保守推测——大约 35 岁，柏拉图写《第十三封书信》时约 60 岁，如此，则他的母亲至少其时已经是 90 岁以上的年纪了。此外，柏拉图同时还供养其四个侄孙女（或外甥女的女儿）的生活，并且还需要置办其中一个的嫁妆。

《第十三封书信》中多次提到的勒普提莱斯（Λεπτίνης），有可能是指叙拉古的小勒普提莱斯（Λεπτίνης Βʹ）（死于公元前 342 年之后）。他是叙拉古政治家老勒普提莱斯的儿子，也是狄奥尼西奥斯一世的侄子，也即狄奥尼西奥斯二世的堂兄弟；公元前 351 年，他辅助杀害迪翁的卡利普斯（Κάλλιππος），成功驱逐了狄奥尼西奥斯二世盘踞在南意大利雷焦（Ῥήγιον）的要塞驻军。在叙拉古城邦内乱之后，公元前 352 年，他反戈一击，和他的伙伴用据说杀死了迪翁的同一把剑刺死了卡利普斯④。在公元前 342 年，当科林斯政治家和将军蒂莫莱翁解放了西西里时，勒普提莱斯遭到流放。最后，他像狄奥尼西奥斯二世一样也死于科林斯。

---

① 参见归于柏拉图名下的《遗嘱》。
② 参见"名哲本"［III.20］；普鲁塔克《希腊罗马名人传》（《迪翁》［17］）；《阿里斯提得斯》［1］）。
③ 柏拉图在其对话作品中多次提及他的亲属，例如在《巴门尼德篇》的开头几段，柏拉图提及他的三个兄弟和继父的名字。
④ 参见普鲁塔克《希腊罗马名人传》（《迪翁》［58］）。

再者，在［361d］，柏拉图提到他当时没有戴上花环的事，这可能是指狄奥尼西奥斯二世执政时期的叙拉古城邦在柏拉图第二次去叙拉古时曾经给予他的某种荣誉。曾经伴随柏拉图访问西西里的克塞诺克拉特斯在狄奥尼西奥斯二世的宫廷里就接受过金冠的奖赏。而在《第十三封书信》的最后一段中［363e］，如伪柏拉图《遗嘱》一样，也提及释奴的行为。但是这些都无法验证。

《第十三封书信》在篇幅上属于较长的一封信，在斯特方希腊文版本的页码标注中，它跨度在［Ⅲ.360A1–363e5］之间。

《第十四封书信》至《第十八封书信》。"虽然《第十四封书信》至《第十八封书信》也冠有柏拉图之名并被取自《苏格拉底弟子书信集》①，但它们无一为真作，因为其也可能甚至没有一封出自亚历山大时代之前。"②也即是说，从亚历山大成为马其顿君主的公元前336年算起，这些书信至少是在柏拉图去世十多年之后写作的。而且从其内容来看，除了《第十四封书信》，其他的书信既无思想性，也没有多少有价值的传记信息③。而信中谈及的人物除了阿尔库塔斯④和狄奥尼西奥斯二世，都不为人所知。此外，由于它们没有曾被编入亨利·艾蒂安的版本，所以也都没有通用的斯特凡努斯边码。

---

① 苏格拉底弟子书信集（Sokratikerbriefe）是习惯上对公元2或3世纪希腊作家的书信文献集来说的一种简称。但其是否归于公元2或3世纪，也是未知的。最古老和最重要的手稿，被所有其他文本材料抄录的都源自它，是《梵蒂冈的希腊古文手抄本64》（Codex Vaticanus graecus 64）［1270年］；该古手稿含有在此标题下的这样的一些信件汇编：苏格拉底及其弟子的书信。关于它们的研究文献，另外参见 Friedrich Wilhelm August Mullach: Fragmenta philosophorum graecorum, Paris 1860-1881. Neudruck: Scientia Verlag, Aalen 1968；Köhler, Lieselotte: Die Briefe des Sokrates und der Sokratiker, Diss. Zürich 1928；Obens, Wilhelm: Qua aetate Socratis et Socraticorum epistulae, quae dicuntur, scriptae sunt, Diss. Münster 1912. 以上文献参见 Wikipedia, the free encyclopedia.

② "I 本"，第118页。

③ 关于这几封信的内容参见德译本的作者在每封信前写的一段简短的提要。

④ Ἀρχύτας，参见《第九封书信》注释。Τάρας，是古希腊位于意大利南部临海的一个殖民城市。即拉丁语的 Tarentum（塔壬同）。柏拉图在公元前388年短暂地访问了那里。

　　《第十四封书信》是该信作者写给叙拉古的一个朋友的，并且提及柏拉图的朋友阿尔库塔斯想要大概是哲学论著之类的东西。作者表达了对哲学研究的疑惑：对他是有益还是有害？这具有老学园中期怀疑主义的色彩。至于他个人的生活，他表示要远离像是挤满牲畜笼子的城市①，待在离伊菲斯提亚岱②不远的郊区，去学习理解厌恶人类者（ἀπανθρωπία）提蒙③，并决定将余生献给神，将精神寄托于宗教而过一种宗教徒的空灵生活。这也反映了作者对现实社会感到绝望的心情。

　　信中提到的离学园不远的伊菲斯提亚岱也是柏拉图家族的地产所在地之一，这在"遗嘱"［Ⅲ41.6］也说及。关于信中提到的"厌恶人"，可参见《斐多篇》［89d-90e］类似的说法。而写信人宣称的他将告别哲学并且退隐到他的庄园里去，远离城市待着，也与《第一封书信》［309b］中所说的："我自己考虑用不喜和人相处的方式（生活）"类似。再者，与"厌恶人类者（ἀπανθρωπία）"相关的"远离（ἀπάνθρωπος）"一词也有"远离人迹的，恨世的，孤僻的"含义，是"厌恶人类者（ἀπανθρωπία）"的形容词，寓含"退隐"的意思。第欧根尼·拉尔修在《名哲言行录》［3.40］也说过，柏拉图最大的愿望是去远方旅行或独居（ἐκτοπίζω）。而在希腊化和罗马帝国时期一些哲学家这种由于"无道则

---

① 在《共和邦篇》［372d］中，这被称为"猪的城邦（ὑῶν πόλιν）"。
② Ἰφιστιαδαί，是古代阿提卡属于考拉尔皋斯（Χολαργός，位于雅典东北部）乡区的阿卡曼提斯（Ἀκαμαντίς）部落所在的一个行政区或镇（δῆμος）。政治家伯里克利（Περικλῆς）属于该区。Ἰφιστιαδαί也是柏拉图的地产所在地之一，离柏拉图学园不远。该地有著名的火神赫淮斯托斯（Ἥφαιστος，也即罗马神话中的武尔坎）的寺庙。参见柏拉图的"遗嘱"，该全文载于第欧根尼·拉尔修的希腊文本《名哲言行录》（Βίοι και γνώμαι των εν φιλοσοφία ευδοκιμησάντων）［Ⅲ41.6-43.4］。
③ 雅典的提蒙（Τίμων ὁ Ἀθηναῖος）是雅典的一位具有传奇色彩的公民，在后来一些作品中成为厌恶人类者（ἀπανθρωπία）的典型。据"名人传"（《安东尼》），提蒙生活在伯罗奔尼撒战争期间（公元前431—前404年）。另外参见"名哲本"［9.112］；琉鄁（Λουκιανὸς ὁ Σαμοσατεύς，公元125—180年）的对话作品《憎恨人类者提蒙》和莎士比亚的最后一部悲剧《雅典的泰门（μισάνθρωπος提蒙）》。据"名哲本"［9.3,9.14］，赫拉克利特也是一位恨世者（μισάνθρωπος）。

隐"的"退隐"的心绪与伊壁鸠鲁学派的退出社会生活或从公共领域遁入个人领域的主张有相通之处。

《第十五封书信》是该信作者给一位名叫克莱奈斯的朋友的介绍信。作者赞扬了想应征入伍并实现可尊敬的成就的克莱奈斯的品性,建议收信人和他一样应该支持他。

《第十六封书信》似乎是该信作者在顺利返回家乡后写给狄奥尼西奥斯二世统治时期叙拉古的若干朋友们的问候和感谢信,还赞扬了他们卓越的品行并冀望:"你们,在未来也仍然如此,并且记着,最贵重的一种这样的荣誉行为之果实存在于有正确的思想之中。"

《第十七封书信》也是该信作者给一位送信的朋友和可能是该信作者的学生盖奥尔基奥斯的介绍信。而收信人不详。信中赞扬了盖奥尔基奥斯的性格品质和才能,鉴于此,该信作者将他介绍给想结识有才能之人的收信人。而此封书信中所表达的意思可参看《第六封书信》。

《第十八封书信》同样作为一种介绍信,但是该信作者为一位身陷囹圄的同学或作者的学生卡里玛考斯而写。作者请求他的也是前者的一位朋友出面说情,帮助将其释放。

三、《书信集》和柏拉图及其作品的关系简述

《书信集》的主线是柏拉图将《理想国》、《法律篇》和《政治家篇》中的政治和法律思想付诸行动的记录,也是柏拉图的哲学思想和生活的展现。

《书信集》即使全部是伪作,也至少提供了公元前人们所知道的或他们眼中的柏拉图的思和行,以及他的生平。因此,它在传记方面还是有其价值的。它为我们了解柏拉图的形象和他的感情、性格、抱负、为人、亲属、友情,对家庭的责任,甚至一些学说、学术研究方法等提供了第一手的传记资料。

而柏拉图在政治方面的实际经验，特别是与一些政治人物的交往产生的思想，必然反映在他的作品中。

柏拉图在《书信集》中的劝告、提建议就是指教、指正、指引他人，如同他在对话作品借苏格拉底等人之口所做的一样。

当我们阅读《书信集》时，不由得在脑海中联想起柏拉图的对话作品。在这些对话作品中，柏拉图描述了苏格拉底与雅典一些著名青年而以后是著名政治家的谈话。柏拉图隐藏在对话人身后，他的思想是通过虚构的、讽刺的和伪装的对话形式表达的；而《书信集》则以第一人称的口吻直截了当地表达了他的看法，诉说了作者与外邦著名政治家的恩恩怨怨。从《书信集》里我们看到了柏拉图的正直、自尊、宽容、审慎、谦虚，公正、凭理智行事、深谋远虑、见识、愤怒之情、责任心、尊崇自由、有着神圣的信仰，对他的亲友们仁慈、忠贞和关怀的情愫等。

《书信集》中明确唯一提及的柏拉图对话作品是《论灵魂》①，也即《斐多篇》。

在思想性方面，如以上对《书信集》的解读所示，就伪作而言，它们则体现为或者与柏拉图的理论相符或一致，这主要也被认为是模仿后者所致；或者与柏拉图的理论矛盾，而这些又都被认为它们之所以是伪作的根据。而实践政治哲学的最好实验地叙拉古是西西里一个强大的非雅典式的民主制的僭主制城邦，恰好有服膺柏拉图的哲学特别是政治主张的朋友和学生——权高位重的迪翁和据说对哲学感兴趣的狄奥尼西奥斯二世。因此，在柏拉图看来，只要说服僭主一个人，就能够塑造一个全新的政体，可以速成他的政治理想②，虽然它可能是第二等好的法治城邦甚至第三等好的僭主立宪制。那么，对于柏拉图在《理想国》、《法律篇》和《政治家篇》中的主张，正如他所说的，值得一试。柏拉图的三次西西里之行都与僭主有关，特别是后两次西西里之行即可说明这点。

---

① 参见《第十三封书信》[363a]。
② 参见《第七封书信》[327a–c]。

在文体上,《书信集》中的大部分也明显具有模仿柏拉图对话作品的特点。众所周知,当时像柏拉图这样的许多著名人物的"书信"出自在后期的修辞学校里作为练习的"典范"作品,而且由于各种原因其中一些是伪造的。例如,忒拉叙洛斯的原稿即对于《第十二封书信》的真实性提出了怀疑,并且从其他书信的内容来看,也很难是由柏拉图所写。

此外,除了开头的问候语,《书信集》正文中有四次(《第二封书信》[314c]、《第五封书信》[322a] 和《第十三封书信》[360b])出现了柏拉图的名字。而在柏拉图对话作品中,柏拉图的名字则出现过三次(《申辩篇》[34a,38b];《斐多篇》[59b])。

在《书信集》中只有《第二封书信》[314c] 和《第十三封书信》[363a] 直接提及了柏拉图的老师——在柏拉图对话作品中的主要人物——苏格拉底。有趣的是,在《第十一封书信》[358d] 中,根据语境,提及的苏格拉底可能是指某一苏格拉底或《政治家篇》和《巴门尼德篇》中的那位同名的小苏格拉底而非柏拉图的老师苏格拉底。

四、《书信集》的影响

书信注重的是真情实感的流露。它通常用不着进行充分的杜撰。因此,从思想性等方面而言,如上所述,《书信集》如果是柏拉图所写,则这些信件(特别是《第二封书信》、《第三封书信》、《第七封书信》和《第八封书信》)将会不仅有助于人们认识柏拉图在其对话作品中表达的哲学、政治和法律理念(尤其是《理想国》、《政治家篇》和《法律篇》)的发展以及它们之间的关系,而且也有助于人们对西西里的历史、对柏拉图本人和叙拉古的迪翁以及狄奥尼西奥斯二世的生平和他们之间的人际关系等的了解。

即使《书信集》是伪作,也并非没有价值,而是其作者阐发柏拉图学说的需要。正如雅各布·布克哈特在其《希腊人和希腊文明》一书《导言》中所说的："即使是伪造者，一旦被我们识破，了解到他这样做的目的，其伪作也能够不自觉地提供非常有价值的信息。"① 从思想史的角度看，任何古典作家的作品都是对其所处时代和思想状态的反映，也就有值得研究的必要。作为历史文献，它们也仍然具有研究柏拉图思想的参考价值。因为《书信集》中的许多内容与柏拉图的思想近似。它起码能够说明柏拉图对其所处以及之后时代人们的影响。

《书信集》表明柏拉图在思考些什么问题。《书信集》的作者在其心目中所呈现的柏拉图学说和思想引发之后人们——比如对其所谓不成文学说如何理解——的争议；行动中的或走出书斋的哲学家柏拉图与他的学生和朋友的交往以及对学生的影响效果，对僭主性格的刻画，对政治斗争的叙述，对哲学家和统治者之间的关系，对西西里尤其是叙拉古历史的记叙，给一些政治家和他的朋友提出的建议以及得出的经验教训等对今天的人们仍然具有知识上的、方法上的和认识上的鉴戒意义。

人们猜测，事实上，柏拉图也如《书信集》的作者一样关注政治和法律这些实践哲学的问题。在哲学史上，它也在一定程度上促进了之后的希腊化时代的哲学演变。将《书信集》当作历史文献来看，我们也可了解到当时的人们是如何演绎柏拉图扑朔迷离的传奇的。

简言之，即使没有《书信集》中描述的柏拉图和叙拉古等城邦统治者的师生或朋友关系，哲学家和统治者之间的关系不仅是政治史也是哲学史的主线之一。从柏拉图之后，亚里士多德与亚历山大的师生关系以降，显然，哲学家不论作为老师还是顾问、朋友、智囊，如同《第二封书信》［310e］所说，哲学家和统治者"二者天生聚到同一处，犹有进者，它们永远彼此追求和寻觅以及相助"，并且演绎着他们之间的悲喜剧。

从书信和传记方面而言，首先，古希腊的书信也有一个产生和发展变化的过程。在柏拉图之前，虽然也有一些作家写过类似书信的作品，如最

---

① ［瑞士］布克哈特：《希腊人和希腊文明》，王大庆译，上海人民出版社2008年版，第55页。

早的书信写作出现在西方文学的第一篇作品——诗人荷马的《伊利亚特》中①。书信在历史学家的作品如希罗多德②、修昔底德③以及剧作家欧里庇得斯④等人的作品中也有不同的体现。但他们主要还是作为其作品中的一部分内容（嵌入式）而不是作为独立的一种文学体裁运用的。因此，它们可看作书信的雏形时期。作为一种独特的文学体裁的书信最终形成于公元前5世纪末前4世纪初⑤。在柏拉图生活的时代，书信得到较大发展。虽然伊索克拉底、色诺芬等柏拉图同时代的一些作家也写过书信，但他们主要还是将之当作修辞写作或包含于其著作中，具有"公共性"。

诚然，从现有的史料看，在古希腊，正式作为一种独立的文学体裁的书信，还是以已经趋于成熟的《书信集》为标志，其影响也最大。希腊化时期及以后书信写作仍在不断完善中。譬如，书信作为表达思想的形式之一，伊壁鸠鲁、斯多亚学派与犬儒学派有时也采用书信的形式宣扬和解释他们的哲学。罗马共和国晚期著名政治家、演说家、雄辩家、法学家和哲学家西塞罗的主要散文成就是表达其思想的书信和演说辞，他遗留下来的书信就有九百余封。"基督教产生之后，基督徒继承并改造了书信宣传哲学思想的功能，成为其宣传教义的工具。"如著名的圣保罗的书信（Ἐπιστολὲς Παύλου）是保罗写给各地主教以及来信询问教义的人的回

---

① 参见荷马《伊利亚特》[Ⅵ.168，178]。

② 参见希罗多德《历史》[Ⅲ.40，1-3]。

③ 参见修昔底德《伯罗奔尼撒战争史》[Ⅰ.128.6-7，Ⅰ.129.3]。

④ 展示思想艺术的重要方式的这一功能在悲喜剧中表现得尤为突出，如古希腊著名悲剧家欧里庇底斯就十分喜欢在其著作中使用书信，而其成名作《希波吕托斯》也因恰当地使用书信，在公元前428年狄奥尼西亚节的戏剧赛会上，使其获得生平第一个奖项。[古希腊]埃斯库罗斯等著：《古希腊悲剧喜剧全集》，张竹明等译，译林出版社2007年版，第587—589页。另外参见《伊菲革涅亚在陶洛人里》和《伊菲革涅亚在奥里斯》中也用了书信作为推动剧情发展的重要手段。

⑤ 关于古希腊文学书信的演变与发展，参见 Patricia A.Rosenmeyer, Ancient Greek Literary letters, London and New York: Routledge Press, 2006。

Ruth Morello and A.D. Morrison（ed.），Ancient letters: Classical and late antique epistolography, Oxford: Oxford University Press, 2007. John Muir, Life and Letters in the Ancient Greek World, London and New York: Routledge Press, 2009.

信，信中解释了许多有关基督教教义的疑难问题，阐明了教理原则。他的书信不仅是基督教的重要文件，而且构成了《新约》的重要的组成部分。因此，它们"很快变成为所有忠实信徒的行为准则。之后再经过一些宗教领袖的阐释和改变，就成为基督教的基本教义"①。

而在罗马帝国时期，大量的书信尤其是模仿或假托古人的所谓"书信体小说"陆续出现②。

显然，《书信集》的文学价值无疑得到了古代作家的认可。例如，即使偏好亚里士多德，却对柏拉图少有兴趣，故而对柏拉图的理念学说极其不以为然的拜占庭帝国博学的作者佛提奥斯在写给某主教的一封信中也赞赏柏拉图的书信，认为它胜过德摩斯提尼和亚里士多德的同类作品③。

其次，欧洲古代传记起源于挽歌、诗歌和悼词，起着纪念的作用。含有传记成分的文学作品在古希腊已很发达，但是流传下来的不多。在希腊古典时代，有多位作家——例如早于柏拉图和与他同时代或其后的一些作家也写过传记，如修昔底德的《伯罗奔尼撒战争史》中含有一些重要人物的简短介绍。苏格拉底的学生、哲学家安提司泰奈斯（Αντισθένης）和埃斯基奈斯（Αισχίνης）以及欧克莱依傁斯（Ευκλείδης）等写了同名作品《阿尔基比亚德斯》。流传下来的最著名的则是苏格拉底的学生色诺芬的《回忆苏格拉底》。而柏拉图的以苏格拉底为主要对话人的对话录也有传记文学的属性，他的《第七封书信》则是欧洲历史上最早的尤其是哲学家的自传。

为哲学家作传的最早的传记性著作则是由逍遥派学者、亚历山大里亚

① 参见李继荣：《古希腊书信述略》，第 32 页，东北师范大学硕士学位论文，2012 年。

② Patricia A. Rosenmeyer, Ancient Epistolary Fictions: The Letter in Greek Literature , Cambridge University Press, 2001.

③ 见佛提奥斯《书札集》。佛提奥斯（Φώτιος）约生于公元 820—827 年间；君士坦丁堡的普世牧首。886 年，他的学生"明哲"利奥帝（公元 886—911 年在位，因其写过家训和隽语诗，并以记录神谕之书而赢得"明哲"之名）将他放逐，他在 891 年死于流亡之地。参见［英］约翰·埃德温·桑兹：《西方古典学术史》第三版第一卷下册，张治译，世纪出版集团、上海人民出版社 2010 年版，第 383—386 页。

的索提翁① 撰写的二十三卷本的《哲学家师承》。在罗马帝国时代，最重要的传记作者则是公元 1、2 世纪时的第欧根尼·拉尔修，他在其著名的《名哲言行录》中也为柏拉图写了传记。为柏拉图最早作传的哲学家可能是阿里斯托克色诺斯，最后有柏拉图学派的奥林匹奥多罗斯② 等。

西方自传体小说则发轫自色诺芬的《长征记》。色诺芬在《希腊史》中就非常注意集中叙述历史人物的活动。他的《阿格西劳斯传》和《居鲁士的教育》等著作，更是初步形成了比较典型的传记体体裁。可以说，色诺芬为阿格西劳斯③ 写的《阿格西劳斯传》与伊索克拉底为埃瓦哥拉斯④写的颂词《埃瓦哥拉斯》等一起草创了西方史学编纂中的传记体裁。

罗马早期的传记大都失传，例如瓦罗⑤ 的《七百人传》。比较完整保存下来的最早的传记有公元前 1 世纪与西塞罗同时代的科尔奈利乌斯·奈波斯的《外族名将传》。他自觉是在写传记而非写历史。后来，史学家们开始逐步把传记作为史学著作的一种形式，认识到叙述历史人物事迹的重要

---

① Σωτίων（鼎盛年约公元前 200—前 170 年）是古希腊哲学家论述的编集者和传记作家，也是第欧根尼·拉尔修的作品的重要来源。但索提翁的作品没有流传下来，它们仅仅是被人们间接所知。他的主要作品是 "Διαδοχή" 或 "Διαδοχαί（传承人）"，是关于有组织的先后相继的哲学家影响某学派的最早的历史书之一。

② 即小奥林匹奥多罗斯（Ὀλύμπιόδωρος ὁ Νεώτερος，约公元 495—570 年），是公元 6 世纪的新柏拉图主义哲学家、占星家和老师，他住在早期的拜占庭帝国，在公元 529 年的查士丁尼法令关闭了雅典的柏拉图学园和其他异教徒的学校之后，奥林比奥道罗斯去了亚历山大。奥林比奥道罗斯是亚历山大的保持柏拉图主义者传统的最后的异教徒；在他死亡之后，亚历山大学校交在基督徒亚里士多德里安手中，并且最终被搬到君士坦丁堡。他著有《柏拉图传》（Βίος Πλάτωνος）和《阿尔基比亚德斯篇（Ⅰ）》的注疏。参见［英］约翰·埃德温·桑兹：《西方古典学术史》第三版第一卷上册，张治译，世纪出版集团、上海人民出版社 2010 年版，第 364 页。

③ 阿格西劳斯二世（Ἀγησίλαος Ⅱ，约公元前 444—前 360 年），斯巴达著名的王之一，大约公元前 400—前 360 年在位。他也是色诺芬非常敬佩的朋友。色诺芬认为他在不论平民还是军人的美德方面都是无与伦比的榜样。

④ Εὐαγόρας，塞浦路斯的萨拉米王，公元前 411—前 374 年在位。伊索克拉底在《埃瓦哥拉斯》中将其描画为一个模范的统治者。

⑤ 瓦罗（Marcus Terentius Varro，公元前 116—前 27 年）是罗马共和国时代的政治家，著名学者，最博学的人之一。

性。公元 1 世纪以后最著名的传记作家和作品则是以开创西方传记文学的先河、终于达到了高峰的普鲁塔克的《希腊罗马名人传》①。另外著名的传记，以阿里安②的《亚历山大远征记》、塔西陀③写他岳父一生的《阿格里可拉传》、苏维托尼乌斯④的《罗马十二恺撒传》和奥古斯丁⑤的自传《忏悔录》等为代表。

　　总之，由于柏拉图的作品主要是对话体，之后虽然有许多人曾经加以模仿，但都不很成功。而《书信集》这种书信体像希腊诗歌和戏剧一样则对欧洲文学体裁的书信体散文甚或书信体小说以及传记文学无疑产生过很大的直接或间接的影响。

---

① 普鲁塔克《希腊罗马名人传》中有关柏拉图和迪翁的一些资料主要来源于柏拉图的书信。
② 阿里安（Lucius Flavius Arrianus，约公元 86—146 年之后）是罗马帝国时代的希腊军事家、哲学家、文学家和历史学家。
③ 塔西佗（Gaius Cornelius Tacitus，约公元 55—117 年）是罗马帝国时代最出名的历史学家，代表了罗马史学发展的最高成就。后来许多历史学家都是依照他的风格进行写作。
④ 盖尤斯·绥通纽斯·特朗奎鲁斯（Gaius Suetonius Tranquillus，约公元 69—140 年）是与普鲁塔克同时代的罗马帝国早期的著名传记体历史作家，他另外著有《名人传》。
⑤ 奥古斯丁（Aurelius Augustinus，公元 354—430 年），古罗马帝国时期天主教思想家，欧洲中世纪基督教神学、教父哲学的重要代表人物，另外著有《上帝之城》、《论三位一体》等名作。

《警句（三十三首）》

一、引　言

　　我们从《希腊诗文选》中选取了归于柏拉图名下的三十余首警句诗文，附加上一首即第二十一首，将其统称为《警句（三十三首）》。它们之中也有个别几首归于其他作家或由一个或多个的古代作家所引用。例如第二十一首对喜剧诗人阿里斯托芬的赞美，像托马斯①在他的《阿里斯托芬的生平》引用的一样，奥林匹奥多罗斯②就当作柏拉图的作品引用过。③

　　《警句（三十三首）》中的大多数属于碑铭体诗④，有些属于其他稍长的

---

① Thomas Magister（Θωμάς Μάγιστρος），也就是别名为泰奥道劳斯（Θεοδώλος）的一位隐修士，鼎盛期约在 13、14 世纪之交，希腊泰萨劳尼凯（Θεσσαλονίκη）的一个本地人，是一位拜占庭的学者和语法学家，出任过拜占庭帝国的最后一个王朝帕拉约罗戈斯王朝安德罗尼柯二世［Ανδρόνικος Β' Παλαιολόγος，1260—1332 年（1282—1328 年在位）］极信任的枢密顾问。

② 即小奥林匹奥多罗斯（Ὀλύμπιόδωρος ὁ Νεώτερος，约公元 495—570 年），公元 6 世纪的新柏拉图主义者哲学家、占星家和教师，他住在早期拜占庭帝国，著有《柏拉图传》（Βίος Πλάτωνος）等。在公元 529 年的查士丁尼法令之后，关闭了雅典的柏拉图学园和其他异教徒的学校。他也是亚历山大的保持柏拉图主义者传统的最后的异教徒；在他去世之后，亚历山大学校交在基督徒亚里士多德里安手中，并且最终被搬到君士坦丁堡。

③ 参见 "C 本"，"提要"、第 1742 页。

④ 该词（"ἐπίγραμμα" 或 "ἔλεγος"），指 "一种短诗，双行体"。

调式①。具体而言，《警句（三十三首）》大都用的是挽歌偶句的形式：一种扬抑抑格②的六音步格诗体③，即英雄格或史诗格（荷马史诗的音节节奏形式或节拍）。这种诗体读起来抑扬顿挫，充满音乐的美感。亚里士多德即认为英雄格是最为适宜、最庄严和最为宏伟的格律④。

例如，《警句（三十三首）》第二首（Greek Anthology，vii.670）：

Ἀστὴρ πρὶν μὲν ἔλαμπες ἐνὶ ζῳοῖσιν Ἑῷος,

νῦν δὲ θανὼν λάμπεις Ἕσπερος ἐν φθιμένοις.

一则，你曾似晨星东升，在生者之中光辉灿烂；

一则，你现虽亡却如暮星西沉，于逝者之列闪亮耀眼。

再如，《警句（三十三首）》第二十二首（Greek Anthology，xvi.13）：

Ὑψίκομον παρά τάνδε καθίζεο φωνήεσσαν φρίσσουσαν

πυκινοῖς κῶνον ὑπό Ζεφύροις,

καί σοι καχλάζουσιν ἐμοῖς παρά νάμασι σῦριγξ

θελγομένων ἄξει κῶμα κατὰ βλεφάρων.

你就坐在这棵冠高枝繁叶茂的栎树旁，

在西风微吹下稠密的松塔发出嘹亮声响；

而在发出哗哗声的流泉边，

也让我将用我的单管箫引领你迷魂的双眼垂下入梦乡。

---

① "τρόπος"，或译"风格"。

② 扬抑抑格步（或长短短格），它由一个重音节后跟两个轻读音节组成。这种音步让语气听来像命令或像宣言，多用在警句、格言和谚语中。

③ 希腊诗歌不同于汉文诗歌，它不用韵，无汉文诗歌中韵脚和平仄一类的东西，而是以节奏即所谓"音步"来划定诗体。汉文诗歌中也没有希腊语音步的概念。音步是诗行中按一定规律出现的轻音节和重音节的不同组合成的韵律最小单位。古希腊语的词重音是一种以音高变化为主的乐调重音，类似于汉语的声调，分扬音、抑音和抑扬音三种，位置是自由的，它在诗歌中也不起决定诗体的作用。常见的轻重音组成的音步有五种形式，即抑扬格、扬抑格、抑抑扬格、扬抑抑格和扬扬格。其余各种音步可以看作是从这五种衍生而出来的。

④ 参见亚里士多德《诗学》[1459b32-35]。

二、《警句（三十三首）》概述①

（一）《警句（三十三首）》的作者和写作的时代以及版本、研究简况

自 19 世纪以来，学者们通常认为，归于柏拉图的三十余首《警句》中的绝大部分是伪造的，而那些伪造的《警句（三十三首）》的作者不详，虽然"C 本"指出："尽管如此，似乎没有理由怀疑其中的一些诗——首先是第三首，以及也许其他的，特别是包括第一、第二和第七首——实际上是柏拉图所写的。"②"S 本"则认为"警句"中仅有第三首是柏拉图所作③。

不过，本著作者认为，虽然《希腊诗文选》包含的归于柏拉图的三十余首《警句》或讽刺短诗中有几首可能是柏拉图写的，但是没有一首有确凿的证据可以证实如此，因此，将它们都归于疑似柏拉图的或伪柏拉图的警句诗文。值得指出的是，第欧根尼·拉尔修在其《名哲言行录》第三卷"柏拉图"最后一段记载，也有与柏拉图同名的另外四个柏拉图，其中三个是哲学家，一个是旧喜剧诗人。而《希腊诗文选》中也录有喜剧诗人柏拉图和小柏拉图的几首警句。因此，《警句（三十三首）》中的一首或几首也有可能是这几位"柏拉图"所作。

在第欧根尼·拉尔修的《名哲言行录》第三卷"柏拉图"中记载的柏拉图的十一首警句的写作时代大概在公元 3 世纪之前，其他警句的写作时代不详。

众所周知，收集了大量警句的《希腊诗文选》的发展大概经过了四个阶段，特别是在其第二阶段或希腊化时代，得到很大的发展，其范围扩展

---

① 以下一些内容参考了"C 本"，"提要"、第 1742 页。

② 参见"C 本"，"提要"、第 1742 页。

③ 参见"S 本"，III，第 903 页。

到包括轶事、讽刺和多情的渴望，墓志铭和奉献的铭文也开始由虚构的人和事组成，涌现出了大批警句诗人。归于柏拉图的大部分"警句"很可能就写于这一阶段。

至于版本方面，据第欧根尼·拉尔修的《名哲言行录》第三卷"柏拉图"中的记载，最早编订《柏拉图全集》的是公元前 3 世纪的拜占庭的阿里斯托芬，他编订的《柏拉图全集》和在公元 1 世纪上半叶，门德斯的忒拉叙洛斯编订的《柏拉图全集》编辑体例中都没有将《警句（三十三首）》包括在内。之后，从中世纪开始，马尔塞琉·菲齐努首先在他于 1484 年出版的最早的拉丁文版的《柏拉图全集》中，阿尔多·马努齐奥则在 1513 年最早重印的柏拉图的希腊文版本中，尤其是在 1578 年，亨利·艾蒂安在他所编订和出版的《柏拉图全集》（三卷）完整版中，以及由伯内特校订的被学术界公认为较好而广泛使用的《柏拉图全集》的希腊文版中也没有将归于柏拉图的《警句（三十三首)》辑录。

而就其他语种版本的情况来看，在近现代西方重新重视柏拉图研究以后由德国、英国和法国以及美国等几个主要国家为主要代表的《柏拉图全集》版本中，除了库珀（John M. Cooper）主编的英译全译本 1997 年版《柏拉图全集》（*Plato Complete Works*）和施莱尔马赫（Schleiermacher）等人译的三卷本的德译文本（Platon: Sämtliche Dialoge，1982 年版）选录了绝大部分《警句》（前者有十八首，后者有三十三首）外，西方比较通行或流传较广受到学术界公认的柏拉图著作的大多数全译版本没有辑录《警句》。"V. C 本"的目录中虽有《警句》，但是没有译文。不过，在古代，柏拉图的"警句"一直被收录在有不同称呼的"希腊诗文选"中而传播着。在近代以来，它们大都辑录在希英、希德、希法等双语对照版本《希腊诗文选》以及另外一些语种的译本之中。例如，著名的有如下几种：

F. Dübner, ed. *Anthologia Palatina*, *Planudea*, Paris（D.）1864–1872；

E. Cougny, *epigrammatum*, ed. Paris（D.）1890；

H. Stadtmüller, ed. *Anthologia Palatina*, vols. i, ii（1），iii（1）（all published），Leipzig（T.）1894–1906；

W. R. Paton, *The Greek Anthology.* with an English Translation by. W. R. Paton. Cambridge, Mass.: Harvard University Press.1916-1918.Loeb Edition；

J. M. Edmonds, *Elegy and Iambus.* with an English Translation by. J. M. Edmonds. Cambridge, MA. Harvard University Press. London. William Heinemann Ltd.1931；

Hermann Beckby（Hrsg.）: *Anthologia Graeca*（*Sammlung Tusculum*）.2. Aufl. Heimeran Verlag, München 1965 ff.（4 Bde. in griechischer und deutscher Sprache）. Buch 1–16. 或 H. Beckby, Munich［1957–1958］2（4 vols；I–XV = *Anthologia Palatina*, XVI= Appendix Planudea）；

A. S. F. Gow, D. L. Page, *The Greek Anthology 1: Hellenistic Epigrams*, Cambridge 1965（2 vols.）；

D. L. Page（revised by R. D. Dawe, J. Diggle）, *Further Greek Epigrams. Epigrams before A.D.50 from the Greek Anthology and Other Sources*, Cambridge 1981；

*The Greek Anthology.*Full Greek-to-English translation of Book 12, Princeton University Press.2001.

在中国，除了中译本第欧根尼·拉尔修的《名哲言行录》第三卷"柏拉图"中记载的柏拉图的十一首警句，也只在不同版本的《古希腊诗歌选》和《外国诗歌选》中有几首柏拉图的"警句"。

以下值得略加介绍的是，《希腊诗文选》是一部以警句为主的，包括跨越希腊文学的古典和拜占庭时期的诗文选集，它共包含6000余首警句和短诗。它们风格各异，主题多种多样，并且是由300多名作者经过1000多年不同时期的古希腊文化构成的。它们在质量上虽然有很大的不同，但是包括用希腊语写的一些最好的诗。

《希腊诗文选》最初开始于公元前3世纪希腊碑铭的收集，因此，第一本《希腊诗文选》是由雅典人斐劳考饶斯[①]在公元前 3 世纪编辑的《阿提卡的碑铭》；并且人们不断地收集警句和短诗，而它在公元 1 世纪之后被称为"诗文选集"（Ἀνθολογία）[②]。

这些希腊警句的选集加上早期的诗文收集被不断地扩增，最后，经过 1000 多年的收集，在近代以所谓《希腊诗文选》（Anthologia Graeca）（简称 AG）告终。简言之，《希腊诗文选》是给予古希腊警句和短诗最重要的作品集的传统的名字。该术语当前通用于帕拉廷和普拉努傺斯[③]的选集以及自其他来源的警句和诗歌的合集；也即《希腊诗文选》中大部分的资料来自这两部抄本，它们是在公元 10 世纪早期收集的所谓的"Palatine Anthology《帕拉廷集》"（共十五卷，收集警句诗达 3700 首）和加上在 14 世纪初由普拉努傺斯收集的"Planudean Anthology《普拉努傺斯选集》"（共一卷，即第十六卷，收集警句诗 2000 余首，大都是关于艺术品的警句。

---

① Φιλόχορος（约公元前 340—前 261 年），是公元前 3 世纪一个希腊历史学家和享有撰写阿提卡（雅典）历史之名的最后一位作家，他属于一个祭司家庭的成员，还是一个先知和征兆的解释者，并且是一个有相当大的影响力的人。

② 该词（"Ἀνθολογία"）直译为"精华物的收集"；复数意思是"采花"。而"采花集"即是一本希腊古代短诗的合集。

③ "Palatine Anthology"（《帕拉廷选集》）的手稿在 1606 年被发现于德国海德堡的帕拉廷图书馆［Kurpfälzischen Palatine Bibliotheca］）有 980 首。它基于遗失的公元 10 世纪由使用旧选集排字的康斯坦丁·凯法拉斯（Constantine Cephalas）的选集，包含从公元前 7 世纪直到公元 600 年和后来是希腊选集的主要部分的材料，其中也包括普拉努傺斯的选集。该选集的材料甚至包括一系列韵律方面的铭文，这是当代所感兴趣的铭文的唯一线索，因此常常吸引人们的注意力。现代编辑者摘自另外在 1301 年由修士马克西姆斯·普拉努傺斯编辑的文集（1494 年首版 2400 首，共有七卷）包括康斯坦丁·凯法拉斯收集的 388 首警句构成。John Edwin Sandys, A History of Classical Scholarship, Vol. II, Cambridge at The University Press，1903，pp.97，192，285.

　　马克西莫斯·普拉努傺斯（Maximus Planudes，希腊名：Πλανούδης，约 1260—1305 年），是一位希腊修道士、学者、文集编者、翻译者、语法学家和君士坦丁堡的神学家。他现在作为一位希腊诗选的编辑而最为有名。

　　"Anthologia Graeca Planudea"的希腊名称是：Ἀνθολογία διαφόρων ἐπιγραμμάτων。其中，"Ἀνθολογία"的含义是"采花"；而《采花集》是一本希腊古代短诗的合集。"διαφόρων"的含义是"出色的"；"ἐπιγραμμάτων"的含义是"碑铭体诗"。

另外还包括康斯坦丁·凯法拉斯①收集的警句诗388首)②。

总之,《希腊诗文选》自从18世纪末被出版③、传播到欧洲其他国家以来,它给读者留下了深刻的印象,其影响力进一步扩大。

(二)《警句(三十三首)》的若干细节

希腊词 "ἐπιγραμμά" ——相当于拉丁词 "Inscriptio" ——表示:刻在艺术品上的制作者或奉献者的名字的题名和墓志铭。它由 "ἐπι" 和 "γράμμα" 构成。"ἐπι" 是词首,源自可支配属格、与格和宾格的介词 "ἐπί"。"ἐπι" 在希腊文即为重要的词首,含义很多,组成的单词非常多;它在构成复合词时,表示:"在……上面;冲着,针对;在……之后;伴随;相互关系;增加;积累;加强意思" 等。"γράμμα" 则有 "字母,字,音符,图画,图解;[复] 书信,文件,记录,账表,文章,书卷" 等含义。因此,"ἐπιγραμμά" 可能以上述观念使用在希腊历史的很早的时期,甚至到散文发明的前期。这种特殊的诗歌艺术通常是用感叹生命之短促的挽歌的对联形式或双行体撰写的适宜于对公认的卓越的个人或事件纪念的一种短诗;作为传播个人感觉的媒介或手段,它往往镂刻在纪念碑、塑像、有关殡葬墓碑和还愿的供祭物上,之后也写于莎草纸上;这样的一些作品便被称为警句,也即铭文或 "碑铭体诗"。它通常被汉译为 "警句" 或 "铭辞" 或 "隽语" 或 "讽刺短诗"。

而拉丁词 "inscriptio" 表示:"标题;题名,书写,碑铭"。它由 "in"

---

① Constantine Cephalas,是大约生活于公元10世纪的一位拜占庭的学者,他以收集和编纂希腊警句(包括同性恋方面的诗)而著名。

② 以上参见 [英] 约翰·埃德温·桑兹:《西方古典学术史》第三版第一卷下册,张治译,世纪出版集团、上海人民出版社2010年版,第390—391、407—408页。

③ 第一本校勘古本版 Anthologia graeca 是由弗利德里希·雅各布斯在1794—1803年出版的,全集共有13册(校对本在1813—1817年出版)。John Edwin Sandys, A History of Classical Scholarship, Vol. II, Cambridge at the University Press, 1903, p.285.

　　雅克布斯(Christian Friedrich Wilhelm Jacobs, 1764—1847年)是一位德国古典语言和历史学家、古钱币学家和作家。

和"scriptio"构成。"in"构成复合词，表示："在……内，在……期间；当……时，直到，在……过程中，为了，关于，有关，在……方面，在……情况下"。"scriptio"表示："写，写作，作品，文章，原文"。可见"ἐπιγραμμά"和"inscriptio"大同小异。

在现代，"ἐπιγραμμά"和"inscriptio"是在一个背离原来的意义上使用的术语，它们仅仅表明，这种形式的作品是为了铭记或铭刻等其他题赠的目的；它们通常指诗歌或散文中用一种机智和有趣的方式或耐人寻味的言辞表达一种想法的隽永的短句；因此，英国诗人柯勒律治[①] 给警句下（写）的定义（警句诗）是："警句是何？侏儒般完整，体虽短，而心机智。"

关于中译文《警句（三十三首）》的顺序，前十一首根据第欧根尼·拉尔修《名哲言行录》希腊文本并参考《名哲言行录》希汉对照本和"C 本"以及"S 本"译出；后二十二首据《希腊诗文选》的希腊文英文对照本（W. R. Paton, Anthologiae Graecae, London, 1898）、"C 本"和"S 本"译出。译诗基本与原诗对行；每首警句的序号为中译者所拟。

在《警句（三十三首）》中提到了众神和十余人的名字，用于题赠或悼念的最显著的人物包括：

迪翁、阿迦同、斐德罗、克珊西帕、品达、萨福、阿里斯托芬等。

《警句（三十三首）》梗概如下：

"警句 1"和"警句 2"属于爱情诗。据第欧根尼·拉尔修说，是柏拉图写给他爱恋的一个名叫阿斯泰尔的年轻人的，他们曾经结伴研究天文学。希腊词"Ἀστήρ（阿斯泰尔）"的含义是"星星"。而古希腊人通常认为星体都是神[②]。因此，作者在"警句 1"和"警句 2"将他爱恋的人称作

---

① Samuel Taylor Coleridge（1772—1834 年），英国著名浪漫派诗人和评论家，"湖畔诗人"之一。他在 1809 年创作了"Epigram"：What is an Epigram? a dwarfish whole, Its body brevity, and wit its soul。

② 参见《申辩篇》[26d]；《蒂迈欧篇》[40a]；《厄庇诺米斯篇》[984d]；亚里士多德《形而上学》[1074b2]。

"星"是不寻常的；或许只有他的赞美者才充满深情地如此称呼。这两首诗也常被人们所引用。而"警句1"则被大多数人认为是柏拉图的诗作，也是最富有创意的警句，例如将星辰喻为深情观望情人的千万双亮晶晶的眼睛。

"警句3"属于爱情诗。据第欧根尼·拉尔修说，是柏拉图写给他爱恋的迪翁的①，并且已经刻在了后者在叙拉古的墓碑上。

"警句4"和"警句6"属于爱情诗。据第欧根尼·拉尔修说，是柏拉图写给他爱恋的阿莱克西斯②和斐德罗③以及阿迦同④的。我们不清楚阿莱克西斯的生平；如果他是希腊中期喜剧时期的那位同名的喜剧诗人，则柏拉图写这首诗时至少已经是耳顺之年了；如果斐德罗是柏拉图的关于"爱和美"主题的《斐德罗篇》中的那位同名的人，而阿迦同是柏拉图的关于"爱"主题的《会饮篇》中的那位同名的雅典悲剧诗人，则这与柏拉图或苏格拉底老爱少不同，至少柏拉图是爱比他大近二十岁的两个人了。因此，关键在于确定"警句4"和"警句6"的写作年代，否则难以证明是否柏拉图的作品。

"警句5"也属于爱情诗。据第欧根尼·拉尔修说，是柏拉图为他的一个来自考崂弗恩名叫阿尔凯安娜萨的女友创作的。"女友"的希腊词是"ἑταίρα"，它是"ἑταῖρος"的阴性名词，有"伴侣，同伴，（一同作奴

---

① Δίων（公元前408—前354年），西西里岛叙拉古（Συρακόσιος）人，政治家，叙拉古的僭主狄奥尼西奥斯一世（Διονύσιος ὁ Πρεσβύτερος，他被古人视为暴君中最坏的一种例子：残酷的、多疑的和怀有报复心的）的内弟，僭主狄奥尼西奥斯二世的摄政和姐夫。他也是柏拉图的学生和朋友。他于公元前354年被暗杀。柏拉图三次西西里之行都与他有关系。

② 或许是指希腊中期喜剧时期的喜剧诗人Ἄλεξις（约公元前375—前275年），据说他还是希腊晚期喜剧时期的著名剧作家米南德（Μένανδρος，约公元前341/前342—前290年）的叔叔。

③ Φαῖδρος（约公元前444—前393年），他属于雅典的贵族阶层，与苏格拉底关系密切。参见《斐德罗篇》，《普罗泰戈拉篇》[315c]。

④ Ἀγάθων（约公元前448—前400年）是雅典的一个悲剧诗人。参见《会饮篇》；喜剧家阿里斯托芬（Ἀριστοφάνης）的《地母节妇女》。

隶的）伙伴，战友，（同船的）伙伴，社友，门徒，（马其顿王的）侍卫；女伴，女友，伴妓，妓女；[形]结为伙伴的"等许多含义。"C本"译为"mistress"；"S本"译为"Mein"；"名哲本"译为"情妇"。而在公元前5世纪后期，倒是有一个来自考嵝弗恩、居住在雅典、与阿尔凯安娜萨同名的交际花或妓女。她与柏拉图的关系究竟怎样，人们不得而知。在古希腊，当"έταίρα"指交际花时，通常是指一些受过良好的教育、老练的甚至高雅的女性同伴。虽然他们大多与他们的庇护人有性关系，但她们不是单纯的妓女。例如，著名政治家伯里克利的同伴亚斯帕西娅①，也是苏格拉底的女友；因此，"έταίρα"不应与在街道上或在妓院出卖肉体的行为人相混淆，而且也不一定就是"情妇"。从该诗来看，如果阿尔凯安娜萨是那位交际花或妓女，她的年龄至少与柏拉图相当。在作者写这首诗时，既然说她脸上已有了皱纹，说明她已经徐娘半老。值得一提的是，众所周知，在柏拉图的学园里也有来自希腊许多地方的学员，其中就有两位著名的女学员。因此，保守地理解，该诗如果是柏拉图所写，阿尔凯安娜萨起码是他的同伴甚或门徒。

"警句7"也属于爱情诗。从诗中"苹果"②的比喻义暗示，可能是作者写给一女性无名氏的诗。其意境可与中国唐代杜秋娘的《金缕衣》一诗"……花开堪折直须折……"和宋代无名氏的词《九张机》（六首）中的第三首"……君须早折……"参读。

"警句8"也属于爱情诗。该诗的意境同"警句7"，是作者写给一爱慕的女性对象克珊西帕的诗。而克珊西帕也是苏格拉底同名的妻子。虽然

---

① Άσπασία（约公元前470—前400年），是从米利都（Μίλητος）移居雅典的有影响力的人，她既是政治家伯里克利的一个同伴，也是哲学家泰勒斯（Θαλῆς）的同乡。柏拉图、阿里斯托芬和色诺芬也在他们的作品中提及她。

② 该词（"μῆλον"）做比喻时，复数意思是"女子的乳房，双颊"。在希腊神话中，特洛伊王子帕里斯为获得人间最美丽女子海伦的爱情而将象征"最美女神"的金苹果给了在几位女神间竞争最美女神的爱神阿佛罗狄忒，因为她承诺将会满足帕里斯的愿望。因此，苹果是爱神的所爱；而扔一个苹果给某人就是宣布一个人的爱，抓住并接住它，则显示一个人对爱意的接受。参见[C注2]，第1744页。

克珊西帕的年龄可能稍长于柏拉图①，但该诗如果真的是指同一人，考虑到柏拉图同苏格拉底的关系，则显得不可能是柏拉图所写。

"警句9"属于悼亡诗。据说是柏拉图为赶出其故乡优卑亚的一些埃莱特里亚族人写的墓志铭。

"警句10"是一首幽默的讽刺短诗，提及缪斯众女神、爱神、小爱神和战神等。爱神将缪斯众女神称作"小姑娘们"，警告她们要尊重她，但缪斯众女神却不以为然。不过，该警句在《希腊诗文选》（第九卷第39首，III.p.23）中则归于 Μούσικος 的名下。"C本"将其没有当作柏拉图的作品，但"S本"收录了该"警句"。②

"警句11"是一首富有哲理的讽刺短诗：一个本想自缢者因无意中拾得金子而"复活"；那位金子的主人却因失去金子而用前者抛弃的活套上了吊。不过，"G.A本"（III.p.24）注明，有些人将此首"警句"也归于 Statyllius Flaccus 名下。

"警句12"的作者大概是在讽刺一名叫娜伊姒的名妓，她可能在年老之后回忆她曾经是目空一切的"万人迷"；如今不忍再在镜子中观看年迈色衰的她而将镜子奉献给了永葆青春美丽的爱神帕芙斯。

"警句13"属于颂歌，是作者赞美古希腊最著名的抒情诗人之一的品达的，将他称作"声音美妙的缪斯们的仆人"。但在《希腊文选》（vii.35，p.24）中，标明该警句的作者为 Λεωνίδας③。而"C本"将其当作柏拉图的作品。

"警句14"与"警句9"主旨相同，属于悼亡诗，是作者为赶出其故乡优卑亚的一些埃莱特里亚族人写的墓志铭，表达了虽生在家乡但叶落却不能归根而葬在异土的遗憾。

"警句15"属于哲理诗，作者表达了这样一种哲理，不论一个人生前

---

① 参见本著《翠鸟篇》中的解读。
② 列于其版本"警句13"，载"S本"第三卷，第781页。
③ 列奥尼达斯（Λεωνίδας），生于古希腊在南意大利的殖民地塔纳斯（Τάρας），是一个警句家和抒情诗人。

如何，但凡人必有死，而死后在死神面前人人是平等的。

"警句 16"是一首具有告诫意味的警句；它规劝人们勿贪图不义之财，否则必定遭报应。

"警句 17"属于悼亡诗，是作者为船难者写的墓志铭，并且祝航行者们在海上和由陆路平安！也有暗示航行者们不要忘记船难者，对时刻存在的危险要保持警醒的意味。

"警句 18"属于颂歌，是对萨福的赞咏。该警句的作者最早将古希腊著名女抒情诗人萨福赞誉为第十位缪斯。它也被当作柏拉图的警句而常被人们所引用。

"警句 19"和"警句 23"是两首幽默的赞诗，也属于咏物诗；作者表达了对公元前 4 世纪雅典最著名的雕塑家普拉克西泰莱斯高超的雕刻技艺的赞赏。

"警句 20"大概是为青蛙的青铜造型工艺品写的一首叙事诗；在前六行中，作者表达了感恩还愿的意思。在古希腊人看来，所有的获得都是一种"恩惠（χάρις）"，也就应该有所回馈或感恩（εὐχαριστία），这是他们的一种价值观。而在据说是由一位拙劣诗人增补的后两行中则隐含了不走正道另有所图，或不听劝告，另有所爱的意思①。

"警句 21"属于颂赞诗或挽歌，是作者为雅典喜剧作家阿里斯托芬写的赞歌或挽歌。但它没有收录在"G.A 本"中。"C 本"鉴于（小）奥林匹奥多罗斯将它当作是柏拉图的诗作而引用，便也收录在其版本中。

"警句 22"是一首优美的田园诗和情歌②。可参看《斐德罗篇》中苏格拉底和斐德罗在一棵高大的筱悬树（πλάτανος）下关于爱的谈话，尤见该篇［230b-c］，苏格拉底对所在环境的描述就如同一首散文诗。而在柏拉图的笔下，苏格拉底也会吹讨人欢心的笛子，他的谈话具有的思辨的神

---

① 参见"G.A 本"注释（I，p.320，vi.43）：最后一行显然是后来由一位拙劣诗人增补的。而"S 本"（III.p.781，XXII）对此未作说明。

② 参见吴迪主编：《外国诗歌鉴赏辞典》（1）（古代卷），上海辞书出版社 2009 年版，第 832 页。

奇魅力也被认为具有巫术和念"咒语"一样的魔力或像一名迷惑人的塞壬（Σειρήν）①。

"警句24"属于咏物诗，在对雕塑家普拉克西泰莱斯高超的雕刻技艺赞赏的同时，讲述了一则神话传说中关于美神阿佛洛狄忒许诺让帕里斯与世界上最美丽女子成为夫妻而接受了金苹果之故事。在古希腊神话中，特洛伊王子帕里斯受众神之王宙斯的命令裁决起纷争的三位女神哪一位最美而将金苹果给了美神阿佛洛狄忒。

"警句25"属于哲理诗，说明在时间的长河中，一切都可能发生，时间也能够改变一切，诸如：名声和形象以及出身和命运。

"警句26"是一首咏物诗，作者表达了对某位雕塑家所雕刻的一件栩栩如生的五条牛的石雕工艺品高超的雕刻技艺的赞赏②。

"警句27"是一首优美的田园诗，作者以拟"神"化（将自然界神灵化，属于一种自然崇拜的）手法赞美了大自然的美丽，向读者展现了一幅优美的田园图画。

"警句28"在《警句（三十三首）》中属于字数最多的一首，它也属于一首哲理诗，说明生活本身就具有苦乐等二重性，尤其是，人生多有不如意处。有些人所向往的只有快乐和幸福的生活是不存在的，只是一种幻想而已。因此，本首"警句"也属于"讽刺诗"。值得指出的是，"G.A本"在该"警句"的标题上注明：该"警句"或者是由喜剧诗人泡塞迪庖斯（Ποσείδιππος，公元前316—前250年；是古希腊新喜剧时期的一位诗人）或是旧喜剧时期与柏拉图同名的雅典的一位喜剧诗人［Πλάτων Κωμικός，是喜剧剧作家阿里斯托芬（Ἀριστοφάνης 约公元前446—前386年）的同时代人，但他的作品无一件完整无缺地流传下来］所作。而在该"警句"下注明：Sir John Beaumont, reprinted in Wellesley's Anthogia Polyglotta, p.133。此首"讽刺短诗"可与伪柏拉图的其他"警句"相互

① 参见《美诺篇》[79e-80d]、《卡尔米德篇》[79e-80d]；《会饮篇》[215c，216a]等对话。
② 可参见唐代画家韩滉的《五牛图》。

比较。

"警句 29"属于咏物诗，是关于一件刻有萨提洛斯（Σάτυρος）形象的石雕工艺品。在希腊神话中，Σάτυρος 是一种半人半兽的小神，居住山林中，头上有尖耳朵，后边有山羊尾巴（或马尾巴），后世又给加上羊脚，这种羊人（或马人）是酒神或吵闹神迪奥尼索斯（Διόνυσος）的随从，喜欢寻欢作乐，舞蹈嬉戏。从本"警句"内容看，可能这类雕刻工艺品常常被摆放在人们（尤其是小孩）的卧室内，提醒人们保持肃静，以免打扰人们（尤其是小孩）睡眠。不过 W. R. Paton 在其 1915 年的版本（William Heinemann Ltd.）中标明该"警句"的作者是无名氏（anonymi epigrammatici）。在《会饮篇》[215b；221d] 中，阿尔基比亚德斯就将苏格拉底说 [比] 成像是萨提洛斯。

"警句 30"的内涵可能与"警句 29"的相同，只不过是一首内容有缺失的"警句"。此外，"S 本"虽然将该"警句"收入柏拉图的作品中；但是"G.A 本"（III.p.444）注明该"警句"的作者是阿穆珥尼奥斯（Ἀμμώνιος，可能是公元 1 世纪雅典的一个哲学家，他也是传记作家普鲁塔克的一位老师）。

"警句 31"属于咏物诗，是关于一件刻有萨提洛斯（Σάτυρος）形象的银像艺术品。从该"警句"内容看，作者描述了精湛技艺的雕像，其栩栩如生的神态有以假乱真的效果。"G.A 本"（V. p.308）注明，此首诗的作者是中期戏剧诗人柏拉图，也有人将其归于 ΑΝΤΙΠΑΤΡΟΣ 的名下。而"S 本"将其归于柏拉图的名下。

"警句 32"的意境具有多重性，既有歌德的一首著名的诗《野蔷薇》："……路边有朵红玫瑰……"的意思，也有"树大招风"、无辜者谴责暴行等含义。"G.A 本（III. pp.2–4）"注明，此首诗的作者是 ΑΝΤΙΠΑΤΡΟΣ，但有些人也将其归于柏拉图的名下。

"警句 33"，属于咏物诗，似乎是关于一件位于小树丛里刻有小爱神形象的雕像。从该"警句"内容看，作者描述了专司射爱情之箭却被睡眠之矢击倒而虽酣睡在蔷薇上但仍比花更"招蜂若蝶"的小爱神动人的神态。至于诗中描述的"蜜蜂在他（小爱神）芳香的唇上……"也与西塞罗的说法："当柏拉图还是婴儿时，有蜜蜂停在其唇上（吮吸）"[1]有异曲同工之处。

三、《警句（三十三首）》和柏拉图作品的关系

《希腊诗文选》中归于柏拉图的或真或假的那些"警句"或多或少反映了作者感情生活和诗歌艺术创作的一个侧面。

众所周知，柏拉图在其对话作品中具有引用和改写希腊诗歌和剧作的显著偏好。柏拉图以前和同时代的希腊重要诗人、戏剧家的名字也时常出现在他的对话中。据说他与悲剧家欧里庇得斯熟识并且和喜剧作家阿里斯托芬是朋友，但是毋庸置疑的是，他的对话作品也具有一种戏剧性的特点，正如亚里士多德曾经评论所说，柏拉图"对话本身的风格（形式）是在诗作的和散文的话语之间"[2]。甚至柏拉图自己也说，他主张建立的政体本身就很有戏剧化[3]。

据第欧根尼·拉尔修的《名哲言行录》记载，公元前420年，柏拉图7岁，进狄奥尼修斯学校识字和学习荷马等诗作。他在青年时期热衷于文艺创作和绘画并醉心于作诗，写过赞美酒神的颂诗和其他抒情诗，富有文学才能。公元前407年，柏拉图大约20岁时，师从其终身尊敬爱戴的思想家苏格拉底学习，前后约有七八年时间，直到苏格拉底被雅典民主政体当局处死为止。据说柏拉图曾在雅典担任过合唱团指挥，还写悲剧并打算以它争取荣誉，在听了苏格拉底谈话后，就将诗作等付之一炬。因此，可能在苏格拉底将他劝诱而入哲学之门前，柏拉图作为悲剧和酒神赞歌或酒

---

① 西塞罗：《论占卜》第一卷第 36 节（De Divinatione, Liber Primus, XXXVI）"At Platoni cum in cunis parvulo dormienti apes in labellis consedissent…"。

② "名哲本"［3.37］。

③ 参见《法律篇》［817b］。

神的合唱歌曲的创作者活跃了一段时间。如果这是真的，但遗憾的是，他在那些类型中的作品却没什么幸存下来。不过他有一些诗意十足的散文或对话作品，特别是如《斐德罗篇》和《会饮篇》等。哲学家提蒙①也写诗歌颂他，说他是声音美妙的演说家并且散文优美，犹如树上的蝉②。无论如何，我们的确有柏拉图作为诗人的作品的根据。

不过，为了建设他的理想城邦，柏拉图在《共和邦篇》中提出"净化"的教育主张。认为教育免不了学习和模仿等手段。而所谓各种模仿只不过是事物本身的摹本而已；完全通过模仿的悲剧与喜剧和抒情诗以及史诗都属于模仿，如果它们不能体现"真善美"就禁止它们存在③；而在《法律篇》中，他主张通过立法，使诗歌、悲剧和舞蹈等艺术接受严格的检查，看它们是否符合新城邦教育的要求④。

从《警句（三十三首）》涉及的主题来看，前八首是关于爱情（另外包括第十、十二、十九和二十二首）方面的，有些写得不很高雅而庸俗甚至显得色情。他所爱的对象不论男女很可能大都是历史上真实存在的人。从年龄看，他们中有些是年长柏拉图约二十岁的前辈，有小他二十岁的晚辈，一些是和他同龄人；他们的身份也各不相同，有贵族，有政治家，有普通人，有著名的悲剧诗人，有未指名的情人，甚至还有妓女和与苏格拉底妻子同名的人。这些不仅说明作者是一个双性恋的人，而且还是乱恋之人，甚至还暗示柏拉图暗恋苏格拉底年轻的妻子。虽然不管同性恋也好，异性恋也罢；不论老恋少还是少爱老，不管是做情人或是当爱人，也都是当时希腊的风俗⑤，而写几首"发乎情"的诗句也无可厚非；但尽管如此，这种表达爱情的诗作也是奇特的，而与实际生活中以节制和正义的品性闻

---

① Τίμων（约公元前 320—前 230 年），是古希腊一个怀疑主义哲学家，皮浪的一个学生。

② 参见"名哲本"［3.7］。

③ 参见《共和邦篇》第三卷。

④ 参见《法律篇》［814d-817e］。

⑤ 参见［德］利奇德著：《古希腊风化史》，杜之、常鸣译，辽宁教育出版社 2000 年版；以及［古希腊］阿忒纳乌斯：《天生尤物》，［英］理查·伯顿英译，寒川子汉译，内蒙古大学出版社 2007 年版。关于情侣、男风，参见该书［6.15］或其汉译本第 143 页。

名于世，在希腊世界享有崇高声誉的柏拉图以及他在其对话作品中谆谆教诲的追求美德和注重爱美的理念本身或所谓"精神恋爱"式的灵魂之爱的主张大相径庭①。

也有可能，这类"情诗"中有几首是柏拉图青年时期的作品，或许有一些是敌视或有意讽刺柏拉图的人假借柏拉图之名故意而为②。

而其他警句到底哪一首或哪些是柏拉图所写，我们无从知晓，就像他的其他许多作品是谜一样，迄今它们对我们也是谜，留待我们去解开。

值得一提的是，作者在第二十二、第二十九和第三十首警句中都使用了"θέλγω"一词；该词有"着迷，使着魔，施迷魂术，用魔术蛊惑，（某人的眼睛）；[喻]蒙骗，哄骗"等含义。此外，作者在第二十七、第二十九、第三十和第三十一首警句中都描述了林神潘和萨提洛斯的形象，而在柏拉图的对话作品中，苏格拉底本人的长相不仅就像潘神和萨提洛斯，其行为也如男巫，他的谈话也就像在使用巫术，其具有的思辨的神奇魅力也被认为有像念"咒语"或符咒一样的魔力③。

四、《警句（三十三首）》的影响

最早产生于古希腊的警句在其早期即以诗体形式出现，亦称警句诗。古希腊抒情诗主要体裁有哀歌、讽刺诗和琴歌，它源于民歌，多以双管、排箫和竖琴伴唱，反映上层贵族的情趣。而警句后来逐步发展成一种短小精悍、言语犀利的诗歌和隽语文体。

假如《警句（三十三首）》有一些是柏拉图所写，那么，正是他首先用"警句"表现了爱情主题。虽然柏拉图本人曾在他的《共和邦篇》中

---

① 参看《共和邦篇》和《会饮篇》以及"名哲本"中记载的柏拉图的碑文［3.43-46］以及亚里士多德为柏拉图写的悼词。
② 参见"名哲本"记载的柏拉图遭受喜剧诗人嘲弄的诗文［3.26-28］。
③ 参见《会饮篇》［215b-217a］、《美诺篇》［79e-80d］、《卡尔米德篇》［79e-80d］等对话。

批评了模仿的悲剧与喜剧和抒情诗以及史诗等诗歌，甚至要将诗人赶出他的理想城邦，但他只是不要当时流行的那种不利于熏陶培养"哲人王"和理想城邦邦民的诗歌艺术，而并不否认诗歌本身的教育作用。在他看来，只要有利于"真善美"，甚至哪怕"说某一高尚的假话"也允许存在①。因为毕竟诗歌是当时教育的主要形式之一，缪斯（Μοῦσα）既是诸艺术（μουσική）的代表，也是艺术本身。在希腊人掌握文字以前，缪斯也是学习的代表和神。毕达哥拉斯和柏拉图也都认为哲学是艺术的一部分。苏格拉底以前的许多哲学论著的体裁也是诗体。不论如何，柏拉图的《警句（三十三首）》——包括描写爱情的，甚至色情的、诙谐的、叙事的、咏物的、讽刺的、感恩的、告诫的、赞颂的等主题——连同他的关于诗歌的本质和功能理论一起对西方诗歌的影响，从公元前 4 世纪一直延续至今。

警句诗在其发展的第二阶段，也即在亚历山大时代，得到很大的发展，并且于公元前 2—公元 1 世纪进入拉丁文学。在中世纪的教会和学校里人们继续写作警句诗。在公元 10 世纪，出现了警句诗总集《帕拉廷集》，其中除墓志铭外，还有基督教性质的、描写爱情的，甚至色情的、用于宫宴舞会和祭祀活动的以及讽刺性的警句。在文艺复兴时期，许多用拉丁文写作的诗人多模仿古希腊罗马的警句诗。

到了近代，随着古典主义的消亡，这种警句诗文逐步消失，警句诗也就无人问津，越来越多的人把这种形式用于散文或言语中，来简明扼要地、诙谐巧妙地表达事物。欧洲诗歌中警句诗的内容和形式也多发生变化。它要求描写具体事件，篇幅短小，多含讽刺。有的起源于中世纪的格言诗（相当于 ἀπόφθεγμα），有的脱胎于 16、17 世纪意大利的情歌。于是，散文体的警句出现在近代欧洲，从 16 世纪起影响逐渐加强。近代散文的各种形式（政论、演说词、杂感等）的繁荣，促进了散文体警句的发展。许多名人都留下大量散文体警句。在 17、18 世纪，英国诗人写的妙

---

① 参见《共和邦篇》第三卷，尤见［414b-415e］。

语警句，除了使用挽歌体外，还使用了四行诗和双韵体。在 17—19 世纪初，这些形式成为古典主义诗歌的"小体裁"[①]。而警句的现代意义即指诗文中语意新颖、警策动人的句子、格言或箴言。

---

① 本段内容主要编引自刁绍华主编：《外国文学大词典》，吉林教育出版社 1990 年版，第 95 页，以及乐戴云等主编：《世界诗学百科全书》，春风文艺出版社 1993 年版，第 252 页。

《遗　嘱》

一、《遗嘱》的作者和写作的时代以及版本概述

归于柏拉图名下的一封《遗嘱》最早是由第欧根尼·拉尔修在其《名哲言行录》第三卷"柏拉图"中记载的，但他在书中并没有指出他所凭的出处。很少有学者认为柏拉图是这封《遗嘱》的作者①。除了《名哲言行录》，其他的历史文献，特别是柏拉图学园的继任者——例如《遗嘱》执行人之一的柏拉图的外甥斯彪西波——都没有明确提及过这封《遗嘱》。我们也认为《遗嘱》的作者很可能是杜撰的，但它的作者是谁，我们不得而知。不过，从用词来看，它是用古典希腊语撰写的，因此，《遗嘱》可能至迟写于公元前 4 世纪。

像《神翠鸟》一样，在古代，大多数《柏拉图全集》版没有刊行《遗嘱》。例如，最早编订《柏拉图全集》的公元前 3 世纪的拜占庭的阿里斯托芬在他编订的《柏拉图全集》和在公元 1 世纪上半叶，亚历山大时期的忒拉叙洛斯编订的《柏拉图全集》编辑体例中都没有将柏拉图的《遗嘱》包括在内。从中世纪开始，马尔塞琉·菲齐努首先在他于 1484 年出版的最早的拉丁文版的《柏拉图全集》中和阿尔多·马努齐奥在 1513 年最早

---

① 不过泰勒认为这份遗嘱很可能是真的。[英] 泰勒:《柏拉图——生平及其著作》，谢随知等译，山东人民出版社 1991 年版，参见该书"附录——柏拉图手稿中的伪作"，第 787 页。

重印了的《柏拉图全集》的希腊文版本中，以及在 1578 年，亨利·艾蒂安在他所编订和出版的《柏拉图全集》（三卷）完整版中以及根据这一版本现今由伯内特校订的被学术界公认为较好而广泛使用的《柏拉图全集》的希腊文版也没有辑录柏拉图的《遗嘱》。

至于其他语种版本的情况，在近现代西方重新重视柏拉图研究以后由德国、英国和法国以及美国等几个主要国家为主要代表的《柏拉图全集》版本中，除了库塞的法文译本辑录了《遗嘱》外，西方比较通行或流传较广受到学术界公认的柏拉图著作的绝大多数全译版本没有辑录《遗嘱》。

当然，在西方有多种语种版本的含有《遗嘱》的《名哲言行录》单行本。

在中国，王太庆译的《柏拉图对话集》、谢随知等译的《柏拉图——生平及其著作》和徐开来、溥林的《名哲言行录》（希汉对照本）等有《遗嘱》的汉译文。

二、《遗嘱》的若干细节

柏拉图的《遗嘱》（希腊文）在 950 个字符左右，其主要内容是关于他的财产，包括两处不动产和动产以及家庭奴隶如何处置和由哪些人负责执行的书面交代。

财产继承者是一位名叫阿德曼托斯（Ἀδείμαντος）的小孩，他可能是柏拉图的长兄阿德曼托斯的后裔，按照古希腊起名的习惯，重名者大多是隔代的，第一个儿子通常与他的祖父同名[1]，因此，该小孩可能是阿德曼托斯的孙子。因为按照（伪）柏拉图《第十三封信》[361c] 的说法，柏拉图的兄弟和侄儿们都已经去世。

---

[1]　参见［瑞士］布克哈特：《希腊人和希腊文明》，王大庆译，上海人民出版社 2008 年版，第 190 页。

　　就两处不动产来看，我们不清楚柏拉图的第一处不动产是祖传的还是他购置的；第二处显然是柏拉图购置的。《遗嘱》也没有明确指出这两处地产面积有多大；想必它们是一笔较大的财产；而位于古雅典城墙外西北约 1.5 公里处的学园① 的地产不属于这两处的地产。不过第一处不动产大概离学园不远。学园好像属于集体共有而由全体人员继承。

　　就动产中的金银而言，折算下来大概相当于一般劳动人民五年的收入；而已被登记的各种器具之物不详，不过根据该词（σκεῦος）的含义，它们大概包括"（马的）装饰，行头，（船的）索具，船具，家什和服装"等。

　　柏拉图的家庭奴隶包括一个女奴，四个男奴；《遗嘱》容许其中的那位女奴阿耳忒弥斯② 自由，也即释放她为自由民。有趣的是，这五个家庭奴隶的名字其中有四个与希腊神话中的神名相同。例如，女奴的名字在希腊神话中也是太阳神阿波罗的孪生姐姐狩猎女神阿耳忒弥斯的名字。男奴中有三人的名字：提孔③ 的名字在希腊神话中也是两个小神的名字，也据说是多面神赫尔墨斯（Ἑρμῆς）的另一名字。阿庖劳尼阿傣斯（Ἀπολλωνιάδης）④ 的名字与太阳神阿波罗（Ἀπόλλων）的名字有部分重合；而狄奥尼修斯既类似酒神（Διόνυσος）的名字，也是希腊男性常见的一个名字，例如叙拉古的僭主（Διονύσιος）的名字。特别是给其中一个男奴起名狄奥尼修斯⑤，或许《遗嘱》的作者有讽刺柏拉图书信中提及的叙拉古僭主的意思。

　　在《遗嘱》的最后，柏拉图指出，《遗嘱》由七个人执行，其中有他的外甥，即学园的第二代主持斯彪西波。

---

① 普鲁塔克在其《希腊罗马名人传》(《忒修斯》[32.3-4] 和《客蒙》[13.8] 以及《苏拉》[12]) 中也提及学园设立和受毁的情况。另外参见［希腊］斯塔伊克斯：《书籍与理念——柏拉图的图书馆与学园》，王晓朝译，人民出版社 2015 年版，第 2—7 页。

② Ἄρτεμις，该词属于阴性名词，所以，应该是柏拉图的一个女奴。

③ Τύχων，柏拉图的一个男奴。该词也与"幸运（τύχη）"一词属同一词根。

④ Ἀπολλωνιάδης，柏拉图的一个男奴。

⑤ Διονύσιος，柏拉图的一个男奴。

此外，关于用词方面：在［III.42］末尾"我留下家奴……"一句中的"καταλείπω"（留下）一词也有"留在身后，传下（遗产），留传下来，放弃，让给（别人）"等含义。它的晚期希腊词是"καταλιμπάνω"。因此，就用词上来看，本遗嘱的写作时间至少在公元前4世纪末，仍然属于古典希腊语时期。但是在［III.43］中间使用了一个晚期希腊词"οὐθέν"（决没有），这是《遗嘱》用词方面唯一存在的一处疑问。

另外有两处用词："朝东靠近考立岱斯"和"朝东靠近凯菲扫斯"的"朝东（ἥλιος）"，疑是"朝西（ζόφος）"。

三、《遗嘱》和柏拉图作品的关系以及影响

虽然据说柏拉图很富有[①]，而从柏拉图撰写的书信（例如，《第一封书信》、《第七封书信》和《第十三封书信》）来看，他的财产却不多，其各种生活开支，诸如加上维持学园的开支，包括学园的建立[②]，基本上是由朋友——例如可能由迪翁和阿尔库塔斯以及狄奥尼西奥斯二世赠送——提供资助或靠朋友接济[③]，而且安贫乐道的他还很节俭，甚至他在赡养他的母亲和供养姊姊的子女及其后者的女儿们。读者从《书信集》中可看出，柏拉图为人正直、公正、厚道、仁慈、节俭、富有人情味且充满着爱心。

有能随身携带的财产足矣，这在古希腊被认为是一个人有节制美德的表现之一。在《斐德罗篇》［279c］中，苏格拉底的最后祈祷即如是所说。就《遗嘱》来看，柏拉图做到了这点，他能够携带的银钱重量也就在三十

---

① 参见"名哲本"［3.9］。

② 可能是柏拉图继承的财产，也可能是朋友出资购买的。参见"名哲本"［3.20］。以及［希腊］斯塔伊克斯:《书籍与理念——柏拉图的图书馆与学园》，王晓朝译，人民出版社2015年版，第144—145页。

③ 参见普鲁塔克《希腊罗马名人传》（《阿里斯提得斯》［1.4］）。另据普鲁塔克说，柏拉图是以卖油来支付他在逗留埃及时的费用的。参见普鲁塔克《希腊罗马名人传》（《梭伦》［2.4］）。另外参见"名哲本"［3.9］。

市斤左右。与柏拉图的两个著名的学生亚里士多德和特奥弗拉斯托斯冗长的和记载有大量银钱及众多奴仆的"遗嘱"①比较起来，我们从中可以看出柏拉图至多属于当时雅典的中产阶级。

　　柏拉图的财富观最为集中地体现在他的《共和邦篇》中关于统治阶层实行财产公有和《法律篇》中财产私有但受限制以及财产在幸福因素中排序靠最后的论述。例如，在《共和邦篇》第二卷中，柏拉图描写了一个城邦在产生过程中邦民受物欲纵容使得简朴城邦就变成"发高烧的"城邦，他认为社会各方面的变化主要是被经济因素煽起的。从而他将目无法纪和同时代雅典的自我放纵同经济原因联结起来。他在《法律篇》中也同样将同时代的诸多不适多归因于对获得财富的渴望②。

　　就像人们通常认为的财产可以增强人们的幸福感一样，其实，柏拉图并没有忽视财产对于人们生活的重要意义，或者说他并不否定财产的价值，只要是取之有"道"，能够正确使用财产的话。不过，他认为财产在幸福的序列中排在最后③，因为，"谈到有关财富的情形，的确，遍及所有城邦，它都是一切事物中最美的和最好的，说真的，财富存在是由于身体的缘故，而身体存在是由于灵魂的缘故；于是，由于这些缘故，财富天生属于存在的善，继身体的和灵魂的优良之后就会是第三位。于是，这一道理就会成为不应当企图变富有，除了正当地和有节制地变富有，将是幸福的教师。"④因此，他建议的治疗方法非常明确地提出了对社会病态的经济基础的意见：他把严格的法律约束置于拥有财富和聚积了金钱的公民自律之上。

　　此外，柏拉图在他的其他作品中，如《共和邦篇》和《法律篇》，也多提及奴隶，例如《美诺篇》中那位聪明的童奴。像在《第十三封信》[363e]柏拉图释放了两个家奴一样，在《遗嘱》他也容许女奴阿耳忒弥

① 参见"名哲本"[5.1，5.2]。
② 柏拉图《法律篇》[705a-c，714a，727e-729a]。
③ 参见"名哲本"[3.98-100]。
④ 《法律篇》[870b-d]。另外参见亚里士多德《政治学》[VII，1.25]。

斯自由。这也许是最早见诸文字的释奴声明之一。

值得一提的有趣的一点是，柏拉图在《遗嘱》中写道，他决没有欠任何人任何东西，而他人，如那位采石工欠他 3 米那[①]。

《遗嘱》的影响主要是传记方面的，对于了解柏拉图的生平和当时雅典普通家庭财产状况有一定的意义。

---

① Mvὰ：古希腊等地的货币单位和重量单位。古希腊的（重量名），1 个米那 =100 德拉克马；（钱币名）1 个米那 =100 德拉克马。（重量单位）1 德拉克马（约合 66 克）。（钱币单位）1 德拉克马（银币）=6 个奥卜尔，一般劳动人民每天的收入为 4 个奥卜尔。1 个奥卜尔 =8 个铜币。3 个银米那也即相当于一般劳动人民一年半的收入。

附录一
伪柏拉图作品篇目缩略语表^①

希腊文篇名	希腊文缩略语	中文篇名
Ἀλκιβιάδης	Ἀλα′.	《阿尔基比亚德斯篇（Ⅰ）》
Ἀλκιβιάδης Δεύτερος	Ἀλβ′.	《阿尔基比亚德斯篇（Ⅱ）》
Ἀλκυών	Ἀλκ.	《翠鸟篇》
Ἀξίοχος	Ἀξ.	《阿克西奥科斯篇》
Περὶ Ἀρετῆς	Ἀρ.	《论美德》
Δημόδοκος	Δη.	《德嵩道科斯篇》
Διαθήκη	Δια.	《遗嘱》
Περὶ Δικαίου	Δι.	《论正义》
Ἐπίγραμματα	Ἐπίγ.	《警句（三十三首）》
Ἐπιστολαί	Ἐπισ.	《书信集（十六封）》
Ἐρασταί	Ἐρα.	《爱慕者篇》
Ἐρυξίας	Ἐρυ.	《埃律克夏斯篇》
Θεάγης	Θε.	《塞亚革斯篇》
Ἵππαρχος	Ἵπ.	《希帕尔科斯篇》
Κλειτοφῶν	Κλ.	《克莱托丰篇》
Μίνως	Μί.	《弥诺斯篇》

---

① 本表希腊文篇名按照古希腊文字母表顺序排列。

| Ὅροι | Ὁρ. | 《定义篇》 |
| Σίσυφος | Σί. | 《西西福斯篇》 |

附录二
主要引用和参考的《柏拉图全集》
原文、译本及其他书目简称表

Burnet 的古希腊文原文本《柏拉图全集》	"B 本",其注释为 [B 注]
Cooper 主编的英译文本《柏拉图全集》	"C 本",其注释为 [C 注]
Jowett 的英译文本《柏拉图全集》	"J 本"
施莱尔马赫(Schleiermacher)等人的德译文本《柏拉图全集》	"S 本"
Irmscher 的德译文本《柏拉图书信集》	"I 本"
Les Belles Lettres 出版社的法译文本《柏拉图全集》	"L. B.L 本",其注释为 [L. 法注]
Cousin 的法译文本《柏拉图全集》	"V. C 本",其注释为 [法注]
王晓朝的中文译本《柏拉图全集》	"王本",其注释为 [王本注]
郭斌和、张竹明的中文译本柏拉图《理想国》	"郭张本",其注释为 [郭张本注]
梁中和的中文译本《阿尔喀比亚德》(前、后篇)	"梁本",其注释为 [梁本注]
林志猛的中文译本《米诺斯》	"林本",其注释为 [林本注]

第欧根尼·拉尔修《名哲言行录》（徐开来、溥林：希汉对照本）	"名哲本"
苗力田主编的中文译本《亚里士多德全集》（第 I—X 卷）	"苗本"
汪子嵩、陈村富等《希腊哲学史》（第 1—4 卷）	"汪陈本"
W. R. Paton 的希腊文英文对照本 *The Greek Anthology*	"G.A 本"
James Hankins, *Plato in the Italian Renaissance*	"J.H 本"
Eduard Gottlob Zeller, *Plato and the Older Academy*	"Z 本"
罗念生、水建馥编《古希腊语汉语词典》	"希汉词典"

附录三
主要参考文献^①

1. Ioannes Burnet : *Platonis Opera*（*I-VI*）, Oxonii E Typographeo Clarendoniano（Oxford University Press）, 1899-1906.

2. Benjamin Jowett : *The Dialogues of Plato*, translated into English with Analytic and Introduction, in 5 Vols., Oxford, 1871.

3. John M. Cooper : *Plato Complete Works* , *with Introduction and Notes*, by HACKETT PUBLISHING COMPANY, Indianapolis/Cambridge, Copyright 1997 by Hackett Publishing Company, Inc.

4. Friedrich Schleiermachers : *Platon: Sämtliche Dialoge*（I-III）, HERAUSGE-GEBEN VON ERICH LOEWENTHAL , 1982 Verlag Lambert Schneider GmbH Heidelberg.

5. JOHANNES IRMSCHER : *Platon: BRIEFE.* AKADEMIE-VERLAG Berlin.1960.

6. Victor Cousin : *Œuvres de Platon*（13）, 1822-1840.

7. Les Belles Lettres : *Œuvres complètes de Platon*（13）, Paris, 1920-1935.

8. W. R. Paton : *The Greek Anthology.* with an English Translation. Cambridge, Mass.: Harvard University Press, 1916-1918, Loeb Edition.

9. Jeffrey Henderson : *Lucian*（*1-8*）, Harvard University Press, 1913-1967, Loeb Edition.

10. Konrad Gaiser: *Platons Ungeschriebene Lehre*, Ernst Klett Verlag, Stuttgart, 1963.

11. Eduard Gottlob Zeller, Die Philosophie der Griechen in ihrer geschichtlichen

---

① 以下所列参考文献仅限于书目，本著所引外文期刊类等文献主要源自国外学术期刊网站，如数字图书馆 jstor（Journal Storage）和 Wikipedia, the free encyclopedia 等；具体所引文献参见本著有关内容脚注。

Entwicklung（1856–1868），It（Section 2，Part 2，Vol. II. of his "Philosophie der Griechen"）has been translated into English by S. F. Alleyne and A. Goodwin，*Plato And The Older Academy*，London Longmans，Green，And Co.（1876）.

12.Franz Passow*: Handworterbuch Der Griechischen Sprache*，Leibzig，1841.

13.Georg Anton Friedrich Ast: *LEXICON PLATONICUM sive vocum Platonicarum index*）（1-3），Cambridge University Press，2012.

14.Henry Greorge Liddell and Robert Scott compiled：*A Greek-English lexicon*，with a revised supplement. Clarendon Press，1996，Oxford.

15.George Grote：Plato，and the other companions of Sokrates（*1-3*），London: J. Murray，1865.

16.W.K.C.Guthrie：*A History Of Greek Philosophy*（*1-5*），Published by the Press Syndicate of the University of Cambridge，© Cambridge University Press 1962-1978.

17.John Edwin Sandys，A History of Classical Scholarship，Vol. II，Cambridge at The University Press，1903.

18.Herbert Weir Smyth:*A Greek Grammar for Colleges*，American Book Company，1920.

19.James Hankins，*Plato in The Italian Renaissance*，E.J. Brill，Leiden New York köln，1994.

20.［古希腊］柏拉图:《柏拉图全集》（第一至四卷），王晓朝译，人民出版社2002—2003 年版。

21.［古希腊］柏拉图:《理想国》，郭斌和、张竹明译，商务印书馆 1986 年版。

22.［古希腊］希罗多德:《历史》，王嘉隽译，商务印书馆 1959 年版。

23.［古希腊］修昔底德:《伯罗奔尼撒战争史》，谢德风译，商务印书馆 1960 年版。

24.［古希腊］色诺芬:《回忆苏格拉底》，吴永泉译，商务印书馆 1986 年版。

25.［古希腊］第欧根尼·拉尔修:*Βίοι καὶ γνῶμαι τῶν ἐν φιλοσοφίᾳ εὐδοκιμησάντων*，徐开来、溥林:《名哲言行录》（希汉对照本），广西师范大学出版社 2010 年版。

26.［法］让·布兰:《柏拉图及其学园》，杨国政译，商务印书馆 1999 年版。

27.［英］波普尔:《开放社会及其敌人》（第一卷：柏拉图的符咒），陆衡等译，中国社会科学出版社 1999 年版。

28.［古希腊］阿尔法拉比:《柏拉图的哲学》，程志敏译，华东师范大学出版社 2006 年版。

29.［英］泰勒:《柏拉图——生平及其著作》，谢随知等译，山东人民出版社 1991

年版。

30. 梁中和译/疏:《阿尔喀比亚德》(前、后篇),华夏出版社 2009 年版。

31. [古希腊] 柏拉图:《米诺斯》,林志猛译,华夏出版社 2010 年版。

32. 刘小枫、陈少明主编:《柏拉图的真伪》,华夏出版社 2007 年版。

33. 苗力田主编:《亚里士多德全集》,中国人民大学出版社 1990—1997 年版。

34. [古希腊] 普鲁塔克:《希腊罗马名人传》,席代岳译,吉林出版集团 2009 年版。

35. [德] 施莱尔马赫:《论柏拉图对话》,黄瑞成译,华夏出版社 2011 年版。

36. [德] H.G. 伽达默尔:《伽达默尔论柏拉图》,余纪元译,光明日报出版社 1992 年版。

37. 先刚:《柏拉图的本原学说:基于未成文学说和对话录的研究》,生活·读书·新知三联书店 2014 年版。

38. [瑞士] 布克哈特:《希腊人和希腊文明》,王大庆译,上海人民出版社 2008 年版。

39. [瑞士] 布克哈特:《意大利文艺复兴时期的文化》,何新译,商务印书馆 1979 年版。

40. [法] 莱昂·罗斑:《希腊思想和科学精神的起源》,陈修斋译,商务印书馆 1965 年版。

41. [德] 色诺芬:《希腊史》,徐松岩译注,上海三联书店 2013 年版。

42. [苏] B.C. 塞尔格叶夫:《古希腊史》,缪灵珠译,高等教育出版社 1955 年版。

43. 汪子嵩、陈村富等:《希腊哲学史》(第 1—4 卷),人民出版社 1988—2010 年版。

44. 罗念生、水建馥编:《古希腊语汉语词典》,商务印书馆 2004 年版。

45. 杨周翰、吴达元、赵萝蕤主编:《欧洲文学史(上卷)》,人民文学出版社 1979 年版。

46. 刁绍华主编:《外国文学大词典》,吉林教育出版社 1990 年版。

47. 乐戴云等主编:《世界诗学百科全书》,春风文艺出版社 1993 年版。

48. [英] 约翰·埃德温·桑兹:《西方古典学术史》第三版第一卷上、下册,张治译,世纪出版集团、上海人民出版社 2010 年版。

49. [法] 让-皮埃尔·韦尔南:《古希腊的神话与宗教》,杜小真译,生活·读书·新知三联书店 2001 年版。

50. [美] J.E. 齐默尔曼:《希腊罗马神话词典》,张霖欣编译,陕西人民出版社 1987 年版。

51. [古希腊] 荷马:《伊利亚特》,罗念生译,人民文学出版社 1994 年版。

52.［古希腊］荷马:《奥德赛》，王焕生译，人民文学出版社 1997 年版。

53.［古希腊］阿忒纳乌斯:《天生尤物》，［英］理查·伯顿英译，寒川子汉译，内蒙古大学出版社 2007 年版。

54.［古罗马］奥维德:《变形记》，杨周翰译，人民文学出版社 1984 年版。

55.［英］A.安德鲁斯:《希腊僭主》，钟嵩译，商务印书馆 1997 年版。

56.［德］利奇德:《古希腊风化史》，杜之、常鸣译，辽宁教育出版社 2000 年版。

57.［希腊］斯塔伊克斯:《书籍与理念——柏拉图的图书馆与学园》，王晓朝译，人民出版社 2015 年版。

58.顾准:《希腊城邦制度》，中国社会科学出版社 1982 年版。

59.新华通讯社译名室主编:《世界人名翻译大辞典》，中国出版集团、中国对外翻译出版公司 2007 年版。

60.中国地名委员会编:《外国地名译名手册》，商务印书馆 1993 年版。

后　记

　　本著系笔者在国家社会科学基金一般项目"伪柏拉图作品研究"（批准号：13BZX055）翻译的基础上对"伪柏拉图作品"逐一进行的专题性研究成果，也可以将其看作"伪柏拉图作品"的姐妹篇。笔者于2015年6月完成翻译和本著，并已上报课题主管部门；现承蒙甘肃省哲学社会科学规划办公室同意本著作为阶段性成果可以出版，在此深表谢意。

　　本著称谓的"伪柏拉图作品"是给一些未知名作者的作品由于归属错误或因为模拟（伪仿或托名）柏拉图作品而使人们误以为该作品出自柏拉图之手或人们对某些疑似的、乱真的或存在争议的柏拉图的作品所起的集体名称。它们包括一本"辞典"式的《定义篇》、十四篇对话作品、《书信（十六封）》、《警句（三十三首）》和一份《遗嘱》等总共十八件作品。虽然伪柏拉图作品也有创作的时间，不过，不为我们知晓。所以，本著《伪柏拉图作品研究》的作者为其采用的排列顺序，具有很强的主观成分，主要是按照主题兼顾伪柏拉图作品大概写作的时间，从对概念的《定义篇》开始，以上位阶涵盖下位阶，例如美德蕴含正义，以及人物优先（基本上按照汉语字母顺序），最后是属于传记性质的作品"书信"和"遗嘱"等排序的，因此，它们并不具有任何内在的和确切的编年史的含义，而仅仅是"逻辑"的顺序。

　　人们对柏拉图学说的众说不一的各种解读自柏拉图去世后即已开始。而伪柏拉图作品大都由柏拉图的学生或柏拉图学派的哲学家写作于柏拉图去世之后，它们属于匿名或托名柏拉图而从不同方面阐释柏拉图思想的历史文献，至少反映了柏拉图学派的学说，其中不乏上乘的质量之作，而就其涉及的某个主题而论，使得它成为一篇优秀的哲学导论。从思想史的角度看，任何古典作家的作品都是对其所处时代思想状态的反映，也就有自身的价值。无疑，伪柏拉图作品都属于历史文献，具体而言，它们也都是阐释柏拉图或摘自或改编自柏拉图思想的文献，我们还可以将它们与柏拉图的对话著作进行对比研究。何况，它们的主题本身——诸如美德、正义、教育等——也是近现代人的关心所在。而且它们大多处于柏拉图思想到晚期希腊哲学嬗变的中间环节，从中也可以看到希腊衰落时期和希腊化时期知识界的精神状态，因而值得重视研究。

对伪柏拉图作品与柏拉图的作品进行对比研究，有助于我们用历史的眼光全面、准确、深入地理解和认识柏拉图及其学派。

伪柏拉图作品范围广泛，涉及哲学、政治、法律、宗教、伦理、教育、文学诗歌和书信等，其主题大体上也就可分类为上述几个方面。本人在翻译的基础上对每篇伪作逐一进行了较为详细、深入的研究，在研究过程中以"价值中立"的态度为每篇伪作撰写专题论文，并结合柏拉图著作，尽可能多地占有资料，避免主观臆造，以较为充分和确凿有力的论据作为立论的依据，进行周密的思考和严谨的论证，对相关文献进行梳理，分析其细节、语言风格，比较真、伪作品的异同，指出疑点，评述其影响，从中引出符合实际的结论或提出自己的看法。我们认为，撰写伪柏拉图作品本身也是一种社会行为，作品一当发表、问世或出版，也就成为一种社会事实，则对读者和听者必定有一定影响。伪柏拉图作品都是有一定学术价值的作品，揭示了苏格拉底有趣的方面和存续了柏拉图的遗产，它们在柏拉图学说史上也是值得关注的重要的文献。而这些作品也反映了其作者当时关注的问题，他们是如何理解的？从而对哲学史的研究也具有一定的价值。假作"真"时真也不会假。而不辨假，焉知真？要研究真假先得读其文。我们既要考察文本的真实性，也要注重即使是伪作，其文本中隐含的也有价值的内容。既然伪柏拉图作品托名柏拉图，意旨在于其作者有所附会，异同就是我们研究的重点所在。因此，本著或为中国学术界从不同角度观看柏拉图，提供了一份参考资料，这也在一定程度上填补了研究伪柏拉图作品的一些空白，或者说，对于它们的系统探究开启了希腊文献资料中为人们所不太看重的一个方面，这对于全面认识和评价柏拉图也有一定的意义。无疑，对伪柏拉图作品的研究，在过去和现在一直主要是西方学者的知识和研究的领域，相比之下，其他国家对这方面的贡献不是很大。然而，经过本课题的研究，令人欣慰地看到使这一落后局面在中国得到一定程度的改观。

而从柏拉图、伪柏拉图和柏拉图学派的其他人以及研究者之间的关系来看，伪柏拉图的写作风格和观点则更加接近柏拉图。

因此，要理解伪作中包含的思想，我们必须研读柏拉图的相关对话；而为了更有助于理解柏拉图，我们也应当研读伪柏拉图的作品。要之，真假问题关系到对柏拉图思想的判断和对他的评价问题，非同小可，我们研究柏拉图思想时并非可以不考虑它们。

我们认为，真、伪柏拉图作品犹如"经"和"论"是"正文"和"附录"的关系；即使伪柏拉图作品假冒或托名柏拉图作品也并非没有价值，而是阐发柏拉图学说的需要。例如，除了在形式上，伪作与柏拉图的对话有很大的相似处，两篇《阿勒凯比亚俫斯篇》，如同大小《希庇阿斯篇》；内容上，《正义篇》是《共和邦篇》的缩写；此外，它们在美德和正义以及法律等主题上更是相同；等等。

所以，虽然伪柏拉图作品是伪作，我们更愿意将之当作真作看待，因为它们的基本精神与柏拉图作品的精神实质基本上是一致的。

伪柏拉图作品的贡献主要在于：首先，它们对柏拉图学说进行了通俗的解释，起到了宣传和普及柏拉图学说的作用；结果是，其作者的同时代人既知晓它们，而且它们也深深地影响了后代人。例如，在古代，一些讲授柏拉图哲学课的教师是通过《阿勒凯比亚俫斯》等对话组织他们的标准化教学的。

其次，对话所论及的许多主题本身属于实践哲学，也都是近现代人的关心所在，例如"善"、"正义"、"美德"、"信仰"等这些永恒的主题；

再次，就精神实质而言，它们所论及的主题大都与苏格拉底或柏拉图的思想是一致或相符的；这些伪柏拉图（对话）作品的目的在于用"苏格拉底式的谈话"来阐述柏拉图的思想，例如，在关于善恶关系与善和正义相关的有知和无知方面的论述，这既在色诺芬的《苏格拉底回忆录》中可以印证，也与柏拉图《共和邦篇》和《法律篇》等对话的思想基本相符。

在我国，对柏拉图的研究若以吴献书先生翻译而由商务印书馆1929年出版的《理想国》为起点算起，也只有八十来年的历史。相对而言，尽管国外对柏拉图作品（包括伪作）的翻译、编纂和研究文献资料已经很是可观，但在国内，除了少数人尚能重视研究伪柏拉图作品——例如，近十来年已经有数种新译的包括评注的单行本，几篇（本）介绍伪柏拉图作品的论（文）著，一些柏拉图作品的选集和唯一的一部由王晓朝翻译的《柏拉图全集》——大多数学者似乎并不很注重研究它们，即使涉及此内容，也主要是在他们研究柏拉图其他方面时附带加以论述，例如在西方（或希腊）哲学史论著中涉及柏拉图著作时也只是简略提到伪柏拉图作品。因此，与对柏拉图作品的研究相比，至今尚无伪柏拉图作品完整的中译本和对之系统研究的论著出版，关于伪柏拉图作品的第一手和第二手资料也就不是很多。学界既不太重视翻译和引用伪柏拉图作品，专门研究伪作的译著和论著自然相对也就较少。显然，在此方面我们应该缩小与西方的差距，弥补对伪柏拉图作品的研究之不足。正所谓"盈科而后进"。换句话说，非经历，何以超越？

最后，值得给读者交代的是，作为一种文献对比研究，虽然本著作者在写作过程中能够尽量做到按照柏拉图原著（本著中凡直接引用的伪柏拉图作品和柏拉图作品的中译文，除非注明，皆为本著作者根据"B本"等原文版本译出）进行对比分析，但由于非常缺乏伪柏拉图同时代的柏拉图的弟子们尤其是老学园派的第一手资料（大多已遗失），导致对它们之间的比较研究也就很不充分；而对伪柏拉图作品各篇的作者和写作时间的判定也只能是猜测性的，等。因此，对学园派一些著名人物特别是柏拉图的继任者学园"园主"或"主持"（σχολάρχης）的思想以及他们在学园前二三百年之间的传承关系等方面将是本著作者尚需深入研究的问题。

尽管如此，本人还是为能够顺利地阶段性完成本著并且得以付梓而庆幸。但需要强调的是，这有赖于本人所在单位学术委员会的认可、特别是常务副校长范鹏教授的支持；范校长既是我的领导，也是我的师友，还是我的师兄。回想过去，我曾听从他的劝告，重新参加了高考；在大学毕业面临单位选择时，我也是接受他的建议，进入甘肃省委党校工作。三十多年来，他对我的学业和工作以及生活给予了很多的帮助和关心。在此，借本书出版之际，我对他表示由衷的感激和诚挚的感谢！此外，我也非常感谢本著的责任编辑吴继平先生的鼎力襄助！本著是他为我编辑而在人民出版社出版的第二本书，我对他的敬业精神、中肯的修改意见和卓识以及工作的高效率很是赞赏。

由于本著是国内迄今为止第一本完整的对伪柏拉图作品系统研究的论著，受作者能力和掌握的资料所限，其肯定尚有诸多不足之处；兼听则明；本人恳请看了此著的学者和有识之士等读者在各方面多多批评、赐教和指正。

岳海湧

2018 年 1 月记于中共甘肃省委党校

责任编辑：吴继平

装帧设计：周方亚

图书在版编目（CIP）数据

伪柏拉图作品研究／岳海湧 著 . — 北京：人民出版社，2018.10

ISBN 978－7－01－019784－5

I.①伪…　II.①岳…　III.①古希腊罗马哲学－研究　IV.① B502.232

中国版本图书馆 CIP 数据核字（2018）第 211844 号

伪柏拉图作品研究

WEI BOLATU ZUOPIN YANJIU

岳海湧　著

人民出版社 出版发行

（100706　北京市东城区隆福寺街 99 号）

天津文林印务有限公司印刷　新华书店经销

2018 年 10 月第 1 版　2018 年 10 月北京第 1 次印刷

开本：710 毫米 ×1000 毫米 1/16　印张：26

字数：370 千字

ISBN 978－7－01－019784－5　定价：59.80 元

邮购地址 100706　北京市东城区隆福寺街 99 号

人民东方图书销售中心　电话（010）65250042　65289539